Enzyklopädie Fliesenmotive

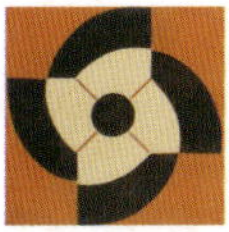

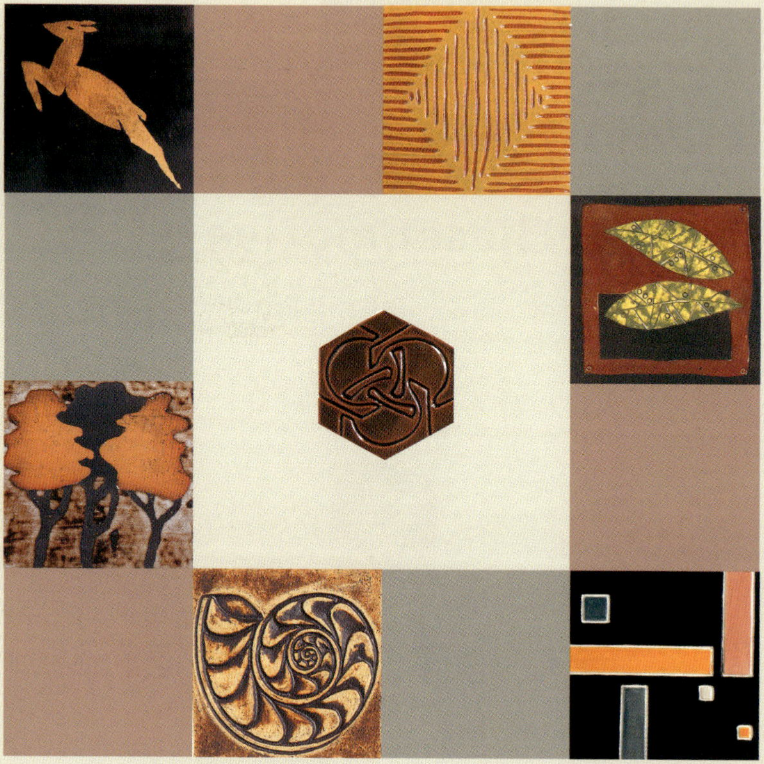

Enzyklopädie Fliesenmotive

Jacqui Atkin

FLEURUS IDEE

Fleurus Idee
is an imprint of
Fleurus Verlag

Übersetzung aus dem Englischen:
Wiebke Krabbe, Damlos

Satz der deutschen Ausgabe: MWK, Köln

Umschlaggestaltung: MWK, Köln

Fotos Umschlag:
Vorderseite o.l. S. 122, o.r. S. 131, u.r. 246, u.l. S. 128,
Rückseite S. 13

ISBN 978-3-89717-487-0

Printed in China

10 9 8 7 6 5 4 3 2 1

Inhalt

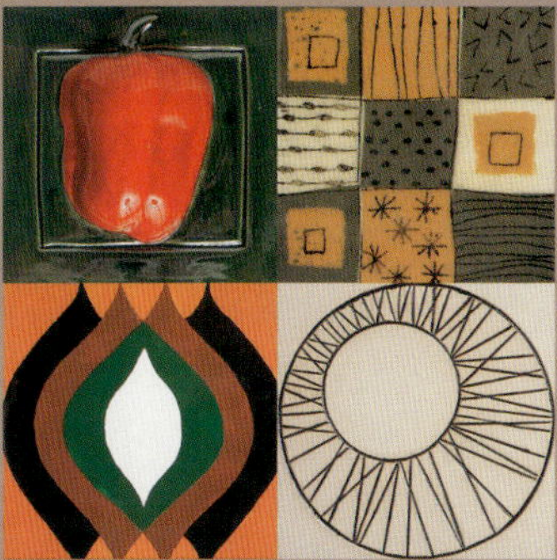

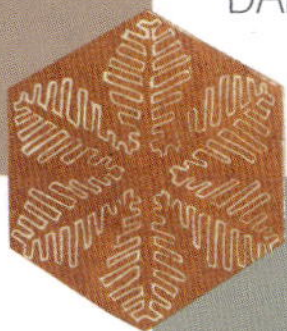

DEKORE & MOTIVE

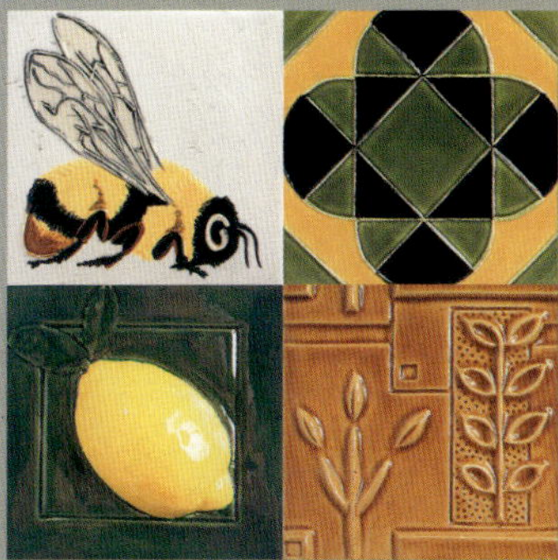

Einleitung

Fliesen haben eine praktische, strapazierfähige und langlebige Oberfläche. Weil sie sowohl wasserfest als auch hitzebeständig sind, eignen sie sich für die verschiedensten Einsatzzwecke im Haus und im Freien.

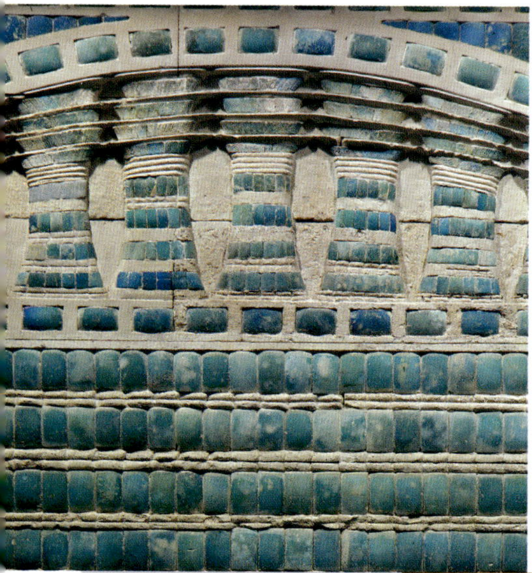

GESCHICHTE DER FLIESEN

Man nimmt allgemein an, dass Fliesen vor etwa 4000 Jahren im Nahen und Mittleren Osten entstanden und als Stabilisierungs- und Dekorationselemente für Innenwände, Fußböden und Decken dienten. Anfangs waren sie erdfarbig, doch mit der Entwicklung der Glasuren – vermutlich im Zuge der Entstehung der Glasherstellung – ließen sich auch farbige Oberflächen mit aufwändigen und kunstvollen Mustern und Motiven gestalten.

Die ersten dekorativen Fliesen wurden von den Ägyptern hergestellt. Noch heute kann man in der Stufenpyramide von Sakkara, dem Grabmal des Pharaos Djoser (2683–2664 v.Chr.) die kleinen,

OBEN Wanddekoration aus blauen Fayence-Fliesen in der Pyramide des ägyptischen Pharaos Djoser (2683–2664 v. Chr.), Sakkara.

RECHTS Detailaufnahme dreier handbemalter Fliesen aus Kerman, Iran.

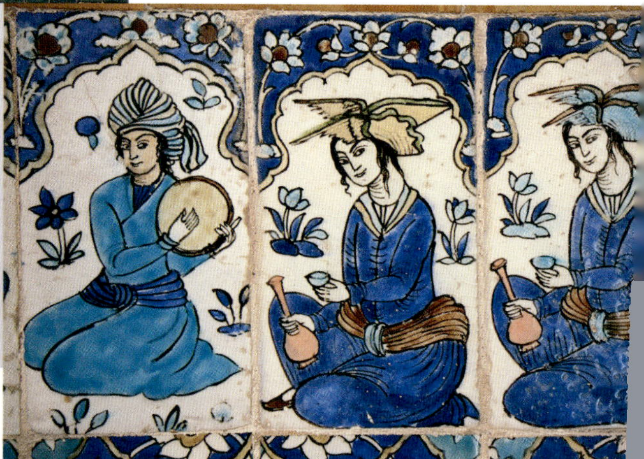

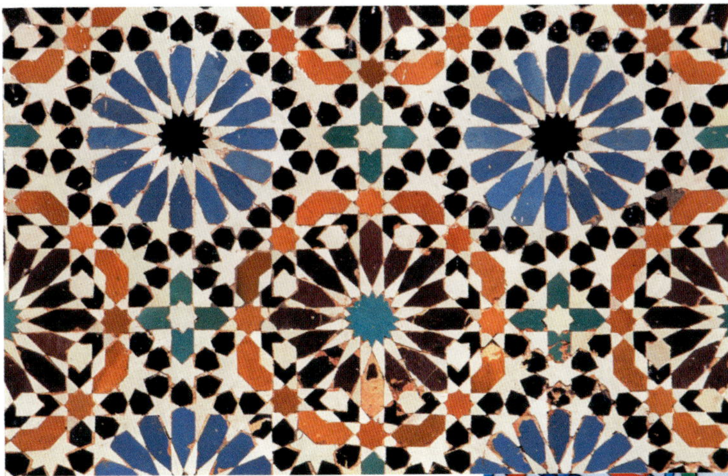

Links Mehrfarbiges Muster aus Zellji-Fliesen (aus den Saadian-Gräbern, Marrakesch).

Unten Feines, mehrfarbiges Detail einer islamischen Fliese.

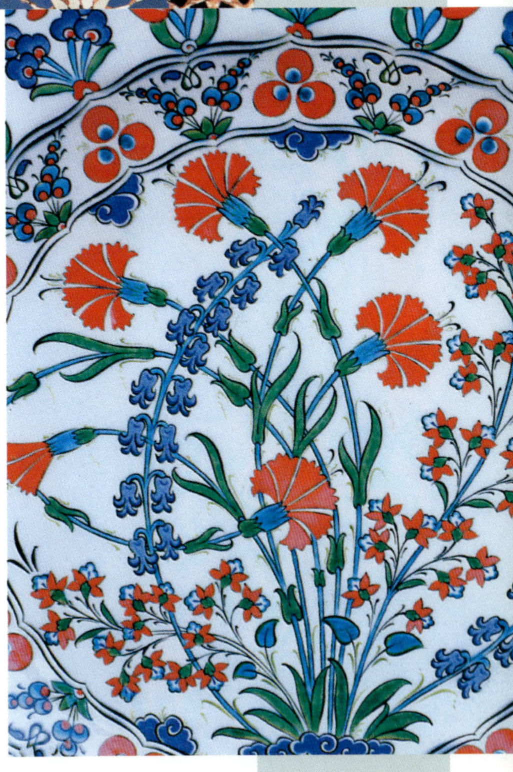

leuchtend blauen Fliesen an den Innenwänden bewundern.

Später wurde die Entwicklung der dekorativen Fliesen durch ihre Verbreitung auf den Handelsrouten vorangetrieben. Vor allem die Seidenstraße von China hatte direkten Einfluss auf den islamischen Keramikstil, den persische Handwerker um 750 entwickelt hatten. Zu dieser Zeit wurden erstmals auch Lüster eingesetzt, die den Fliesen einen metallischen Glanz verliehen. Solche auffälligen Fliesen wurden zur Verzierung von Moscheen, Tempeln und Palästen genutzt.

In Europa steckte die Fliesentechnik damals noch in den Kinderschuhen. Über Einlegetechniken reichte das Spektrum nicht hinaus und selbst diese Fliesen wurden nur in Kirchen verwendet. Erst im 18. Jahrhundert begann das Fliesendekor des arabischen Raums auch die europäischen Hersteller zu beeinflussen. Handelsschiffe der

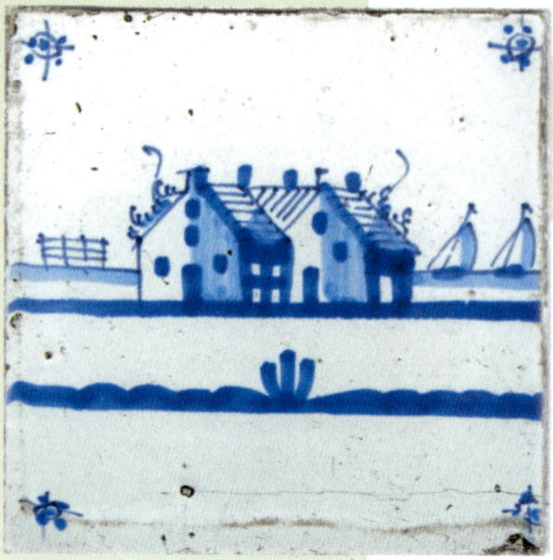

Links **Handbemalte Delfter Fliese in Kobaltblau mit Haus und Schiffen.**

Britischen Ostindien-Kompanie brachten Waren aus dem Fernen Osten nach Europa, die Einfluss auf den Stil der niederländischen Handwerker nahmen und zur Entwicklung der Delfter Keramik führten.

Bis zur Mitte des 18. Jahrhunderts wurden Fliesen ausschließlich von Hand produziert. Mit der Erfindung neuer Druckmethoden wurde dann auch die Massenproduktion detailreicher Motive möglich. Schon bald nahm die Produktion zu, um der Nachfrage zu genügen, die im Zuge der Industriellen Revolution im 19. Jahrhundert massiv anstieg.

Im 20. Jahrhundert erlebte die Fliesenproduktion verschiedene Veränderungen. Die Weltkriege spielten eine Rolle, aber auch die handwerkliche Töpferei wurde wieder mehr geschätzt.

Unten **Blumen, Vögel und Insekten, umgeben von einem Fries aus blau-weißen Delfter Fliesen.**

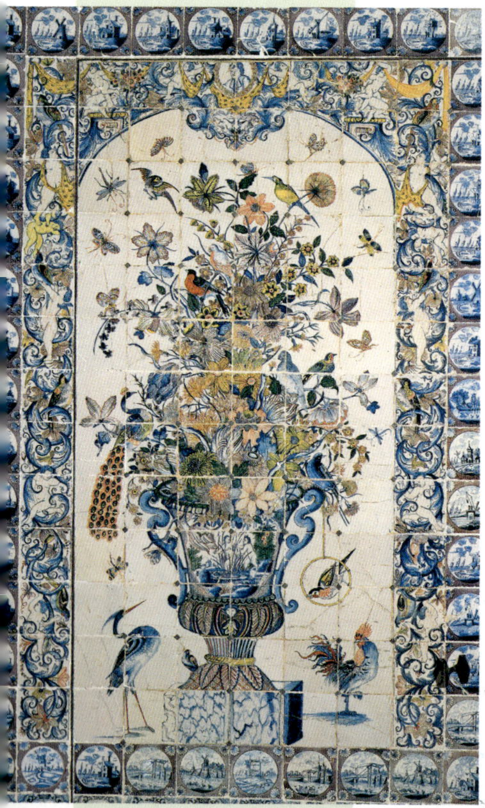

HANDGEMACHTE FLIESEN

Heute kann man Fliesen in vielen Farben und Mustern kaufen, aber wirklich originell sind nur handgemachte Fliesen. In diesem Buch möchte ich Ihnen die Techniken vermitteln, die Sie benötigen, um verschiedenste Muster und Motive mit dem Medium Ton umzusetzen und so absolut individuelle Fliesen zu gestalten.

Die einzelnen Arbeitsphasen werden leicht verständlich erklärt – vom Formen der Fliesen über das Verzieren, von der Tonauswahl bis zum Übertragen von Motiven. Tipps zum Einfärben von Schlicker und Glasuren vervollständigen das Spektrum. Dabei bleibt genug Spielraum für eigene Interpretationen und selbst entworfene Motive. Viel Spaß beim Experimentieren!

So arbeiten Sie mit diesem Buch

Im Motivverzeichnis (S. 58–251) finden Sie 200 Fliesenmotive, übersichtlich nach Kategorien gegliedert.

BESCHREIBUNG Information über das Motiv.

ANLEITUNG Die Herstellung der Fliese, Schritt für Schritt erklärt.

NUMMER Die Motive sind fortlaufend nummeriert.

FOTO Farbfoto der fertigen Fliese.

TON Verwendeter Ton und Brenntemperatur.

MATERIAL Alle benötigten Materialien und Werkzeuge.

SCHEMA Zeichnung auf Rastergrund zum Vergrößern und Übertragen des Motivs.

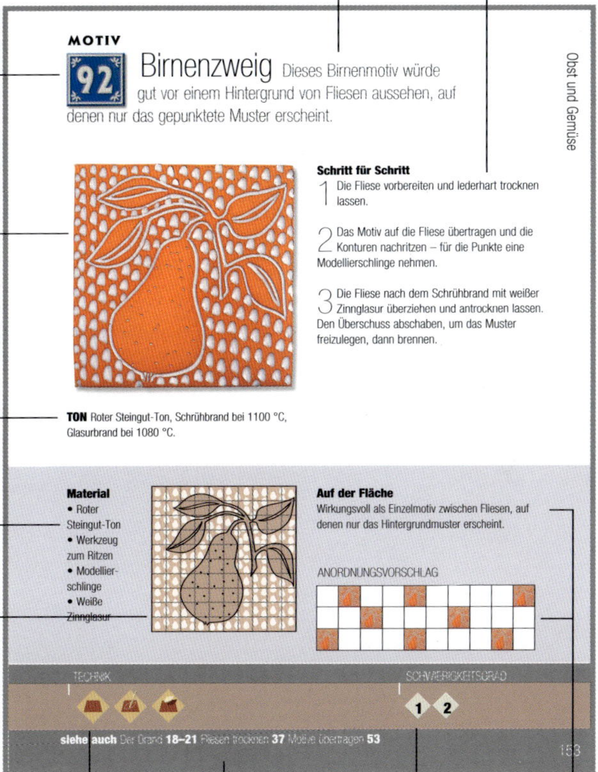

TECHNIK-SYMBOLE Die erforderlichen Techniken (siehe rechts).

SIEHE AUCH Querverweise zu Kapiteln, in denen die Techniken genauer erklärt werden.

ANORDNUNG Ideen zur Anordnung mehrerer Motive auf der Fläche.

SCHWIERIGKEITSGRAD Von 1 = einfach bis 3 = anspruchsvoll.

TECHNIK-SYMBOLE

ausgerollt 26–27

fertig gekauft 54–55

Schlickerguss 30

Pressrelief 28–29

Schablone 56–57

Sgraffito 35

Papierabdeckung 33

Glasurmalerei 44

Schlickermalerei 34

Einfache Glasur 40–42

Monoprint 50

Tubenmalerei 36

Keramikfarben 55

Aufglasur-Dekor 48

Mehrere Glasuren 40–42

Einlegetechnik 35

Prägetechnik 37

Lüster 49

Reliefdruck 52

Majolica 44

Versiegeln 55

Glasurrezepte

Diese Glasurrezepte eignen sich für viele der Fliesen in diesem Buch. Wenn Sie Ihre Glasuren lieber nicht selbst mischen wollen, lassen Sie sich im Fachhandel über geeignete Fertigprodukte beraten.

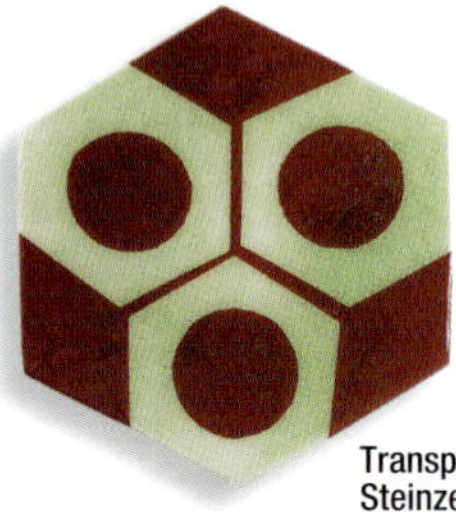

Transparente Steinzeug-Glasur

Transparente Steingut-Bleiglasur

Bleibisilikat	65
Kreide	10
Kalium-Feldspat	15
China Clay	10

Brand bei 1080 °C.
Eine vielseitige, transparente Glasur, die mit Oxiden oder Farbstoffen eingetönt werden kann. Durch Zugabe von 3 % Eisenoxidrot und 0,5 % Mangandioxid erhält man Orange. Ein Zusatz von 5 % Kobalt ergibt ein schönes Blau, ein Anteil von 3 % Kupferoxid ein dunkles Grün.

Steingut-Zinnglasur

Bleibisilikat	26
Boraxfritte	7
Ball Clay	6
China Clay	4
Zinnoxid	3
Bentonit	1

Brand bei 1080–1120 °C.
Eine stabile, weiße Glasur, die sich vor allem für roten Ton und Majolika eignet. Die Oberflächenunebenheiten schimmern dabei reizvoll durch.

Transparente Steinzeug-Glasur

Cornish Stone	85
Kreide	15
Plus 2 % Bentonit	

Brand bei 1260–1280 °C bei 30 Minuten konstanter Temperatur. 4 % Zinnoxid zugeben, um Weiß zu erhalten. 4 % Farbzusatz könnten schon genügen. Experimentieren Sie, bis Ihnen das Ergebnis zusagt.

Dolomit-Steinzeug-Glasur

Kalium-Feldspat	30
Dolomit	20
Kreide	15
China Clay	20
Flint	5

Brand bei 1265 °C.
Diese Glasur kann über Oxiden verwendet oder mit anderen Glasuren kombiniert werden.

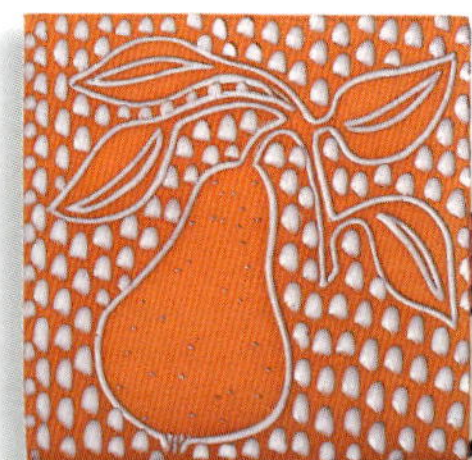

Transparente Raku-Glasur

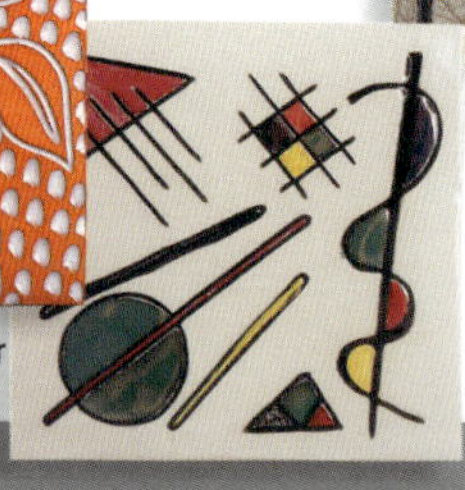

Transparente Steingut-Glasur

RAKU-GLASUREN

Türkisblaue Lüsterglasur

Alkalireiche Fritte	50
Boraxfritte	20
Kupferoxid	4
Bentonit	3

Brand bei 1000 °C.
Ergibt bei dickem Auftrag ein schönes Türkis und erhält beim Reduzieren in Sägemehl einen kupferroten Glanz.

Transparente Raku-Glasur

Alkalireiche Fritte	46
Boraxfritte	46
China Clay	8

Wirkt schön auf Weiß. Attraktive Rissbildung.

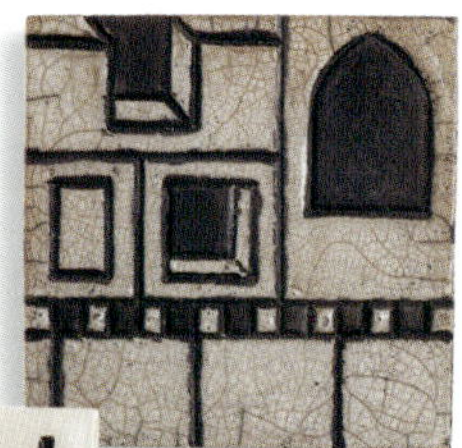

Steingut-Zinnglasur

GESUNDHEIT UND SICHERHEIT

1 In der Werkstatt nicht essen, trinken oder rauchen.

2 Der Raum muss gut belüftet sein, über wasserfeste, leicht zu reinigende Arbeitsflächen und einen Wasseranschluss verfügen.

3 Um Gesundheitsrisiken einzudämmen:
• Verschüttetes sofort beseitigen. Das gilt für Pulver und auch für Flüssigkeiten, die nach dem Trocknen Pulverform annehmen. Auf nassem Boden kann man zudem leicht ausrutschen.
• Werkzeuge und Zubehör nach der Arbeit gründlich reinigen.
• Die Werkstatt nicht ausfegen, sondern einen Staubsauger mit Feinfilter verwenden. Nach dem Saugen die Oberflächen feucht abwischen.

4 Bei der Arbeit mit Farbstoffen und Oxiden stets Handschuhe tragen.

5 Bei der Arbeit mit Pulvern eine Atemschutzmaske tragen.

6 Schutzkleidung tragen. Schmutzige Hände möglichst nicht an der Schürze abwischen, weil nach dem Trocknen auch dabei Staub entsteht. Arbeitskleidung regelmäßig waschen.

7 Trockenmaterialien in luftdichten Kunststoffbehältern aufbewahren. Beutel reißen leicht und dann gelangt Staub in die Atemluft.

8 Beim Schleifen Atemschutzmaske und Schutzbrille tragen.

9 Prüfen Sie, ob Ihr Tetanus-Impfschutz ausreicht. Ton wird aus der Erde gefördert und kann Bakterien enthalten.

10 In die Werkstatt gehört ein Erste-Hilfe-Kasten. Wunden wie Schnitte und Kratzer vor Kontakt mit allen Töpfereimaterialien schützen.

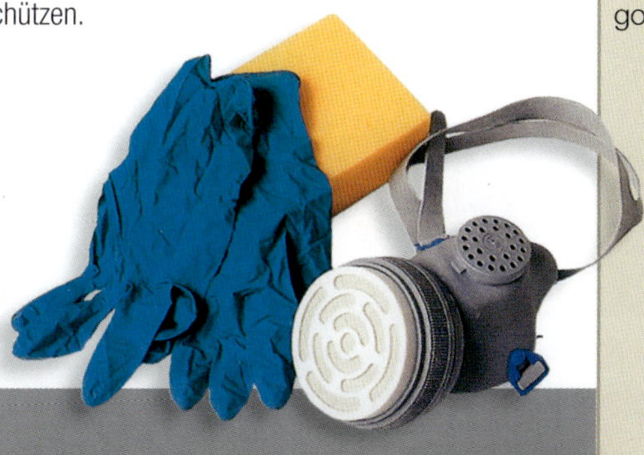

Bei Atemschutzmasken den Filter regelmäßig wechseln.

GEFÄHRLICHE MATERIALIEN

Mit einigen Farbstoffen sollte man vorsichtig umgehen. Selbst Hautkontakt kann gefährlich sein. Beim Umgang mit solchen Materialien sind konsequente Schutzmaßnahmen erforderlich. Lesen Sie die Warnhinweise, die auf Verpackungen aufgedruckt sind, immer genau durch. Informationen, die für Sicherheit und Gesundheit wichtig sind, erhalten Sie auch von den Herstellern der jeweiligen Produkte.

Hochgiftig

Blei, Kadmium, Antimon und Barium.

Mit Vorsicht verwenden

• Alle Färbemittel, vor allem Kupferoxid und -karbonat, Kobaltoxid und -karbonat, Chromoxid, Lithiumoxid, Zink, Strontium, Nickeloxid sowie Färbemittel für Engoben und Glasuren.

• Borax, Bor, Borsäure, Kieselsäure, Quarz, Flint, Kaolin, Schamotte, Schlämmkreide und Dolomit.

Werkzeuge

Zur Fliesenherstellung braucht man nur wenige Werkzeuge. Auf dieser Doppelseite sehen Sie die Grundausstattung sowie verschiedene Werkzeuge, die Sie sich später anschaffen können, wenn Sie mehr Erfahrung gesammelt haben.

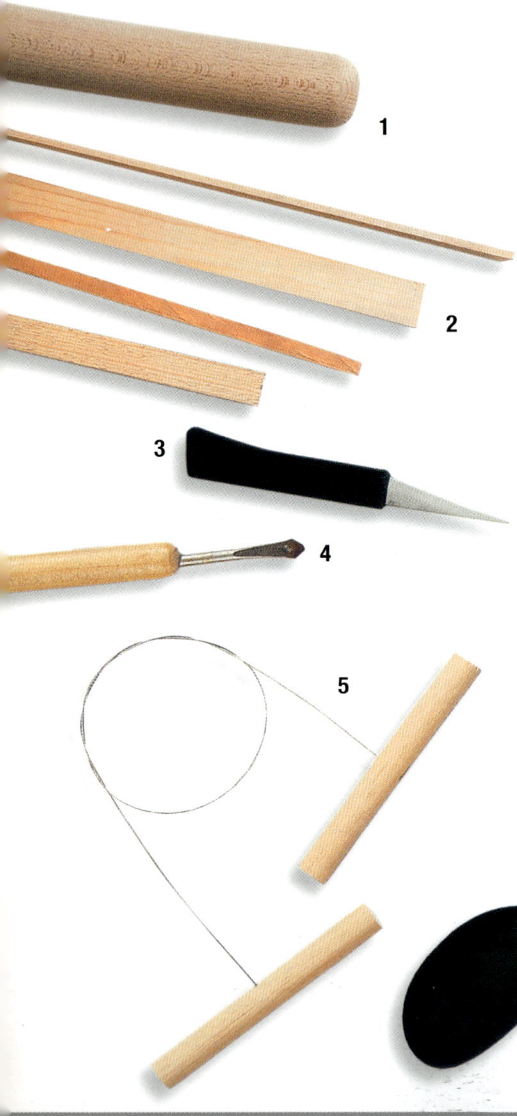

Grundausstattung (abgebildet)
1 Rollholz
2 Leisten
3 Töpfermesser (oder Cutter)
4 Ritzwerkzeug
5 Schneidedraht
6 Schaber aus Metall und Gummi
7 Malbällchen
8 Pinsel
9 Schwämme
10 Pappschablone in Fliesengröße (oder Pappe zum Zuschneiden von Schablonen)

Zusatzausstattung
Modellierwerkzeuge aus Hartholz
Stahlwerkzeug zum Ritzen von Details in Gips
Abdrehschlinge
Teesieb
Durchschlag
Flachpinsel
Dicke Haarpinsel (ideal zum Verzieren)
Langstieliger Hake-Pinsel zum Auftragen von Glasuren und Dekorationen

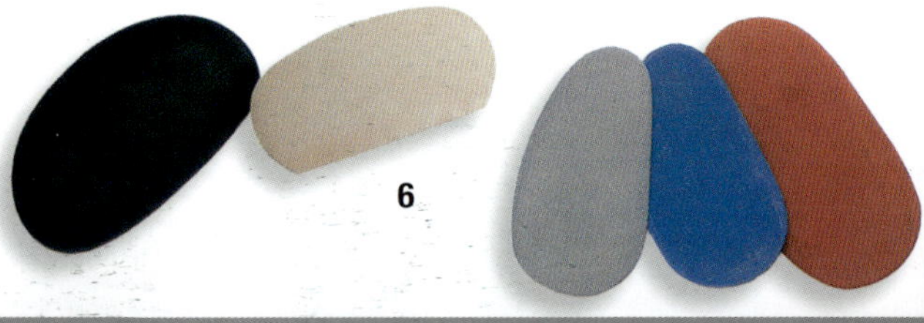

7

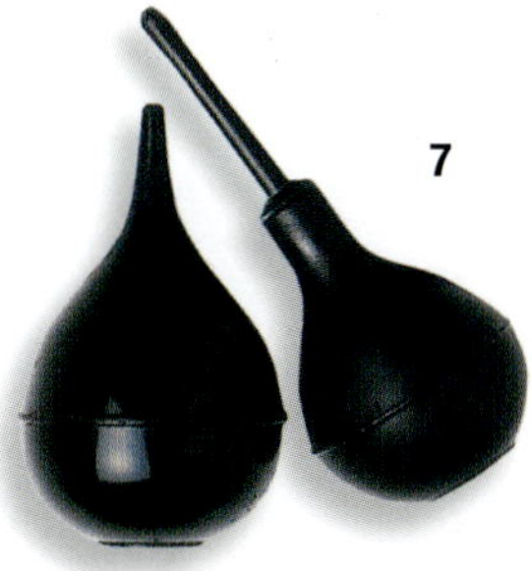

8

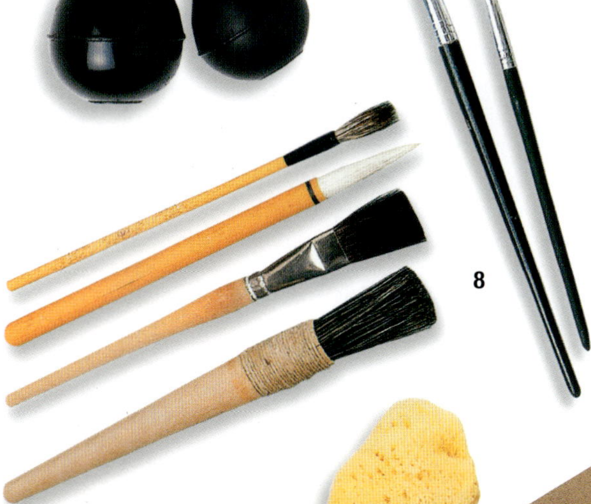

9

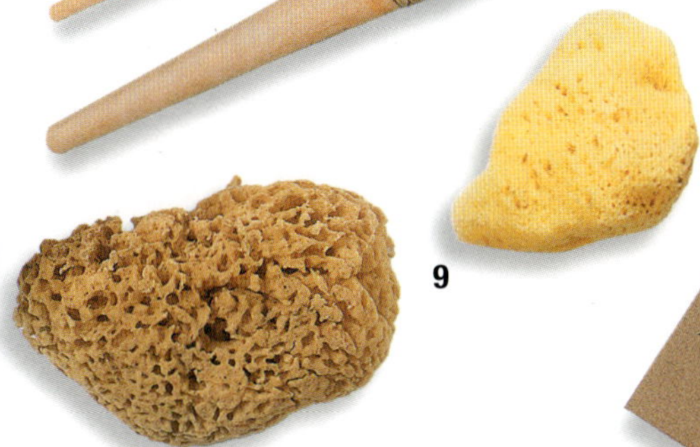

10

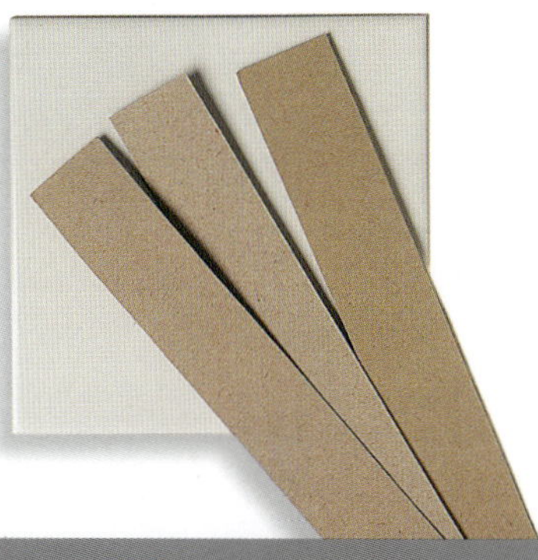

Zum Verzieren gekaufter, glasierter Fliesen

Sprühkleber und -lack
Weiße Acrylfarbe
Schneidematte
Transparentpapier
Kopierpapier
Cutter
Bleistift
Universalverdünnung
Verschiedene Acrylfarben
Löslicher Kleber
Wattestäbchen
Pinsel
Synthetik- und Naturschwämme
Emaillefarben
Glasierte Fliesen
Malerkrepp

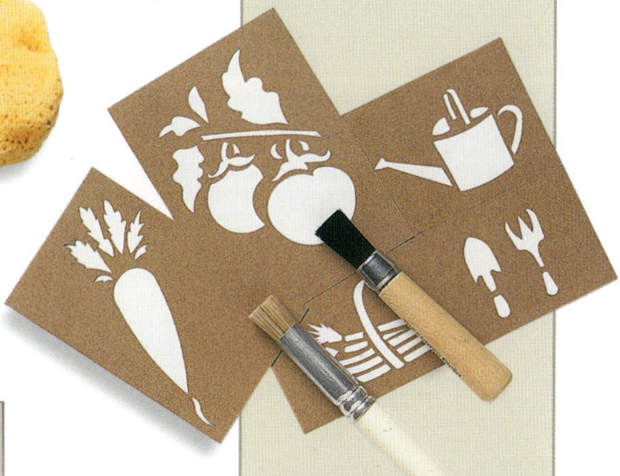

Stupfpinsel
Schablonen
Schablonenkarton
Kugelschreiber

Tone

Natürlichen Ton findet man fast überall auf der Welt. Im Rohzustand ist Ton nicht sonderlich geschmeidig und lässt sich schlecht verarbeiten. Daher muss er aufbereitet werden, um für die Keramik nutzbar zu sein.

Die Grundbestandteile von Ton sind Kieselerde und Tonerde. Ton entsteht im Laufe von Millionen von Jahren aus Feldspat- oder Granitgestein, das durch Wettereinflüsse oder Gletschertätigkeit zersetzt wurde. Tone, die dort lagern, wo sie entstanden sind, nennt man Primärtone. Sie sind recht selten. Der wichtigste Primärton ist Kaolin (China Clay). Er ist sehr rein und weiß. Wegen seiner großen Partikel ist er „kurz“ (wenig plastisch) und kann nicht in reiner Form verarbeitet werden. Bentonit ist ein extrem feiner, plastischer Primärton, der kürzeren Tonen beigemischt wird, um ihre Plastizität zu erhöhen.

Sekundärtone wurden durch Flüsse, Wind oder Gletscher von ihrer Ursprungsstätte weggetragen und haben sich als Sediment abgelagert. Sie besitzen sehr feine Partikel und sind sehr plastisch. Auf dem Weg sammeln sich im Ton Mineralien und Verunreinigungen an, die dazu führen, dass diese Tone nur bei niedrigen Temperaturen gebrannt werden können.

Tonarten

Vor der Wahl des Tons für ein Objekt muss festgelegt werden, wie er gebrannt werden soll und welches Ergebnis angestrebt wird. Lassen Sie sich im Fachhandel beraten. Hier werden die drei Hauptgruppen von Tonen vorgestellt. Im Brand kann sich die Farbe des Tons stark verändern, im Fachgeschäft kann man normalerweise aber Muster der Qualitäten in roher und gebrannter Form begutachten.

Steingut

Steingut-Ton ist preiswert und wird häufig verwendet. Man brennt ihn bei einer Temperatur von 1000–1180 °C. Beim Brand wird er nicht dicht, deshalb muss er mit einer rissfrei aufliegenden Glasur überzogen werden, damit der Scherben keine Flüssigkeit aufsaugen kann. Weißer Steingut-Ton eignet sich besonders zum Dekorieren mit farbiger Engobe, man kann ihn auch einfärben. Seine Brenntemperatur liegt bei 1060–1180 °C.

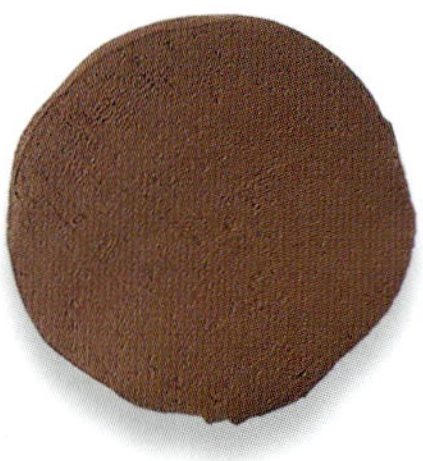

Roter Steingut-Ton
Brennt warm rotbraun aus. Gut geeignet für Engobe-Dekorationen.

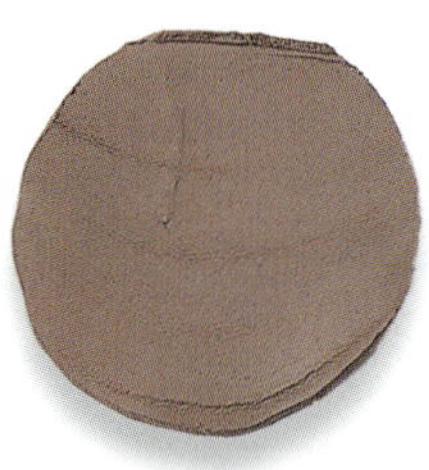

Weißer Steingut-Ton
Im Rohzustand grau, brennt cremeweiß aus. Wird wie roter Steingut-Ton verwendet, beeinflusst die Farbwirkung von Glasuren und Dekorationen aber weniger.

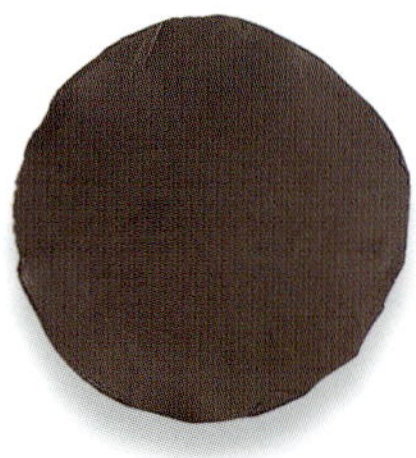

Schwarzer Steingut-Ton
Im Rohzustand schwarz, nach dem Brand schokoladenbraun. Interessante Alternative zu roten und weißen Materialien.

Steinzeug

Steinzeug-Ton ist wesentlich stabiler als Steingut. Schon der Name deutet auf seine Härte und Dichte hin. Er wird bei hoher Temperatur zwischen 1200 und 1300 °C gebrannt. Dabei sintern die Tonpartikel und die Oberfläche wird dicht. Glasuren sind nur aus hygienischen oder ästhetischen Gründen notwendig. Steinzeug-Ton wird in verschiedenen Qualitäten von fein und glatt bis grob und in Farbtönen von Dunkelbraun bis Weiß angeboten. Handelsübliche Qualitäten bestehen meist aus einer Mischung aus plastischen Tonen und Mineralien.

Porzellan

Besonders reinen Ton, der hell ausbrennt, bezeichnet man als Porzellan-Ton. Er wird bei Temperaturen um 1300 °C gebrannt. Bei dieser Temperatur verglast er, wird hart und dicht. Einige Porzellansorten brennen halbtransparent aus. Porzellan-Ton ist recht schwierig zu verarbeiten und darum für Anfänger nicht die beste Wahl. Zudem können sich Werkstücke im Brand stark verziehen. Wer mit Porzellan arbeiten will, braucht Übung und Fingerspitzengefühl. Als Alternative sind weiße Steingut- oder Steinzeug-Tone geeignet.

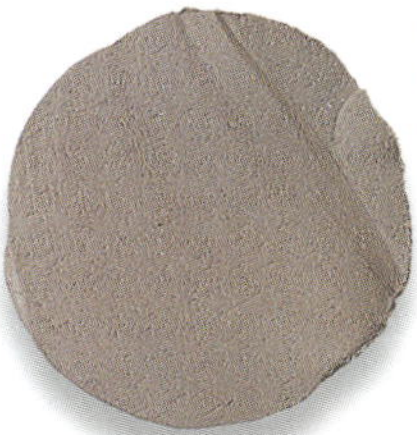

Weißer Steinzeug-Ton
Brennt weiß aus. Mittelfeiner Ton mit unterschiedlich hohem Anteil Molochit (kalziniertes Kaolin).

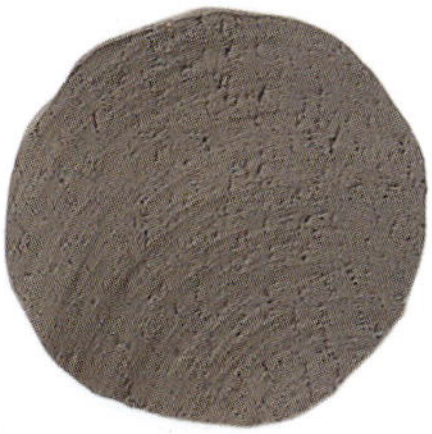

Schamottierter Steinzeug-Ton
Hoher Schamotteanteil. Grobe Konsistenz, aber sehr plastisch. Brennt graubraun-gesprenkelt aus. Gut geeignet für Plattentechniken und Raku.

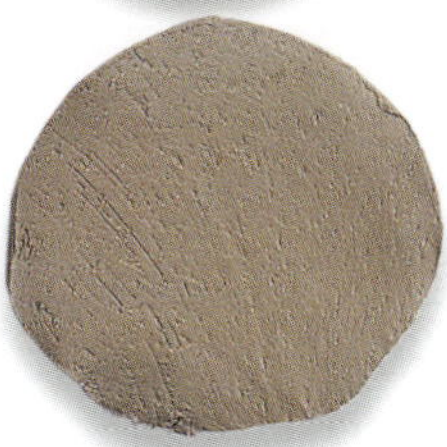

Spezial-Steinzeug
Mischung aus Tonen mit geringer Schwindung und kalziniertem Kaolin. Mittelfeine Konsistenz, sehr gute Plastizität. Brennt elfenbeinfarbig oder cremeweiß aus.

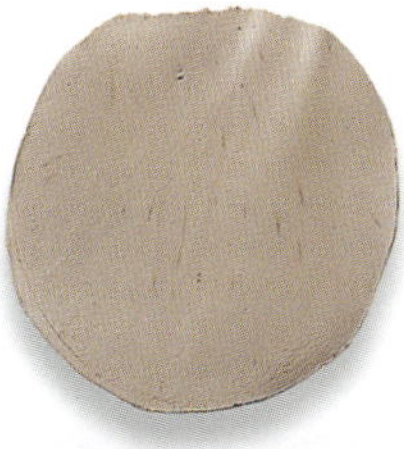

Porzellan
Weiß ausbrennender Steinzeug-Ton mit sehr feiner Konsistenz.

Lagerung von Ton

Damit Ton feucht bleibt, wird er in fest verschlossenen Plastikbeuteln an einem dunklen, kühlen, aber frostfreien Platz aufbewahrt. Auch unter diesen Bedingungen trocknet er allmählich aus und muss gelegentlich kontrolliert werden. Wird er hart, wickeln Sie ihn in ein altes, nasses Handtuch und legen ihn einige Tage in einen fest verschlossenen Plastikbeutel. Lässt er sich nicht mehr verarbeiten, lässt man ihn ganz austrocknen und sumpft ihn ein.

Die Konsistenz

Die Konsistenz des Tons beeinflusst, welche Werkstücke hergestellt und welche Techniken angewandt werden können. Ton sollte sich mit den Fingern formen lassen, aber nicht kleben. Zu weicher Ton wird auf einer saugenden Platte geknetet, die ihm Wasser entzieht. Harter Ton lässt sich durch Unterkneten weichen Tons verbessern.

Fertig gekaufter Ton

Fachhändler können über die Qualität des Tons Auskunft geben. Bitten Sie um Probemengen, um die Tauglichkeit zu prüfen.

TON EINSUMPFEN

Bei der Verarbeitung von Ton gibt es kaum Abfall. Solange Ton ungebrannt ist, kann er immer wieder eingesumpft werden. Tonreste werden nach Sorten getrennt in Eimern aufbewahrt. Mischt man Sorten, sollte man unbedingt ein Musterstück herstellen und brennen, ehe man ein Projekt in Arbeit nimmt.

Schwindung

Um die Schwindung zu ermitteln, einige Tonplatten ausrollen und in 15 cm breite Streifen schneiden. In die Mitte jedes Streifens einen exakt 10 cm langen Strich ziehen. Diesen Strich nach der Trocknung, nach dem Schrühbrand und nach dem Glasurbrand nachmessen. Werden mehrere Tonproben getestet, müssen sie vor dem Brand nummeriert werden. Notieren Sie sich die Ergebnisse Ihrer Messungen.

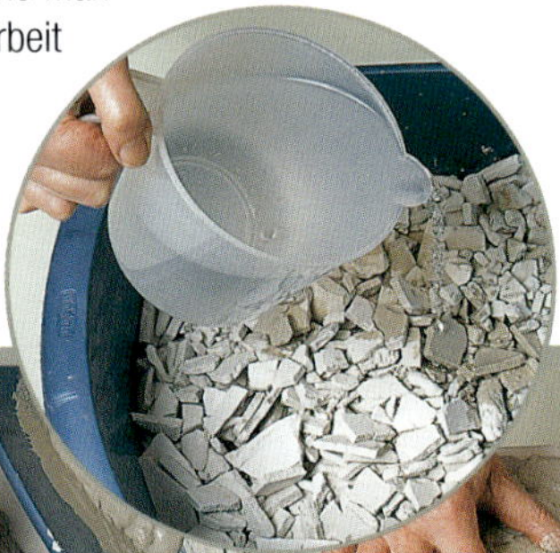

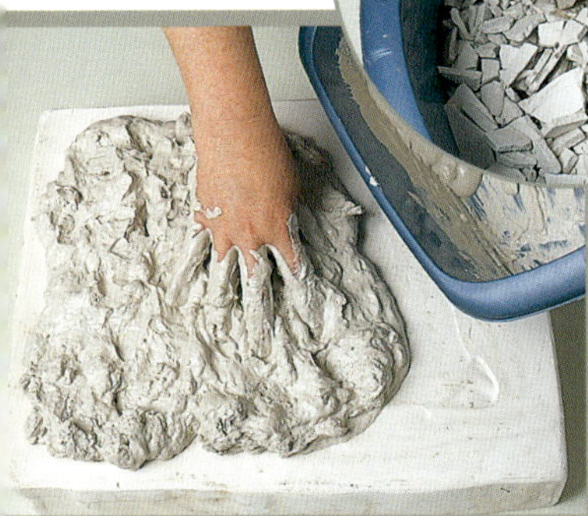

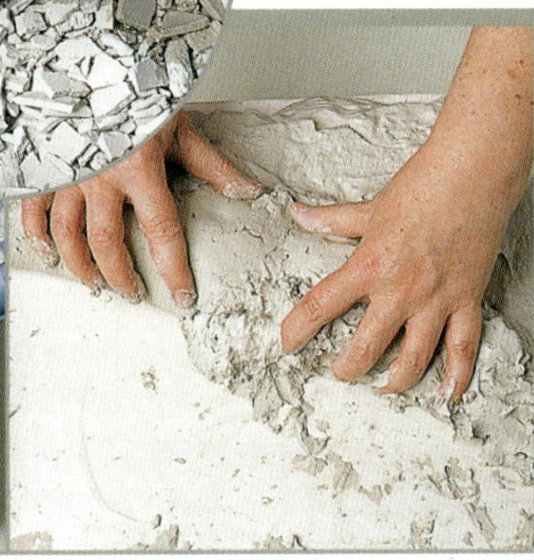

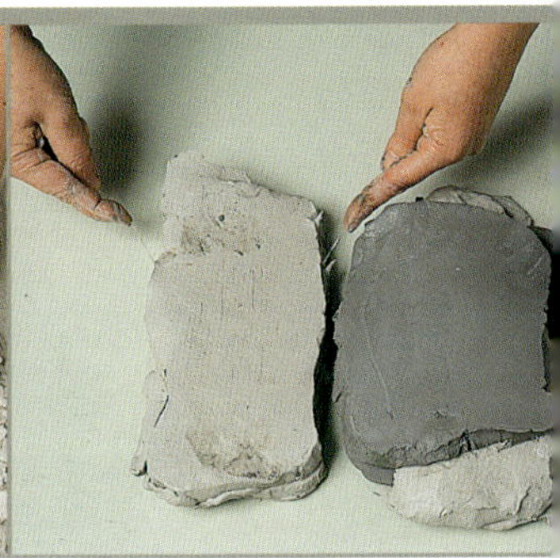

Ton einsumpfen

1 Den Ton vollständig austrocknen lassen, in kleine Stücke brechen und in ein großes Plastikgefäß legen.

2 Den Ton vollständig mit warmem Wasser bedecken und über Nacht einweichen.

3 Das überschüssige Wasser abschöpfen oder mit einem Malbällchen absaugen. Den Tonbrei durchrühren, dann ca. 5 cm dick auf eine Gipsplatte streichen.

4 Gelegentlich die Trocknung kontrollieren. Lässt sich der Ton leicht von der Platte heben, wird er umgedreht, damit auch die Oberseite in Kontakt zur saugenden Gipsplatte kommt. Hat der Ton eine bearbeitbare Konsistenz, wird er von der Platte genommen und geschlagen (siehe rechts).

Schlagen

Auch das Schlagen dient zum Homogenisieren und Entlüften des Tons. Diese Technik eignet sich auch, um zwei oder mehr Tonsorten – beispielsweise einen harten und einen weichen – zu mischen.

1 Beide Tonbatzen mit dem Schneidedraht in Scheiben schneiden. Die Scheiben abwechselnd aufeinanderlegen und mit der Hand zu einem Quader schlagen.

VORBEREITUNG

Wie bei vielen anderen Handwerkstechniken steht und fällt der Erfolg mit der richtigen Vorbereitung.

KNETEN

Beim Kneten wird der Ton homogenisiert und entlüftet. Luftblasen können dazu führen, dass ein Werkstück im Brand zerplatzt. Schlecht vorbereiteter Ton führt fast immer zu enttäuschenden Ergebnissen.

Von der Tonoberfläche verdunstet Wasser. Durch das Kneten wird es gleichmäßig verteilt. Bereiten Sie genug Ton für das ganze Projekt vor und bewahren Sie ihn bis zur Verarbeitung in einem fest verschlossenen Plastikbeutel auf.

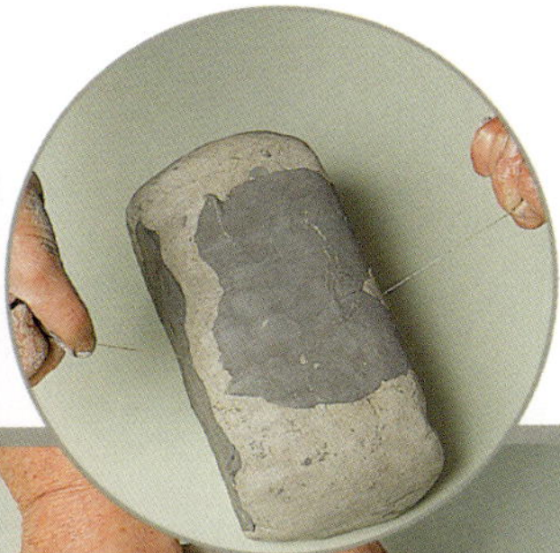

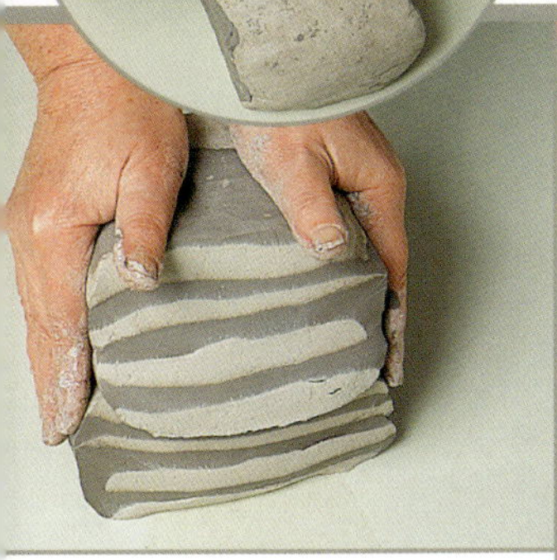

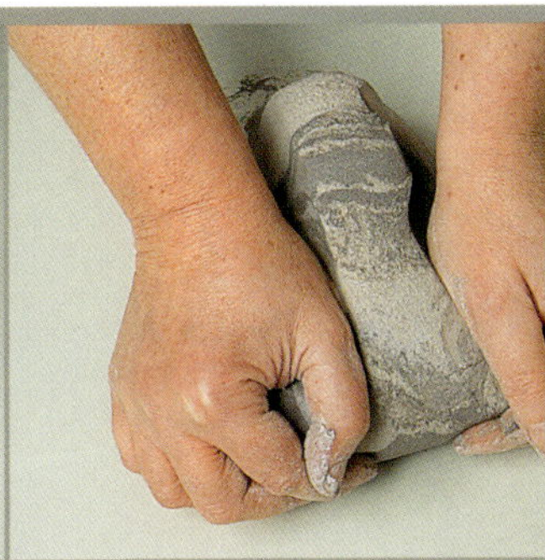

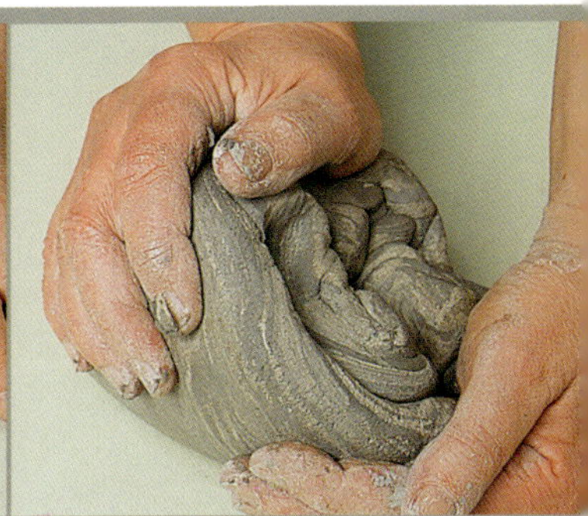

2 Den Tonquader mit dem Schneidedraht quer halbieren.

3 Eine Hälfte mit Schwung auf die andere werfen. Den Ton wieder in Quaderform schlagen. Wiederholen, bis keine Schichten mehr zu unterscheiden sind.

Widderkopf-Technik

Viele Töpfer bevorzugen diese Knettechnik. Die Hände rechts und links an den rundlichen Tonbatzen legen, den Ton mit den Fingern umfassen. Den Batzen kraftvoll vom Körper wegdrücken, dabei die Handflächen in den Ton drücken, sodass in der Mitte eine Erhöhung stehen bleibt. Den Ton wieder zum Körper hin rollen und die Hände etwas weiter vorn ansetzen. Wiederholen, bis der Ton glatt ist und keine Lufteinschlüsse mehr zu sehen sind.

Spiraltechnik

Diese Technik ist etwas schwieriger, aber ideal für größere Tonmengen.
Die Hände an die gegenüberliegenden Seiten eines rundlichen Tonbatzens legen. Mit der rechten Hand nach unten und gleichzeitig nach vorn drücken. Mit der linken Hand die Seitwärtsbewegung bremsen und den Tonbatzen nach jeder Knetbewegung drehen, sodass eine Spirale entsteht. Versuchen Sie, einen gleichmäßigen Rhythmus zu finden.

Der Brand

Ein Brennofen ist die teuerste Investition für eine Töpferwerkstatt. Lassen Sie sich bei der Auswahl Zeit und vergleichen Sie möglichst einige Modelle verschiedener Hersteller. Die Preisunterschiede für ganz ähnliche Modelle können beträchtlich sein.

Für Anfänger empfiehlt sich ein elektrischer Brennofen, der relativ berechenbare Ergebnisse bringt. Alle Projekte in diesem Buch wurden in einem elektrischen Brennofen gebrannt. Bei einigen erfolgte anschließend ein Raku-Brand.

Elektrische Brennöfen sind auch für Werkstätten in Wohngegenden besser geeignet, weil sie im Gegensatz zu Gas- oder Holzöfen weder Rauch noch Geruch erzeugen. Es gibt elektrische Brennöfen in vielen Größen, auch kleine Modelle für den Hausgebrauch sind erhältlich. Eine programmierbare Zeit- und Temperatursteuerung sorgt dafür, dass man während des Brandes nicht ständig vor Ort sein muss.

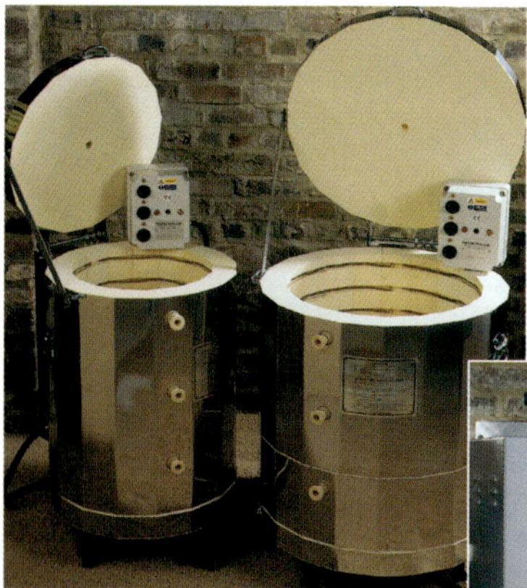

Toplader
Elektro-Brennöfen, die von oben beschickt werden, sind preiswert, brauchen wenig Platz und lassen sich leicht installieren – ideal für Anfänger.

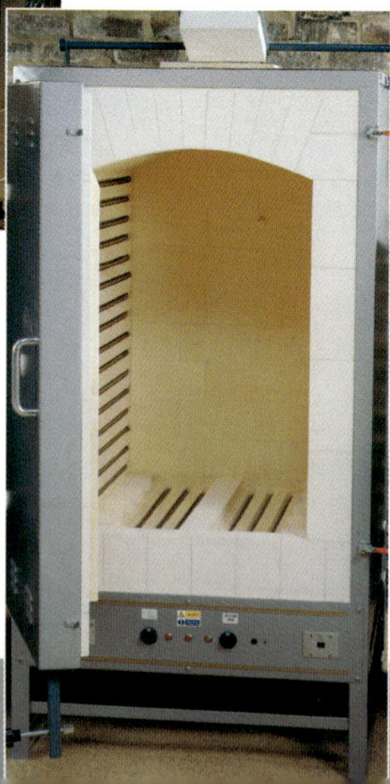

Frontlader
Brennöfen, die von vorn beschickt werden, haben einen solideren Metallrahmen und eine dickere Isolierschicht, sie halten also die Wärme länger. Sie sind wesentlich langlebiger als Toplader, aber auch teuer und aufwendiger zu installieren. Außerdem sind sie erheblich schwerer.

AUSWAHLKRITERIEN
- Ofengröße: Er muss durch die Werkstatttür passen.
- Format und Anzahl der Werkstücke: Wer es eilig hat und kleine Mengen in einem großen Ofen brennt, verbraucht viel Energie.
- Sicherheit: Der Ofen sollte nicht in der Werkstatt stehen. Lässt sich das nicht vermeiden, sollten Sie sich während des Brandes nicht dort aufhalten. Möglich wäre, nachts zu brennen. Der Ofen muss so stehen, dass man sich gut bewegen kann. Auf reichlich Abstand zu brennbaren Materialien achten.
- Stromversorgung: Kleine Brennöfen können mit Netzstrom betrieben werden. Für leistungsstärkere Modelle ist eine Starkstromleitung notwendig.
- Tragfähigkeit des Werkstattbodens.

DER BRENNVORGANG

Gegenstände aus Ton müssen gebrannt werden, damit sie haltbar und benutzbar werden. Während des Brandes finden im Rohton chemische Veränderungen statt und er verwandelt sich in keramisches Material.

Anfängern ist der Umgang mit diesen hohen Temperaturen oft etwas unbehaglich, aber mit etwas Übung und Erfahrung wächst die Sicherheit. Es ist sinnvoll, sich Notizen über die Werkstücke zu machen: Glasurkombinationen und Schichtstärke oder Dekorationstechniken. Man vergisst leicht, wie man vorgegangen ist, um ein großartiges Ergebnis zu erzielen – und hat man keine Notizen, lässt es sich nicht wiederholen.

Die meisten Werkstücke werden zweimal gebrannt. Im ersten Brand, dem Schrühbrand, wird der Ton gehärtet. Danach kann er verziert werden. Für den zweiten Brand, den Glasur- oder Glattbrand, wählt man meist eine höhere Temperatur, bei der die Glasur eine feste Verbindung mit dem Ton eingeht.

BRENNZEITEN UND -TEMPERATUREN

Diese Tabelle zeigt die ungefähren Zeit- und Temperaturangaben für Ihre Fliesen.

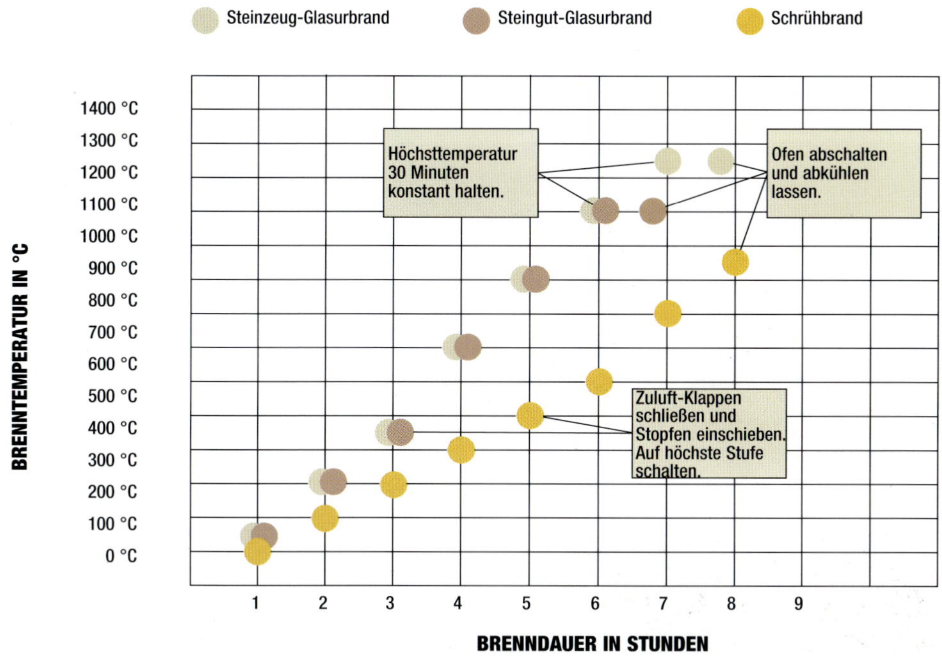

OFENPLATTEN UND -STÜTZEN

Die Werkstücke werden auf Platten und Stützen in den Ofen gestellt. Röhrenförmige, stapelbare Stützen sind in verschiedenen Durchmessern und Höhen erhältlich. Zum Brennen von Fliesen gibt es auch spezielle Halter.

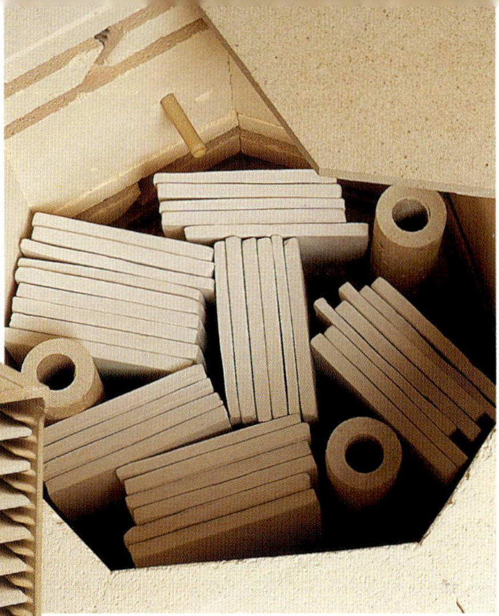

OBEN Stehende Fliesen nach dem Schrühbrand.

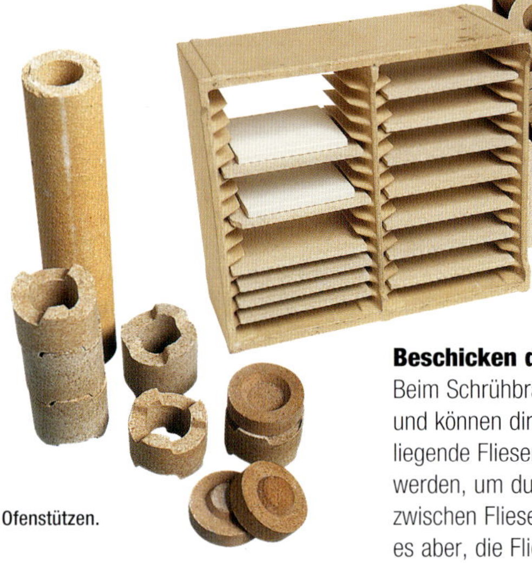

OBEN Ofenstützen.

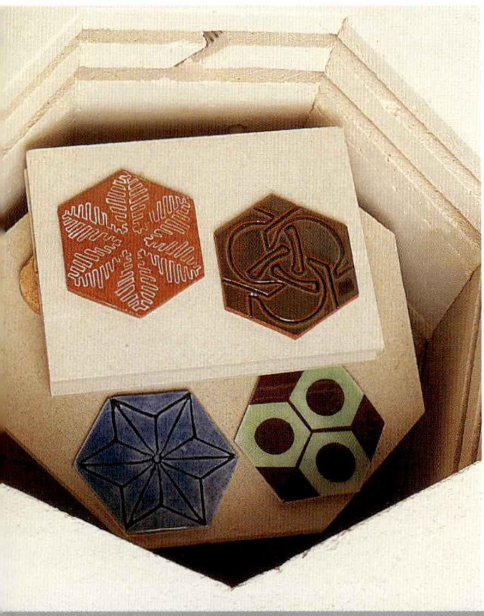

Beschicken des Brennofens

Beim Schrühbrand dürfen die Werkstücke einander berühren und können direkt auf den Ofenplatten stehen. Flach liegende Fliesen sollten auf feinem, weißem Sand gebettet werden, um durch die Schwindung verursachte Reibung zwischen Fliese und Ofenplatte zu vermeiden. Besser ist es aber, die Fliesen beim Schrühbrand hochkant zu stellen. Liegen sie flach, kann die auf der Ofenplatte ruhende Unterseite härter ausbrennen und stärker schwinden als die Oberseite, sodass sie sich wölben.

Beim Glasurbrand dürfen sich die glasierten Flächen und die Ofenplatten und -stützen nicht berühren. Geschmolzene Glasur haftet an jeder Oberfläche, mit der sie in Kontakt kommt. Ist sie dick aufgetragen, kann sie an den Werkstücken herabfließen. Ofenplatten und -stützen müssen mit einem Trennmittel bestrichen werden, damit keine Glasurtropfen festbrennen.

Sehr praktisch sind spezielle Gestelle zum Brennen von Fliesen, in die Tonplatten wie Backbleche in einen Ofen geschoben werden. Bei niedrigen Brenntemperaturen kann man die Fliesen direkt in das Gestell einschieben. Bei höheren Temperaturen werden die Fliesen auf dünne Ofenplatten gelegt und mit diesen eingeschoben. So können sie sich nicht krümmen.

BESCHICKEN DES OFENS ZUM GLASURBRAND

Die Fliesen dürfen einander nicht berühren. Die Ofenplatten müssen mit einem Trennmittel bestrichen werden, damit Glasurtropfen nicht festbrennen. Das ist bei Hochtemperaturbränden besonders wichtig. Trennmittel kann man fertig kaufen oder aus zwei Teilen Aluminiumoxid und einem Teil Kaolin selbst herstellen.

RAKU-BRAND

Der Begriff Raku kommt aus dem Japanischen und bedeutet Glück oder Freude. Die Ergebnisse sind tatsächlich reizvoll.

RAKU-ÖFEN

Raku-Öfen kann man aus Schamotteziegeln oder Ziegeln, die hohe Temperaturen vertragen, bauen. Für einen schnellen Brand kann man auch eine Metalltonne verwenden, die mit Isoliermaterial aus Keramikfasern ausgelegt wird. Mit einem handelsüblichen Gasbrenner gelingt der Brand schnell, sauber und einfach. Lassen Sie sich eingehend im Fachhandel beraten.

DER BRENNVORGANG

Für den Raku-Brand verwendet man schamottierten Ton mit guter Beständigkeit gegen Temperaturschocks. Die Fliesen zuerst einem Schrühbrand bei 1000 °C unterziehen, dann glasieren und in den Raku-Ofen packen. Oft werden solche Öfen mit Propangas geheizt und wegen der Rauchentwicklung im Freien betrieben. Die Fliesen werden schnell gebrannt, bis die Glasur schmilzt. Der Schmelzpunkt von Raku-Glasuren liegt zwischen 800 und 1000 °C, die Brenndauer beträgt 20–30 Minuten. Die noch rot glühenden Fliesen werden mit Zangen aus dem Ofen genommen und in Fässer mit Sägespänen gelegt. Die schnelle Abkühlung bewirkt einen Temperaturschock, durch den die Glasur reißt und Rauch in den Scherben eindringt. Dadurch entstehen interessante Craquelé-Effekte.

Erfolgreich brennen

- Stellen Sie vor dem Brand alles bereit, was Sie benötigen.
- Das Fass mit Sägespänen muss vorbereitet sein, ehe die Werkstücke aus dem Ofen genommen werden.
- Den Ofen auf eine stabile, ebene Oberfläche stellen.
- Brennen Sie aus Sicherheitsgründen gemeinsam mit einer zweiten Person – was obendrein mehr Spaß macht.

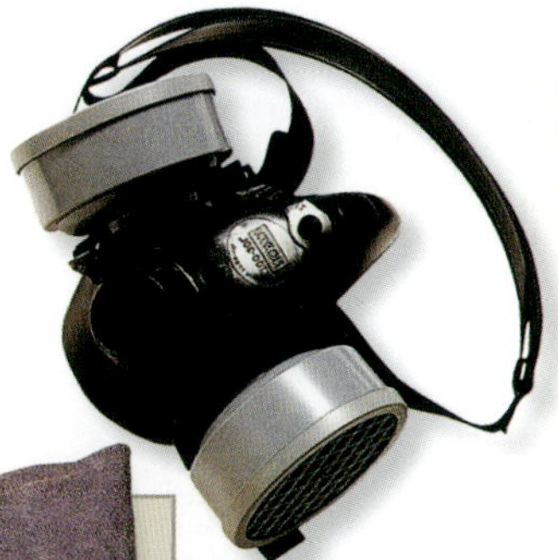

SICHERHEIT

Beim Raku-Brand hantiert man mit rot glühenden Fliesen, was nicht ungefährlich ist. Tragen Sie geeignete Handschuhe, Schutzkleidung, eine Schutzbrille und eine Atemschutzmaske. Die Fliesen mit Zangen aus dem Ofen nehmen. Ein Eimer Wasser oder ein Feuerlöscher sollte in Reichweite stehen.

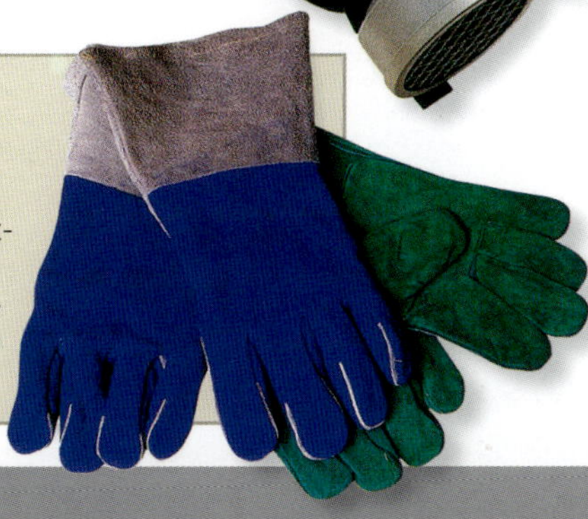

Model Das Herstellen von Fliesen in einem Model empfiehlt sich vor allem, wenn ein Motiv oder Muster vielfach reproduziert werden soll.

HERSTELLUNG VON GIPSFORMEN

Gipsformen sind ungemein praktisch, wenn man völlig gleiche Fliesen in großer Zahl herstellen möchte, was von Hand nicht möglich wäre. Anfängern erscheint die Herstellung von Gipsformen oft schwierig, doch wenn man einmal weiß, wie man Gips richtig anrührt, kann gar nicht mehr viel schief gehen.

Damit die Mischung gelingt, müssen die Mengen von Gips und Wasser genau abgemessen werden. Die benötigte Menge für ein Projekt einzuschätzen braucht aber etwas Übung. Anhaltspunkte gibt das Rezept auf dieser Seite. Gips ist im Fachhandel für Töpfereibedarf erhältlich.

Das Mengenverhältnis
675 g Gips
570 ml Wasser
Diese Mischung eignet sich für die meisten Töpfereiprojekte.

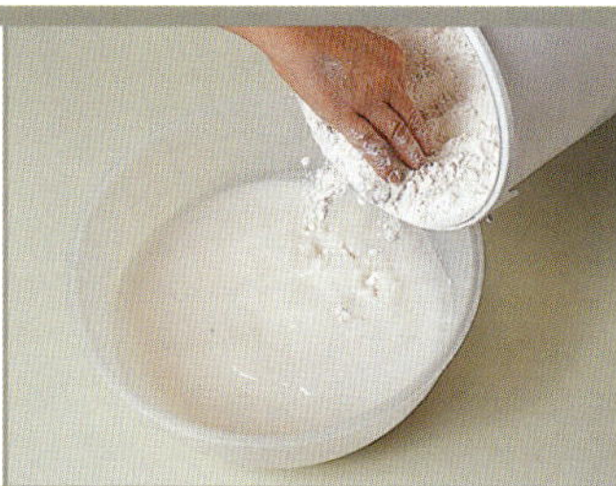

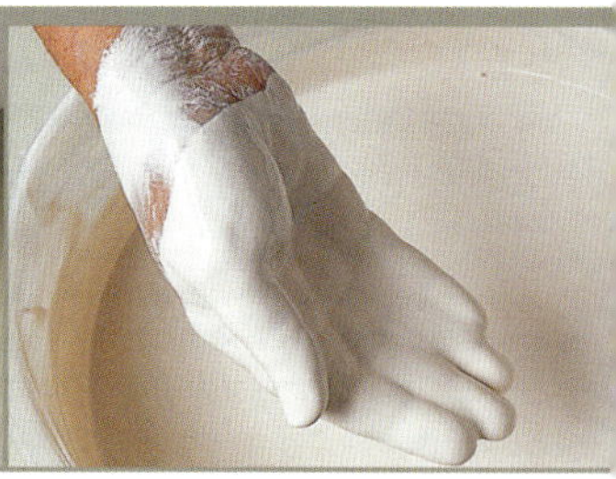

SICHERHEIT

• Gipsreste NIEMALS durch den Ausguss spülen, sonst verstopft er.
• Gips von den Händen erst mit Zeitungspapier abwischen, erst dann die Hände waschen. So gelangt nur wenig Gips in den Abfluss.
• Gipseimer sofort nach der Verwendung mit Zeitungspapier auswischen.
• Wer empfindliche Haut hat, sollte beim Arbeiten mit Gips dünne Latexhandschuhe tragen.
• Beim Anrühren von Gips einen Atemschutz tragen, um den Staub nicht einzuatmen.

Gips anrühren

1 Das abgemessene Wasser in einen Eimer oder eine große Schüssel gießen. Den Gips in einem trockenen Gefäß abwiegen.

Den Gips langsam und gleichmäßig auf das Wasser streuen, bis die Oberfläche erreicht ist.

Den Eimer kurz rütteln, damit sich der Gips setzt. 1–2 Minuten quellen lassen.

2 Die Mischung mit der Hand durchrühren und Klumpen zerdrücken. Mehrfach über den Eimerboden rühren, um Lufteinschlüsse aufzulösen.

Luftblasen, die an die Oberfläche steigen, vorsichtig abschöpfen und auf Zeitungspapier oder in einen Eimer geben, um sie später problemlos entsorgen zu können.

Die Viskosität der Mischung regelmäßig prüfen. Wenn sie andickt und nicht mehr von den Fingern abfließt, kann sie verarbeitet werden.

HERSTELLUNG EINES MODELS FÜR SCHLICKERGUSS ODER PRESSRELIEFS

Wer ein Model herstellt, kann nicht nur leicht viele identische Fliesen produzieren, sondern hat auch die Wahl zwischen zwei Methoden. Beim Gießverfahren treten Details sehr klar hervor, während ein Pressrelief etwas weicher konturiert wirkt.

Für einen glatten Model ohne Oberflächenrelief brauchen Sie nur eine Tonfliese auszuschneiden und einen Gipsabdruck zu fertigen. Glatte Model sind praktisch für das Gießverfahren, weil man dadurch viele Fliesen schnell herstellen kann.

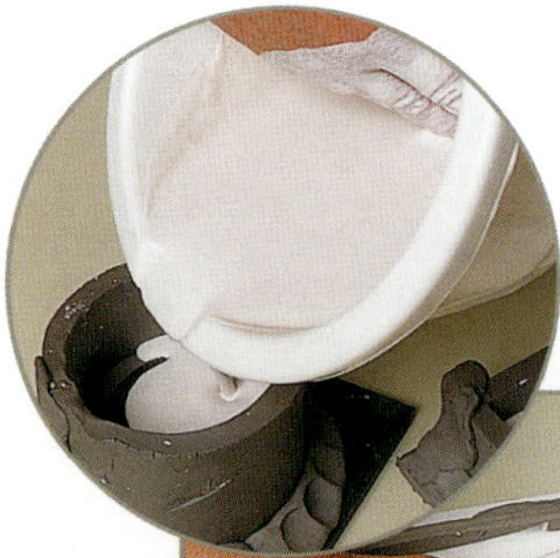

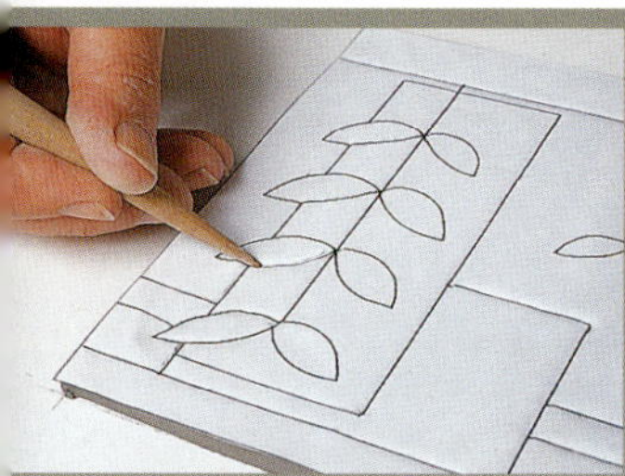

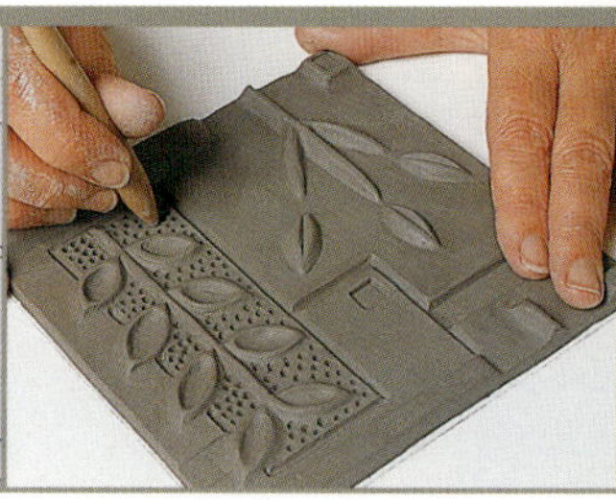

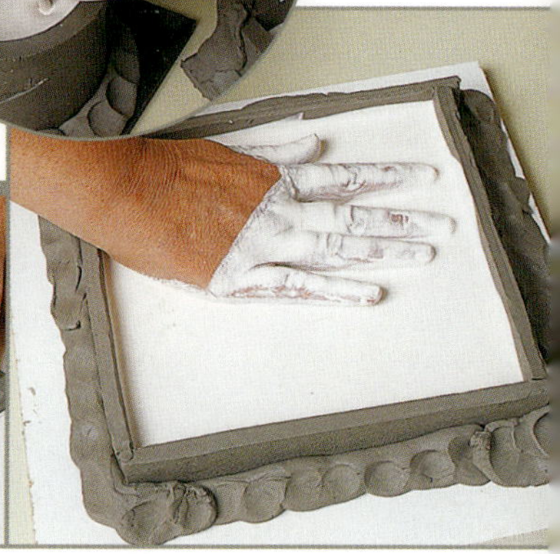

Übertragen des Motivs

1 Eine Tonplatte ausrollen und ein Quadrat mit 15 cm Kantenlänge ausschneiden. Die Fliese auf eine nicht saugende Platte legen, die rundherum mindestens 5 cm größer ist. Das Papiermotiv auf den Ton legen und die Motivkonturen mit einem Bleistift nachzeichnen.

2 Dünne Tonrollen auflegen, um einige Motivkonturen zu betonen. Die Ansätze gut verstreichen, damit kein Gips unter die Rollen laufen kann. Wenn das geschieht, lässt sich die Fliese später nicht aus der Form nehmen. Weitere Motivdetails mit Resten der Tonplatte auflegen oder einritzen. Für feine Linien ein spitzes Hölzchen verwenden.

3 Eine dicke Tonplatte mit 25 mm Abstand zur Fliese auf die Platte setzen und mit einem Tonwulst nach außen sichern. 675 g Gips mit 570 ml Wasser anrühren (siehe Seite 22) und die Mischung in die vorbereitete Form gießen.

4 Die flache Hand sanft im flüssigen Gips hin und her bewegen, damit Luftblasen entweichen. Den Gips abbinden lassen. Dabei erwärmt er sich. Nach dem Abkühlen den Tonrand abnehmen. Die Kanten des Gipsabgusses mit einer Raspel anschrägen und die Tonform vorsichtig entfernen.

TROCKNEN DER MODEL

Die Gipsform auf Stützen stellen, damit die Unterseite belüftet wird, und an einem warmen Platz ein oder zwei Tage durchtrocknen lassen.

DEKOR-MODEL

Es ist auch möglich, kleine Dekorationselemente in Model zu formen und diese auf Fliesen aufzusetzen. Ein berühmtes Beispiel für diese Technik ist die so genannte Jasperware der englischen Traditionsfirma Wedgwood mit weißen Dekoren auf blauem oder grünem Grund. Dekor-Model können in Tonformen hergestellt werden, man kann aber auch interessante Fundstücke verwenden. Dekore lassen sich schnell herstellen, darum sollte man gleich mehrere gießen, um etwas Auswahl zu haben. Generell verwendet man für Dekore den gleichen Ton wie für den Untergrund, um Probleme durch unterschiedliche Schwindung zu vermeiden. Das zuerst gegossene Dekor sollte nicht verwendet werden, weil daran Gipspartikel haften können, die im Brand explodieren und das Werkstück zum Platzen bringen. Das gilt auch für ganze, gegossene Fliesen.

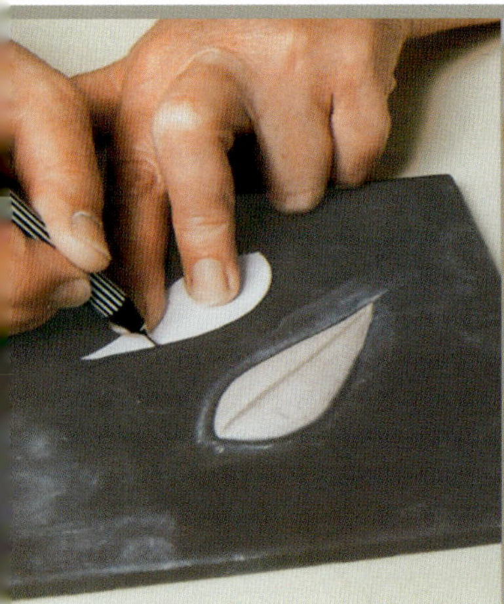

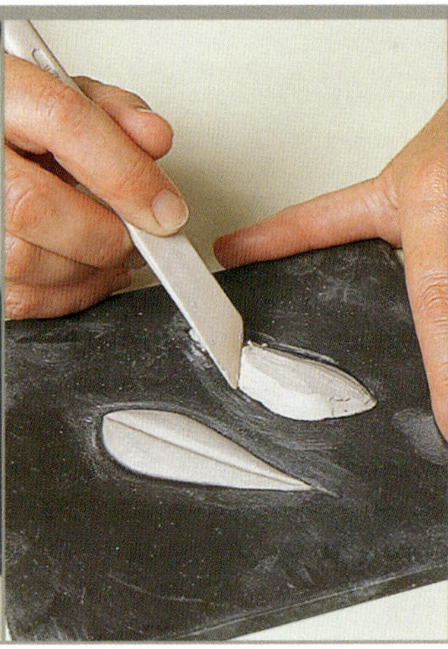

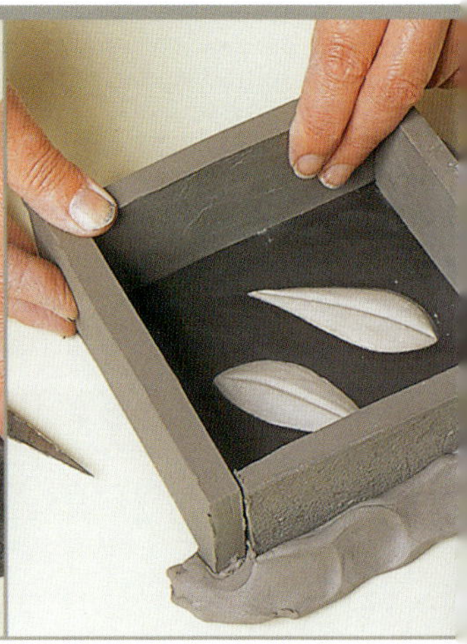

Herstellung eines Dekor-Models aus Ton

1 Zuerst den Umriss des Motivs auf eine alte Fliese oder eine andere nicht saugende Oberfläche übertragen.

2 Die Form mit weichem Ton aufmodellieren, dabei Unterschneidungen unbedingt vermeiden.

3 Eine Wand aus dicken Tonplatten um das Motiv oder die Motive stellen und mit Tonwülsten fixieren. Gips anrühren und eingießen (siehe Seite 23).

So gelingen Gipsabgüsse

• Sind durch Luftblasen Löcher in der Gipsform entstanden, werden diese mit Wasser besprenkelt. Dann bis zum Rand Gips hineinstreuen. Wenn er abzubinden beginnt, den Gips mit einem Schaber oder Modellierwerkzeug glätten, um seine Höhe der umgebenden Fläche anzugleichen.

• Schmierseife als Trennmittel verhindert, dass der Ton am Gips anklebt. Seife aus dem Töpfereibedarf muss meist verdünnt werden. Das Mischungsverhältnis ist auf der Verpackung angegeben. Fertig verdünnte Seife kann in einem Schraubglas aufbewahrt werden.

• Fällt es Ihnen schwer, feine Details zu modellieren, können Sie das Dekor auch etwas größer arbeiten und brennen. Je nach gewünschter Schwindung wählen Sie einen Schrühbrand oder die Maximaltemperatur für den jeweiligen Ton. Dann nehmen Sie von dem gebrannten Dekor den Gipsabguss.

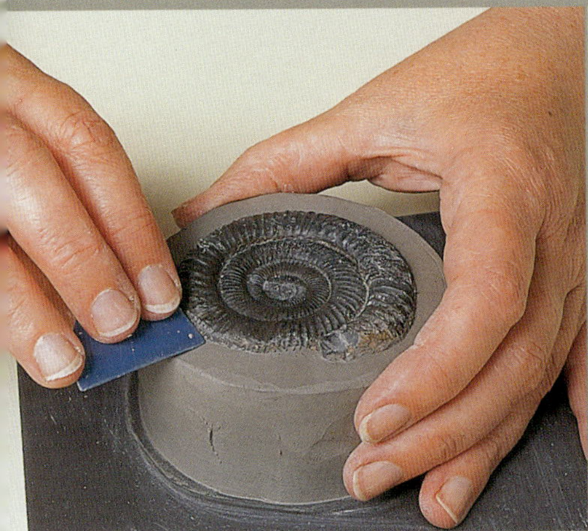

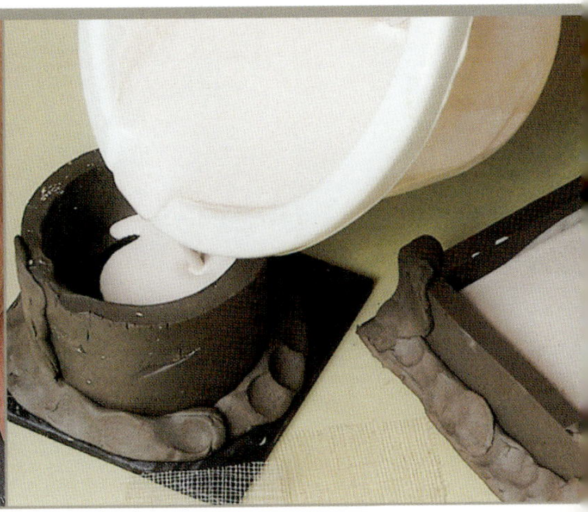

Model aus Fundstücken

1 Als Vorlage zum Abgießen eignen sich auch Fundstücke wie Muscheln, Knöpfe, alte Schmuckstücke – eigentlich alles, was sich ohne Unterschneidungen abgießen lässt. Hier wird ein Ammonit verwendet. Das Objekt auf ein Stück Ton legen und etwas eindrücken, damit der Model nicht zu tief wird. Einen ca. 13 mm breiten Tonstreifen rings um das Dekorobjekt mit dem Schaber glätten, dabei Unterschneidungen vermeiden.

2 Die Oberfläche der Model mehrmals mit Trennmittel oder Schmierseife bestreichen und mit einem feuchten Tuch abwischen, damit der Gips nicht daran festklebt. Eine Wand aus Ton um das Objekt legen und Gips eingießen.

Um keinen Gips zu verschwenden, ist es sinnvoll, mehrere Model in einem Arbeitsgang herzustellen. Die Dekor-Model ebenso wie die Fliesen-Model trocknen lassen.

Platten

Das Ausrollen des Tons zu Platten ist die ideale Methode der Fliesenherstellung. Sie brauchen dafür nur wenige Werkzeuge.

Plattentechnik

• Um Lufteinschlüsse zu vermeiden, muss der Ton vor dem Ausrollen gründlich geschlagen werden.

• Den Batzen in eine grobe Quaderform drücken. So lässt er sich leichter ausrollen.

• Wenn Sie beim Ausrollen kleine Luftblasen im Ton entdecken, stechen Sie sie mit einer Nadel auf. Nochmals über die Oberfläche rollen. Dabei die Leisten nicht verschieben, damit die Tondicke gleichmäßig bleibt.

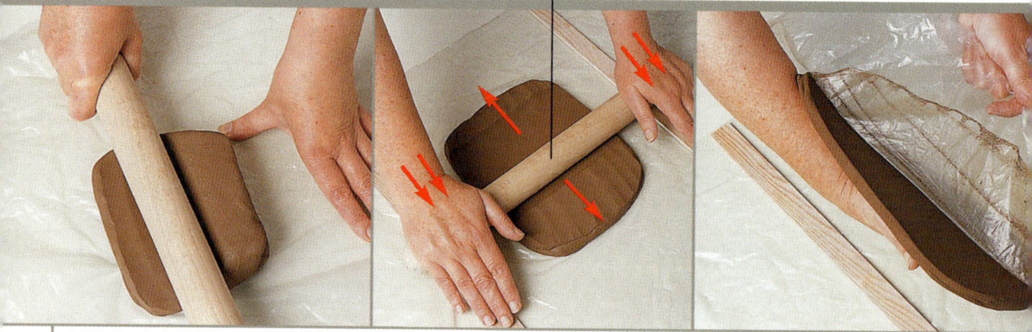

Platten ausrollen

1 Den Ton auf ein Stück saubere Plastikfolie legen und mit gleichmäßigen Schlägen mit dem Rollholz flach klopfen. Dabei systematisch von einer Seite zur anderen arbeiten. Dabei werden gleichzeitig eventuelle Luftblasen ausgetrieben.

Den Ton anheben, um 90° drehen und den Vorgang wiederholen.

2 Den Ton wieder auf die Folie legen, rechts und links Leisten so platzieren, dass das Rollholz darauf aufliegt. Die Stärke der Leisten bestimmt die Dicke der ausgerollten Tonplatte.

Das Rollholz in der Mitte der Platte aufsetzen, vom Körper weg rollen, dann zurück. Eine Platte lässt sich nicht in einem Arbeitsgang ausrollen. Fahren Sie fort, bis Sie einen natürlichen Widerstand spüren. Dies ist ein gutes Zeichen, dass die Platte gedreht werden muss.

3 Die Platte mitsamt der Folie anheben, umdrehen und mit der freien Hand stützen. Die Folie vorsichtig abziehen und auf die Arbeitsplatte legen. Es ist wichtig, die Folie auf diese Weise zu lösen, um das Einreißen oder Verziehen der Tonplatte zu vermeiden.

FLIESENHERSTELLUNG AUS PLATTEN

Es gibt mehrere Möglichkeiten, Fliesen herzustellen. Man kann sie mit Messer und Schablone aus ausgerollten Platten schneiden, mit einem Bügelschneider oder einer Ausstechform arbeiten.

Fliesen vor dem Brand gleichmäßig trocknen, damit sie sich nicht verziehen. Manche Töpfer verwenden dazu Drahtgestelle, die eine gute Luftzirkulation ermöglichen. Andere trocknen Fliesen zwischen beschwerten Platten. Tone mit einem gewissen Schamotteanteil verziehen sich nicht so leicht.

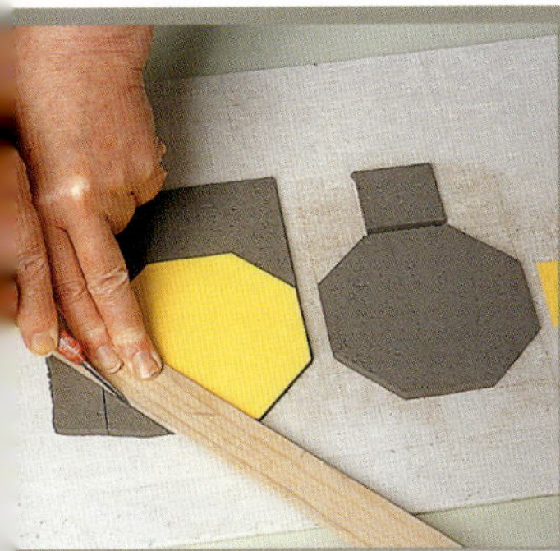

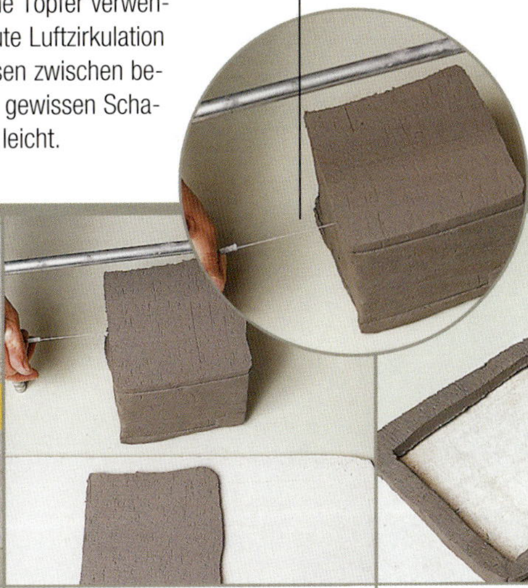

Zum Schneiden jeder Platte den Draht eine Raste tiefer stellen.

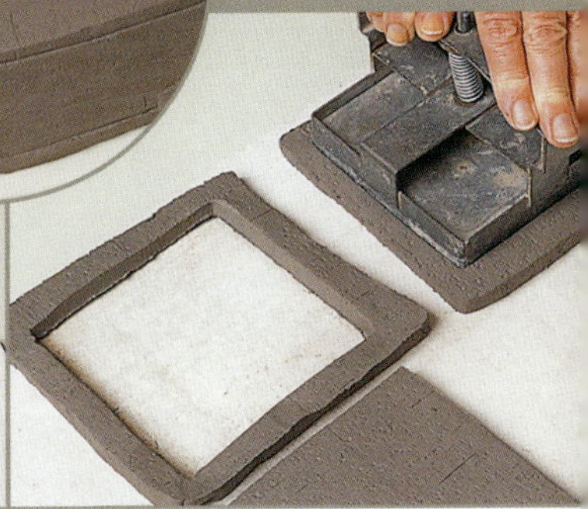

Schablonen

Die einfachste Methode besteht darin, Ton zur Platte auszurollen (siehe Seite 26) und die Fliesen mithilfe von Pappschablonen und Messer auszuschneiden. Fliesen müssen nicht quadratisch sein. Bei komplexeren Formen ist es aber wichtig, die Schablonen exakt auszumessen und zuzuschneiden.

Bügelschneider

Mit einem Bügelschneider schneidet man gleichmäßig dicke Scheiben von einem Tonbatzen. Für jede neue Scheibe wird der Schneidedraht eine Raste tiefer gestellt. Ein Bügelschneider ist nicht unbedingt notwendig, aber sehr praktisch, wenn man viele Tonscheiben benötigt. Diese Scheiben müssen noch in Fliesenform geschnitten werden.

Ausstechform

Aus gerollten oder mit dem Bügelschneider geschnittenen Tonplatten lassen sich mit einer Ausstechform schnell Fliesen herstellen. Dieses Werkzeug ist nützlich, wenn man in kurzer Zeit viele Fliesen gleicher Form und Größe herstellen will.

Pressrelief

Auch mit dieser Methode lassen sich zügig viele gleiche Fliesen herstellen. Die Platten müssen nur grob vorbereitet werden, die Feinarbeit erfolgt in der Gipsform.

PLATTEN SCHNEIDEN MIT DEM BÜGELSCHNEIDER

Ein Bügelschneider ist praktisch, wenn man für diese Methode schnell viele Tonscheiben vorbereiten will. Die Anschaffung lohnt sich aber nur, wenn das Werkzeug oft benutzt wird. Andernfalls kann man den Ton auch ausrollen.

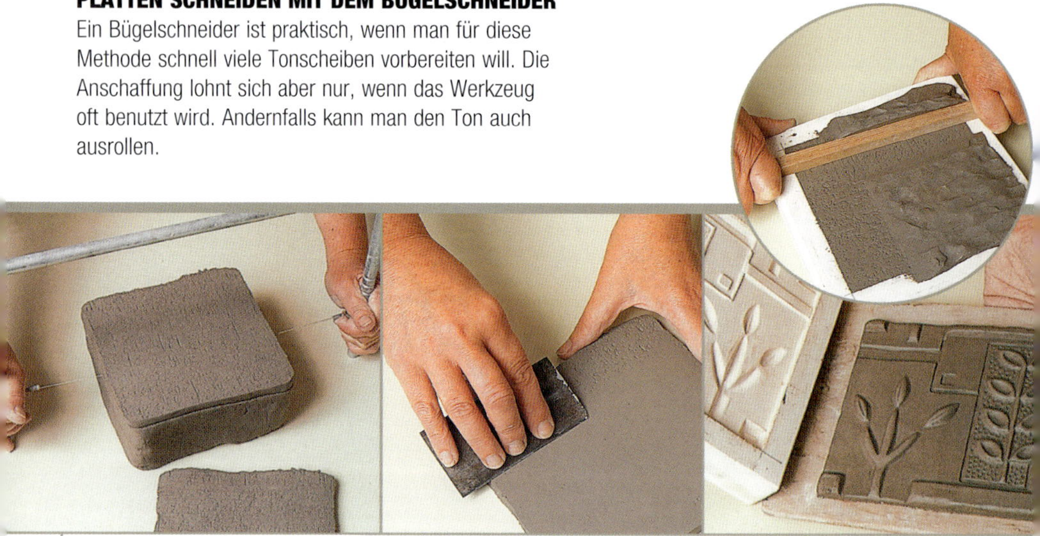

Tonplatten in Gipsformen pressen

1 Einen Tonbatzen schlagen, zu einem Würfel von 15 cm Kantenlänge formen und auf eine gerade Arbeitsfläche setzen. Den Schneidedraht so einstellen, dass er knapp unter der Würfeloberseite liegt. Das Werkzeug auf der hinteren Seite des Würfels ansetzen und zum Körper ziehen. Die abgeschnittene Tonplatte abnehmen und beiseitelegen. Den Draht eine Raste tiefer stellen und die nächste Platte schneiden.

2 Die Oberseite der Platte mit einem Metall- oder Gummischaber glätten. Die Platte mit der geglätteten Seite nach unten in den Model legen und fest andrücken, damit sich die Motive gut abzeichnen und die Ecken sauber ausfallen.

3 Den überschüssigen Ton entfernen. Eine gerade Holzleiste in der Mitte über den Model legen und zum Daumen hin mit festem Druck über den Ton ziehen. Mehrmals wiederholen, dabei in alle Richtungen von der Mitte nach außen arbeiten. Zum Schluss die fertige Fliese aus der Form nehmen und trocknen (siehe Seite 30).

PRESSDEKORE AUFSETZEN

Fliesenoberflächen bieten sich zur Dekoration förmlich an. Sie müssen aber nicht glatt sein. Kleine, reliefartige Dekorelemente sehen sehr attraktiv aus.

Hervorquellenden Schlicker an den Dekorrändern mit einem Modellierhölzchen oder einem feuchten Pinsel entfernen.

Das Dekor mit einer weichen Tonkugel aus der Form lösen, um es nicht zu beschädigen.

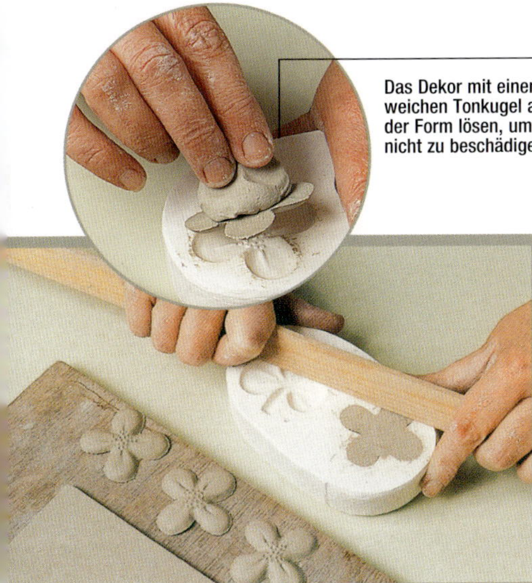

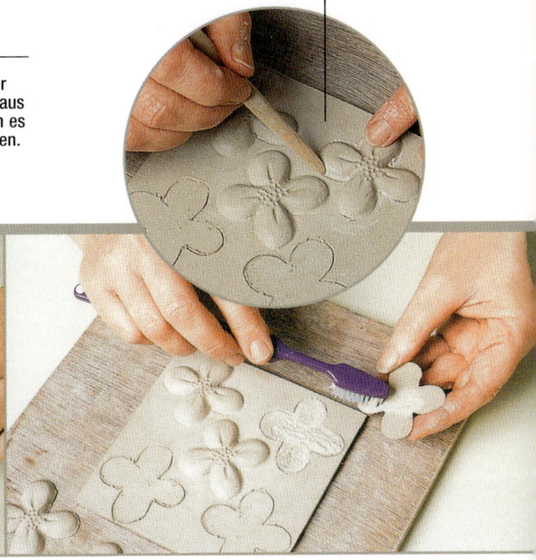

Dekore herstellen

1 Eine kleine Portion Ton in der Dekor-Model drücken. Der Ton muss die Vertiefung ganz ausfüllen. Überschüssigen Ton mit einer Leiste von der Oberfläche abziehen. Die Leiste flach auf den Model setzen und dabei nicht das Dekor aus der Form lösen. Eventuell müssen Sie ein bisschen üben.

2 Die Dekore auf der Fliese anordnen. Die Konturen mit einem spitzen Werkzeug nachziehen, um die Positionen zu markieren. Die Dekore abnehmen.

Die Fliesenoberfläche innerhalb der Markierungen anrauen und mit Schlicker bestreichen. Die Unterseiten der Dekore ebenso vorbereiten. Die Dekore wieder an ihre Positionen setzen und gut andrücken, damit keine Luft eingeschlossen wird.

Schlickerguss

Gießt man Gipsformen mit Schlicker aus, treten die Motivkonturen sehr klar hervor. Auf diese Weise lassen sich leicht mehrere identische Fliesen herstellen.

FLIESEN GIESSEN

Als Schlicker bezeichnet man einen flüssigen Tonbrei. Man kann ihn in Formen gießen und so schnell identische Fliesen herstellen. Er sollte während der Trocknung nicht zu stark schrumpfen und muss in lederhartem Zustand stabil genug für die weitere Verarbeitung sein.

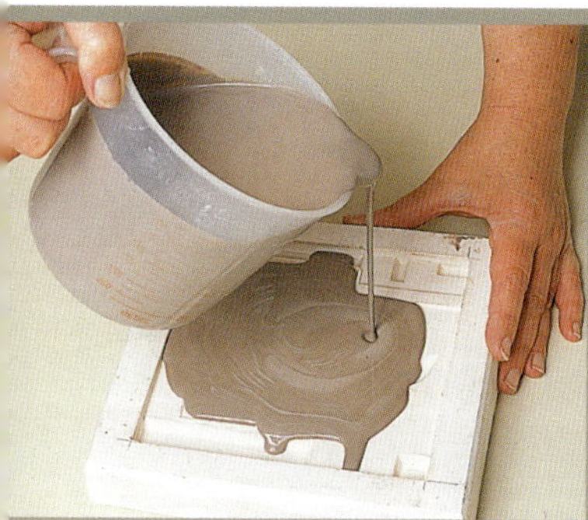

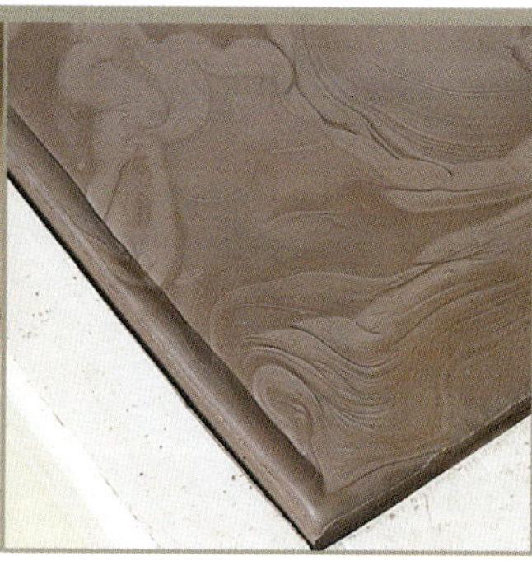

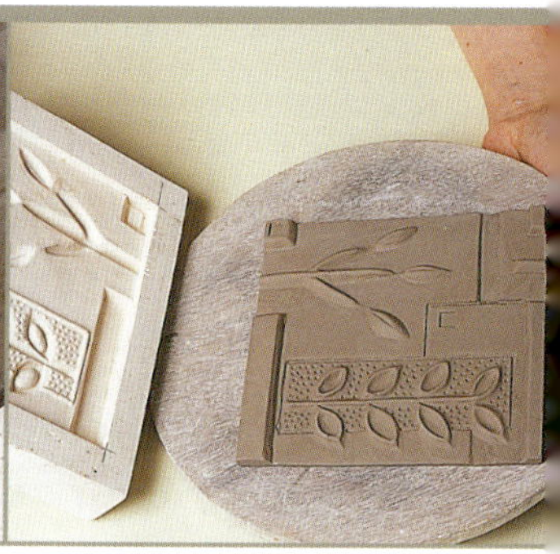

Fliesen aus Schlicker gießen

1 Wenn die Gipsform trocken ist, können Fliesen darin hergestellt werden. Zuerst den Schlicker auf gießfähige Konsistenz anrühren. In einen alten Krug umfüllen, aus dem sich gut gießen lässt. Die Form langsam mit Schlicker ausgießen. Wenn die Masse sich setzt, eventuell etwas nachfüllen. Den Schlicker in der Form so fest werden lassen, dass bei Berührung keine Spuren zurückbleiben. Der Vorgang dauert mindestens 30 Minuten.

2 Wenn der Ton beim Trocknen schrumpft und sich vom Rand des Models löst, kann er aus der Form genommen werden. Das Beispiel zeigt weißen Steingut-Ton (der in ungebranntem Zustand graubeige aussieht). Je nach Raumtemperatur kann er nach etwa einer Stunde aus der Form genommen werden. An einem Tag können mehrere Fliesen gegossen werden. Allerdings muss die Form nach dem Arbeitstag trocknen, weil sie Feuchtigkeit aus dem Ton aufnimmt.

3 Um die Fliese aus der Gipsform zu nehmen, eine Platte darauf legen und beides umdrehen. Dann die Gipsform abheben. So wird verhindert, dass sich die Fliese verzieht. Die Gipsform kann nun erneut benutzt werden. Die Fliesen langsam trocknen, am besten auf einem Gitterrost, das optimale Luftzirkulation ermöglicht und das Verziehen verhindert. Alternativ kann man sie zwischen Platten trocknen, sollte sie dann aber gelegentlich umlegen, damit sie gleichmäßig trocknen.

Handgemachte Fliesen dekorieren

Zum Dekorieren selbst gefertigter Fliesen gibt es viele Möglichkeiten. Wir beginnen mit Engobe-Techniken, die Spielraum für eigene Gestaltungsideen lassen.

ENGOBE

Als Engobe bezeichnet man eingefärbten Schlicker – also flüssigen Ton. Die optimale Konsistenz des Tonbreis hängt davon ab, welche Art von Dekoration vorgesehen ist und mit welcher Technik gearbeitet wird.

Viele Töpfer „grundieren" ihre Werkstücke mit weißem Schlicker, damit andere Dekorfarben mehr Leuchtkraft erhalten. Weißen Schlicker kann man mit Färbeprodukten aus dem Fachhandel eintönen. Mit diesen verschiedenfarbigen Engoben wird das Werkstück bemalt und anschließend mit einer transparenten Glasur überzogen, die schützt und für Glanz sorgt. Verwirrend an den Färbeprodukten ist, dass viele in ungebranntem Zustand ganz anders aussehen als in gebranntem. Brennen Sie darum immer Proben, ehe Sie Fliesen bemalen.

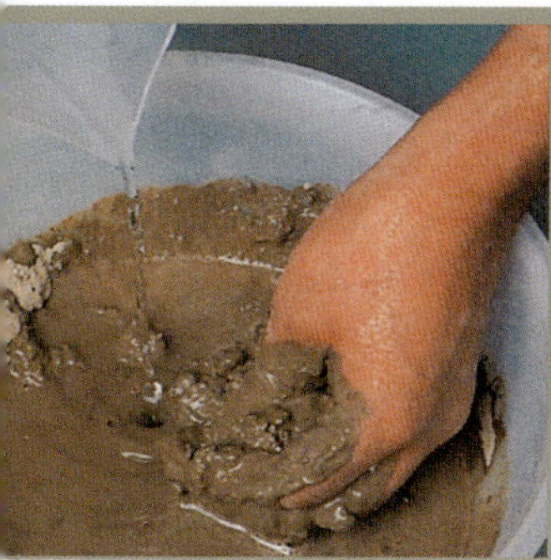

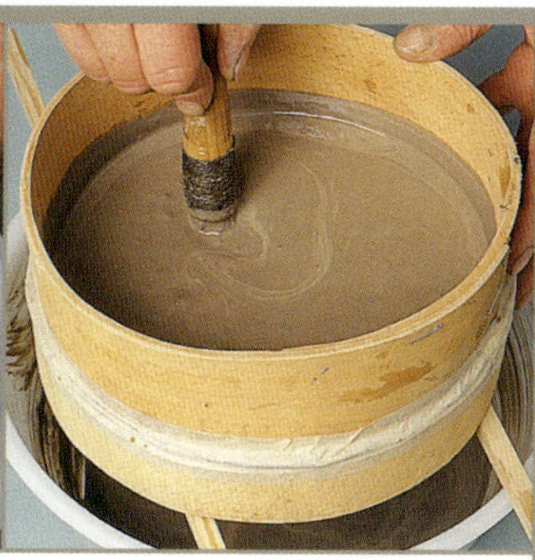

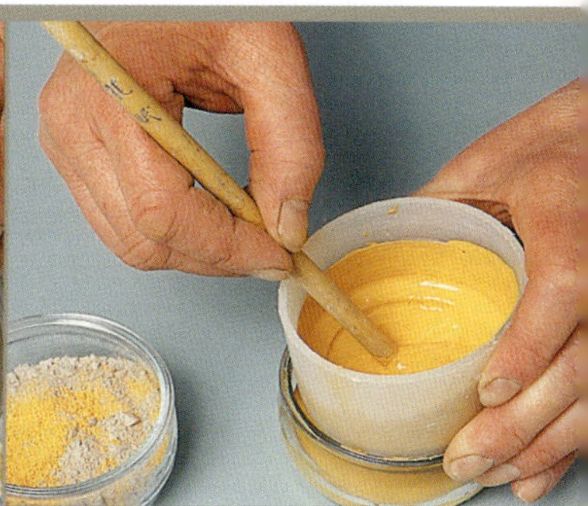

Engoben herstellen

1 Eine Engobe muss am Tonscherben haften und, was wichtiger ist, in gleichem Maße schrumpfen. Hochwertige, weiß ausbrennende Tone werden zu diesem Zweck in Pulverform angeboten.

Die abgemessene Tonpulvermenge in einen Eimer geben. Langsam unter Rühren Wasser zugießen. Für eine durchschnittliche Mischung benötigen Sie 2 l Wasser und 1 kg trockenes Tonpulver.

2 Die Mischung gründlich rühren, bis sie milchig wird. Klumpen mit den Fingern zerdrücken, dann die Flüssigkeit durch ein mittelfeines Sieb streichen, um sie zu homogenisieren. Zum Malen sollte die Engobe eher cremig sein, zum Tauchen und Gießen ist eine sahnige Konsistenz günstig.

Farbige Engoben

Zum Einfärben des Schlickers misst man die erforderliche Menge Färbemittel ab und mischt es vor dem Zugießen von Wasser unter das trockene Tonpulver. Metalloxide müssen nur in kleinen Mengen zugesetzt werden, meist zwischen 2 und 5 %. Bei anderen Färbeprodukten kann der Anteil bis zu 10 % betragen.

ENGOBE LAGERN UND VERARBEITEN

Hier lernen Sie die drei gängigsten Techniken der Engobe-Dekoration kennen. Außer beim Tauchen ist meist ein mehrschichtiger Auftrag nötig, um eine gleichmäßig deckende Schicht zu erhalten, durch die der Scherben nicht durchschimmert. Bewahren Sie Engoben in transparenten Behältern auf, damit Sie schnell und einfach die richtige Farbe erkennen können.

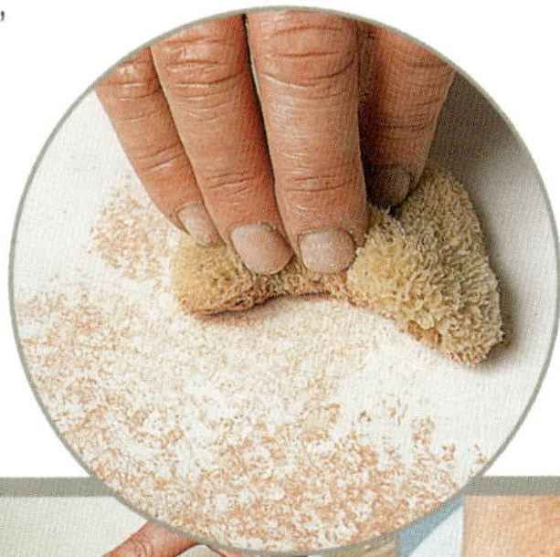

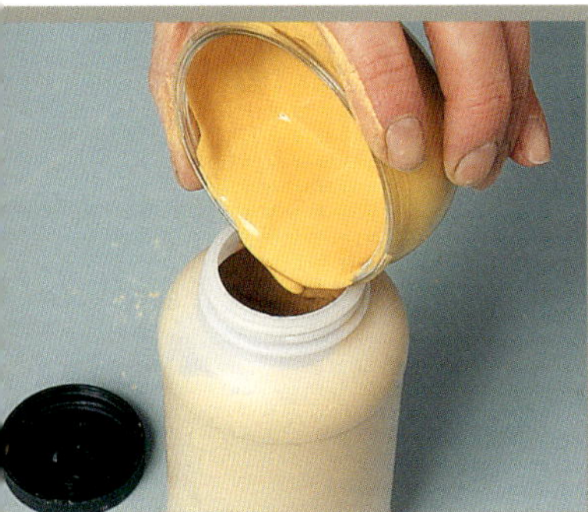

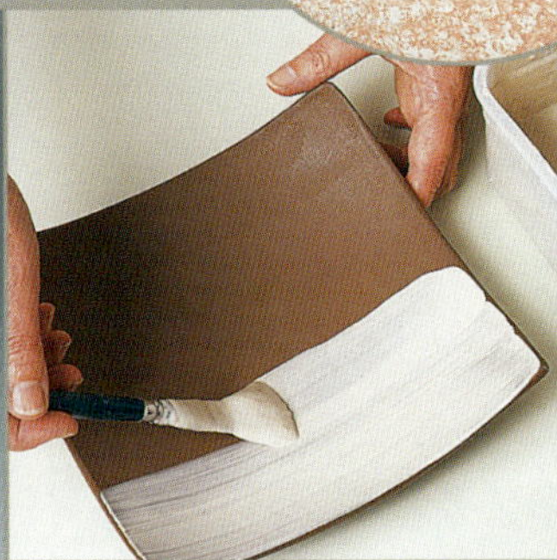

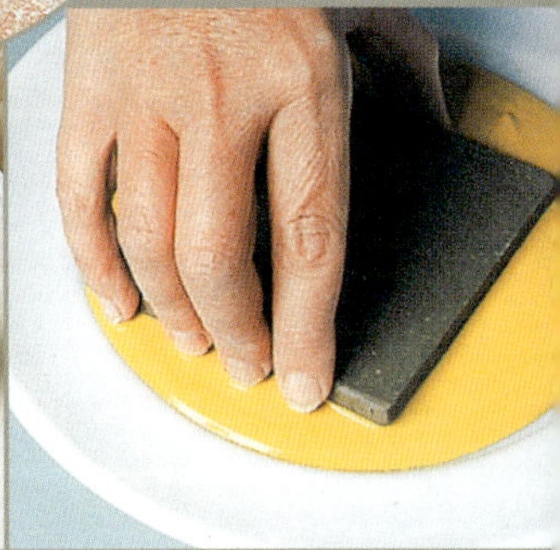

Lagerung

Engoben werden in luftdichten Gefäßen aufbewahrt, damit kein Wasser verdunstet, was zum Eindicken führen würde. Die Gefäße deutlich beschriften und sauber halten. Darauf achten, dass keine trockenen Tonkrümel hineinfallen, die schnell Klumpen bilden. Wenn sich die Tonpartikel absetzen, kann das daraufstehende Wasser abgegossen werden, wenn eine dickere Konsistenz gewünscht ist. Alternativ kann man die Engoben mit Wasser verdünnen.

Auftrag mit Pinsel und Schwamm

Die Engobe mit gleichmäßigen Strichen mit einem weichen Pinsel auf die Fliesenoberfläche auftragen. Auf dunklem Scherben sind eventuell mehrere Schichten nötig. Jede muss klebfrei getrocknet sein, ehe die nächste aufgetragen wird.

Zum Tupfen eignet sich ein Naturschwamm. Bei mehrschichtigem Auftrag jede Schicht trocknen lassen. Tupft man mehrere Farben locker übereinander, entstehen interessante Effekte.

Tauchen

Das Tauchen ist die schnellste Art, eine Fliese mit Engobe zu überziehen. Der Ton muss lederhart sein, damit man ihn anfassen kann. Die Engobe auf einen flachen Teller gießen und die Fliesenoberfläche eintauchen, sodass sie ganz bedeckt ist. Die Oberfläche vor der weiteren Dekoration klebfrei trocknen lassen.

Dekore entwerfen

Auf den folgenden Seiten erfahren Sie, wie man mit Engoben verschiedene attraktive und originelle Muster und Dekore gestalten kann.

PAPIERABDECKUNG

Bei dieser Verzierungsmethode wird mithilfe von ausgeschnittenen Papierteilen ein Muster gestaltet, ähnlich wie mit Schablonen. Die Papierteile werden vor dem Auftupfen der Engobe auf die Fliese gelegt. Nimmt man sie ab, wird das klar konturierte Motiv sichtbar.

Tipp

Spart man beim Tupfen von jedem Papiermotiv ein Stück aus, kann man leichter erkennen, wann sie abgenommen werden müssen.

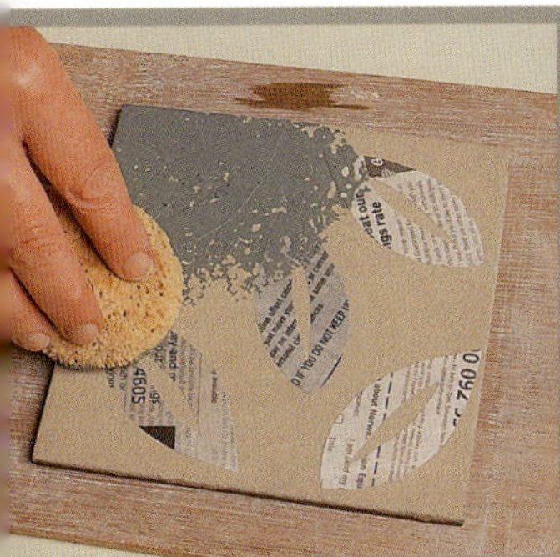

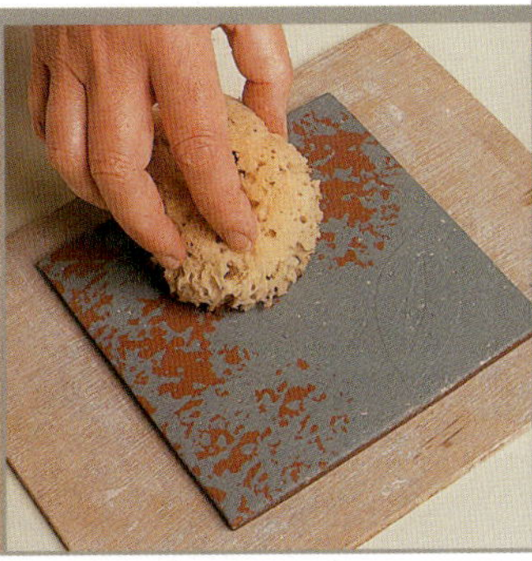

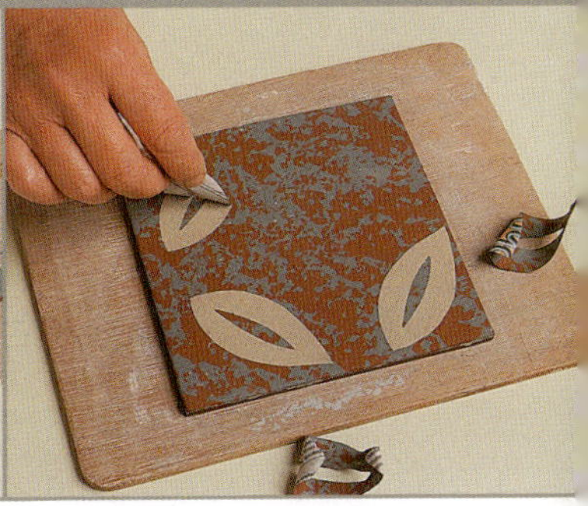

Arbeiten mit Papierabdeckungen

1 Motive oder Formen aus Zeitungspapier ausschneiden, in Wasser tauchen und glatt auf die Fliese legen. Falls nötig, mit einem feuchten Pinsel darüber streichen, um es anzudrücken.

2 Auf die ganze Fläche samt Papierformen mit einem Schwamm Engobe tupfen. Dabei gut aufpassen, dass sich die Papierformen nicht ablösen. Die Engobe klebfrei trocknen lassen.

3 Nun eine dritte Schicht Engobe mit einem gröberen Schwamm so auftupfen, dass die darunter liegende Schicht durchscheint.

Mit der Tupftechnik kann man einfarbige Dekorationen auftragen oder mehrfarbige Effekte erzielen.

4 Wenn die letzte Engobe-Schicht klebfrei trocken ist, die Papiermotive entfernen. Eventuell den Rand mit einer Töpfernadel lösen, um Beschädigungen der Fliesenoberfläche zu vermeiden.

Wer mag, kann die Fläche nun noch mit Sgraffito (siehe Seite 35) verzieren. Aber übertreiben Sie es nicht, sonst wird das Muster leicht zu unruhig.

PAPIERSCHABLONEN

Papierschablonen sind eine Variante der Papierabdeckung. In diesem Fall wird das Motiv ausgeschnitten und die Farbe durch den Ausschnitt hindurch aufgetragen. Abgedeckt wird also der Hintergrund.

ENGOBE-MALEREI

Diese Technik braucht Fingerspitzengefühl. Üben Sie auf Zeitungspapier, bis Sie sich sicher genug fühlen, um sich an Fliesen zu wagen. Es ist nicht schlimm, wenn es schief geht. Solange die Engobe nass ist, können Sie sie einfach abkratzen und es noch einmal versuchen.

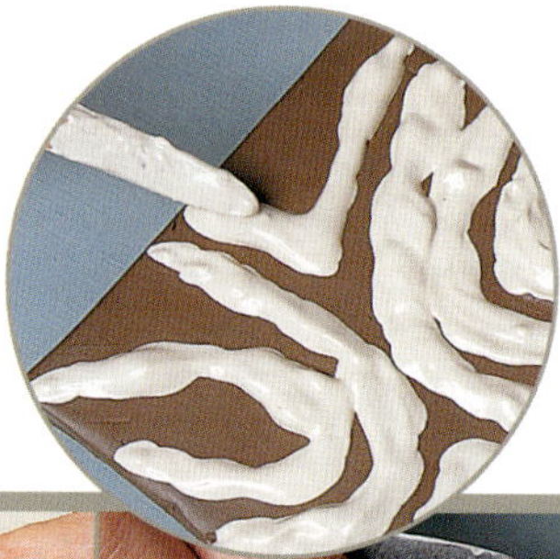

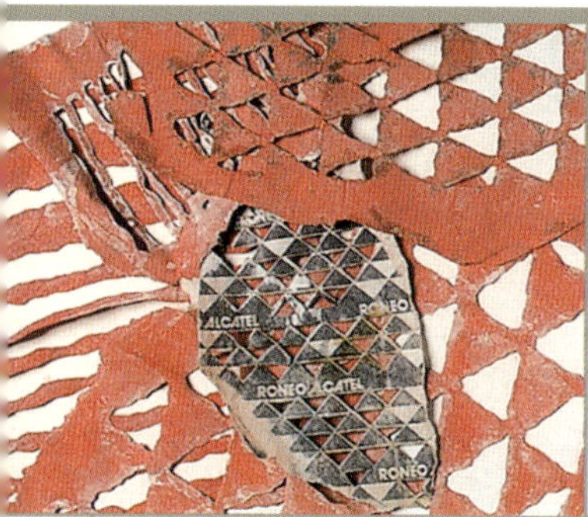

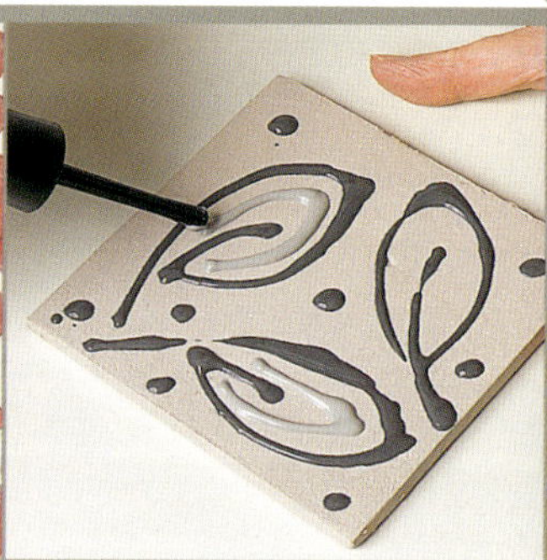

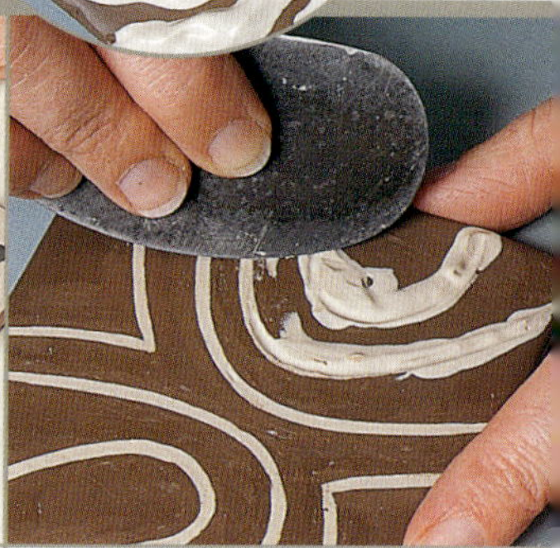

Papierschablonen

Diese Schablonen, die aus dickem, saugfähigem Papier zugeschnitten sind, ergeben interessante Muster. Das hier verwendete Papier kann abgespült und mehrmals benutzt werden. Schablonen aus Zeitungspapier kann man nur einmal verwenden.

Engobe-Malerei

Füllen Sie das Malbällchen mit Engobe, deren Konsistenz geschlagener Sahne ähnelt. Das Bällchen gleichmäßig drücken und mit dem aus der Tülle austretenden Tonbrei malen. Vorsicht, die Engobe kann klecksen. Versuchen Sie, die Arbeitshand mit der freien Hand abzustützen. Üben Sie das Malen mit dem Bällchen erst auf Papier, ehe Sie Fliesen in Arbeit nehmen.

Engobe-Intarsien

1 Zuerst wird in eine lederharte Fliese ein Muster geritzt, dann trägt man möglichst dick eine kontrastfarbige Engobe auf. Wenn die Engobe bei der Trocknung schrumpft, ist eventuell ein zweiter Auftrag nötig, um die geritzten Rillen zu füllen.

2 Ist auch die Engobe lederhart getrocknet, wird der Überschuss mit einem Metallschaber entfernt, bis das Intarsienmuster klar erkennbar ist.

INTARSIENTECHNIK

Die Intarsientechnik eignet sich gut, um kontrastfarbigen Ton in die Oberfläche einer Fliese einzubetten. Man braucht aber Geduld und eine ruhige Hand. Am schwierigsten ist es, den richtigen Moment zum Abschaben des überschüssigen Tons zu finden. Wer darin Sicherheit gewonnen hat, wird feststellen, dass es sehr reizvoll ist, das klare Muster langsam erscheinen zu sehen.

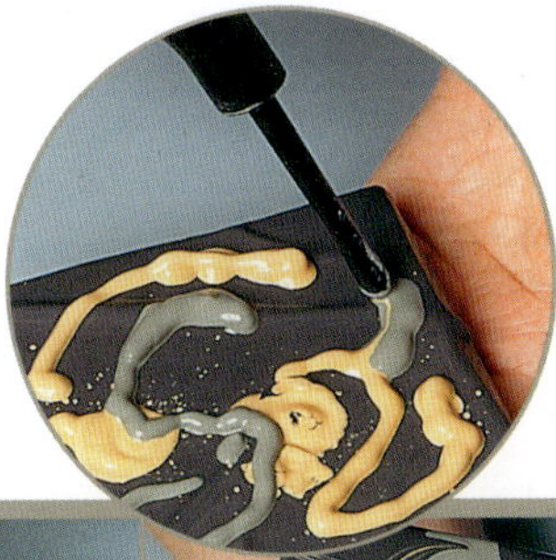

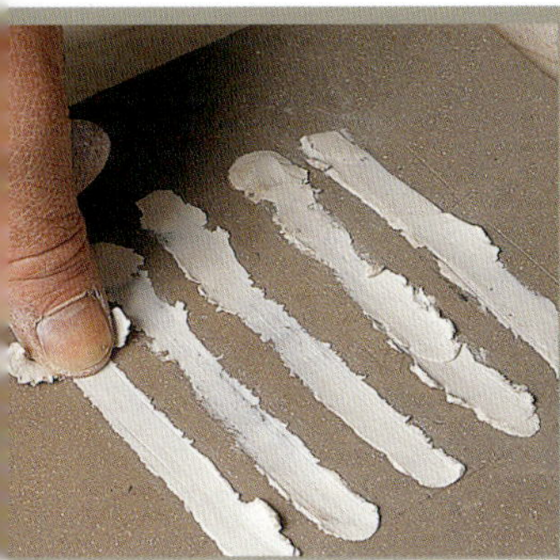

Intarsien mit weichem Ton

Der Mittelteil der Fliese wird mit Linien aus Porzellan-Ton dekoriert. Ist er lederhart getrocknet, wird der Überschuss mit einem Metallschaber entfernt, wie bei der Engobe-Intarsientechnik (links).

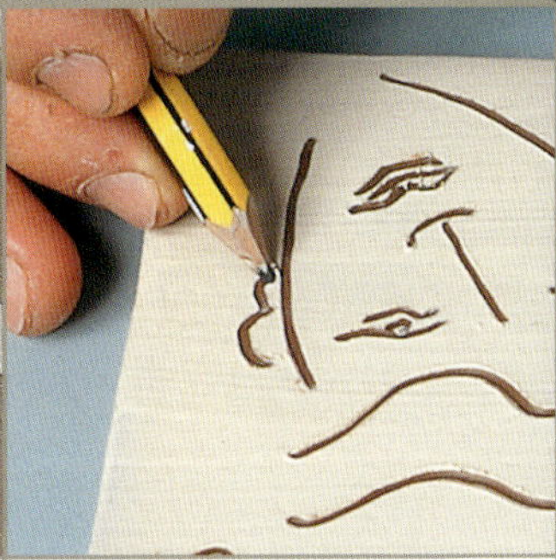

Sgraffito

Als Sgraffito bezeichnet man das Einritzen von Motiven in die Tonoberfläche. Häufig wendet man sie auf Werkstücken an, die mit farbiger Engobe überzogen sind, sodass in den geritzten Linien die Farbe des Scherbens sichtbar wird.

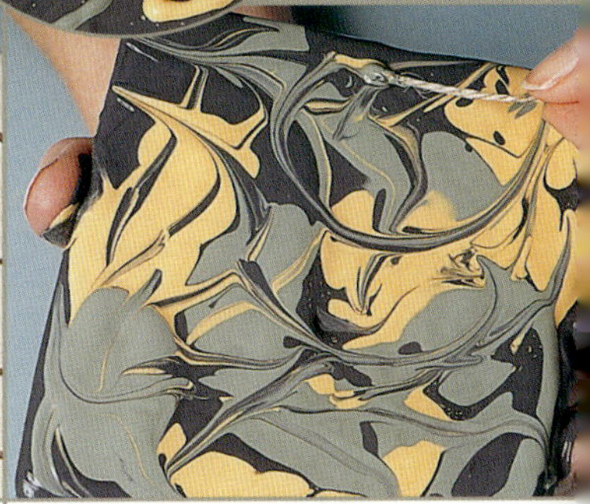

Engobe marmorieren

Großzügige Kleckse kontrastfarbiger Engoben auf die Fliese geben und diese rütteln, damit die Farben verlaufen. Aber nicht zu stark rütteln, sonst mischen sich die Farben zu schmuddeligen Tönen. Überschüssige Engobe abgießen und die Kante sauber wischen. Nach Wunsch die flüssigen Farben mit einem Wattestäbchen ineinanderziehen.

Flaschenmalerei

Die Mischung muss drei Inhaltsstoffe enthalten: Ton als Bindemittel, ein Fließmittel zum Einbrennen der Linien auf der Fliese und ein körniges Material wie Quarz zum Verringern der Schwindung im Brand.

Geeignete Mischungen kann man selbst kaufen oder nach folgendem Rezept herstellen:

- 36 Gewichtsprozente Kaolin
- 36 Gewichtsprozente Quarz
- 16 Gewichtsprozente Ball Clay
- 4 Gewichtsprozente Kreide
- 4 Gewichtsprozente Standard-Boraxfritte
- 4 Gewichtsprozente alkalireiche Fritte

Die Zutaten mit Wasser so flüssig anrühren, dass man sie durch ein sehr feines Sieb streichen kann. 24 Stunden stehen lassen, dann das Wasser von der Oberfläche abschöpfen. Zum weiteren Eindicken im offenen Gefäß an einen Platz stellen, um die Verdunstung zu beschleunigen.

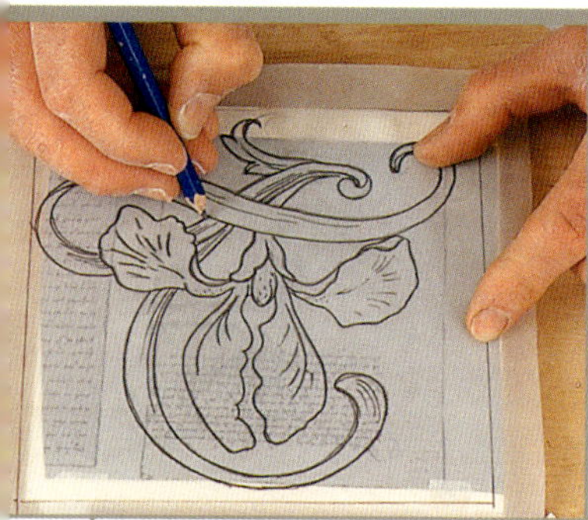

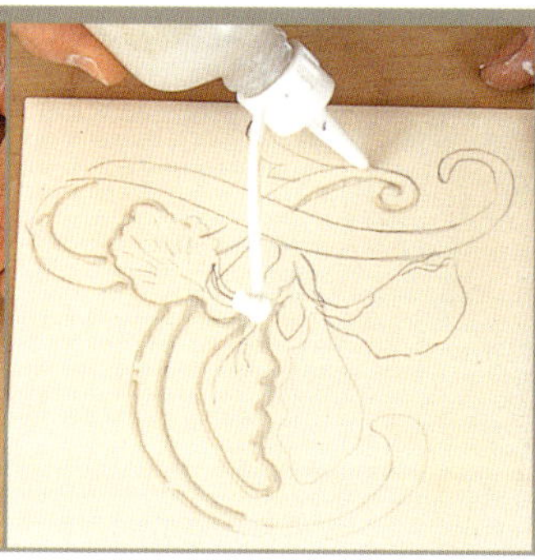

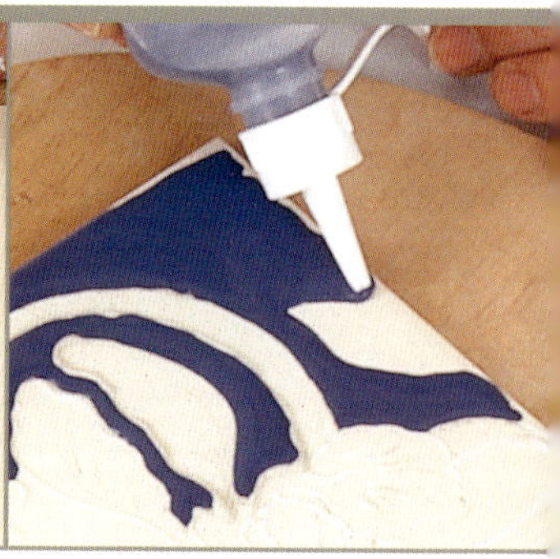

Tubenmalerei auf geschrühten Fliesen

1 Das Motiv auf eine geschrühte Fliese mit glatter, ebener Oberfläche übertragen.

2 Eine Weichplastikflasche (siehe Abbildung) oder ein Malbällchen mit 1-mm-Tülle mit der Mischung füllen. Gut schütteln. Ist die Mischung zu dünn, fließt sie zu schnell heraus. Um eine dünne, durchgehende Linie zu ziehen, muss die Tülle ständig Berührung mit der Fliesenoberfläche haben. Die Flasche zum Körper hin führen, dann gelingen gleichmäßigere Linien. Feine Details, die beispielsweise Strukturen andeuten, können mit einem Pinsel aufgemalt werden.

3 Nach dem Trocknen die Motivbereiche mit farbigen Glasuren ausfüllen. Diese werden mit einem Malbällchen mit weiterer Tülle aufgetragen und in der Konsistenz Malglasuren (siehe Seite 41) ähneln. Je flüssiger eine Glasur, desto sorgfältiger muss sie aufgetragen werden. Beim Arbeiten mit Glasuren immer Schutzhandschuhe tragen.

Oberflächenstrukturen Das Eindrücken von Strukturen in Fliesen ist einfach, erlaubt aber interessante Effekte.

Bei dieser Methode wird ein strukturiertes Material auf den Ton gelegt und mit der Rolle angedrückt, sodass die Struktur sich abzeichnet. Prägetapeten eignen sich gut, zumal sie in vielen verschiedenen Varianten erhältlich sind und sich leicht in jede Form schneiden lassen. Sie können aber auch Naturmaterialien benutzen, die man überall findet. Selbst Unkraut kann toll aussehen.

Fliesen trocknen
Fertige Fliesen müssen langsam und vor allem gleichmäßig trocknen. Krümmungen entstehen oft, wenn die Oberseite schneller trocknet als die Unterseite. Am besten legt man sie auf Küchengitter, die es für wenig Geld zu kaufen gibt (danach aber nicht mehr für Kuchen verwendet werden dürfen). Alternativ kann man die Fliesen langsam zwischen Holzplatten trocknen oder sie regelmäßig umdrehen.

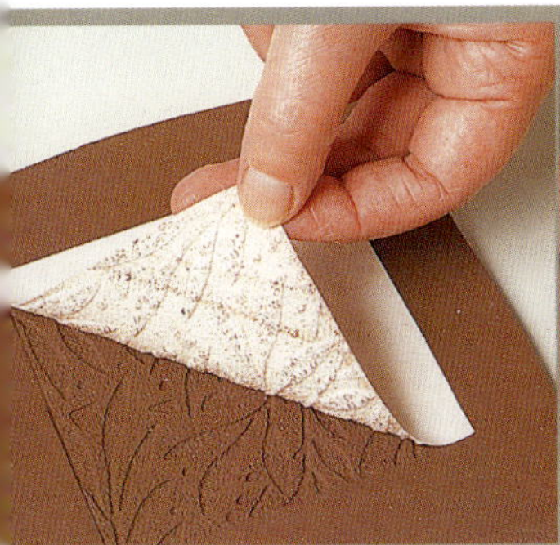

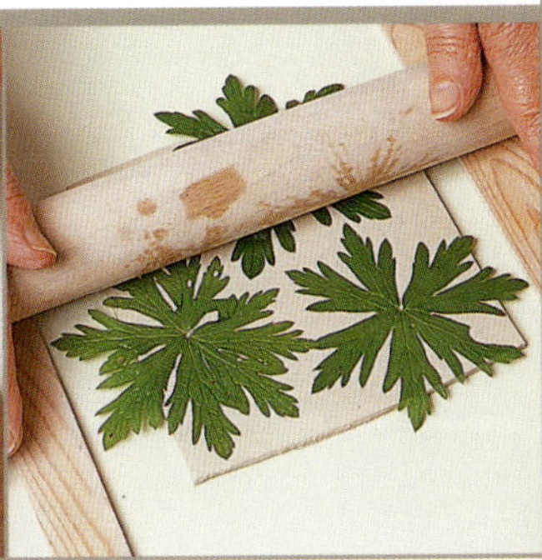

Tapeten
Prägetapeten gibt es nicht nur mit vielen verschiedenen Strukturen, man kann sie auch in Form schneiden, um Motive oder Rapporte zu gestalten. Fragen Sie beim Raumausstatter nach Musterstücken und experimentieren Sie, ehe Sie eine ganze Rolle kaufen. Die Fliese zwischen Leisten legen, die Tapete darauf ausrichten und vorsichtig, aber fest mit dem Rollholz darüber rollen. Zum Entfernen das Papier an einer Ecke mit der Töpfernadel anheben.

Blätter
Sehr schön können auch Blätter aussehen. Achten Sie darauf, dass sie interessante Formen und ausgeprägte Adern auf der Unterseite haben, die sich gut im Ton abzeichnen. Probieren Sie auch einmal aus, welche Effekte mit Koniferen, Blüten, Samenständen, Rinde oder getrocknetem Seetang möglich sind.

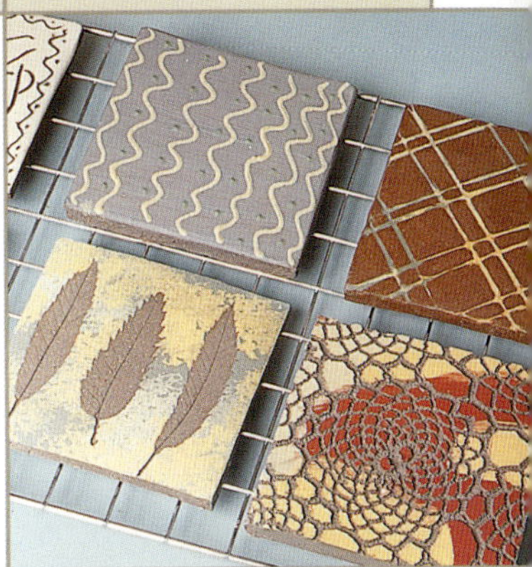

Glasuren auftragen

Als Glasur bezeichnet man die harte, glasartige Schicht, die einer Fliese den Glanz gibt. Glasuren bestehen aus verschiedenen gemahlenen Gesteinen und Mineralien, deren Mischungsverhältnis den jeweiligen Effekt bestimmt.

GLASURARTEN UND MISCHUNGEN

Die Hauptbestandteile von Glasuren sind Siliziumdioxid (Silica, verglasende Komponente), Aluminiumoxid (verhindert das Abfließen während des Brandes) sowie ein Fließmittel, das den Schmelzpunkt bestimmt. Kleine Mengen anderer Zutaten, die für Farbe oder andere Effekte sorgen, können ebenfalls enthalten sein. Es gibt hochglänzende, seidenglänzende und matte Glasuren, transparente und deckende, weiße und farbige.

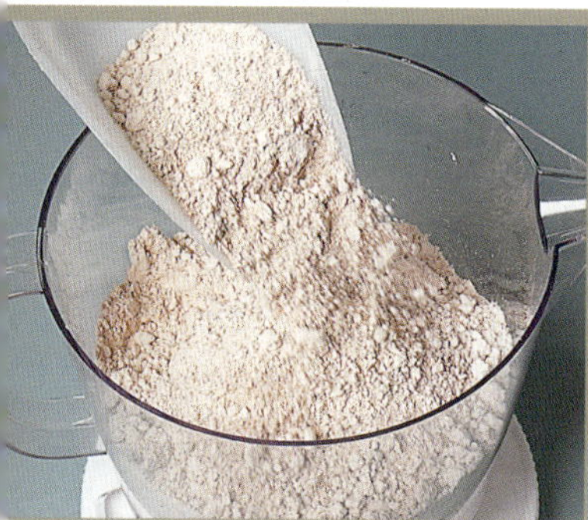

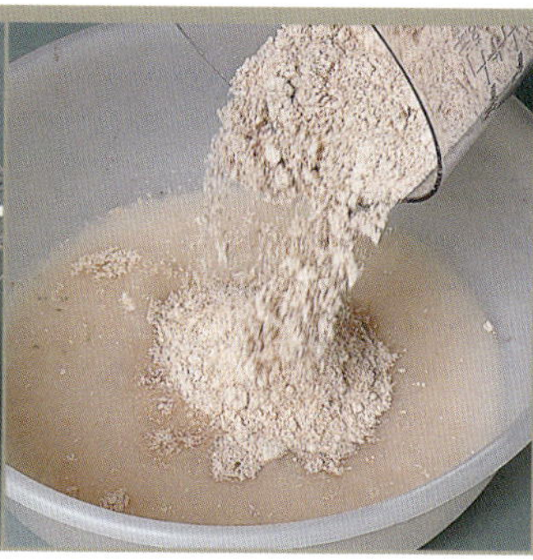

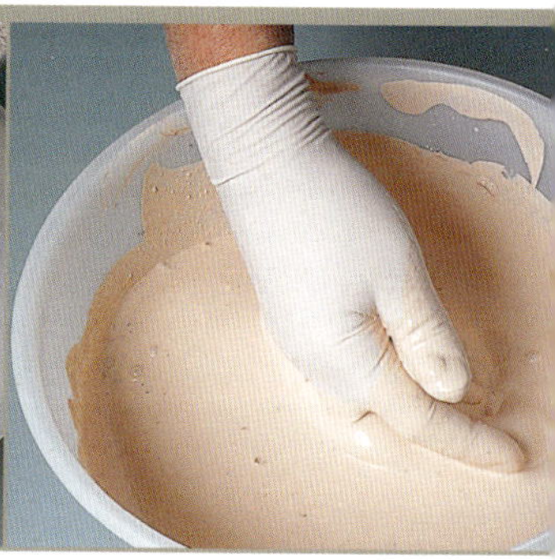

Glasuren anrühren

1 Die Trockenzutaten abwiegen und in einer Schüssel vermischen, ohne viel Staub aufzuwirbeln. Beim Hantieren mit trockenen Pulvern jeder Art sollten Sie immer eine Atemschutzmaske tragen.

2 Sind die Pulverbestandteile gut vermischt, werden sie langsam auf die Oberfläche des Wassers gestreut. Darauf achten, dass sich möglichst wenig Klümpchen bilden.

3 Ist das gesamte Pulver zum Wasser gegeben, die Mischung gründlich durchrühren. Klümpchen dabei zwischen den Fingern zerdrücken.

Man kann Glasuren selbst herstellen oder im Handel für Töpfereibedarf fertige Mischungen kaufen. Sie werden in Pulverform angeboten, gebrauchsfertig in Eimern oder dickflüssig (pastos) zum Auftrag mit dem Pinsel.

Fertig gekaufte Transparentglasuren lassen sich durch Zugabe kleiner Mengen von Metalloxiden oder etwas größere Mengen von Unterglasurfarben oder Glasurfärbemitteln eintönen. Wer verschiedene Glasurfarben auf einer Fliese kombinieren will, sollte eine Grundglasur mit verschiedenen Farbstoffen eintönen, um Unverträglichkeitsprobleme zu vermeiden. Beim Anrühren von Glasurpulver mit Wasser rechnet man auf 1kg Pulver ca. 1 bis 1,4 l Wasser. Dies ist nur eine ungefähre Angabe, denn auch die Verarbeitungsweise bestimmt die erforderliche Viskosität der Glasur.

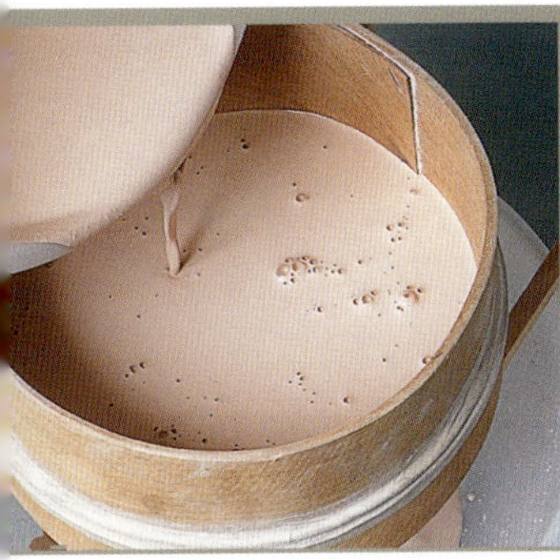

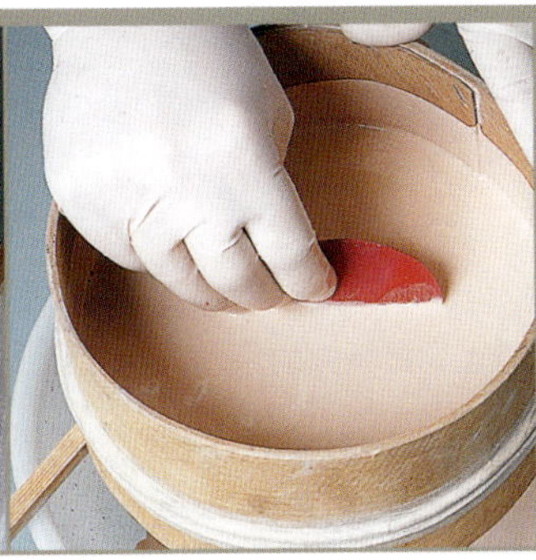

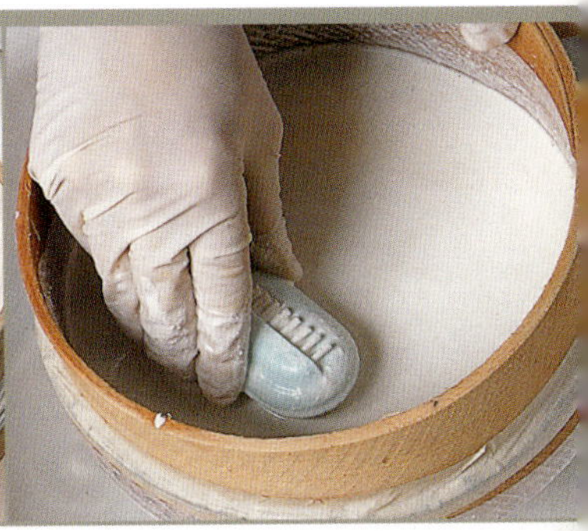

4 Zwei Leisten über eine Schüssel legen, darauf ein Sieb stellen und die Glasurmischung portionsweise durch das Sieb gießen.

Die Portionen sollten eher klein sein, falls die Mischung zu dünn geworden ist.

5 Viele Töpfer streichen die Glasur mit einem Pinsel mit langen, steifen Borsten durch das Sieb. Alternativ kann man einen festen Gummischaber verwenden, der sich anschließend leichter reinigen lässt.

6 Gut geeignet ist auch eine Nagelbüste. Die kurzen, harten Borsten drücken die Glasur durch die Sieböffnungen. Das Sieb sollte recht feinmaschig sein, vor allem wenn Sie vorhaben, die Glasur zu spritzen.

GLASUREN EINFÄRBEN UND AUFTRAGEN

Wer Glasuren einfärben will, sollte zuerst mit kleinen Mengen beginnen. Es ist ärgerlich, einen ganzen Eimer Glasur eingetönt zu haben und nach dem Brand mit der Farbe unzufrieden zu sein. Notieren Sie sich die Glasurzutaten genau, damit Sie später auf das Rezept zurückgreifen können. Am besten bringen Sie die Notizen direkt auf der Rückseite der Probestücke an.

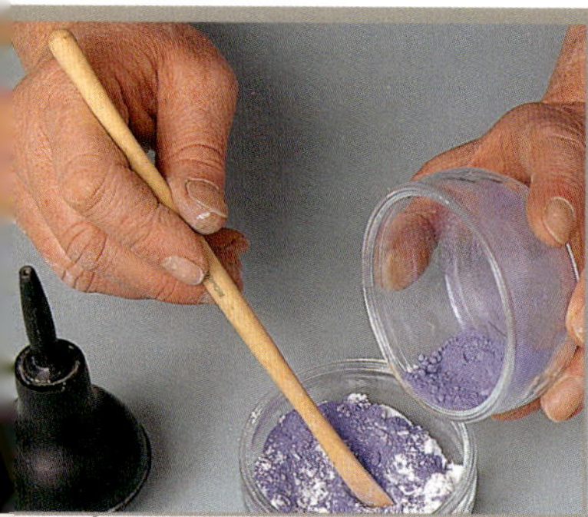

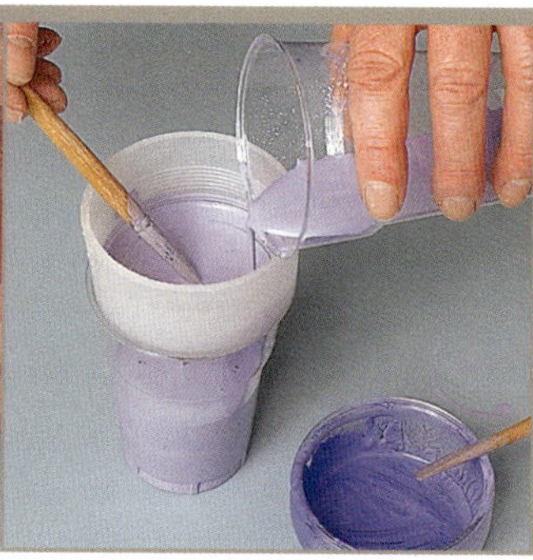

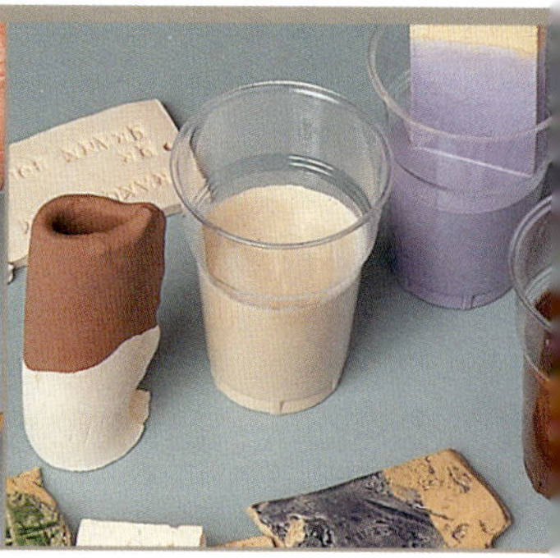

Glasuren einfärben

1 Das Einfärben fertig gekaufter Glasuren ist recht einfach. Verrühren Sie 10 % gekaufte Unterglasurfarbe oder Färbemittel (Trockengewicht) mit etwas Wasser zu einer milchigen Flüssigkeit.

2 Das Glasurpulver in Wasser schütten und gut verrühren, dann das aufgelöste Färbemittel zugeben. Sorgfältig umrühren und die Mischung durch ein Sieb (120er-Maschenweite) gießen. Das Sieb muss feiner sein als für ungefärbte Glasur, um sicher zu gehen, dass das Färbemittel gleichmäßig verteilt ist.

3 Glasuren immer erst testen, bevor sie zur Anwendung kommen. Es kommt vor, dass eine Glasur nicht den Erwartungen entspricht oder zu dünn aufgetragen wurde. Es wäre schade, dadurch Fliesen zu ruinieren. Bereiten Sie einige flache Tonstreifen vor, die einem Schrühbrand unterzogen werden. Dann die Glasur auftragen und nochmals brennen. Die Proben beschriften und aufbewahren.

Tipp

Mit einem feuchten Schwamm Glasurtropfen von der Auflagefläche der Fliese im Ofen abwischen, sonst brennt die Fliese im Ofen fest.

TAUCHEN

Für Fliesen ist das Tauchen eine praktische Technik, weil die geschrühte Tonoberfläche Wasser aufsaugt. Die Fliese wird mit einer zügigen Bewegung in eine Schüssel mit Glasur getaucht und untergetaucht gehalten, sodass Wasser in den Ton eindringen kann und eine Schicht Glasur auf der Oberfläche haften bleibt. Danach die Fliese mit der Oberseite nach oben halten und überschüssige Glasur abtropfen lassen.

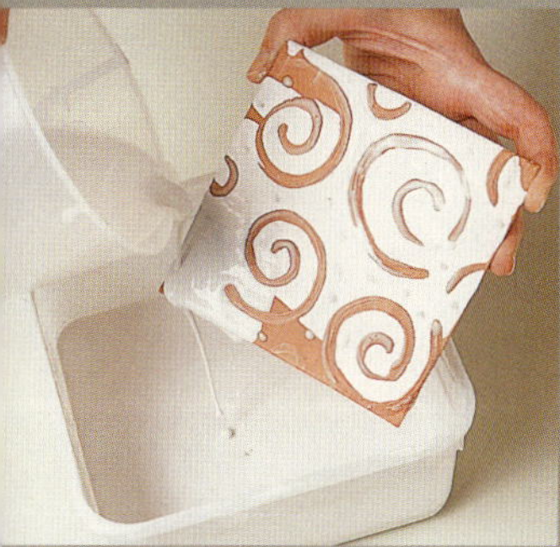

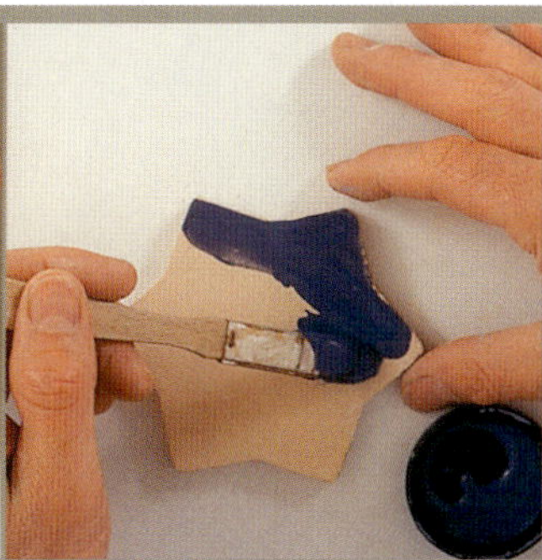

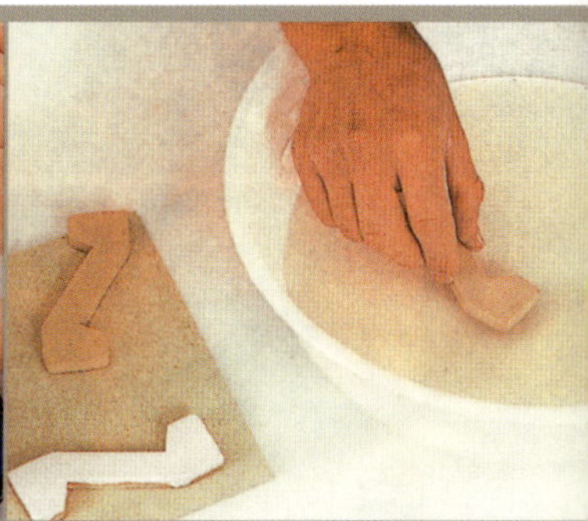

Gießen

Einen Krug oder ein ähnliches Gefäß mit Glasur füllen. Die Fliese über den Glasureimer halten und die Glasur über die Oberfläche gießen. Dabei nicht absetzen, sonst fällt die Glasurschicht unterschiedlich dick aus.

Pinseln

Das Aufpinseln von Glasur ist schwieriger als das Tauchen, weil der gebrannte Ton das Wasser schnell aufsaugt. Das Pinseln braucht also etwas Übung.

Die Fliese auf eine Platte legen, den Glasureimer in Reichweite stellen. Mit dem Pinsel Glasur aufnehmen und auf die Oberfläche streichen. Wiederholen, bis die ganze Fläche bedeckt ist.

Tauchen

Wird dickflüssige Glasur verwendet, genügt es, mit der Oberseite der Fliese über die Oberfläche der Glasur zu fahren. Überschüssige Glasur abschütteln, sonst bilden sich Tropfnasen.

GLASURAUFTRAG

Fliesenkleber und Fugenmassen haften besser an Fliesen, deren Rückseiten und Kanten unglasiert sind. Auch für den Brand ist es wichtig, dass die Unterseiten glasurfrei sind, damit sie nicht im Ofen festkleben, wenn die Glasur während des Brandes schmilzt. Dadurch würden Fliese und Ofenplatte ruiniert.

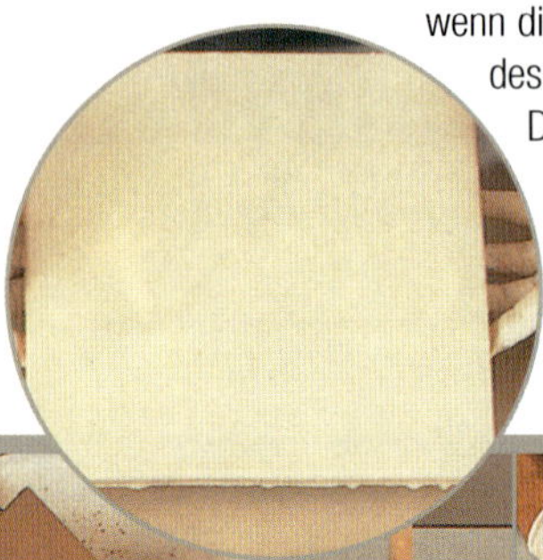

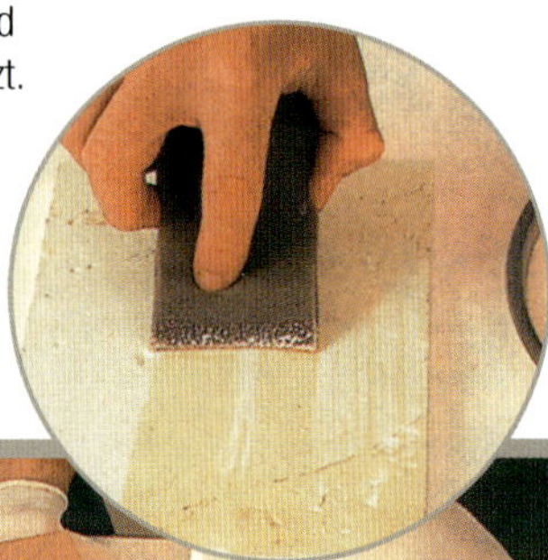

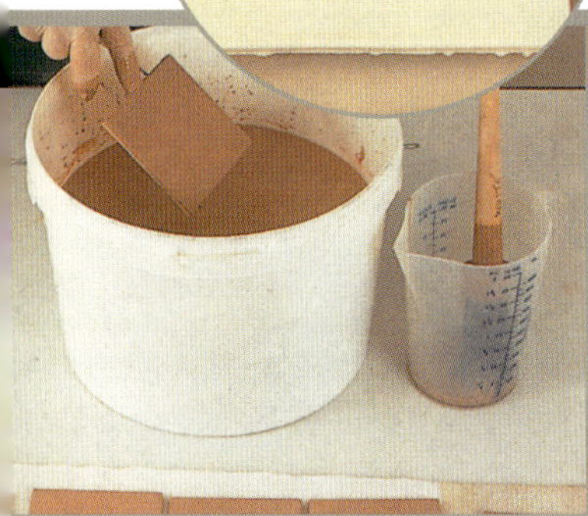

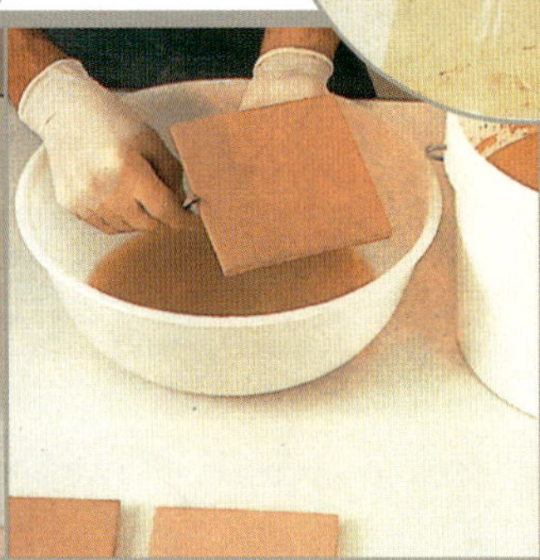

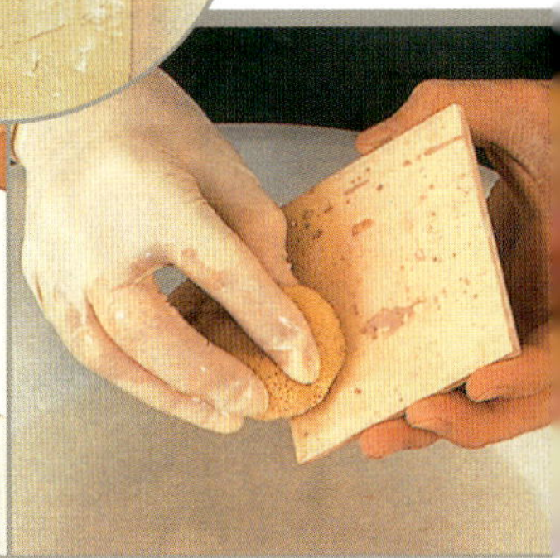

Große Fliesen tauchen

Große, dicke Fliesen kann man beim Tauchen mit den Fingerspitzen an den Kanten halten, ohne Spuren in der Glasur zu hinterlassen.

Tauchrahmen

Zum Tauchen dünner Fliesen verwendet man einen Drahtrahmen, sodass die Fliese nur mit der äußersten Spitze des Daumens gestützt werden muss.

Fliesenrückseiten schützen

Die Fliesenrückseiten mit einer dünnen Schicht Wachsemulsion bestreichen, damit dort keine Glasur haften kann.

Überschüssige Glasur entfernen

Von den Kanten lässt sich Glasur, die noch feucht ist, leicht mit einer Messerklinge abschaben.

Vor dem Brand

Ehe Sie die Fliesen in den Ofen legen, wischen Sie mit einem feuchten Schwamm eventuelle Glasurreste ab, die noch an der Wachsschicht haften.

UNTERGLASURFARBEN

Unterglasurfarben sind flüssig und in Pulverform erhältlich. Für diese Technik eignen sich beide Versionen. Pulverfarben werden vor der Verarbeitung einfach mit Wasser verdünnt. Formschwämmchen zum Tupfen kann man im Bastelgeschäft kaufen. Wer selbst Motive zuschneiden will, feuchtet einen Schwamm an und legt ihn ein Weilchen ins Tiefkühlfach. Das Motiv auf den gefrorenen Schwamm zeichnen und mit einem Cutter ausschneiden.

Unterglasurfarben werden nach dem Schrühbrand aufgetragen. Am klarsten ist die Farbwirkung auf hellen Scherben. Wer mit rotem Ton arbeitet, kann vor dem Schrühbrand einige Schichten weißer Engobe auftragen, damit die Tonfarbe die Unterglasurfarben nicht verfälscht. Es ist auch möglich, die Unterglasurfarben mit einem Pinsel aufzumalen.

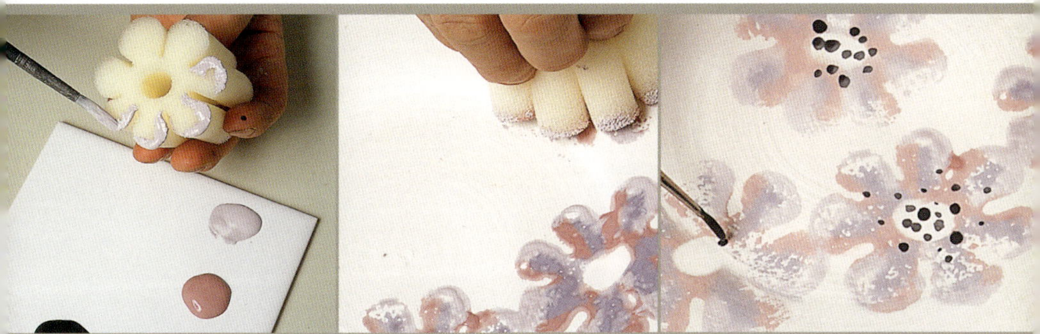

Schwammdruck mit Unterglasurfarben

1 Die verarbeitungsfertigen Farben auf einen alten Teller oder eine alte Fliese geben. Den Formschwamm anfeuchten und in die Farbe tauchen. Sie können mit einem Pinsel auch mehrere Farben gezielt auf den Schwamm auftragen.

2 Das Motiv mit leichtem Druck auf die Tonoberfläche „stempeln". Überlegen Sie vorher, wie das Muster verteilt werden soll und ob Motive am Rand abgeschnitten werden dürfen. Wenn die Abdrücke blasser werden, neue Farbe auf den Schwamm geben.

3 Details in einer Kontrastfarbe mit einem feinen Pinsel aufmalen. Das verzierte Werkstück mit einer transparenten Glasur überziehen und brennen.

GLASURAUFTRAG MIT DEM PINSEL

Im Fachhandel für Töpferbedarf findet man viele Fertigglasuren. Nur Glasuren, die bei hoher Temperatur gebrannt werden, eignen sich für Haushaltsgegenstände. Professionelle Töpfer verwenden Fertigglasuren selten, weil sie teuer und nur in relativ kleinen Gebinden erhältlich sind. Für Anfänger eignen Sie sich aber gut, um erste Erfahrungen zu sammeln.

MAJOLIKA

Als Majolika bezeichnet man eine Technik, bei der eine ungebrannte, trockene Glasur bemalt wird. Beim Brand verschmelzen die Farben mit der Glasur, darum nennt man dies Verfahren auch „In-Glasur-Dekoration". Normalerweise wird als Untergrund eine weiße Zinnglasur verwendet. Traditionell wurde allerdings in eine Transparentglasur auf weißer Engobe gemalt. Probieren Sie beide Methoden, um zu sehen, wie sie sich unterscheiden.

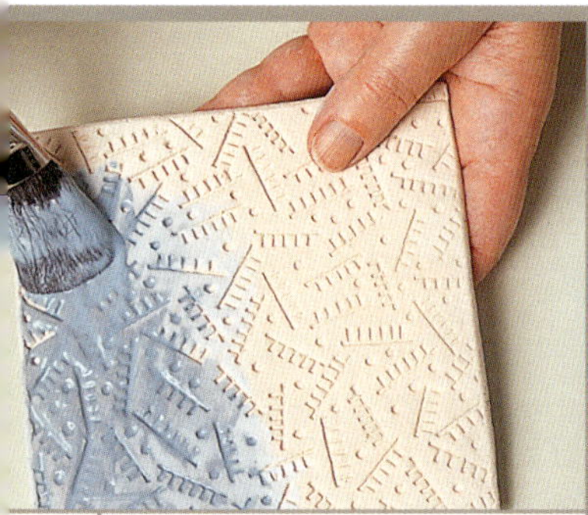

Glasur aufpinseln
Wählen Sie einfach Glasuren aus dem Handelsangebot und streichen Sie sie mit dem Pinsel auf Ihre Fliesen. Beachten Sie dabei die Herstellerhinweise. Meist sind mehrere Schichten nötig, um ein befriedigendes Ergebnis zu erzielen.

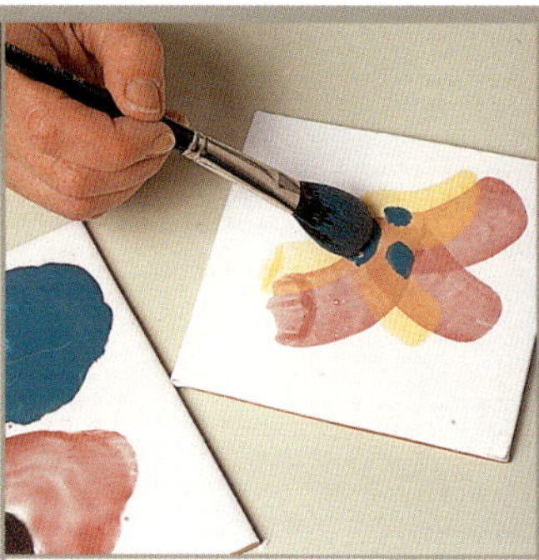

Majolika
Unterglasur-Farbpulver mit etwas Glasur und einigen Tropfen Wasser anrühren. Die Fliesenoberfläche mit weißer Zinnglasur bestreichen und trocknen lassen.

Großzügige Muster mit einem weichen Borstenpinsel aufmalen. Genügend Farbe für einen ganzen Strich aufnehmen. Absätze in den Strichen werden im Brand sichtbar. Das Muster aus verschiedenen Farben aufbauen. Für Details einen feineren Pinsel verwenden.

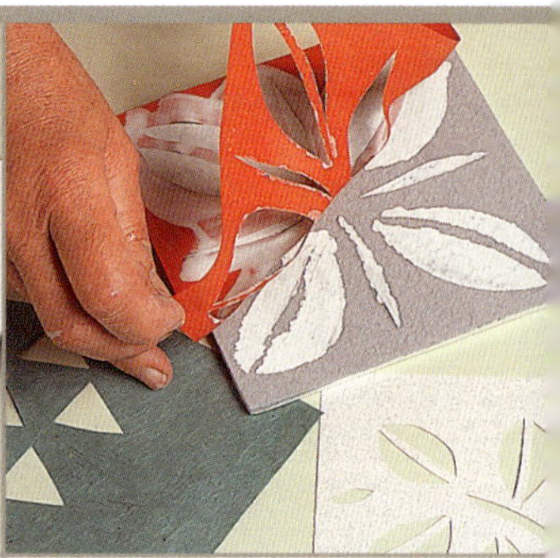

Glasur und Papierschablonen
Schablonen aus Papier oder Pappe eignen sich gut für klar umrissene Motive. Man kann sie für Unterglasurfarben oder als Erweiterung der Majolika-Technik benutzen.

Die Schablone sollte etwas größer als die Fliese sein, damit man die Papierränder mit Malerkrepp fixieren kann.

Es kann interessant aussehen, wenn man auf eine vorglasierte Oberfläche Glasur oder Oxide mit einer alten Zahnbürste sprenkelt.

Dekor-Glasuren

Die Glasur hat nicht nur einen praktischen Nutzen. Mit nur wenigen Zusatzmaterialien ergeben sich zahlreiche kreative Einsatzmöglichkeiten.

OXIDE

Metalloxide haben zur Dekoration von Keramikobjekten Tradition. Man kann sie auf verschiedene Weisen verwenden.

Achtung

Zum Schutz der Gesundheit sollte man direkten Hautkontakt mit Oxiden vermeiden. Tragen Sie bei der Verarbeitung Gummihandschuhe.

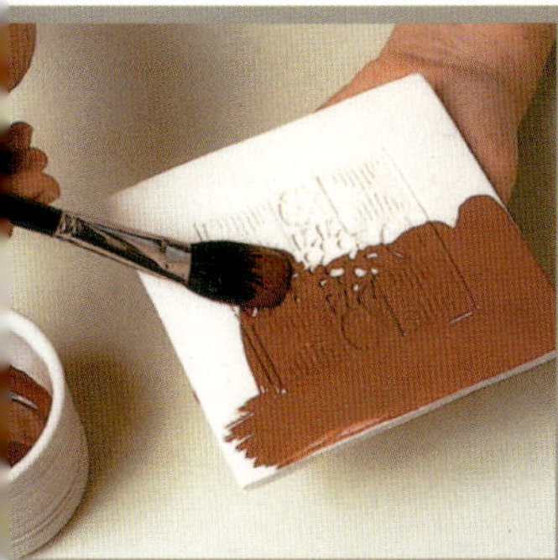

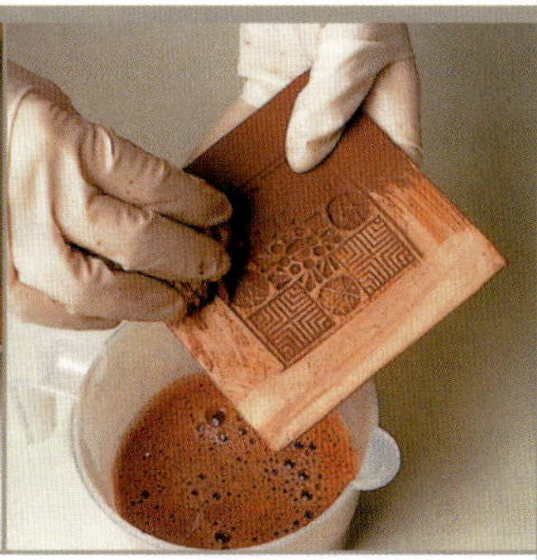

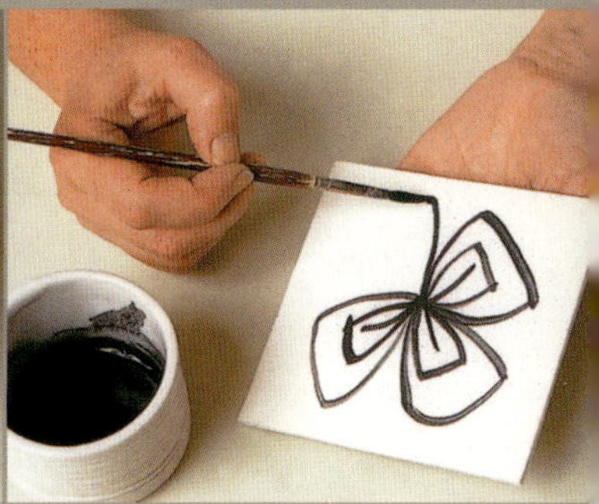

Oxide auf strukturierten Oberflächen

Oxide können eigenständig, ohne zusätzliche Glasur, zur Gestaltung von Oberflächen mit rustikalem Charakter verwendet werden, die sich besonders gut für den Außenbereich eignen. Vor allem strukturierte Oberflächen kommen so sehr gut zur Geltung.

1 Hier wird mit Wasser verdünntes Eisenoxidrot mit einem Pinsel aufgetragen und dann gut in die Strukturtäler eingerieben.

2 Gummihandschuhe anziehen und die Oxidpaste mit einem Schwamm vorsichtig von der Oberfläche – aber nicht aus den Strukturtälern – tupfen.

So betont das Oxid das Strukturmuster der Fliese.

Oxid auf Glasur malen

Man kann mit Oxiden direkt auf der Glasur malen. Allerdings muss man zügig vorgehen, weil die pulvrige Glasur die Oxidmischung schnell aufsaugt, sodass die Reibung des Pinsels recht groß ist. Hier wird mit Kobaltoxid auf einer weißen Zinnglasur gemalt.

MALEN MIT OXIDEN AUF GEBRANNTEM TON

Auch auf Objekten, die bereits dem Schrühbrand unterzogen wurden, kann man mit Oxiden malen. Dieses Beispiel zeigt ein Motiv, das mit Kobaltoxid auf eine Fliese gemalt wird. Später wird es mit einer transparenten oder halb deckenden Glasur überzogen.

WACHSABDECKUNG

Wachsemulsion zum Abdecken kann man im Fachhandel für Töpferbedarf kaufen. Sie wird mit dem Pinsel aufgetragen. Den Pinsel anschließend mit sehr heißem Wasser auswaschen, um alle Wachsreste zu entfernen.

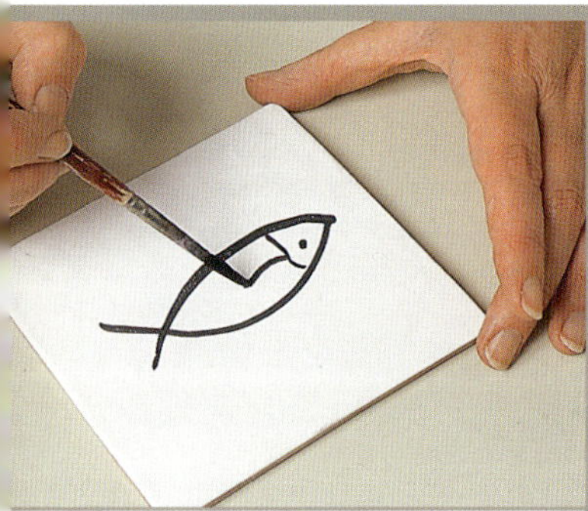

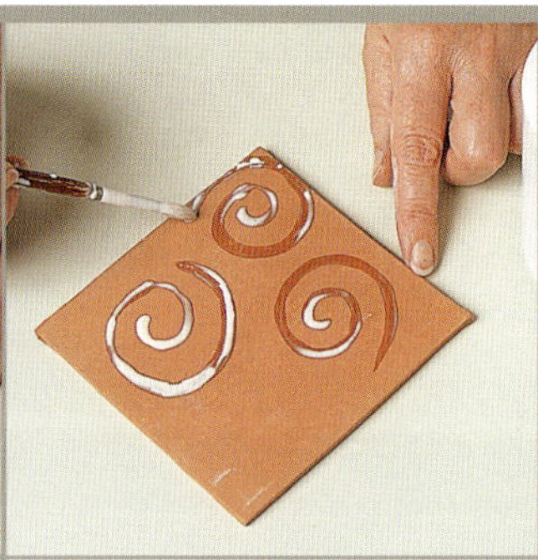

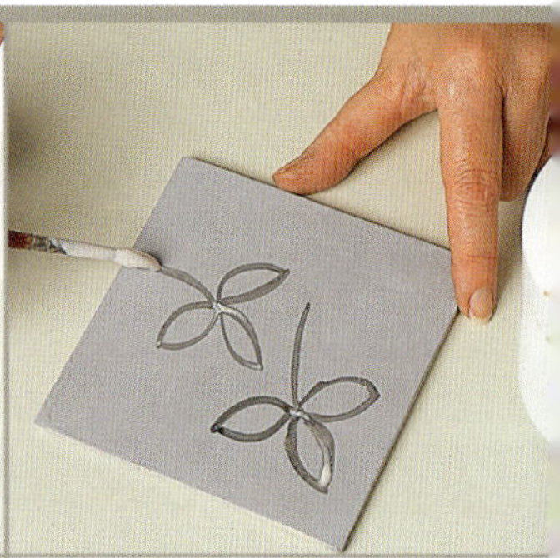

Oxide auftragen
Das Oxid mit etwas Wasser relativ dünnflüssig anrühren. Mit einem feinen Pinsel zügig und nicht allzu detailgenau arbeiten. Kobaltoxid ist sehr farbintensiv, man braucht also nur eine kleine Menge. Die Farbe muss nicht so dick angerührt werden wie zum Malen auf Glasur, sondern sollte eher die Konsistenz einer wässrigen Lasur haben.

Wachsabdeckung unter der Glasur
Malt man mit Wachsemulsion auf geschrühtem Ton, aber unter der Glasur, saugt der Ton in den bemalten Bereichen die Glasur nicht auf. Beim Brand verbrennt das Wachs und der matte Tonscherben bleibt in den abgedeckten Bereichen sichtbar, während die übrigen Flächen glasiert sind.

Wachsabdeckung auf der Glasur
In diesem Fall wird die Wachsemulsion auf eine glasierte Oberfläche gemalt und das Muster bleibt sichtbar, wenn weitere Glasuren darüber aufgetragen werden.

1 Die Fliese in einer Farbe nach Wahl glasieren. Darauf das Motiv mit Wachsemulsion malen.

Tipps

- Anstelle von Wachs kann Flüssiglatex verwendet werden, das sich nach dem Trocknen der darüber aufgetragenen Glasur wieder abziehen lässt. So kann man den Musteraufbau klarer erkennen.
- Pinsel nach der Verarbeitung von Latex sofort mit kochendem Wasser und etwas Spülmittel auswaschen, damit die Borsten nicht verkleben.

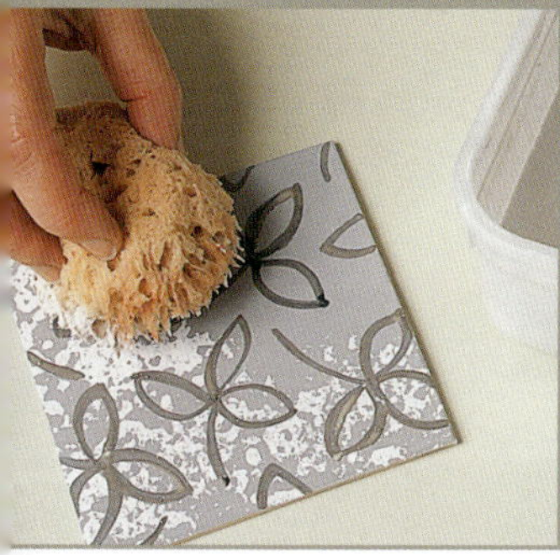

2 Wenn das Wachs trocken ist, eine kontrastfarbige Glasur darüber tupfen, mit der die erste Glasur abgedeckt wird.

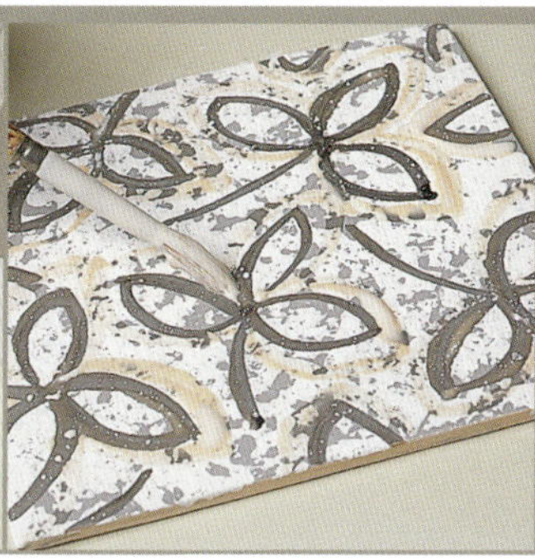

3 Nach Wunsch nochmals Details mit Wachs aufmalen, um das Muster weiter auszuarbeiten.

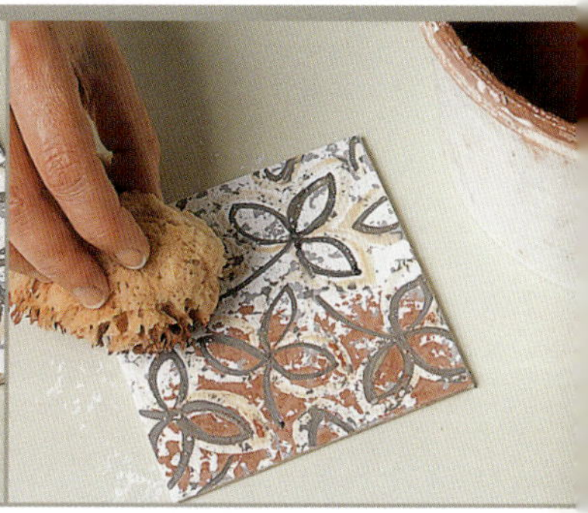

4 Eine weitere Glasurfarbe mit einem Schwamm punktuell auf die zuletzt abgedeckten Motivelemente tupfen.

Aufglasur-Dekorationen

Emaillefarben und Lüster werden auf die gebrannte Glasur aufgetragen. Dafür können sowohl selbst hergestellte als auch fertig gekaufte, glasierte Fliesen verwendet werden.

EMAILLEFARBEN

Als Emaille bezeichnet man fertige Farben aus Metalloxiden und Fließmitteln, die auf glasierte Keramik aufgetragen und bei niedriger Temperatur eingebrannt werden. Die Brenntemperatur ist ähnlich wie bei Lüstern, doch beginnt man den Brand bei etwa 650–780 °C.

Emaillefarben sind sehr leuchtstark. Man erhält sie als Pulver und in flüssiger Form im Fachhandel für Töpferbedarf. Wer Pulver kauft, braucht dazu ein spezielles, ölhaltiges Medium zum Anrühren.

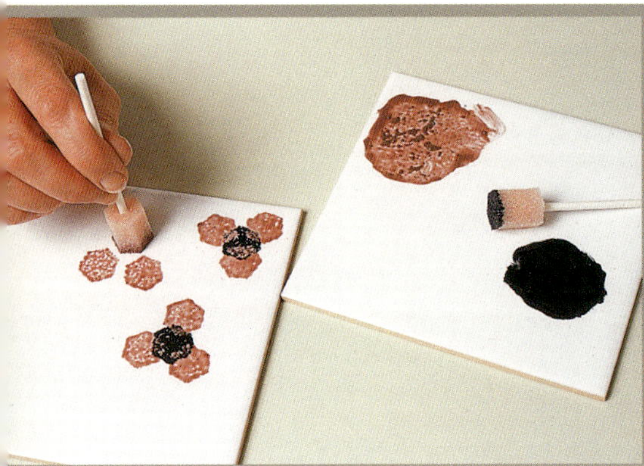

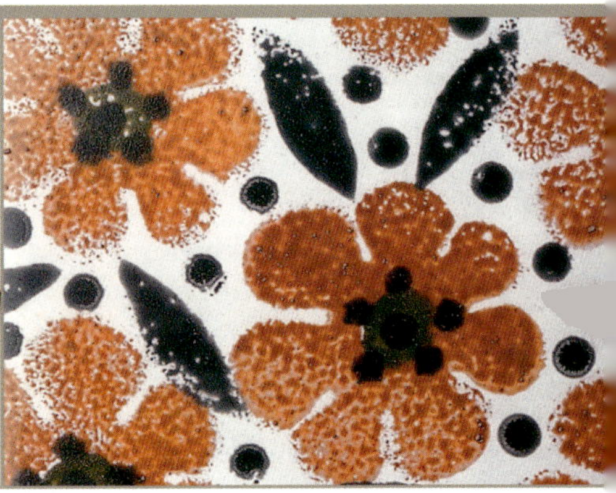

Emaillefarben auftragen

Emaillefarben können mit einem Schwamm oder Pinsel verarbeitet werden. In diesem Fall wird das Muster mit kleinen, zugeschnittenen Schwämmchen aufgebaut. Eine alte Fliese dient als Palette für die Farben, in die der Schwamm eingetunkt wird.

Geht einmal ein Strich daneben, kann man die Farbe einfach abwischen und noch einmal beginnen.

Die Brenntemperatur muss langsam gesteigert werden, damit das ölhaltige Medium verdunsten kann. Brennt man Emaille zu schnell, kocht das Öl und es entstehen hässliche Blasen auf der Oberfläche.

Achtung!
Beim Verarbeiten und Brennen von Lüster muss die Werkstatt gut belüftet werden.

LÜSTER

Edelmetall-Lüster sind recht teuer und die Verarbeitung erfordert etwas Übung. Lüsterfarben kosten nicht so viel und sind daher für die ersten Versuche besser geeignet.

Lüster benutzt man meist, um nach allen Brenndurchgängen Details auf der Keramikoberfläche zu betonen. Trägt man ihn auf der Glasur auf, glänzt er edel. Auf dem gebrannten Scherben aufgetragen gibt er einen sanfteren, matteren Schimmer.

Lüster werden meist bei 700–780 °C gebrannt. Bei höheren Temperaturen verbrennen sie.

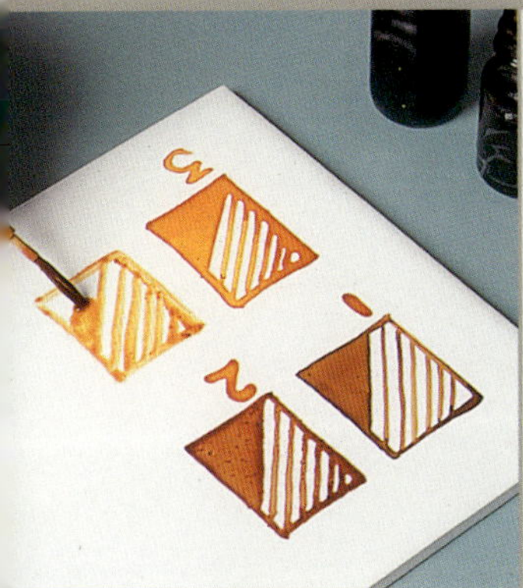

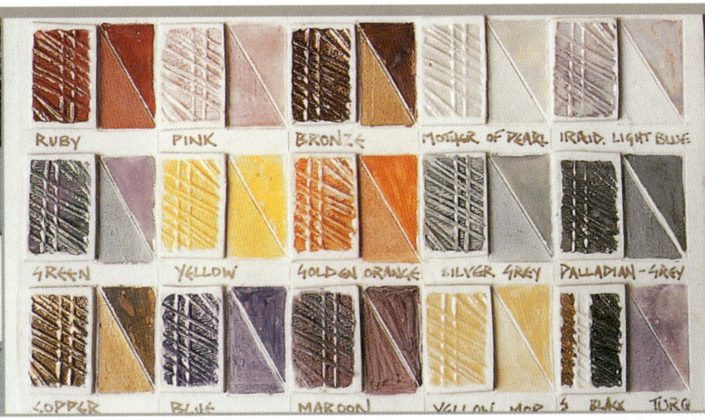

Lüster auftragen

1 Lüster hat eine klebrige Konsistenz. Verwirrend ist, dass alle Farben in ungebranntem Zustand braun aussehen. Darum ist es wichtig, jeweils nur mit einer Farbe zur selben Zeit zu arbeiten. Anschließend den Pinsel in einem Spezialverdünner für Lüster reinigen, um die Farben nicht versehentlich zu vermischen.

2 Wer öfter mit Lüstern arbeiten will, sollte sich eine Probefliese mit verschiedenen Farben und Oberflächen brennen. Dieses Beispiel zeigt verschiedene Lüsterfarben – glänzend auf einer glasierten Oberfläche, matt auf einer unglasierten und außerdem auf strukturierter Fläche. Darunter sind die Namen der Farben notiert. So behält man leicht den Überblick.

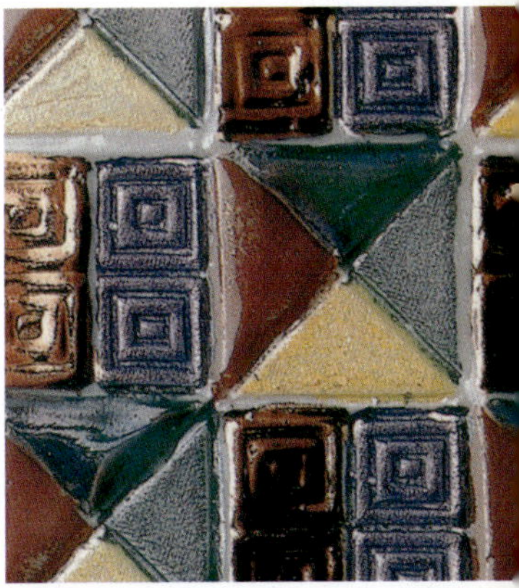

Einfache Drucktechniken

In diesem Kapitel werden einige Methoden vorgestellt, um Muster, Motive oder Strukturen direkt auf den Ton zu drucken.

MONOPRINT

Als Monoprint bezeichnet man ein direktes, einfaches Verfahren zum Übertragen von Zeichnungen auf rohen Ton. Der spontane Charakter der Zeichnung bleibt dabei erhalten. Zuerst Oxide auf eine Platte streichen und trocknen lassen. Dann ein Stück Papier auf die bestrichene Platte legen und darauf das Motiv zeichnen. Die Oxide bleiben auf der Rückseite an den Strichen haften und können auf den Ton übertragen werden. Bei diesem Beispiel wurde ein Porträt auf eine größere Wandfliese aus Porzellan gezeichnet. Auf die gleiche Weise lassen sich auch Motive auf Gefäße übertragen.

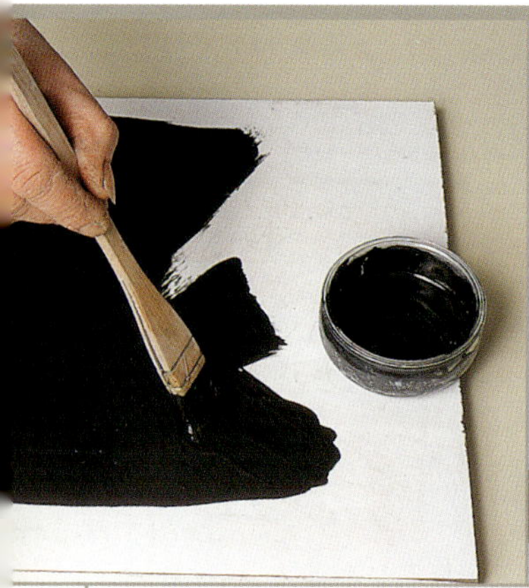

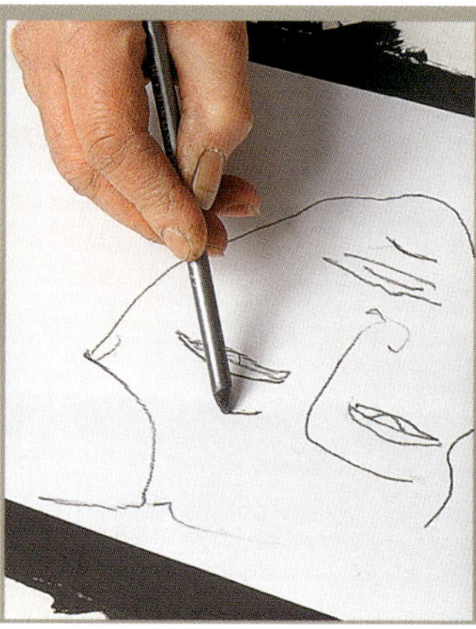

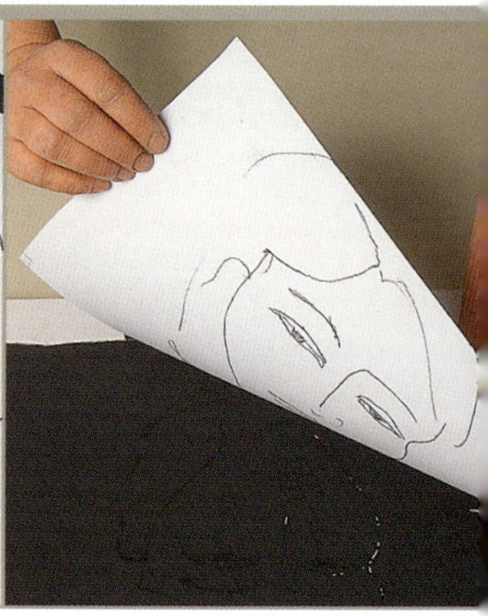

Einfarbiger Druck

1 Auf eine glatte, kunststoffbeschichtete Platte eine gleichmäßige Schicht Oxid streichen und vollständig trocknen lassen. Wer möchte, kann die Trocknung mit einer Heißluftpistole beschleunigen. Die Oberfläche der Platte darf nicht saugfähig sein, sonst haftet das Oxid nicht am Papier.

2 Ein Blatt Papier auf das trockene Oxid legen und das Motiv mit einem Bleistift oder Kugelschreiber zeichnen. Das Papier gut festhalten oder mit Malerkrepp fixieren, damit es beim Zeichnen nicht verrutscht.

3 Das Papier vorsichtig von der Platte abnehmen, dabei das Motiv nicht verwischen. Auf der Rückseite des Papiers sollten die Motivkonturen jetzt klar zu erkennen sein.

VARIATIONEN MIT OXIDEN

Verwendet man mehrere Oxide, ergeben sich weitere Möglichkeiten. Trägt man auf die einzelnen Bereiche der Platte verschiedene Oxide auf, ändert sich die Farbe der gezeichneten Motivkontur. Und arbeitet man mit unterschiedlichen Zeichenwerkzeugen, entstehen immer neue Linienarten und Strukturen. Selbst mit dem Finger kann man auf dem Papier „malen", um flächig Oxide aufs Papier und dann auf den Ton zu übertragen. Nach dem Übertragen des Motivs kann direkt auf dem Ton das Dekor mit Oxiden, Engoben, Farben oder geritzten Strukturen weiter ausgearbeitet werden. Probieren Sie ruhig verschiedene Techniken und Kombinationen aus – die Ergebnisse werden originell und individuell sein.

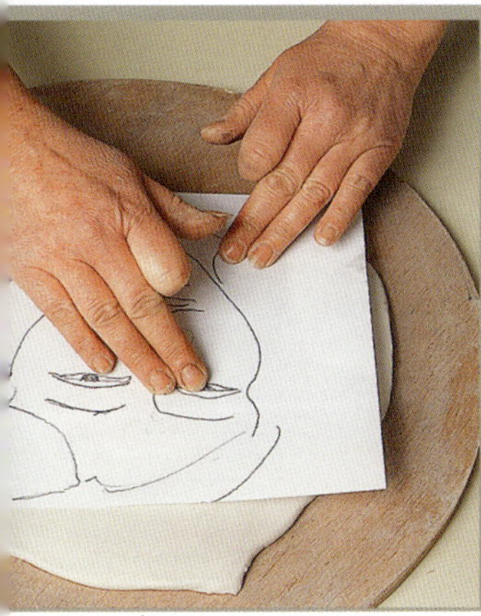

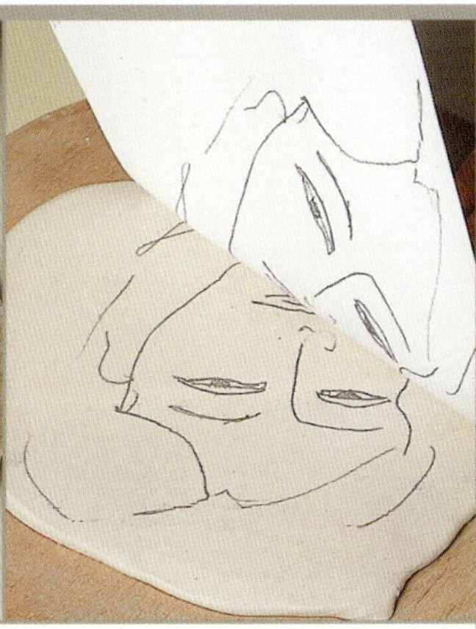

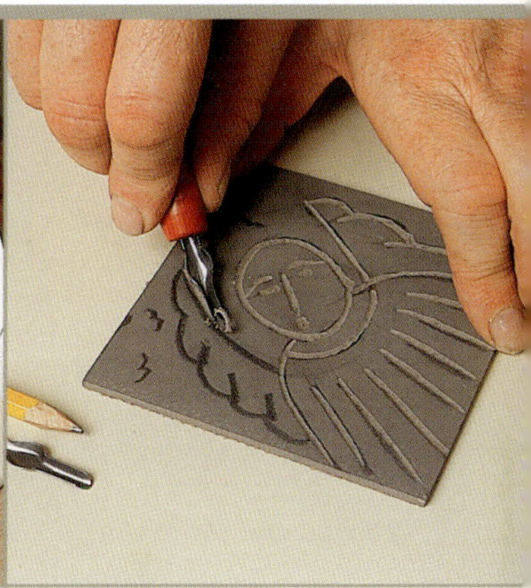

4 Das Papier mit der Seite, an der das Oxid haftet, auf die feuchte Oberfläche des Tons legen und mit den Fingern darüber streichen. Das Oxidpulver bleibt an dem feuchten Ton haften.

5 Zieht man das Papier ab, wird das Motiv auf dem Ton sichtbar. Nun kann es gebrannt oder mit anderen Dekorationstechniken weiter ausgearbeitet werden.

Linolschnitt

Zeichnen Sie Ihr Motiv mit Bleistift oder Tusche auf Linoleum und schneiden Sie es mit Linolschneidemessern aus. Gewöhnlicher Vinyl-Bodenbelag eignet sich ebenso, lässt sich aber nicht so tief einschneiden.

INTAGLIO

Der Begriff „Intaglio“ leitet sich von dem italienischen Wort intaglione (gravieren, schneiden) ab. In der Töpferei bezeichnet er eine Technik, bei der ein Motiv in eine Druckplatte geschnitten und dann in die Tonoberfläche gedrückt wird. Üblicherweise verwendet man eine Gipsplatte, auf die der Ton gepresst wird. Einfacher und vielseitiger sind aber Linolschnitte, die man auf den Ton presst. Mit dieser Methode erhält man sehr klare, markante Motive, die sich vielfach wiederholen lassen – ideal also für Teller oder Fliesen. Die reliefartigen Linien eignen sich gleichermaßen für Bordüren, einfache Rapporte und aufwendigere Einzelmotive. Nach dem Schrühbrand kann der Ton mit Unterglasurfarben oder Oxiden weiter dekoriert werden.

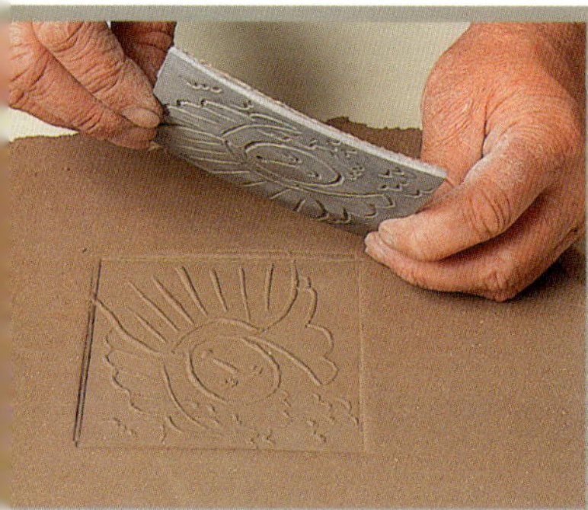

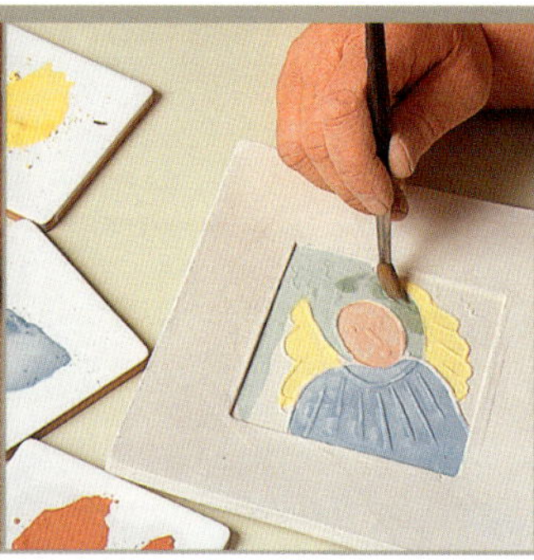

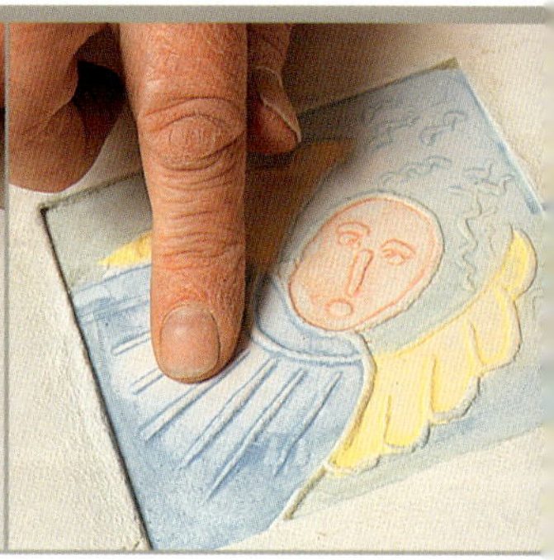

Drucken und einfärben

1 Die Linolplatte auf eine weiche Tonplatte legen und kräftig mit der Walze darüber fahren, um das Motiv in den Ton einzudrücken. Die Linolplatte abnehmen und den Abdruck prüfen. Ist er zu schwach, muss das Linoleum eventuell tiefer eingeschnitten werden. Die bedruckte Tonplatte lässt sich als Fliese verwenden, man kann daraus aber auch einen Teller oder eine Schale herstellen.

2 Nach dem Schrühbrand bei 1000 °C das Motiv mit Farben nach Wahl ausarbeiten. Hier wurden Unterglasurfarben mit Wasser angerührt und auf die Oberfläche gepinselt. Bei Verwendung gekaufter Fertigfarben ist die Farbwirkung sofort zu sehen. Kräftiger, wenn auch etwas unberechenbarer, ist die Farbwirkung von Oxiden.

3 Nach dem Trocknen die Farbe mit dem Finger leicht verwischen. Um die erhabenen Linien bleiben dunklere Schatten stehen, die das Motiv betonen. Bei hoher Temperatur brennen, damit sich die Farben in voller Intensität entfalten.

Motive übertragen

Es gibt verschiedene Möglichkeiten, ein Motiv auf eine Fliese zu übertragen. Welche Sie wählen, hängt auch davon ab, welche Dekorationstechnik vorgesehen ist. Oft genügt es, das Motiv auf Papier zu zeichnen, auf den ungebrannten Ton zu legen und die Konturen mit einem spitzen Bleistift nachzuziehen.

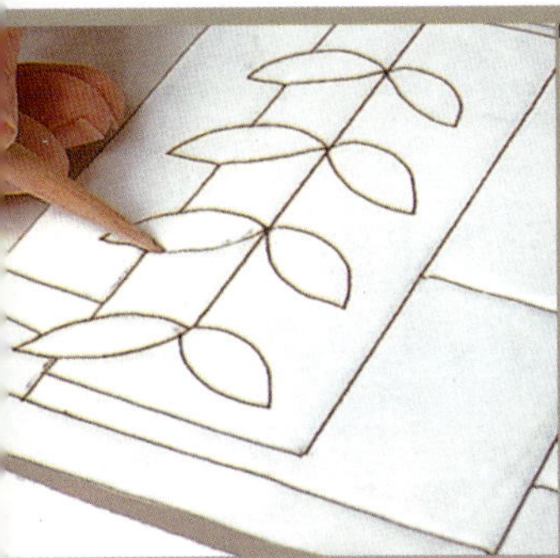

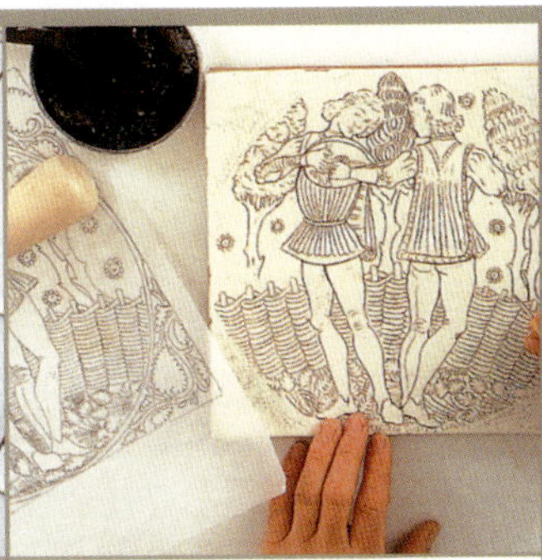

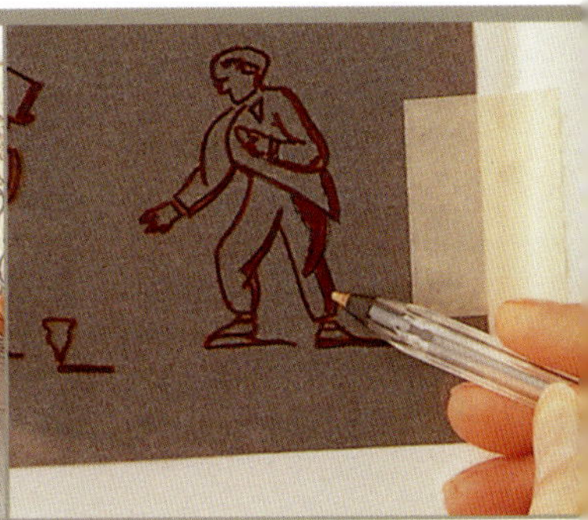

Durchdrücken

Nach dem Entwerfen des Musters mithilfe von Leisten eine höchstens 5 cm dicke Platte aus weichem Ton ausrollen. Danach ein 15 x 15 cm großes Quadrat ausschneiden und auf eine nicht saugfähige Platte legen, die rundherum mindestens 5 cm größer ist. Das Tonquadrat muss gut auf der Platte haften. Die Kanten werden leicht nach innen abgeschrägt. Das Blatt Papier mit der Musterzeichnung auf den Ton legen und die Motivkonturen nachziehen.

Perforierte Vorlage

Zum Übertragen großer oder komplizierter Motive empfiehlt sich eine perforierte Vorlage. Das Motiv auf hochwertiges Transparentpapier zeichnen und mit einer nicht zu dünnen Nadel entlang den Motivkonturen Reihen von Löchern in relativ engen Abständen stechen. Das Papier auf den Ton legen. Zeichenkohle fein zerreiben, das Pulver auf das Papier streuen und mit einem weichen Pinsel durch die Löcher drücken.

Transferpapier

Zum Übertragen feiner Details verwendet man am besten Transferpapier, das im Fachhandel für Künstlerbedarf erhältlich ist. Damit lässt sich nahezu jedes Motiv übertragen – von Delfter Fliesen bis zu Mustern von William Morris. Transferpapier ist ein dünnes Seidenpapier, dessen Rückseite mit Grafit beschichtet ist. Man legt es unter das Motiv und zeichnet die Konturen nach, sodass sie als dünne Graphitlinien auf den Ton übertragen werden.

Gekaufte Fliesen verzieren

Eine Wandfläche mit schlichten Fliesen bietet sich für viele fantasievolle Dekorationen an.

Es gibt verschiedene geeignete Farben, die auf unterschiedliche Weise verarbeitet werden können – ein normaler Pinsel ist nicht immer die beste Wahl. Stupfpinsel, die man für Schablonentechniken benutzt, ergeben aber interessante Strukturen. Natur- oder Synthetikschwämme eignen sich ebenso wie geknüllte Stoffe oder Plastiktüten zum Tupfen und alte Zahnbürsten zum Spritzen von Sprenkelmustern.

Experimentieren Sie zuerst auf Resten, um verschiedene Effekte zu vergleichen.

EHE SIE BEGINNEN

Fertige Fliesen, die verziert werden sollen, müssen staub- und fettfrei sein.

Wenn Sie mit Sprüh- oder Emaillefarben arbeiten, sollten Sie gut lüften, denn die Dämpfe sind gesundheitsschädlich und außerdem brennbar. Es ist gefährlich, wenn sie sich in einem geschlossenen Raum ansammeln.

Der Arbeitsplatz muss sauber und trocken sein. Dekorationen dieser Art sind nicht strapazierfähig, vor allem Nässe und Beanspruchung durch Reibung vertragen sie nicht. Überlegen Sie also, ob sich die Fliesen für den vorgesehenen Zweck eignen.

WELCHE FARBEN?

Weil glasierte Fliesen nicht saugfähig sind, eignen sich zum Bemalen durablere Farben wie Acryl- oder Emaillefarben, die aber anschließend mit Klarlack versiegelt werden müssen. Fragen Sie auch nach Spezialfarben für Fliesen, bei denen diese Versiegelung nicht erforderlich ist.

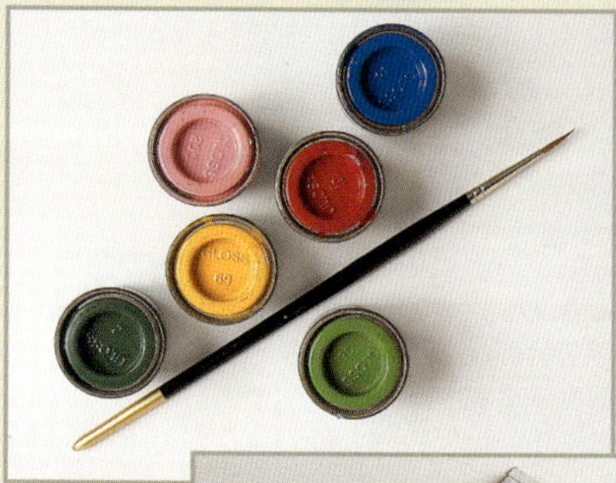

Emaillefarben

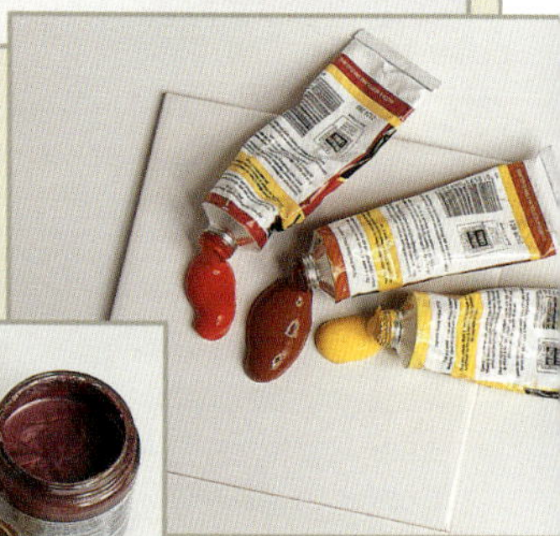

Acrylfarben

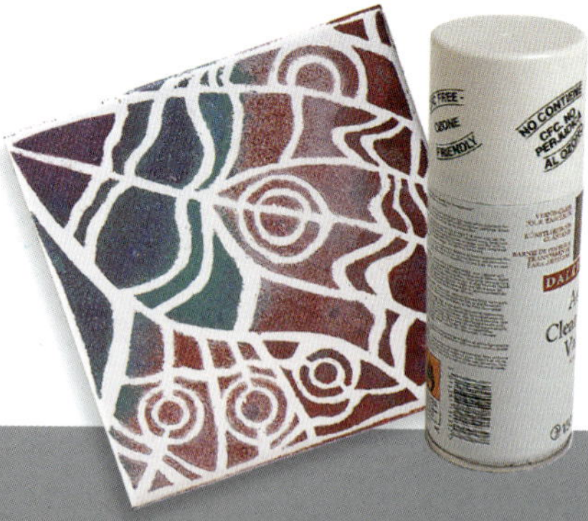

Sprühlack

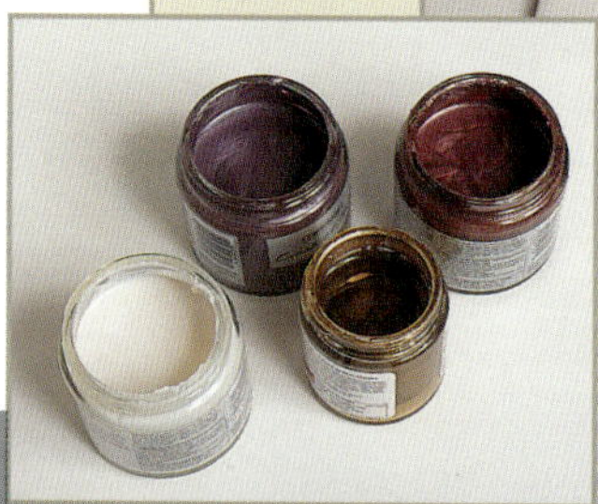

Fliesenfarben

ARBEITEN MIT SCHABLONEN

Wer mit Schablonen arbeitet, kann die Farbe mit einem speziellen Stupfpinsel auftragen, der im Bastelgeschäft erhältlich ist, aber relativ viel Geld kostet. Eine gute und preiswerte Alternative sind Schwämme. Preiswerte Synthetikschwämme genügen vollauf und große Schwämme kann man leicht in handliche Stücke schneiden. Mit mehreren Schwammstücken kann man auch verschiedene Farben verarbeiten, was mit einem Pinsel nicht möglich ist. Malereien mit Acryl- oder Emaillefarben müssen anschließend mit Klarlack versiegelt werden, um sie zu schützen. Verwenden Sie hochglänzenden Klarlack oder das Produkt, das vom Hersteller Ihrer Malfarben empfohlen wird.

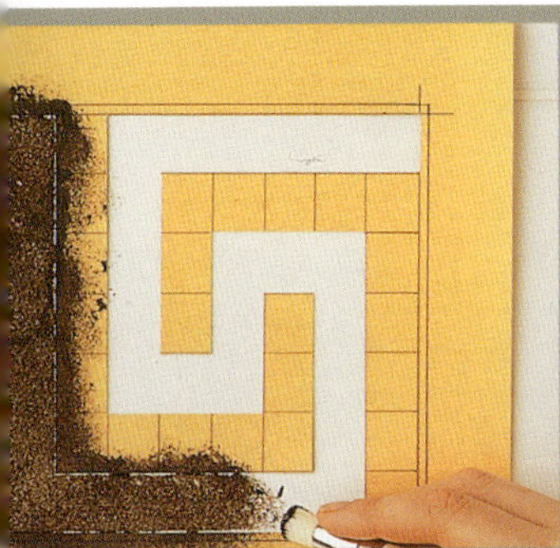

Stupfen

Den Pinsel mit regelmäßigen Bewegungen nur mit der flachrunden, breiten Spitze aufsetzen, nicht über die Oberfläche ziehen. Die Farbe muss recht pastos sein. Ist sie zu dünn, entstehen Tropfnasen. Wer keinen Stupfpinsel besitzt, kann auch einen dicken, runden Handwerkerpinsel benutzen.

Tupfen mit dem Schwamm

Kleine Schwammstücke lassen sich leichter handhaben. Die Farbe gleichmäßig auftupfen, dabei nur leicht aufdrücken, damit die Farbe nicht aus dem Schwamm tropft oder unter die Schablonenränder läuft.

Man kann Farbe auch aufpinseln, aber dabei wird sie leicht unter die Schablonenränder gedrückt. Bei Tupftechniken ist dieses Risiko geringer.

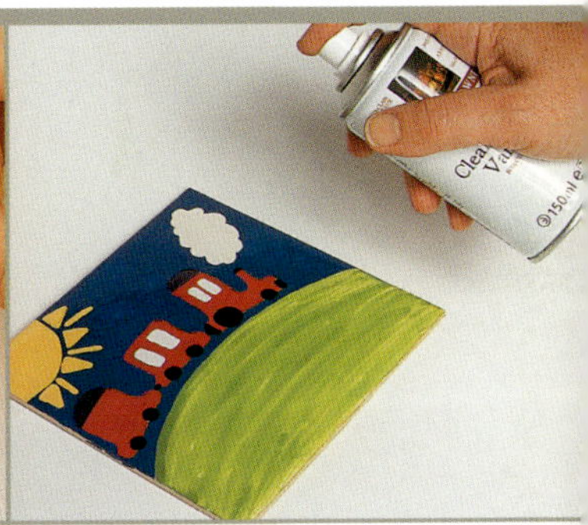

Versiegeln

Die Fliesenoberflächen müssen frei von Staub und Fingerabdrücken sein. Acryllack aus der Sprühdose von links nach rechts dünn aufsprühen. Einige Minuten warten und eine zweite dünne Schicht auftragen. Trocknen lassen.

Lesen Sie auf der Verpackung Ihrer Malfarben nach, welcher Lacktyp sich zum Versiegeln eignet.

SCHABLONEN HERSTELLEN

Die Herstellung von Pappschablonen ist einfach und kostet wenig. Schablonen eignen sich zur Verzierung von Wandfliesen und Dekorplatten.

Material und Werkzeug

Lineal
Bleistift
Transparentpapier
Schneidematte
Cutter
Bilder von Strandobjekten
Malerkrepp
Papier
Schablonenkarton
Sprühkleber
Schwämme
Acrylfarben
Sprühlack (klar)

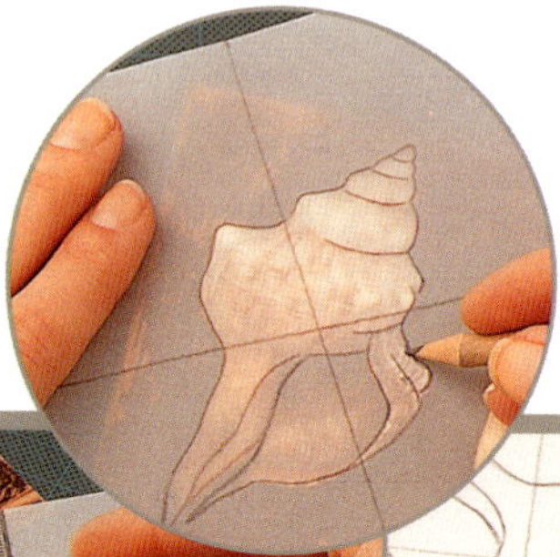

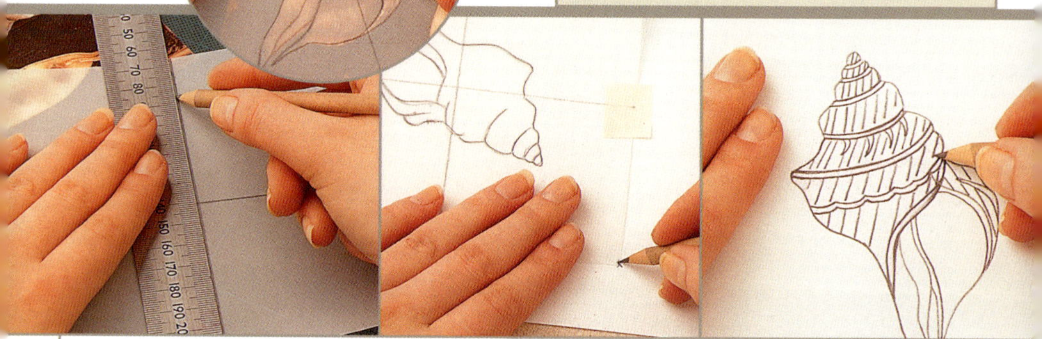

Vorbereitung der Schablone

1 Die Fliese ausmessen und die Größe mit Bleistift auf Transparentpapier übertragen. Mit Cutter und Lineal auf der Schneidematte ausschneiden. Durch Hilfslinien die senkrechte und waagerechte Mitte anzeichnen, sodass vier gleich große Felder entstehen.

2 Die Motivvorlage ungefähr in die Mitte des Quadrates legen und möglichst detailgenau nachzeichnen.

3 Das gezeichnete Motiv auf weißes Papier kleben. Ist es sehr dünn, ein Stück Pappe oder eine alte Zeitschrift unterlegen. Die Ecken der Fliese auf dem Papier anzeichnen, damit Sie sehen können, ob das Motiv verschoben wurde. Die Motivkonturen mit einem harten Bleistift mit kräftigem Druck durchdrücken.

4 Das obere Papier abnehmen und die durchgedrückten Linien vervollständigen. Sind sie zu schwach, schattieren Sie sie mit flach gelegtem Bleistift. Dabei können Sie auch Linien vereinfachen oder Rundungen stärker ausarbeiten.

VERWENDUNG VON SCHABLONEN

Auf die Rückseite der Schablone etwas Sprühkleber geben, damit sie nicht verrutscht. Auf eine Fliese drücken. Mit einem Stück Schwamm oder einem Stupfpinsel die Farbe auftragen. Den Schwamm nur leicht aufdrücken, damit keine Farbe heraustropft und unter die Schablonenränder läuft.

Nach dem Ausfüllen des Motivs die Schablone sofort abnehmen. Dabei das Motiv nicht verwischen. Auf der Rückseite der Schablone dürfen sich keine Farbreste befinden: Sie würden Spuren auf der nächsten Fliese hinterlassen. Weitere Fliesen auf die gleiche Weise verzieren. Dabei jedes Mal prüfen, ob das Motiv gerade und sauber zentriert sitzt. Nach dem Trocknen der Farbe Staub und Fingerabdrücke entfernen und die Fliesen dünn mit Klarlack einsprühen. Einige Minuten warten, dann nochmals dünn einsprühen. Bei zu reichlichem Auftrag besteht die Gefahr von Tropfnasen. Über Nacht trocknen lassen, während dieser Zeit vor Staub schützen.

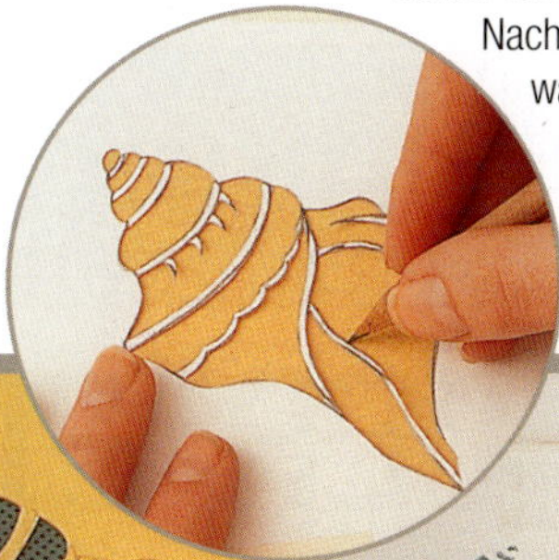

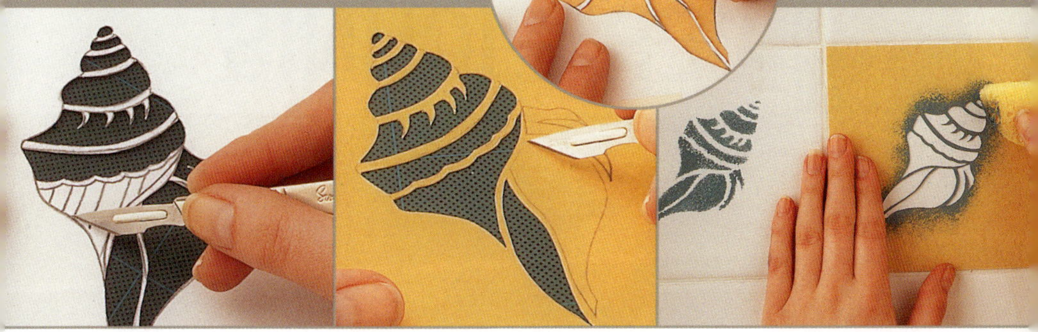

5 Positive und negative Motivbereiche festlegen. Die positiven Bereiche werden farbig ausgefüllt, die negativen erscheinen in der Farbe des Hintergrundes. Das heißt, dass nur die positiven Bereiche der Schablone ausgeschnitten werden, während die negativen stehen bleiben. Beim Ausschneiden zwischendurch die Schablone auf farbiges Papier legen, um die Wirkung zu prüfen.

6 Ist das Motiv gelungen, wird es auf ein Stück Schablonenkarton gelegt. Die Ecken markieren und ein fliesengroßes Stück zuschneiden. Das ausgeschnittene Papiermotiv auslegen und die Konturen mit einem spitzen Bleistift nachzeichnen.

7 Das Papier abnehmen und die Schablone mit einem scharfen Cutter ausschneiden. Dabei die Schablone drehen, damit das Messer immer in die gleiche Richtung geführt wird.

8 Etwas Sprühkleber auf die Rückseite der Schablone geben. Die Schablone auf eine Fliese kleben und mit einem Schwämmchen oder Stupfpinsel die Farbe auftragen. Die Schablone sehr vorsichtig abnehmen, damit das Motiv nicht verwischt.

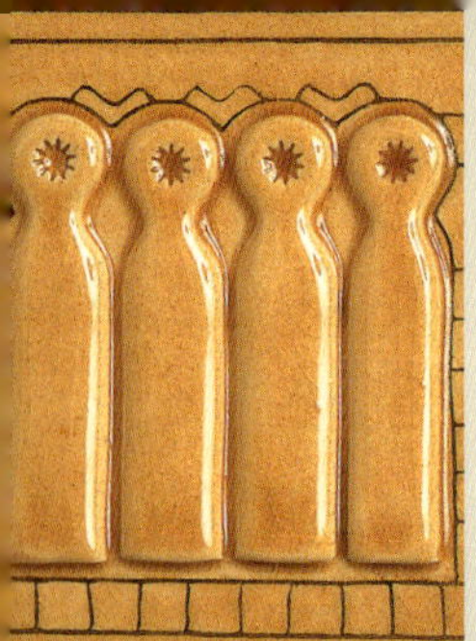

DEKORE & MOTIVE

VERZEICHNIS

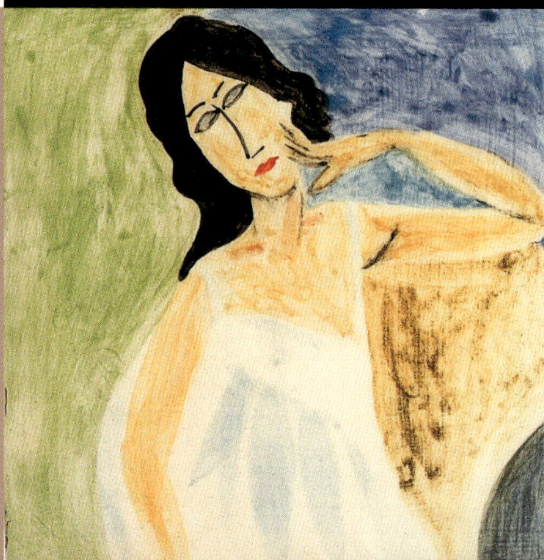

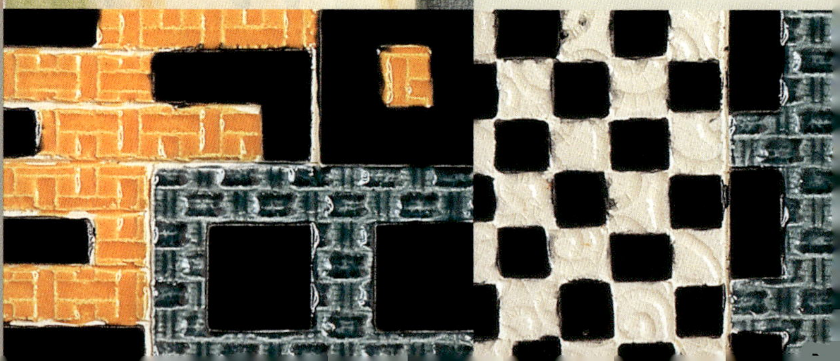

Übersicht

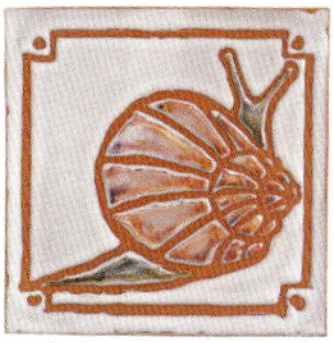
1 Schnecke

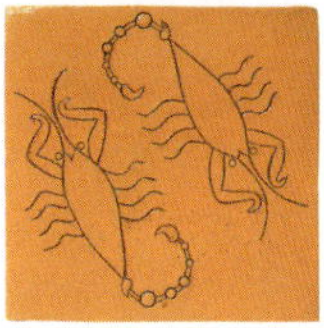
2 Skorpione

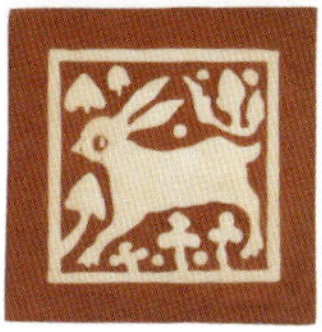
3 Altenglischer Hase

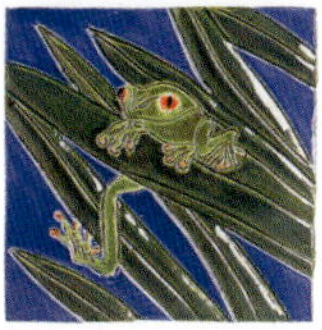
4 Frosch

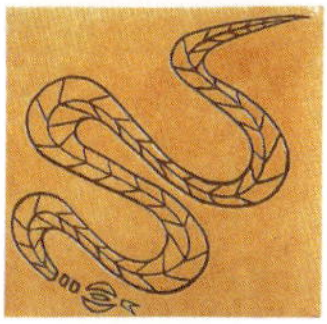
5 Schlange

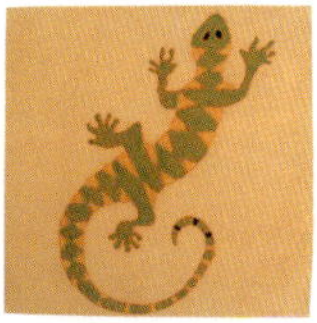
6 Eidechse

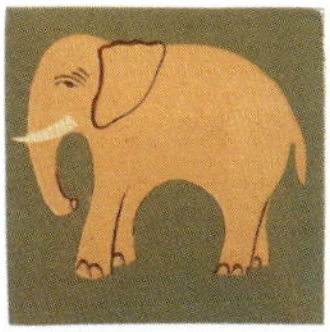
7 Elefant

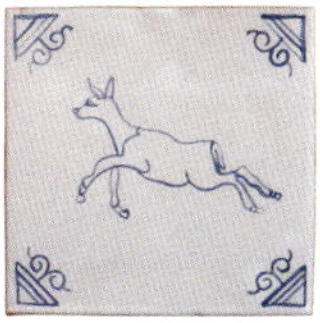
8 Reh im Delfter Stil

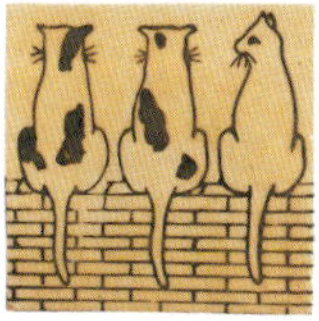
9 Katzen auf der Mauer

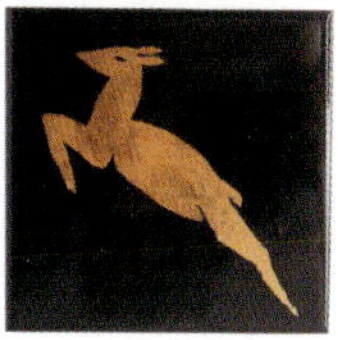
10 Jugendstil-Reh

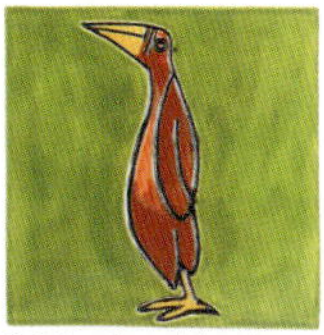
11 Lustiger Vogel

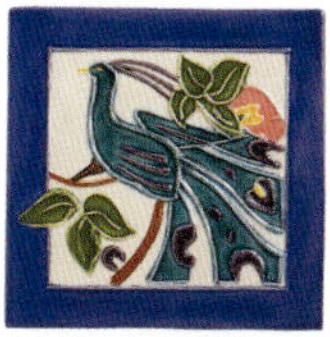
12 Jugendstil-Pfau

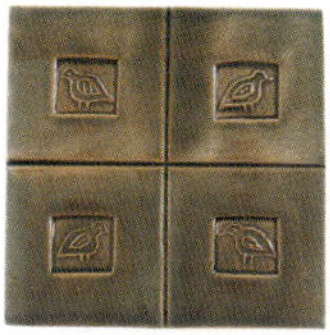
13 Vögel im Karree

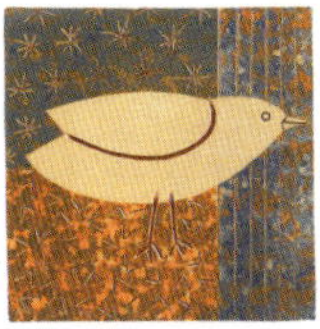
14 Naiver Vogel

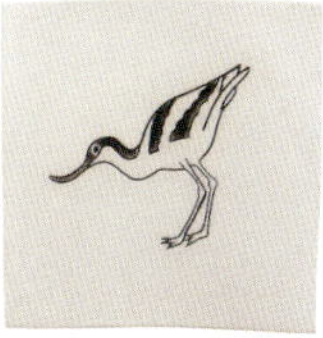
15 Säbelschnäbler

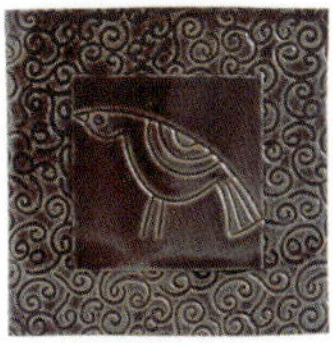
16 Vogel im Rahmen

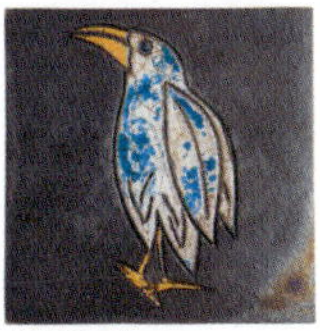
17 Monty

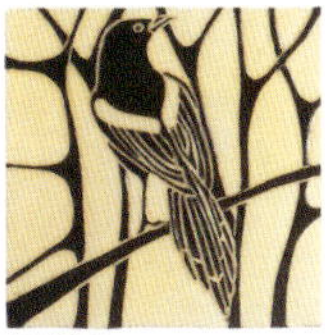
18 Elster

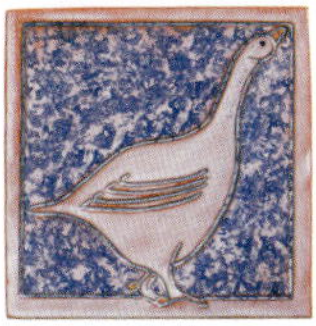
19 Gans

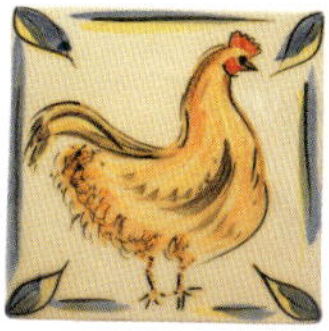
20 Hahn

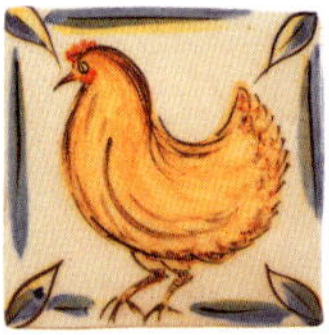
21 Henne

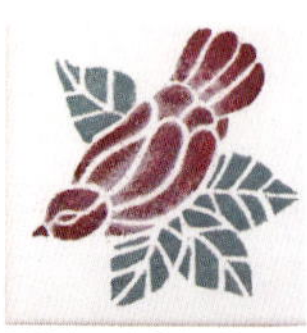
22 Vogel-Schablone

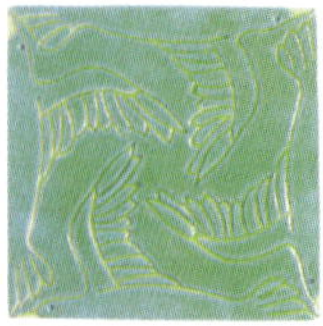
23 Fliegende Vögel

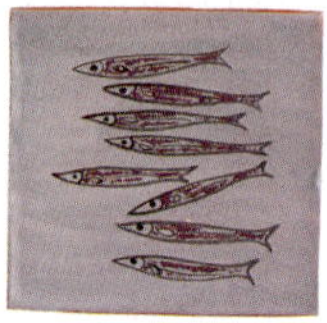
24 Fischschwarm

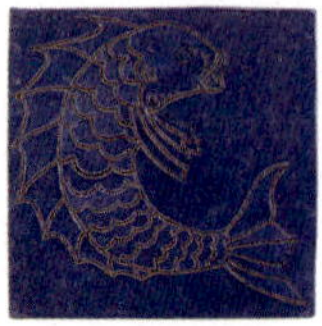
25 Springender Fisch

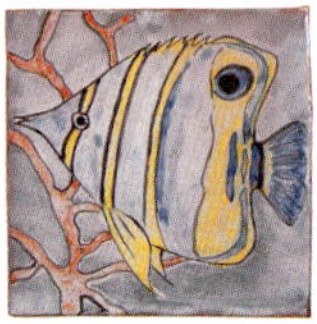
26 Kupferstreifen-Pinzettfisch

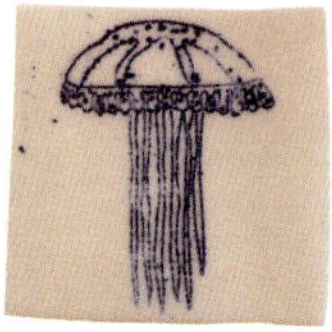
27 Qualle

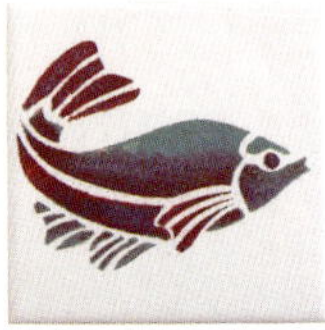
28 Fisch-Schablone

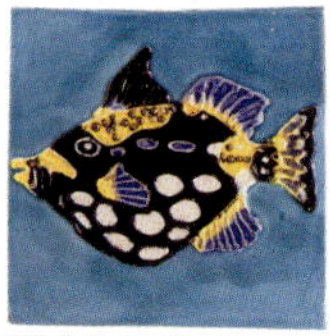
29 Drückerfisch

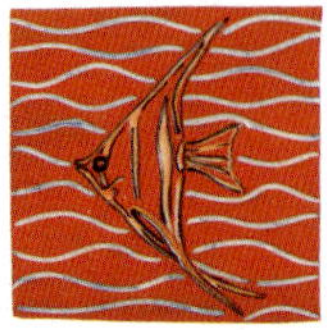
30 Skalar

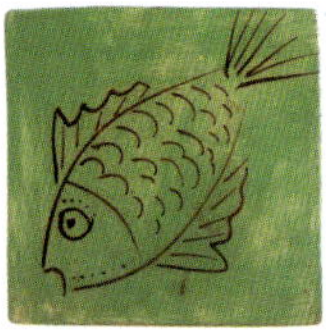
31 Stilisierter Fisch

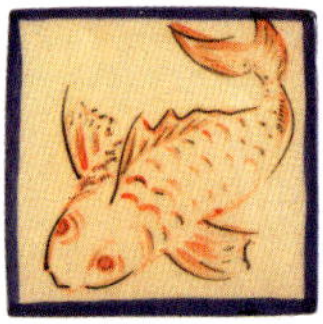
32 Goldfisch

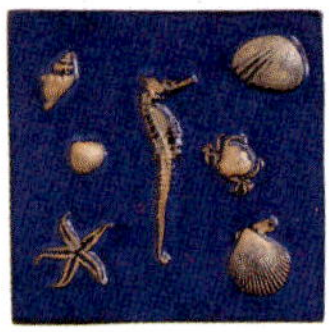
33 Seepferdchen und Muscheln

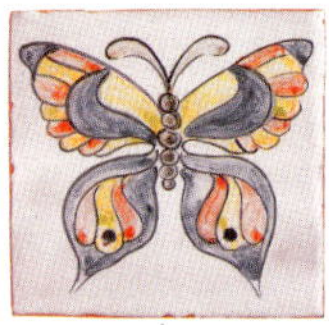
34 Majolika-Schmetterling

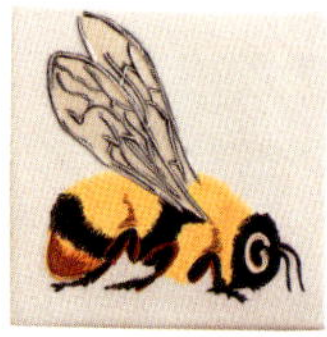
35 Biene

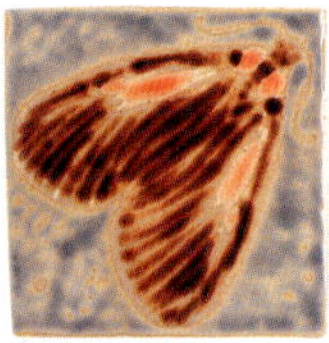
36 Rapportfliese Schmetterling

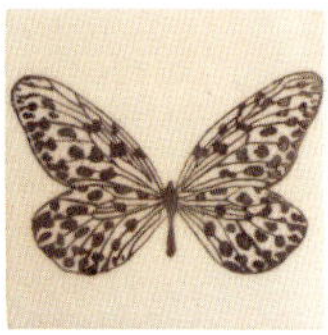
37 Schwarz-weißer Schmetterling

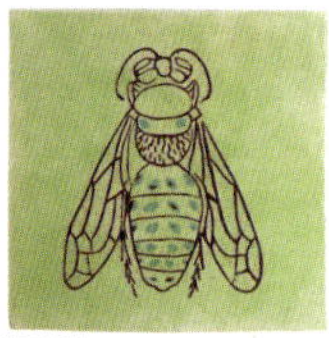
38 Fliege

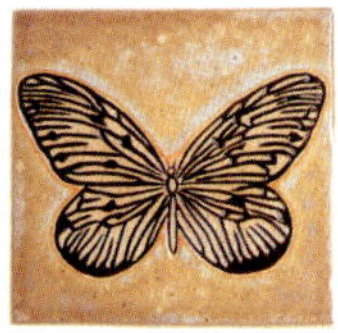
39 Schwarz-weißer Schmetterling 2

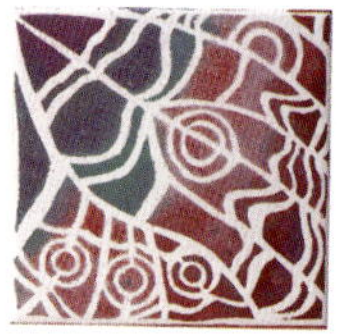
40 Schmetterlingsflügel

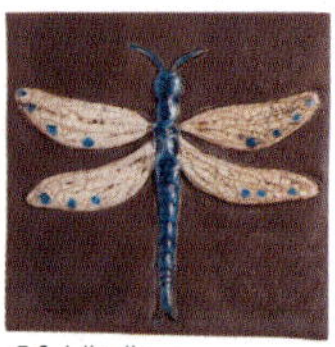
41 Libelle

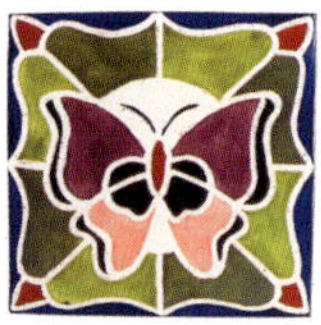
42 Stilisierter Schmetterling

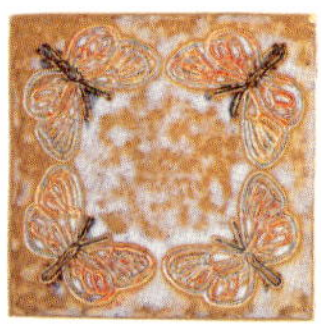
43 Schmetterlings-Kranz

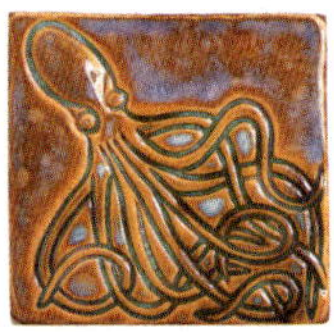
44 Tintenfisch

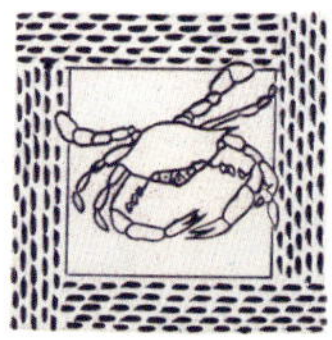
45 Krabbe

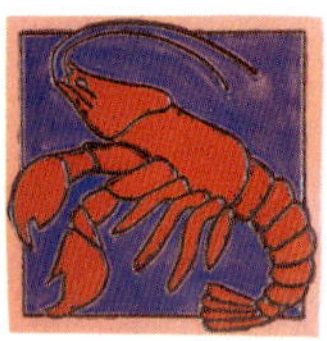
46 Hummer

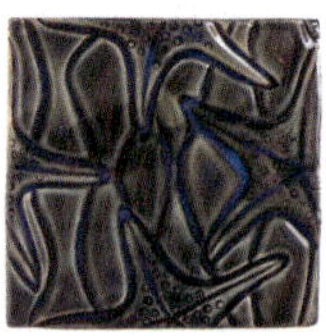
47 Seesterne am Strand

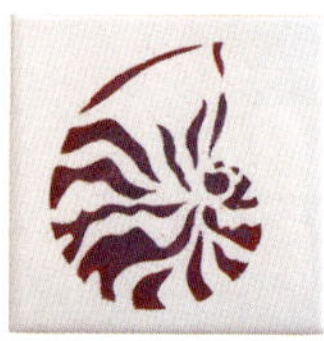
48 Nautilus-Schablone

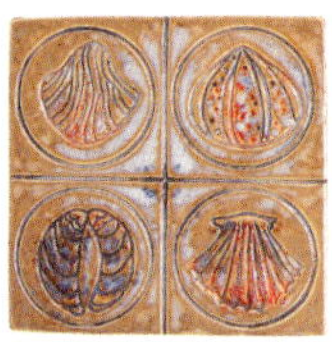
49 Muscheln

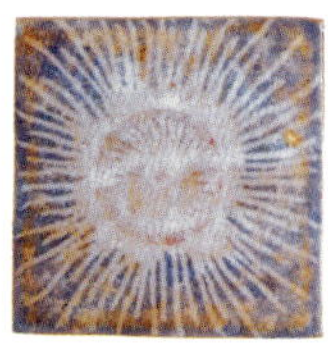
50 Nesseltierchen

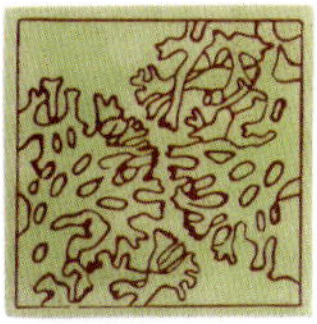
51 Koralle

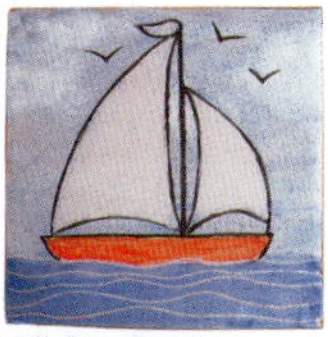
52 Segelboot

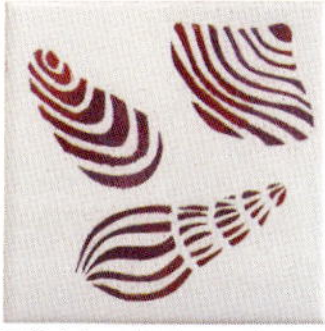
53 Muscheln und Schnecken

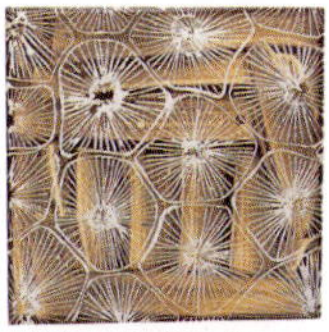
54 Fossile Koralle

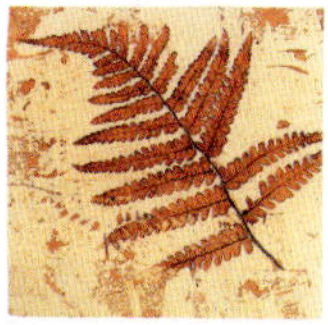
55 Farn

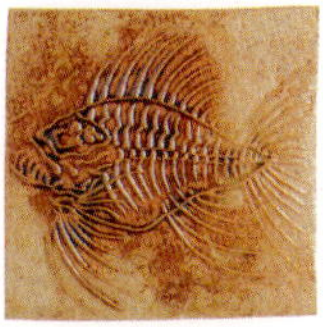
56 Fossiler Fisch

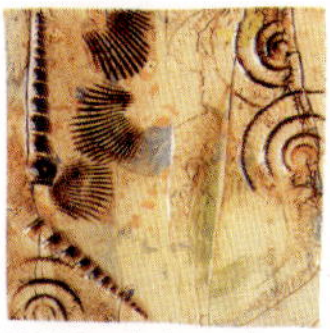
57 Muscheln und Ammoniten

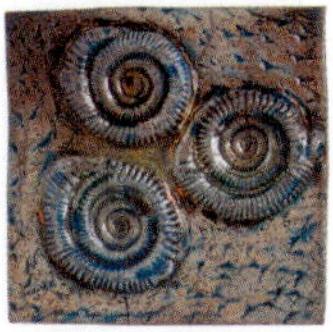
58 Ammoniten

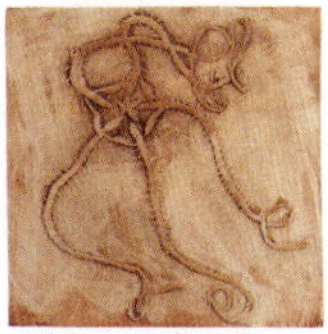
59 Fossiler Seestern

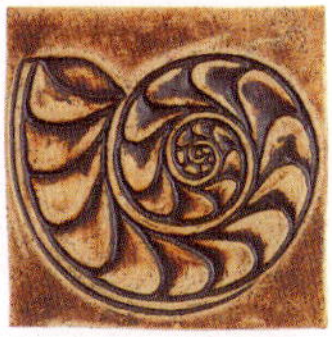
60 Großer Ammonit

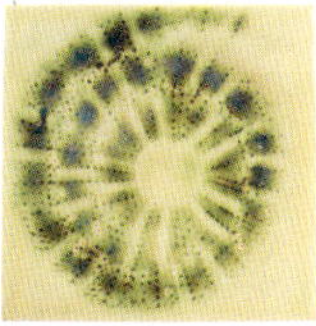
61 Seeigel

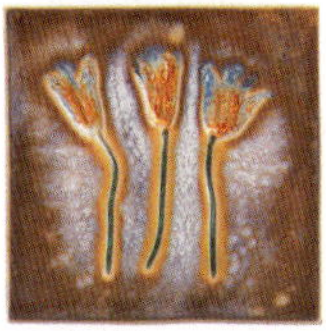
62 Akelei

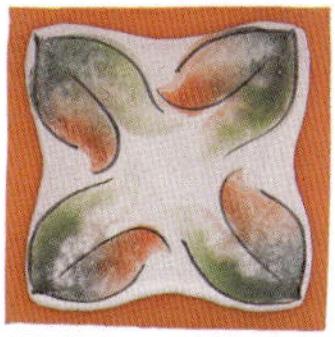
63 Tulpenmuster

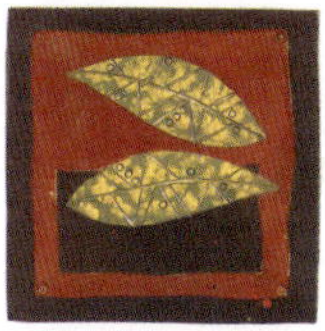
64 Stilisierte Blätter

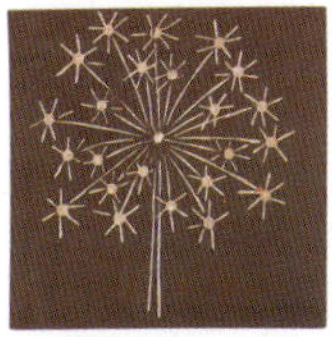
65 Pusteblume

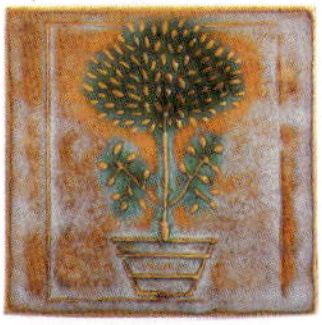
66 Bäumchen

67 Altenglisches Muster

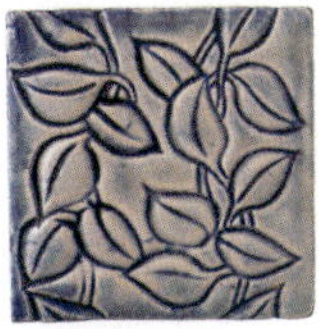
68 Blattranke

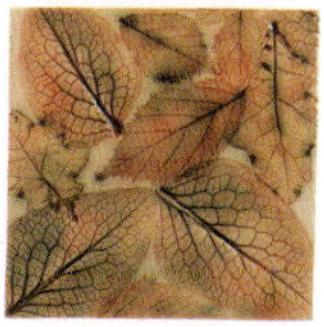
69 Waldboden

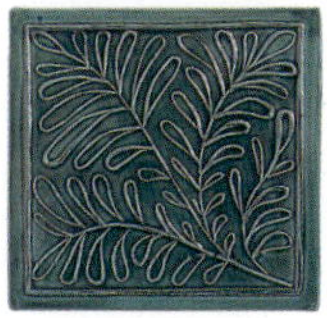
70 Blattmuster

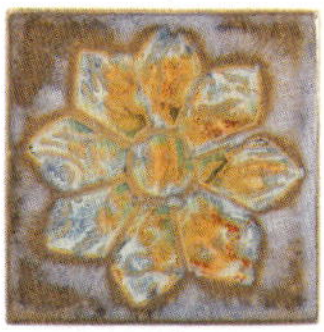
71 Mauerblümchen

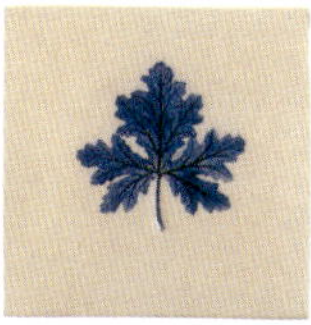
72 Blattabdruck

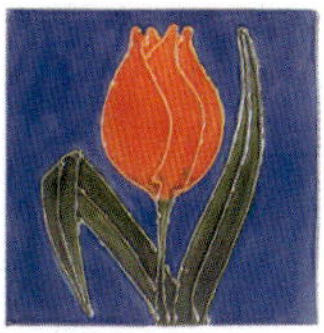
73 Tulpe

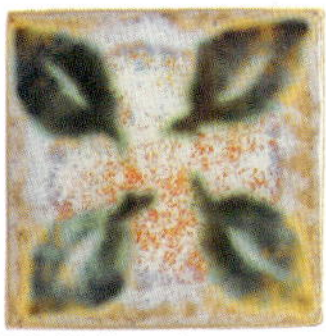
74 Blattmuster

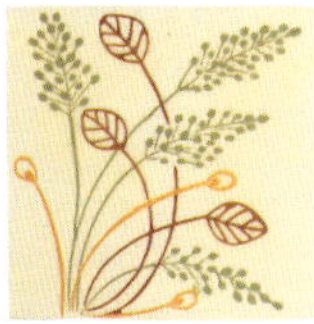
75 Gräser

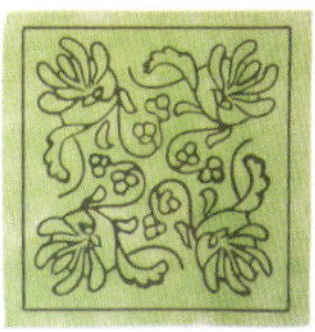
76 Geißblatt

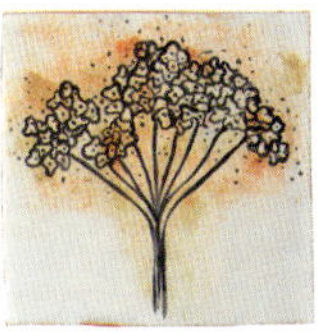
77 Blütendolde

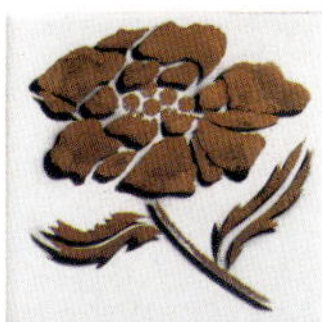
78 Pfingstrose

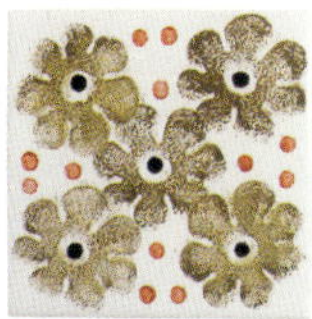
79 Streublüten

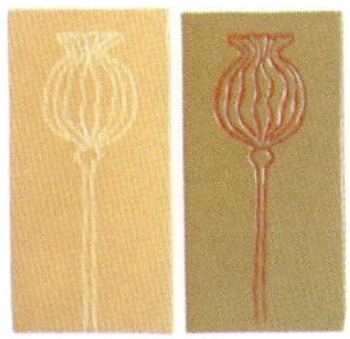
80 Schmale Fliesen: Mohn

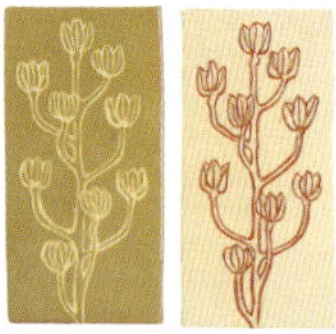
81 Lilie

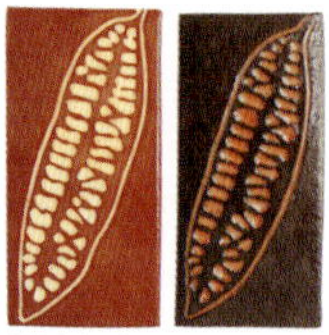
82 Iris

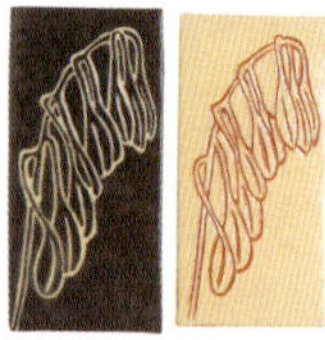
83 Färberwaid

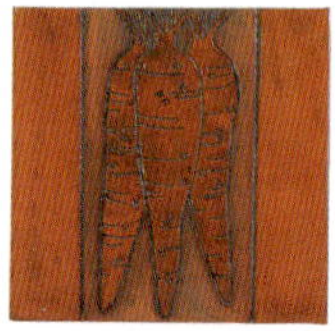
84 Mohrrüben

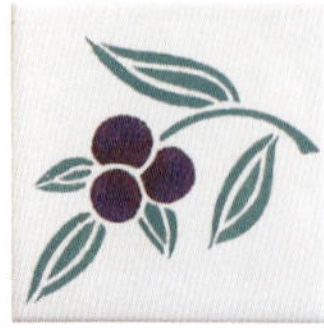
85 Heidelbeer-Schablone

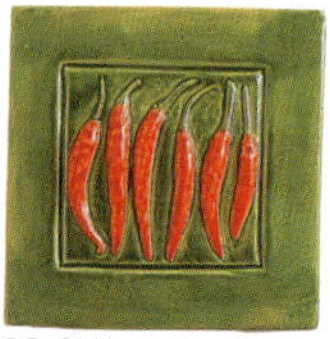
86 Chilischoten

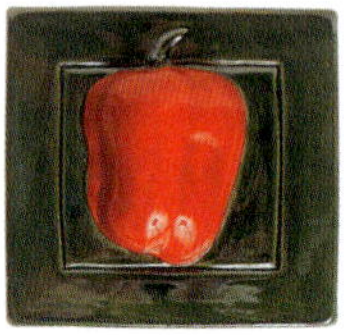
87 Paprikaschote

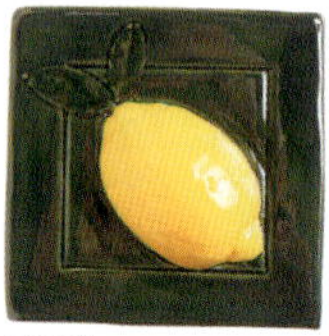
88 Zitrone

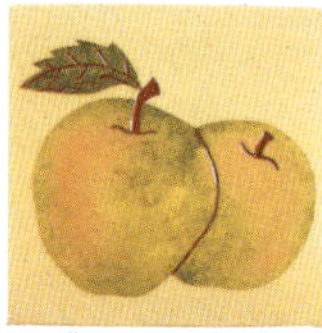
89 Äpfel

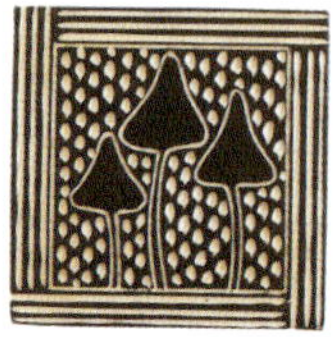
90 Pilze

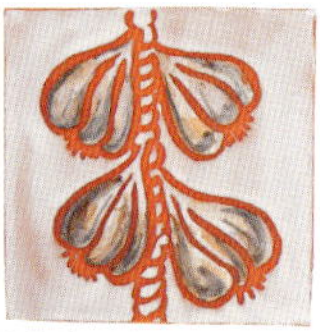
91 Knoblauch

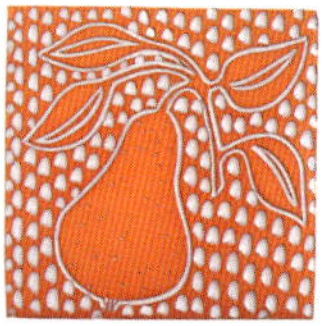
92 Birnenzweig

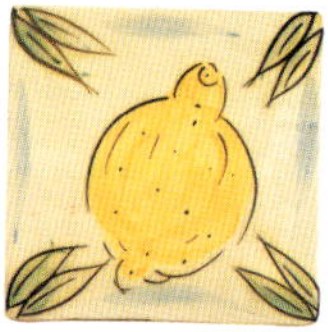
93 Zitrone

94 Pfirsich

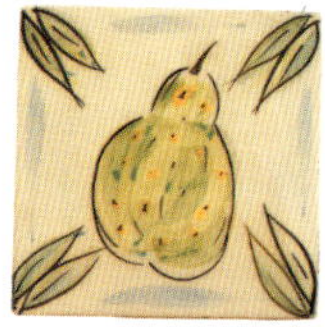
95 Birne

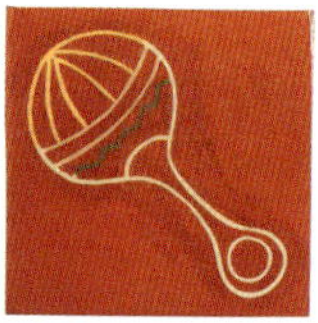
96 Babyrassel

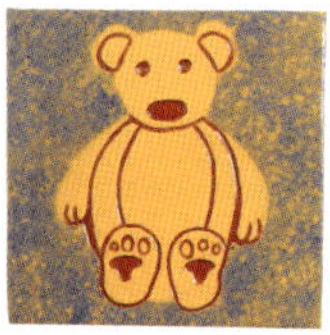
97 Teddybär

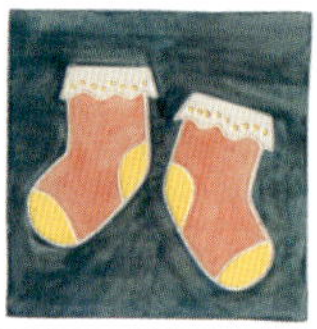
98 Babysöckchen

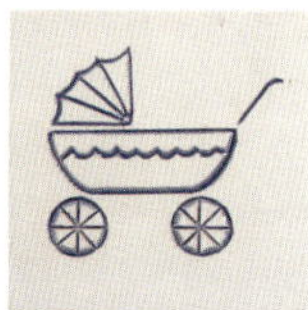
99 Kinderwagen

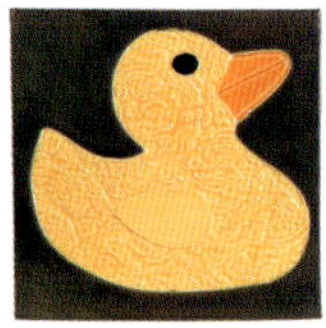
100 Ducky

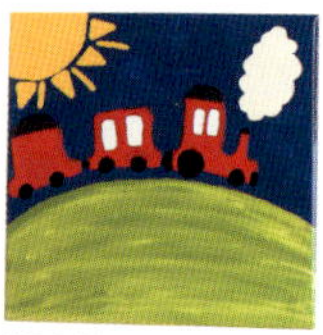
101 Eisenbahn

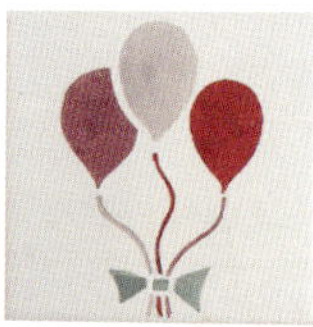
102 Luftballon-Schablone

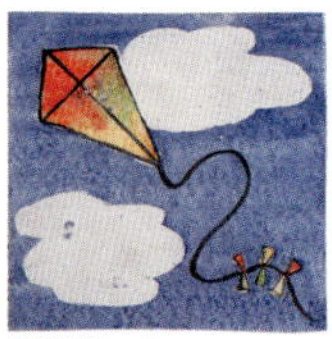
103 Drachen

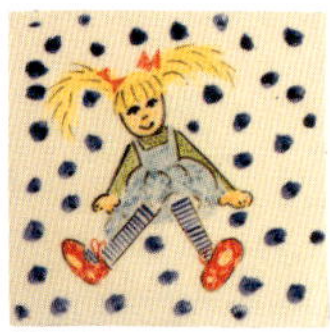
104 Puppe

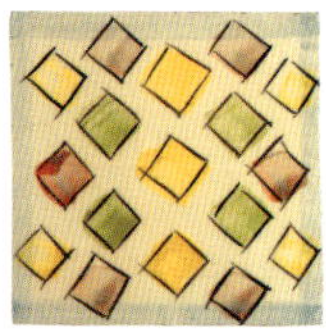
105 Würfelmuster

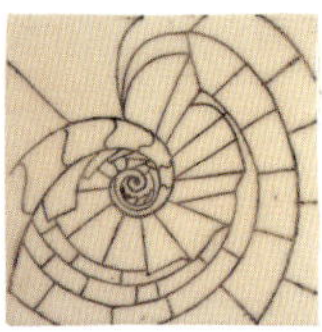
106 Spiralmuster

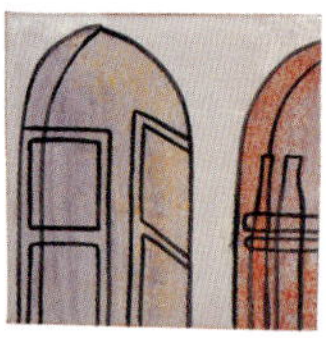
107 Fenster

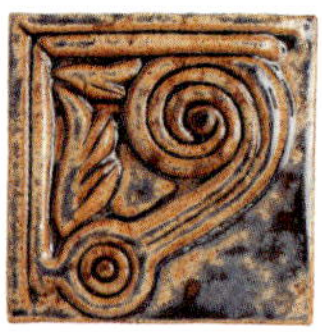
108 Kragstein

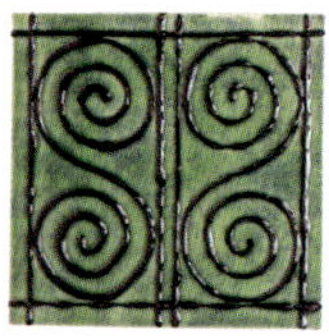
109 Eisengittermotiv

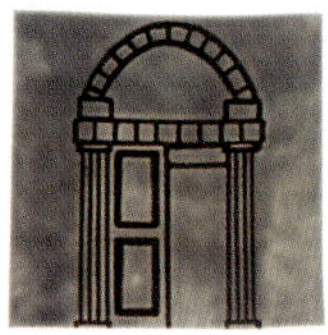
110 Offenes Tor

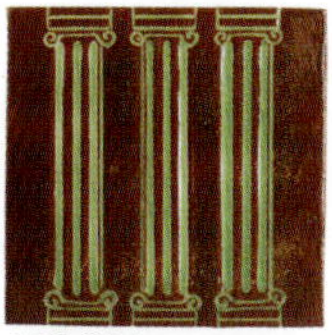
111 Säulen

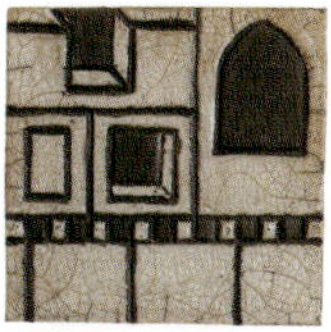
112 Burgmauer

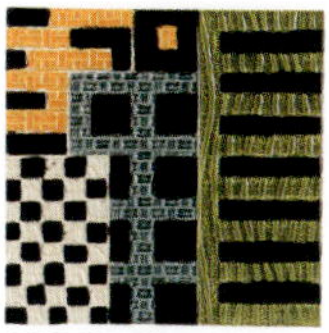
113 Bauplan

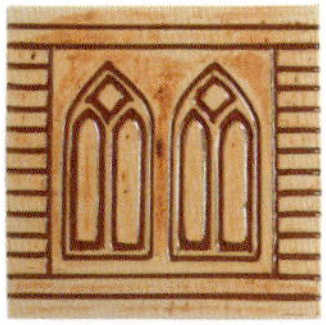
114 Kirchenfenster

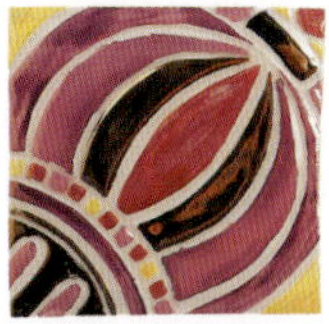
115 Zwiebelturm

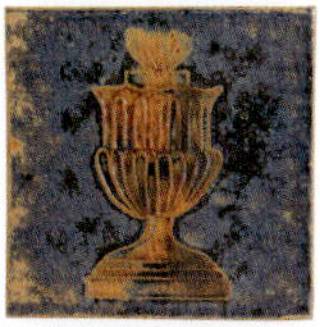
116 Prunkvase

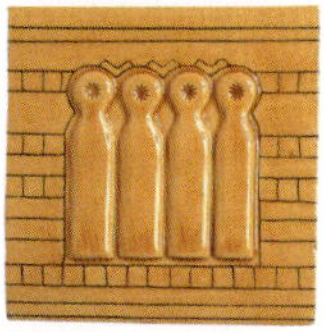
117 Mauerrelief

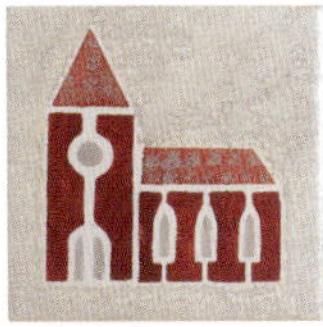
118 Kirchen-Schablone

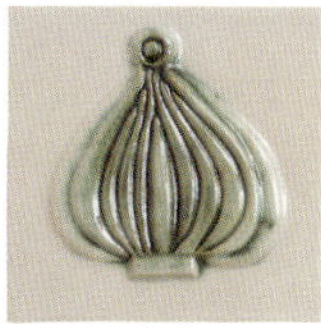
119 Minarett

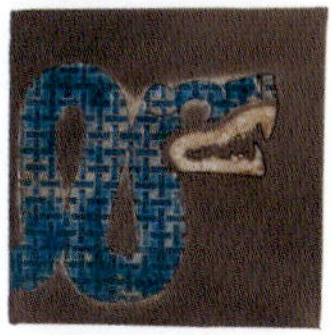
120 Aztekische Schlange

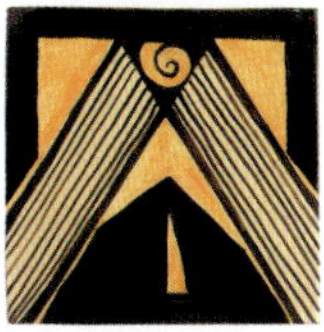
121 Altgriechisches Muster

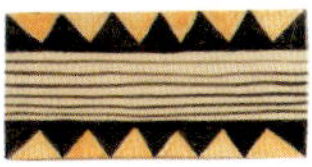
122 Altgriechisches Randmotiv

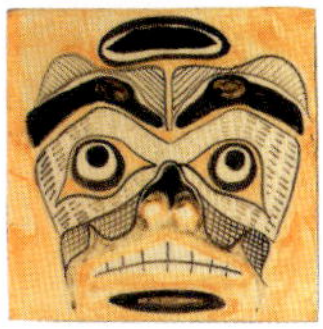
123 Indianische Totem-Maske

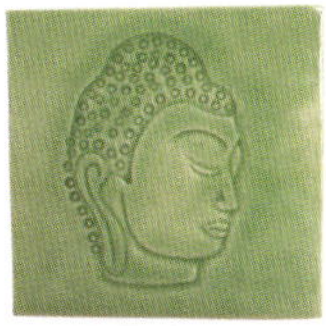
124 Buddha

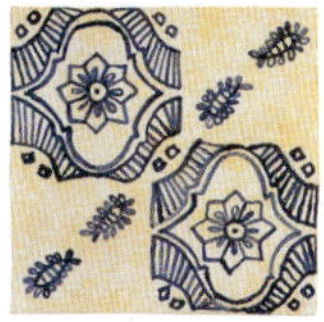
125 Indisches Textilmotiv

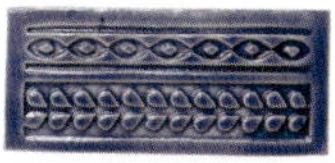
126 Indisches Bordürenmotiv

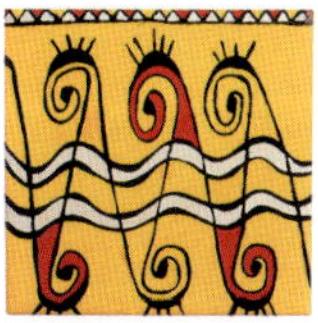
127 Motiv aus Neuguinea

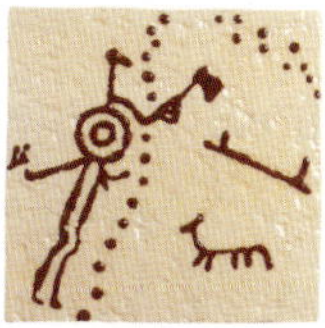
128 Skandinavische Felsmalerei

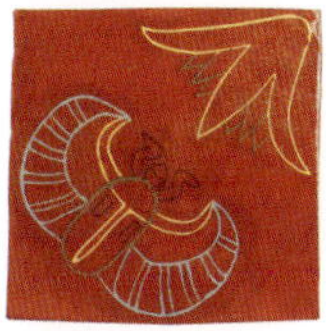
129 Lotus und Skarabäus

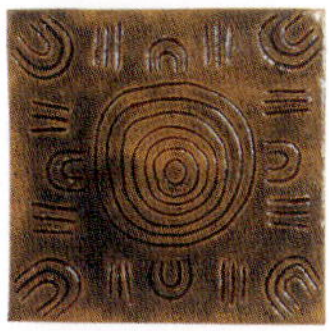
130 Australische Felsmalerei

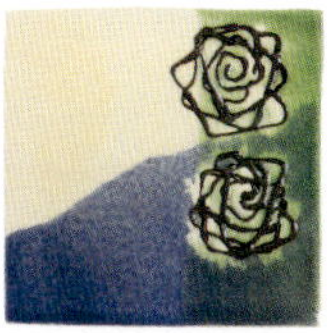
131 Stilisierte Rosen

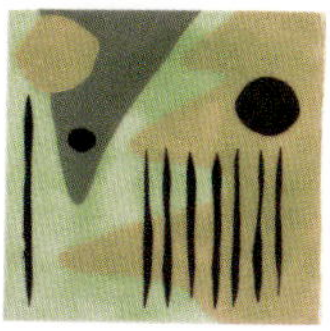
132 Stilisierte Landschaft

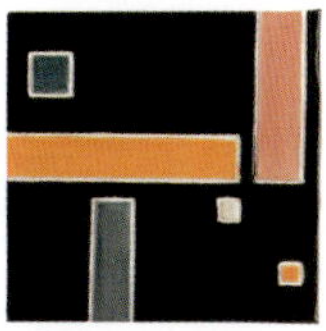
133 Balken und Quadrate

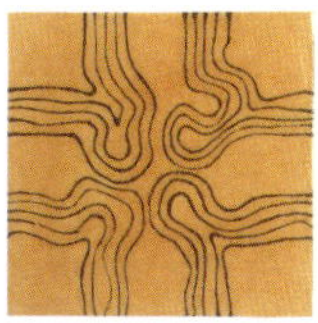
134 Fließende Linien

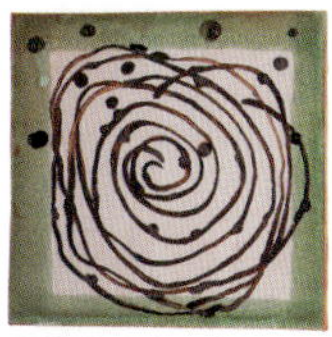
135 Spirale mit Punkten

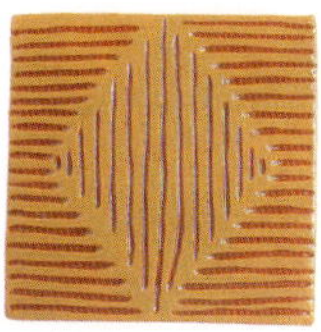
136 Raute

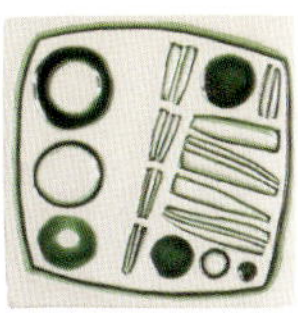
137 Chims Motiv

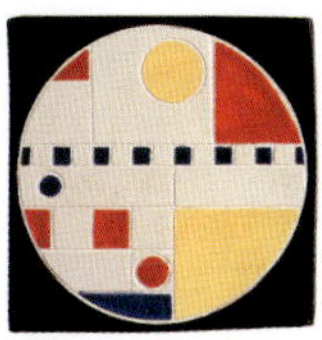
138 Kreise und Quadrate

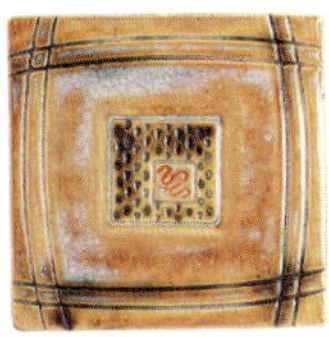
139 Regen

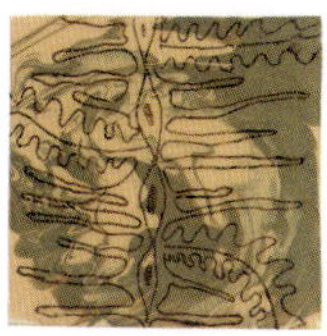
140 Seetang

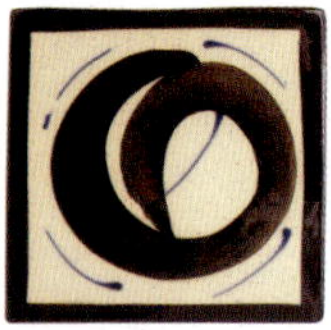
141 Wirbel

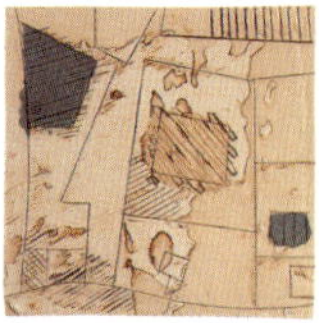
142 Landkarte

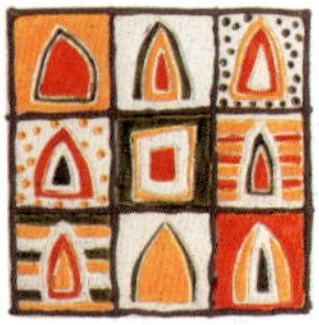
143 Hundertwasser: Fenster

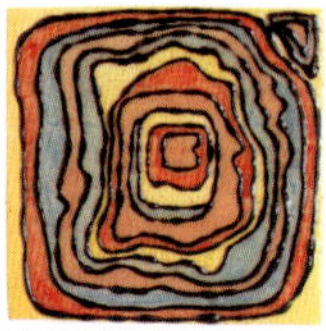
144 Hundertwasser-Motiv

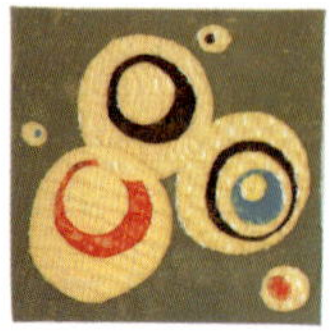
145 Hundertwasser: Kreise

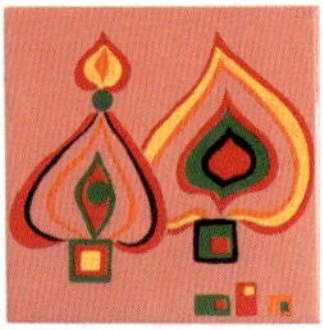
146 Hundertwasser: Zwiebeltürme

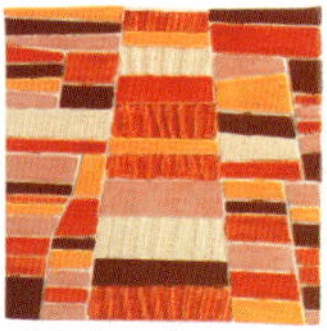
147 Klee: Buntes Raster

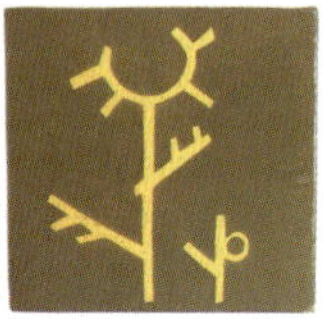
148 Klee: Abstrakte Pflanze

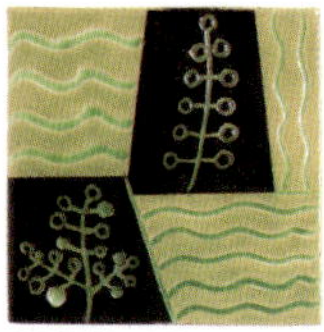
149 Klee: Blumen und Wasser

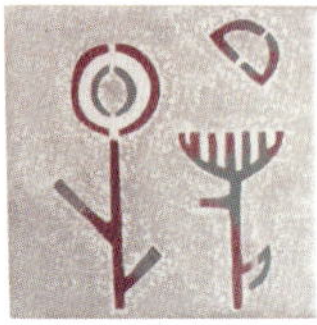
150 Klee: Pflanzen

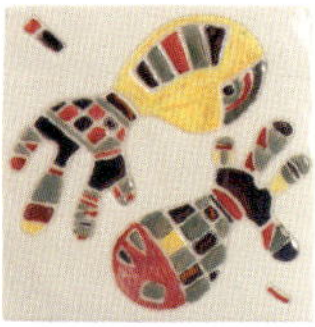
151 Kandinsky: Hände

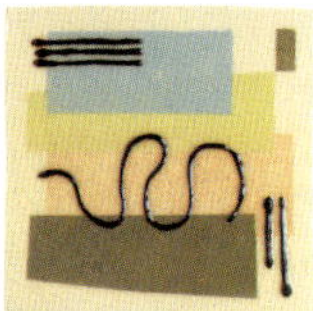
152 Kandinsky: Abstraktes Motiv

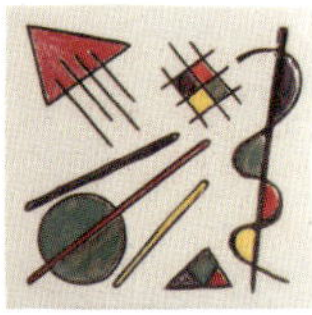
153 Kandinsky: Formen

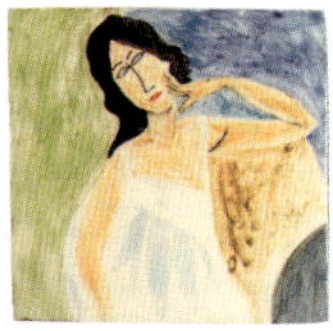
154 Modigliani: Frau

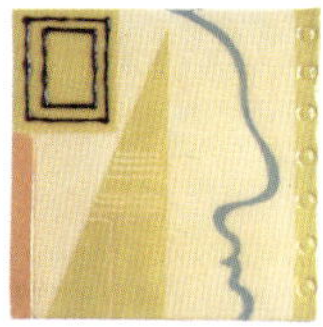
155 Picasso: Profil

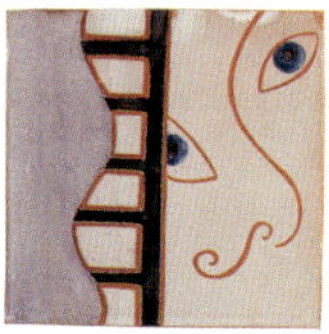
156 Picasso: Gesicht

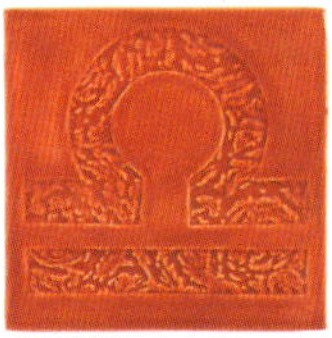
157 Waage

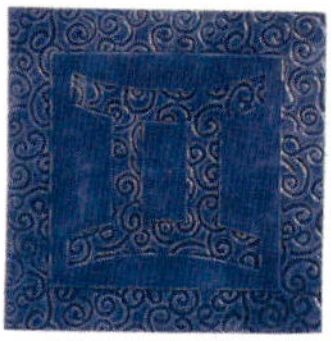
158 Zwillinge

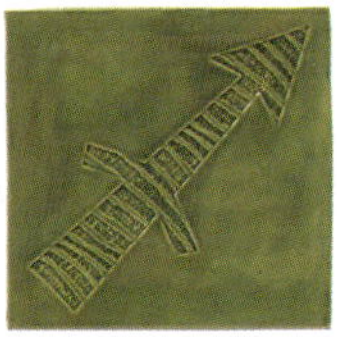
159 Schütze

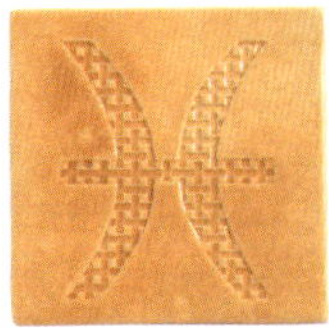
160 Fische

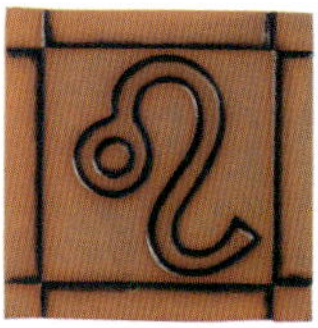
161 Löwe

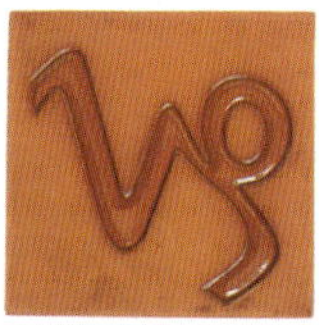
162 Steinbock

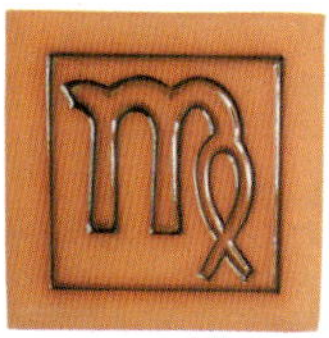
163 Jungfrau

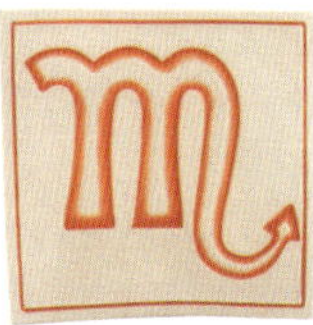
164 Skorpion

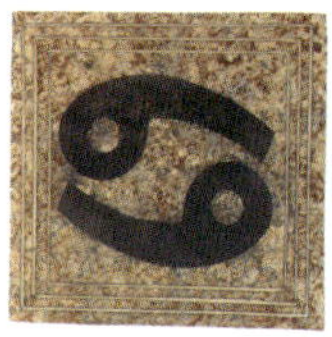
165 Krebs

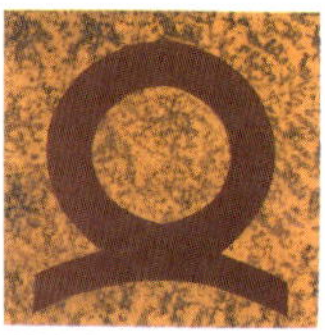
166 Stier

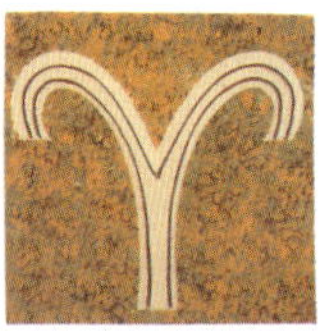
167 Widder

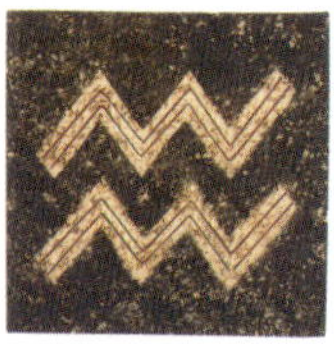
168 Wassermann

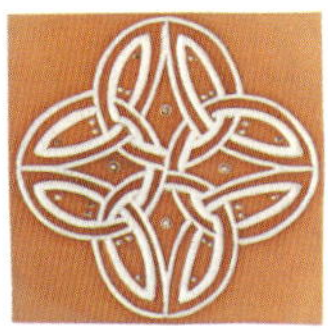
169 Verschlungene Kreise

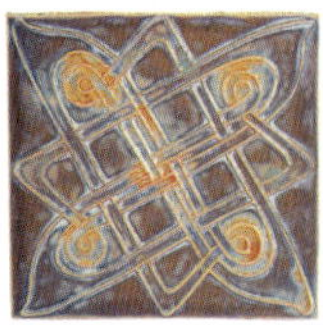
170 Linolschnitt-Knoten und -Bordüre

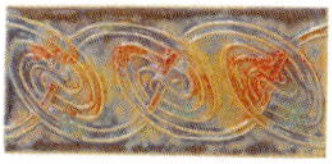
171 Linolschnitt-Bordüre

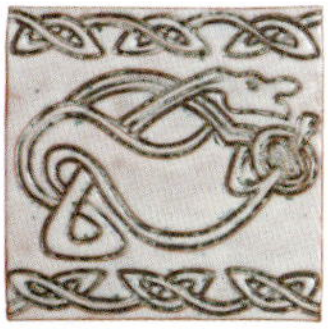
172 Tiermotiv mit Knoten

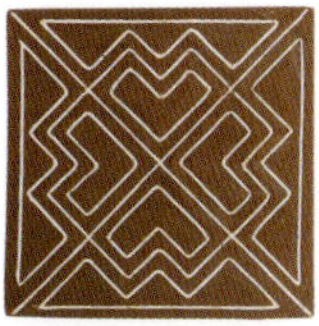
173 Keltischer Mäander

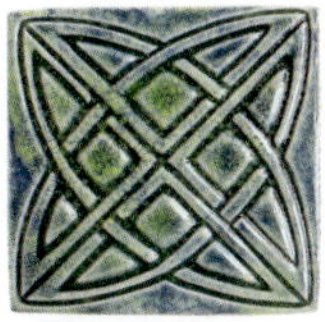
174 Verkreuzter Knoten

175 Schablonen-Knoten

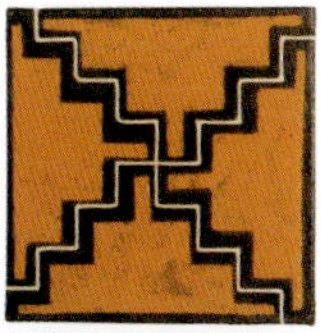
176 Treppenmuster

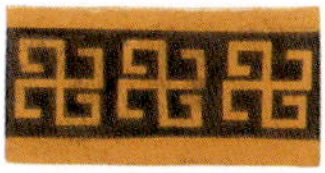
177 Kreuzbordüre

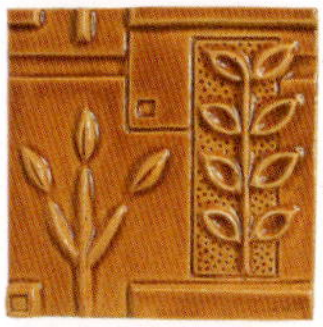
178 Relief im Stil der 1950er-Jahre

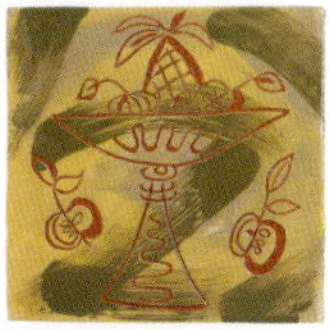
179 Obstschale

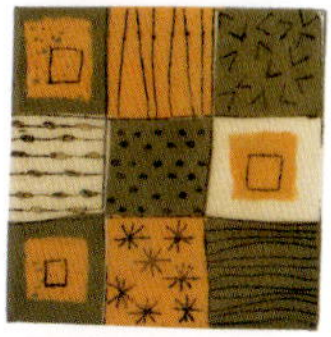
180 Flächenmuster

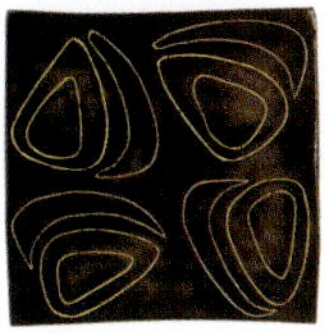
181 Abstraktes Muster

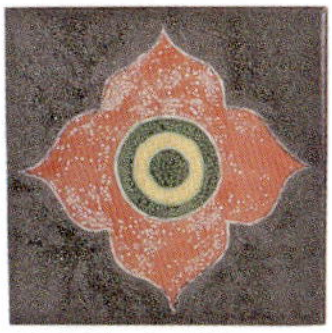
182 Hippie-Blüte

183 Herzen

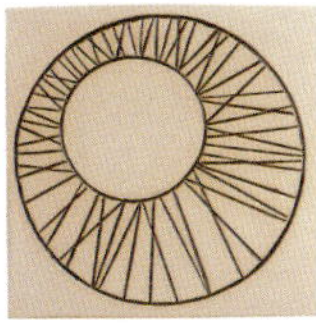
184 Fadengrafik

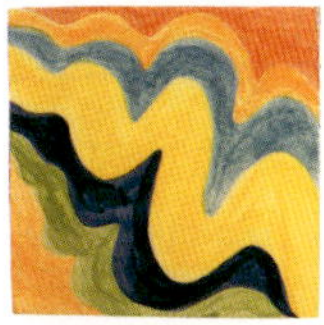
185 Psychedelisches Muster mit Bordüre

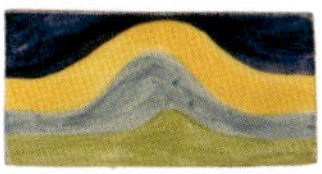
186 Psychedelisches Muster mit Bordüre

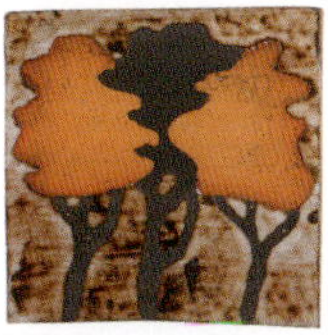
187 Stilisierte Bäume

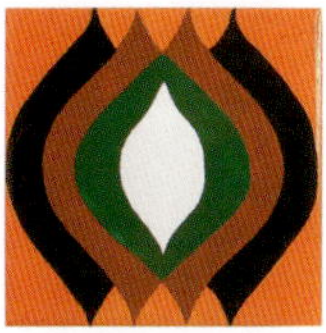
188 Abstrakt im Stil der 1970er

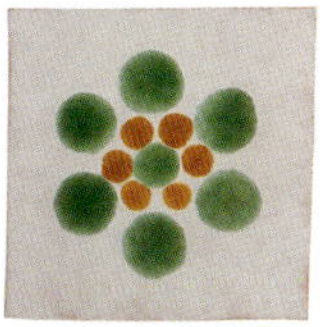
189 Naive Blüte

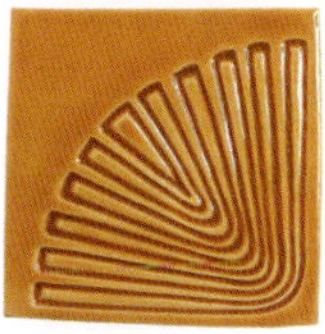
190 Eckfächer

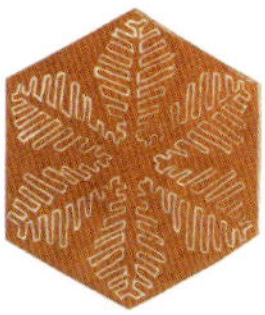
191 Schneekristall

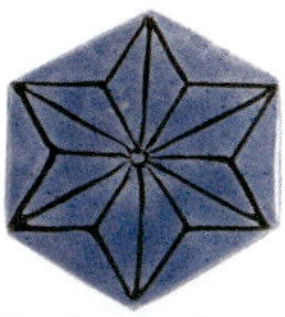
192 Sechser-Stern

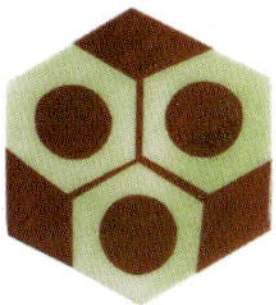
193 Sechskant-Muttern

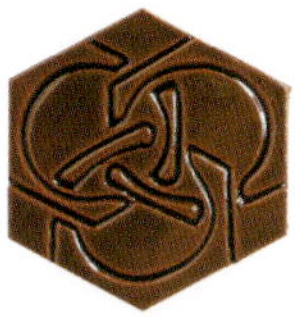
194 Triskele

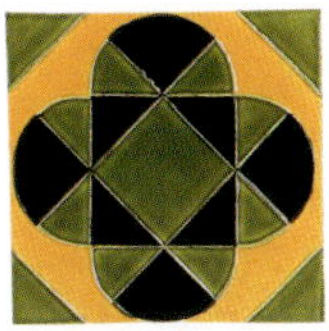
195 Linol-Blüte

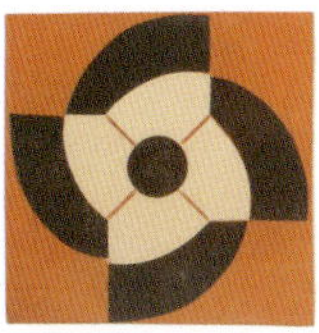
196 Windrad

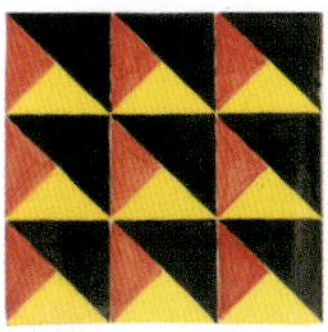
197 Dreiecks-Puzzle

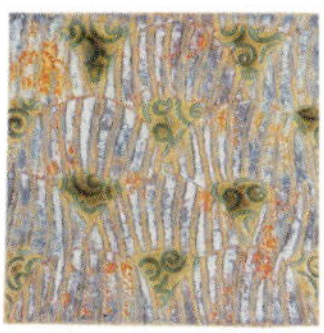
198 Fächerbogen

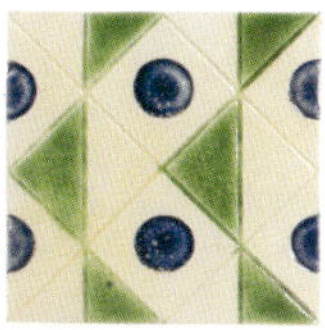
199 Rauten und Kreise

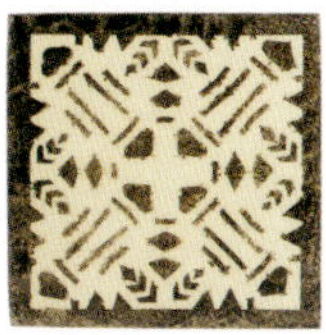
200 Scherenschnitt

MOTIV 1

Schnecke

Die Kombination von Majolika und Wachsabdeckung kommt bei diesem unkomplizierten Motiv besonders gut zur Geltung.

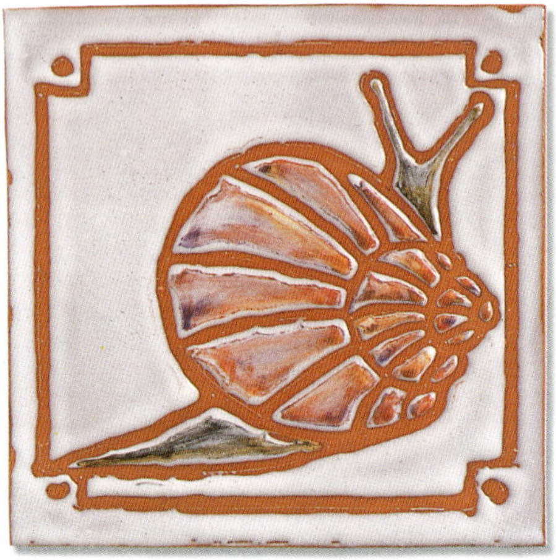

TON Roter Steingut-Ton, Schrühbrand bei 1100 °C, Glasurbrand bei 1080 °C.

Schritt für Schritt

1 Das Motiv nach dem Schrühbrand auf die Oberseite der Fliese übertragen.

2 Die Umrisslinien des Motivs mit einem feinen Pinsel mit Wachsemulsion nachzeichnen.

3 Eine Schicht weißer Zinnglasur auf die Fliese auftragen.

4 Schneckenhaus und Schneckenkörper mit Unterglasurfarben ausfüllen, dann den Glasurbrand vornehmen.

Material

- Roter Steingut-Ton
- Feiner Pinsel
- Wachsemulsion
- Weiße Zinnglasur
- Pinsel
- Unterglasurfarben

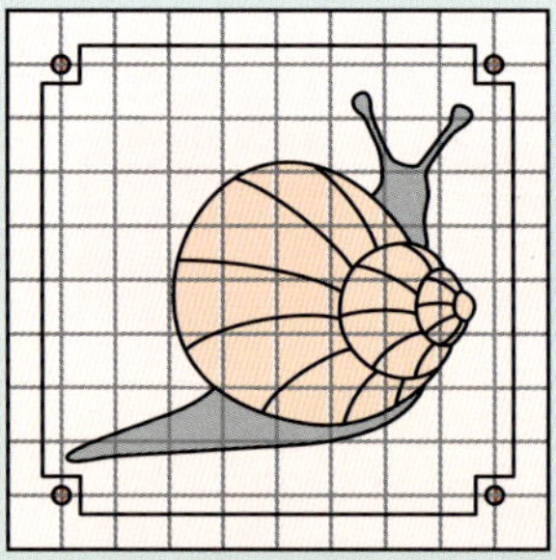

Auf der Fläche

Diese Fliese eignet sich als Dekorfliese oder für Umrandungen.

ANORDNUNGSVORSCHLAG

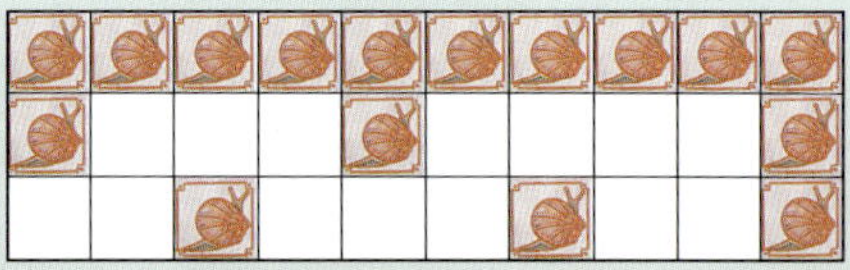

TECHNIK

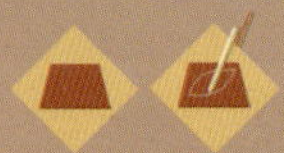

SCHWIERIGKEITSGRAD

1 2

siehe auch Der Brand **18–21** Fliesen trocknen **37** Wachsabdeckung **46** Motive übertragen **53**

MOTIV

2 Skorpione

Diese Fliese mit den beiden stilisierten Skorpionen ist eine der leichtesten Arbeiten in diesem Buch. Das Motiv wirkt noch interessanter, wenn Sie Fliesen in zwei verschiedenen Glasurfarben einsetzen.

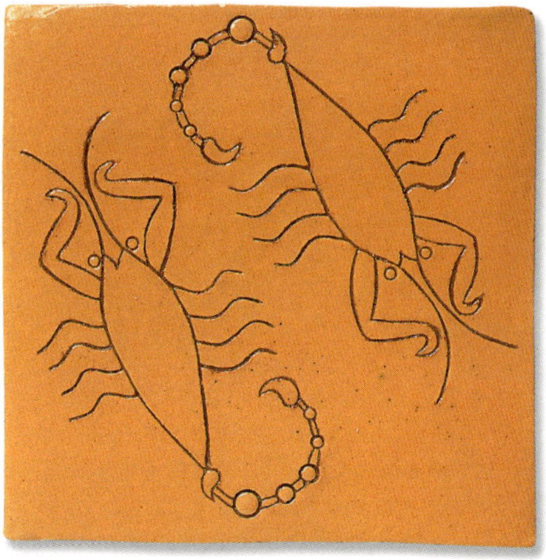

TON Roter Steingut-Ton, Schrühbrand bei 1100 °C, Glasurbrand bei 1080 °C.

Schritt für Schritt

1 Die Fliese vorbereiten und mit einer dicken Schicht gelber Engobe überziehen.

2 Wenn die Fliese lederhart getrocknet ist, das Motiv auf die Oberseite übertragen.

3 Die Konturen des Motivs sorgfältig in den Ton ritzen.

4 Nach dem Schrühbrand die ganze Fliese mit Transparentglasur überziehen. Den Glasurbrand vornehmen.

Material

- Roter Steingut-Ton
- Gelbe Engobe
- Pinsel
- Werkzeug zum Ritzen
- Transparente Steingut-Glasur

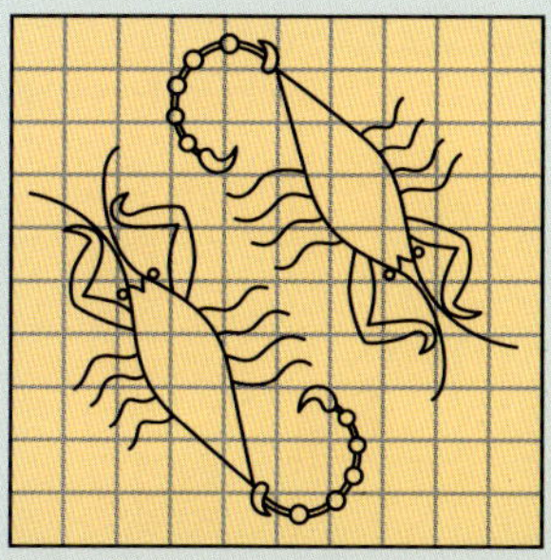

Auf der Fläche

Geeignet für einen Rapport, aber auch locker eingestreut in eine Fläche, eventuell kombiniert mit andersfarbigen Fliesen ähnlichen Stils.

ANORDNUNGSVORSCHLAG

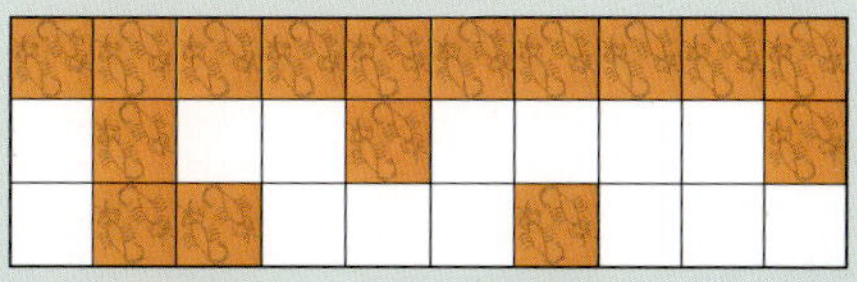

TECHNIK

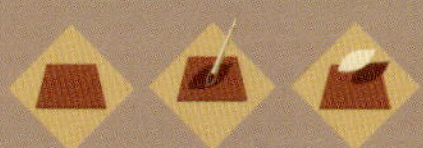

SCHWIERIGKEITSGRAD

1

siehe auch Der Brand **18–21** Fliesen trocknen **37** Wachsabdeckung **46** Motive übertragen **53**

MOTIV

3 Altenglischer Hase

Dieses Motiv ist die Kopie einer mittelalterlichen Bodenfliese in Einlegetechnik. Dafür werden zwei Ton-Farben mit derselben Brenntemperatur verwendet: einer als Untergrund, der andere für das Motiv.

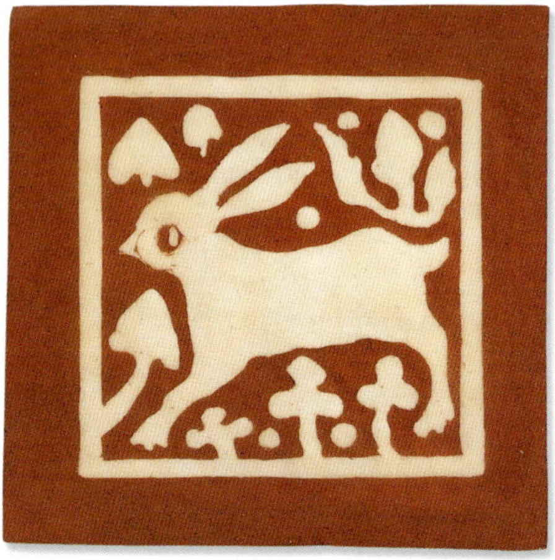

TON Roter und weißer Steingut-Ton, Schrühbrand bei 1100 °C, Glasurbrand bei 1080 °C.

Schritt für Schritt

1 Die Fliese aus rotem Steingut-Ton vorbereiten und lederhart trocknen lassen.

2 Das Motiv auf die Oberfläche der Fliese übertragen.

3 Das Motiv nachritzen und mit einem Linolmesser ca. 3 mm tief ausheben.

4 Die so entstandenen Leerräume mit weißem Ton ausfüllen, dabei darauf achten, dass dieser sich nicht mit dem roten Ton mischt. Antrocknen lassen, dann die Oberfläche vorsichtig abschaben, sodass das Motiv zum Vorschein kommt.

5 Nach dem Schrühbrand Fliese mit Transparentglasur überziehen. Glasurbrand vornehmen.

Material

- Roter und weißer Steingut-Ton
- Linolmesser
- Transparente Steingut-Glasur

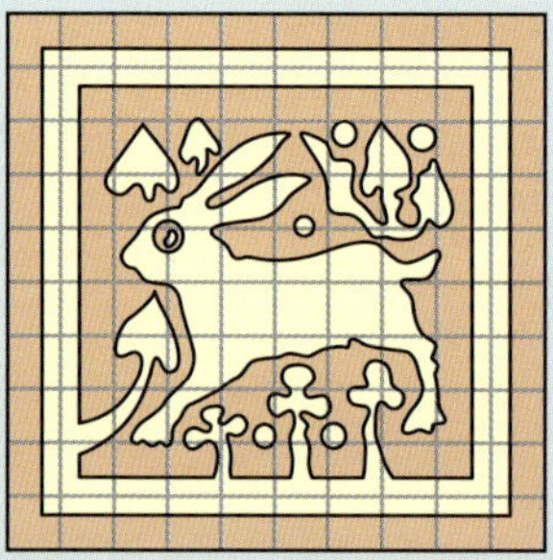

Auf der Fläche

Traditionell ein Motiv für Bodenfliesen. Sehr schön als Dekorfliesen, unregelmäßig verteilt auf einer einfarbigen Fläche.

ANORDNUNGSVORSCHLAG

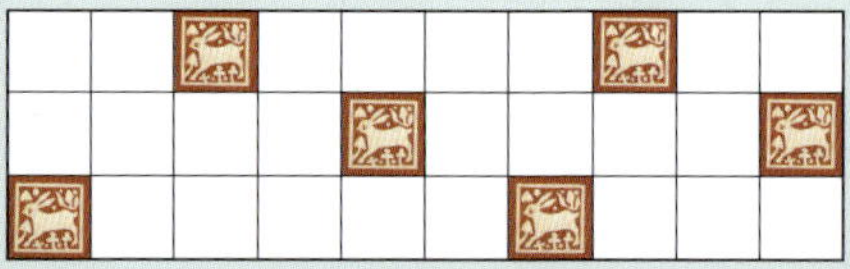

TECHNIK

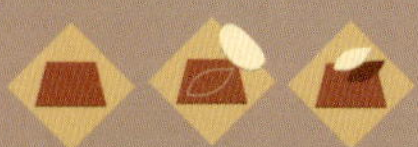

SCHWIERIGKEITSGRAD

1 2 3

siehe auch Der Brand **18–21** Fliesen trocknen **37** Wachsabdeckung **46** Motive übertragen **53**

MOTIV 4

Frosch

Frösche sind fröhliche Motive, die sich besonders gut für Kinder- oder Badezimmer eignen.

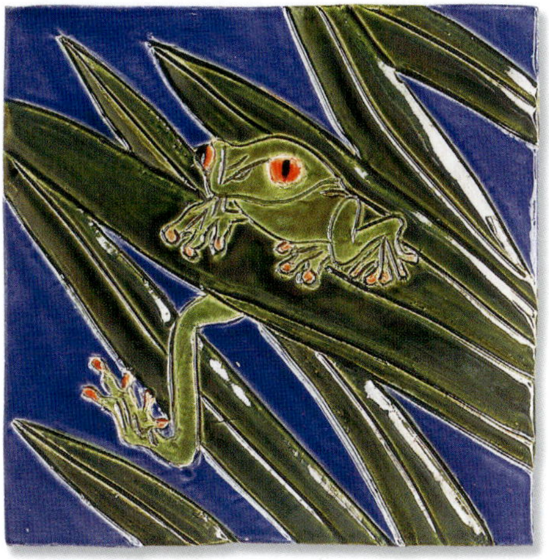

TON Weißer Steingut-Ton, Schrühbrand bei 1100 °C, Glasurbrand bei 1020 °C.

Schritt für Schritt

1 Die Fliese vorbereiten und lederhart trocknen lassen.

2 Das Motiv auf die Oberfläche der Fliese übertragen und mit einem Messer oder Modellierwerkzeug nachritzen.

3 Nach dem Schrühbrand mit Unterglasurfarben ausfüllen und den Glasurbrand vornehmen.

Material

- Weißer Steingut-Ton
- Werkzeug zum Ritzen
- Unterglasurfarben
- Pinsel

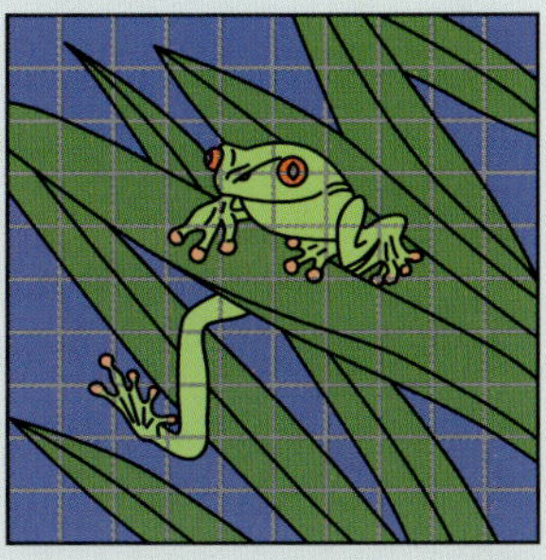

Auf der Fläche

Besonders schön als Bordüre für farblich passende, einfarbige Fliesen.

ANORDNUNGSVORSCHLAG

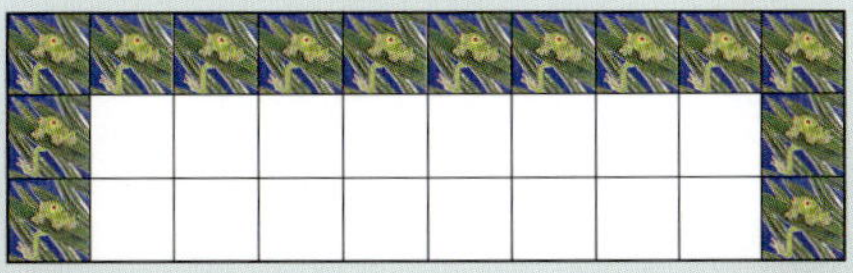

TECHNIK

SCHWIERIGKEITSGRAD

1 2 3

siehe auch Der Brand **18–21** Fliesen trocknen **37** Wachsabdeckung **46** Motive übertragen **53**

MOTIV

5 Schlange

Dieses einfache grafische Motiv, ursprünglich ein afrikanisches Stoffmotiv, kann man schnell und leicht nacharbeiten.

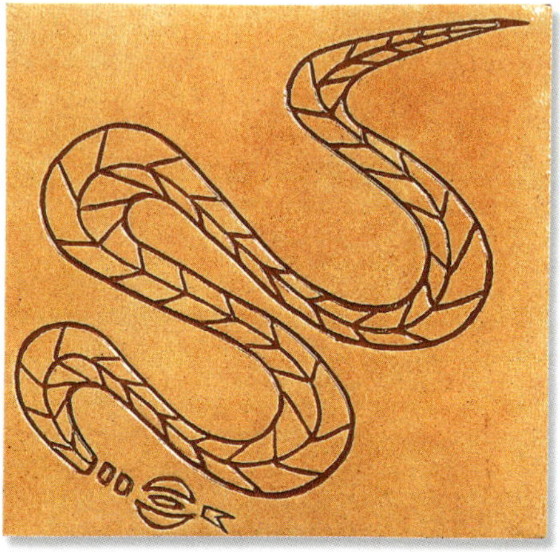

TON Roter Steingut-Ton, Schrühbrand bei 1100 °C, Glasurbrand bei 1080 °C.

Schritt für Schritt

1 Die Fliese vorbereiten und mit einer dicken Schicht weißer Engobe überziehen.

2 Das Motiv auf die Oberfläche der lederhart getrockneten Fliese übertragen und die Kontur nachritzen.

3 Nach dem Schrühbrand mit transparenter Glasur überziehen und den Glasurbrand vornehmen.

Material

- Roter Steingut-Ton
- Weiße Engobe
- Pinsel
- Werkzeug zum Ritzen
- Transparente Glasur

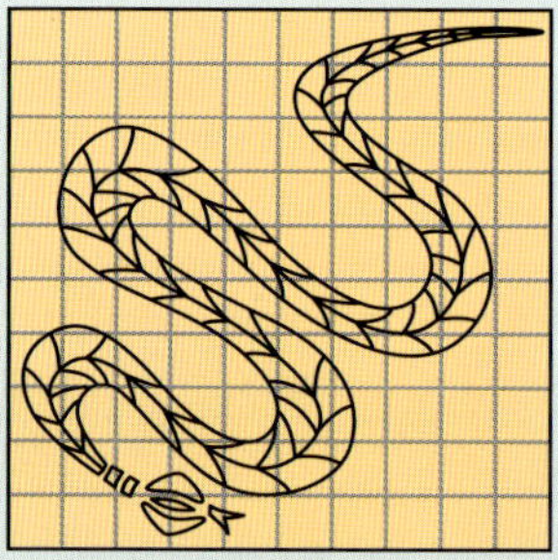

Auf der Fläche

Als Dekorfliese, unregelmäßig verteilt auf einem einfarbigen Hintergrund oder als mehrfarbiger Rapport.

ANORDNUNGSVORSCHLAG

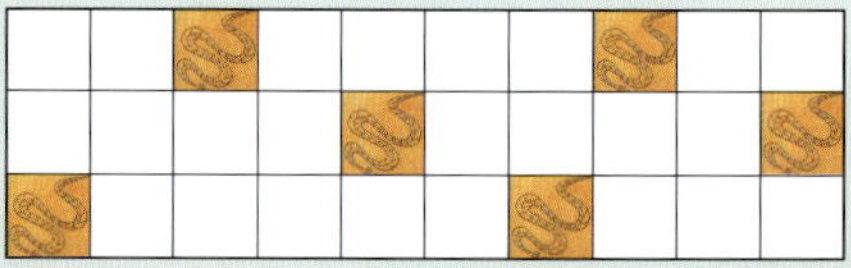

TECHNIK

SCHWIERIGKEITSGRAD

1

siehe auch Der Brand **18–21** Fliesen trocknen **37** Wachsabdeckung **46** Motive übertragen **53**

MOTIV 6

Eidechse

Die kleine Eidechse in leuchtenden Farben wirkt auf dem Hintergrund von unglasierter Terrakotta sehr lebendig.

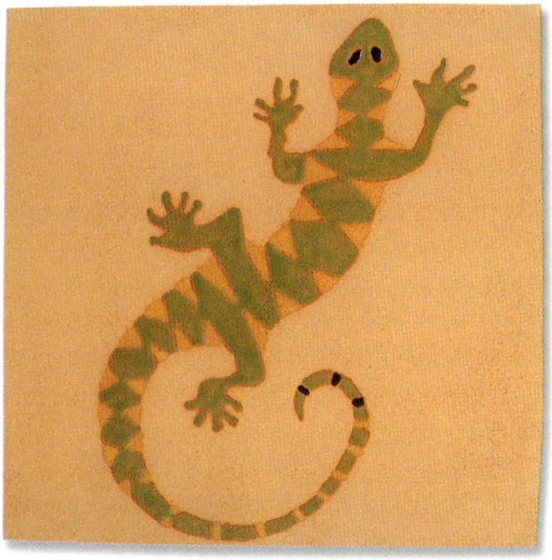

TON Roter Steingut-Ton, Schrühbrand bei 1100 °C, Glasurbrand bei 1080 °C.

Schritt für Schritt

1 Nach dem Schrühbrand das Motiv auf die Oberfläche der Fliese übertragen.

2 Das Motiv mit Unterglasurfarben ausfüllen und den Glasurbrand vornehmen.

Material

- Roter Steingut-Ton
- Unterglasur-farben
- Pinsel

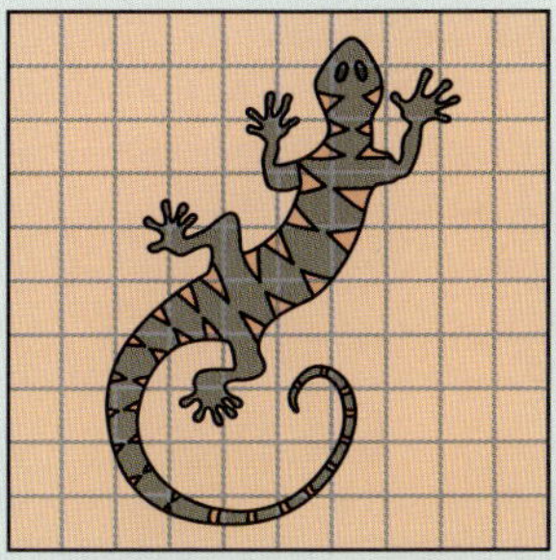

Auf der Fläche

Diese Fliese ist sehr wirkungsvoll in senkrechten Reihen auf einfarbigem Hintergrund – es wirkt dann, als würde eine Prozession von Eidechsen die Wand hinaufklettern.

ANORDNUNGSVORSCHLAG

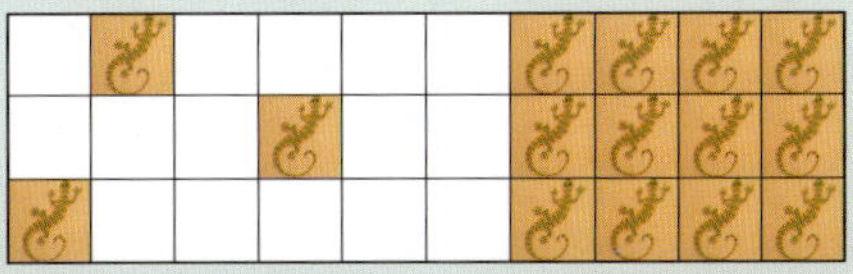

TECHNIK

SCHWIERIGKEITSGRAD

1 2

siehe auch Der Brand **18–21** Fliesen trocknen **37** Wachsabdeckung **46** Motive übertragen **53**

MOTIV 7

Elefant

Elefanten sind ein beliebtes Motiv und dieser freundliche zartrosa Vertreter ist ein besonders charmantes Beispiel.

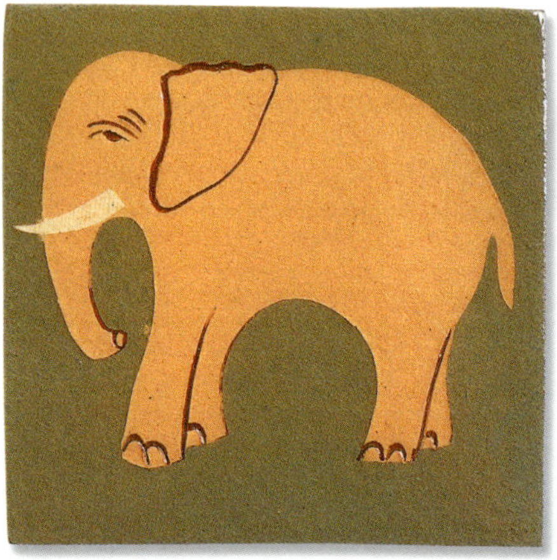

TON Roter Steingut-Ton, Schrühbrand bei 1100 °C, Glasurbrand bei 1080 °C.

Schritt für Schritt

1 Das Elefantenmotiv auf ein 15 x 15 cm großes Papier zeichnen und ausschneiden. Sie brauchen sowohl Positiv als auch Negativ.

2 Das Positiv anfeuchten, auf die lederhart getrocknete Fliese legen und mit farbiger Engobe übermalen, dann klebfrei trocknen lassen.

3 Die Positivschablone entfernen und die angefeuchtete Negativschablone auflegen. Rosafarbene Engobe auftupfen.

4 Papier abziehen und Stoßzahn mit weißer Engobe aufmalen. Dann weitere Details einritzen.

5 Nach dem Schrühbrand glasieren und den Glasurbrand vornehmen.

Material

- Roter Steingut-Ton
- Farbige Engobe
- Zeitungspapier
- Naturschwamm
- Werkzeug zum Ritzen
- Transparente Steingut-Glasur

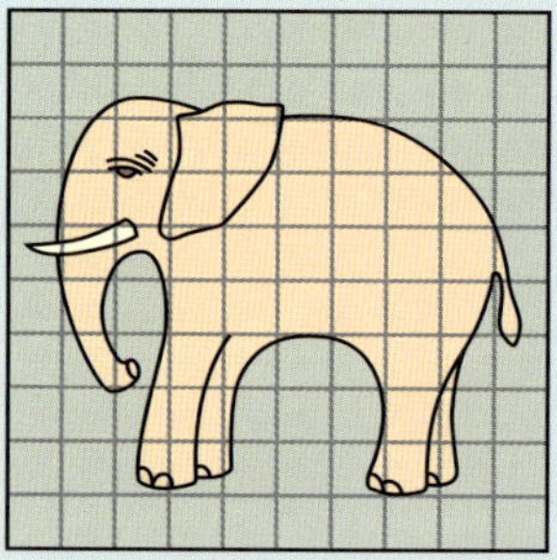

Auf der Fläche

Am wirkungsvollsten locker auf einfarbigem Hintergrund verteilt, auch im Wechsel mit anderen Motiven.

ANORDNUNGSVORSCHLAG

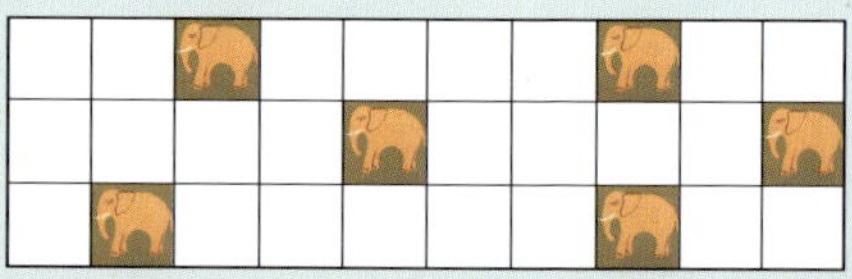

TECHNIK

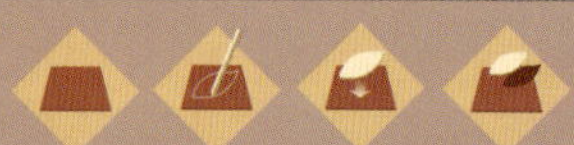

SCHWIERIGKEITSGRAD

1 2 3

siehe auch Der Brand **18–21** Fliesen trocknen **37** Wachsabdeckung **46** Motive übertragen **53**

MOTIV 8

Reh im Delfter Stil

Das Reh in einer für den Delfter Stil typischen Pose wurde mit Kobaltoxid auf Zinnglasur gemalt. Durch die Eckmotive bilden mehrere Fliesen einen Rapport.

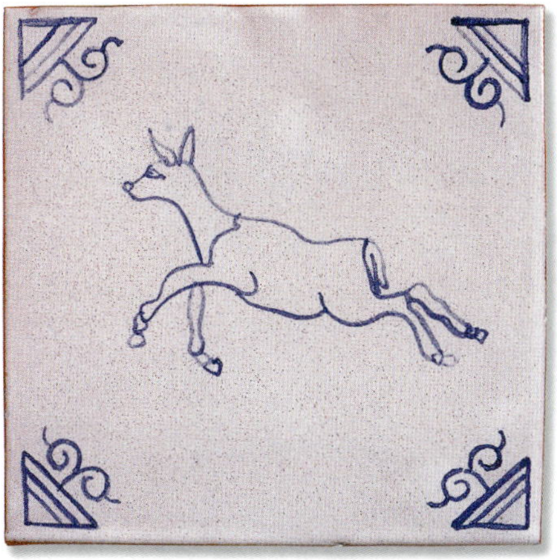

TON Roter Steingut-Ton, Schrühbrand bei 1100 °C, Glasurbrand bei 1080 °C.

Schritt für Schritt

1 Nach dem Schrühbrand weiße Zinnglasur auf die Fliese auftragen.

2 Das Motiv auf die Oberfläche der glasierten Fliese übertragen.

3 Das Motiv mit einem feinen Pinsel sorgfältig mit einer Kobaltoxid auftragen, dann den Glasurbrand vornehmen.

Material

- Roter Steingut-Ton
- Weiße Zinnglasur
- Pinsel
- Kobaltoxid
- Feiner Pinsel

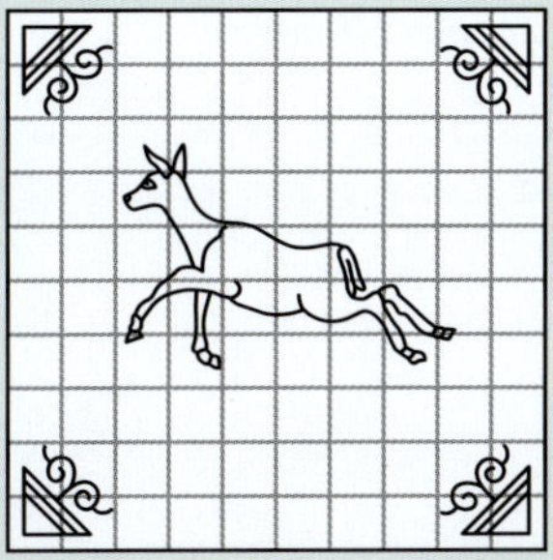

Auf der Fläche

Wegen der Eckmotive für einen flächigen Rapport geeignet.

ANORDNUNGSVORSCHLAG

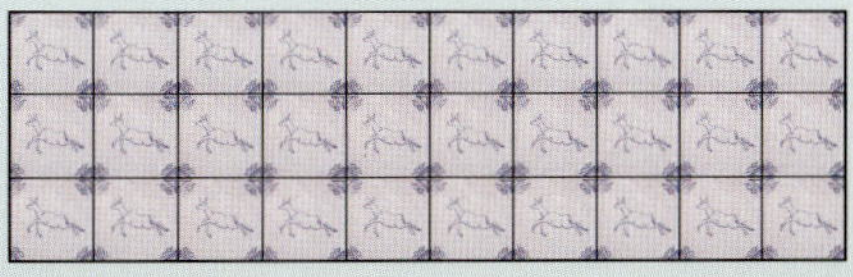

TECHNIK

SCHWIERIGKEITSGRAD

1 2 3

siehe auch Der Brand **18–21** Fliesen trocknen **37** Wachsabdeckung **46** Motive übertragen **53**

MOTIV

9 Katzen auf der Mauer

Katzen sind nicht nur als Haustiere, sondern auch als Fliesenmotiv äußerst beliebt. Hier sitzen gleich drei auf einer Mauer.

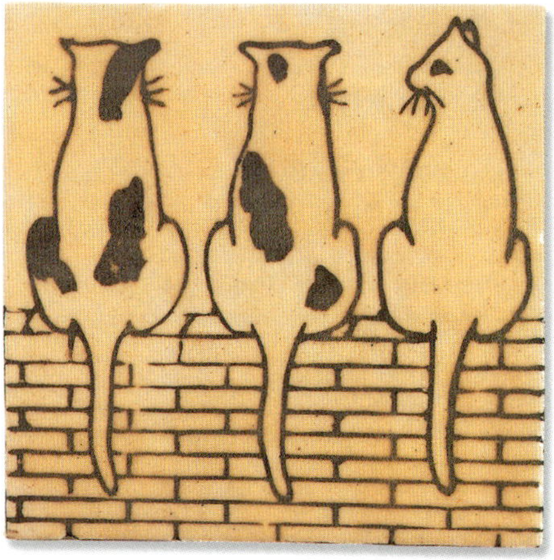

TON Weißer Steingut-Ton, Schrühbrand bei 1100 °C, Glasurbrand bei 1080 °C.

Schritt für Schritt

1 Die Fliese vorbereiten und lederhart trocknen lassen.

2 Das Motiv auf die Oberfläche der Fliese übertragen und die Konturen mit einem Modellierwerkzeug nachritzen.

3 Das Motiv mit farbiger Engobe ausfüllen, dann das übergeschmierte Material mit dem Schaber entfernen, um die Konturen hervorzuheben.

4 Nach dem Schrühbrand transparente Glasur auftragen und den Glasurbrand vornehmen.

Material

- Weißer Steingut-Ton
- Farbige Engobe
- Schaber
- Transparente Steingut-Glasur

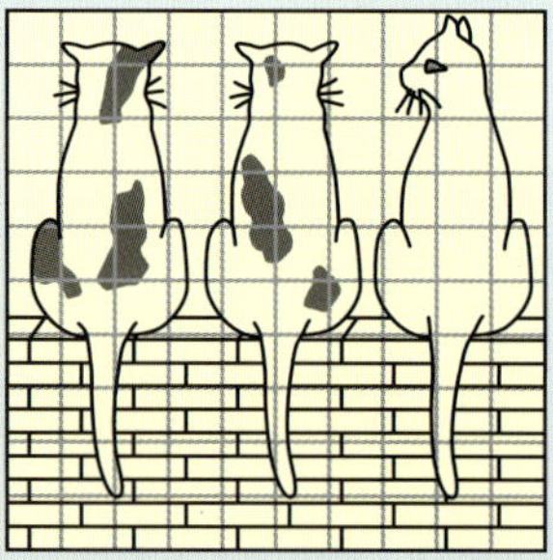

Auf der Fläche

Diese Dekorfliese kommt zusammen mit anderen, in derselben Technik hergestellten Katzenmotiven, auf einem einfarbigen Hintergrund am besten zur Geltung.

ANORDNUNGSVORSCHLAG

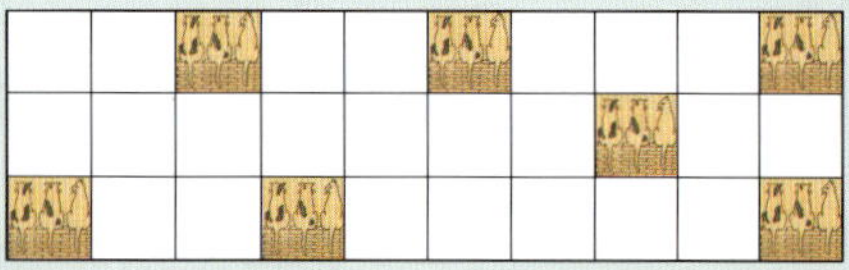

TECHNIK

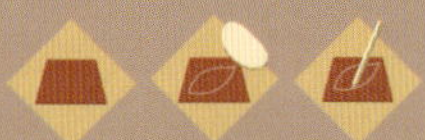

SCHWIERIGKEITSGRAD

1 2 3

siehe auch Der Brand **18–21** Fliesen trocknen **37** Wachsabdeckung **46** Motive übertragen **53**

MOTIV

10 Jugendstil-Reh

Das stilisierte springende Reh mit seinen scharf umrissenen Konturen und der Lüsterdekoration ist ein typisches Jugendstilmotiv.

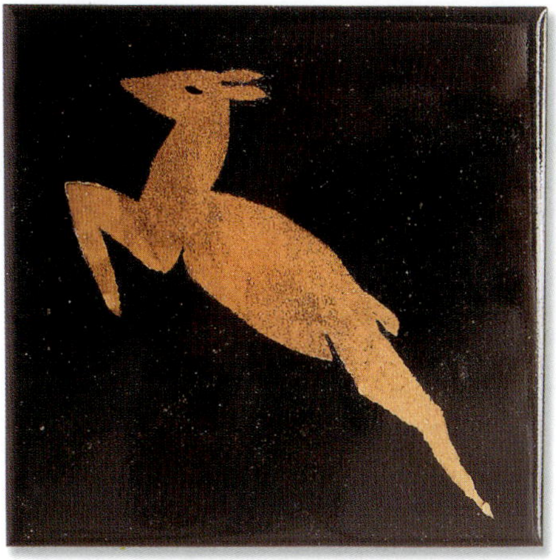

Schritt für Schritt

1 Das Motiv auf Schablonenkarton übertragen und sorgfältig ausschneiden.

2 Die Schablone auf eine fertig gekaufte Fliese legen und mit Malerkrepp fixieren. Mit einem Naturschwamm eine dünne, gleichmäßige Schicht Lüster auftragen.

3 Wenn der Lüster trocken ist, die Fliese bei 730 °C brennen.

Material

- Schablonen-karton
- Cutter
- Gekaufte, glasierte Fliese
- Malerkrepp
- Edelmetall-Lüster
- Naturschwamm

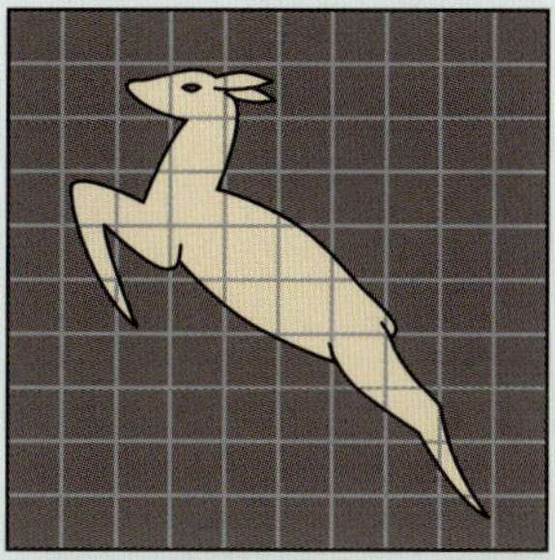

Auf der Fläche

Schön als Bordüre über einfarbigen Fliesen in der Hintergrundfarbe.

ANORDNUNGSVORSCHLAG

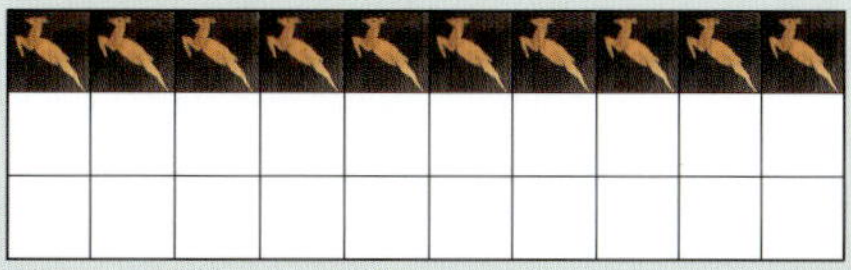

TECHNIK

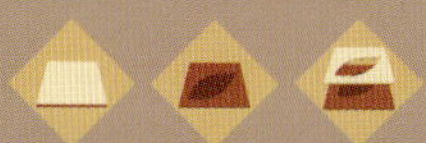

SCHWIERIGKEITSGRAD

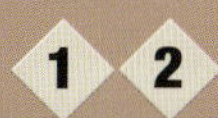

MOTIV **11**

Lustiger Vogel

Dieser Vogel stammt aus einer Reihe von Skizzen, die ich vor einigen Jahren für eine größere Arbeit angefertigt habe. Er hat zwar eine ganz eigene Persönlichkeit, aber keinen Namen.

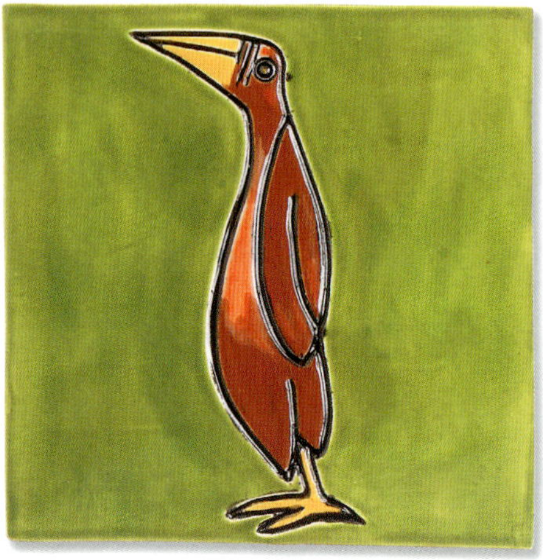

TON Weißer Steingut-Ton, Schrühbrand bei 1100 °C, Glasurbrand bei 1020 °C.

Schritt für Schritt

1 Die Fliese vorbereiten und lederhart trocknen lassen.

2 Das Motiv auf die Oberfläche der Fliese übertragen und die Konturen vorsichtig einritzen.

3 Nach dem Schrühbrand das Motiv mit Unterglasurfarben ausmalen und den Glasurbrand vornehmen.

Material

- Weißer Steingut-Ton
- Werkzeug zum Ritzen
- Unterglasurfarben
- Pinsel

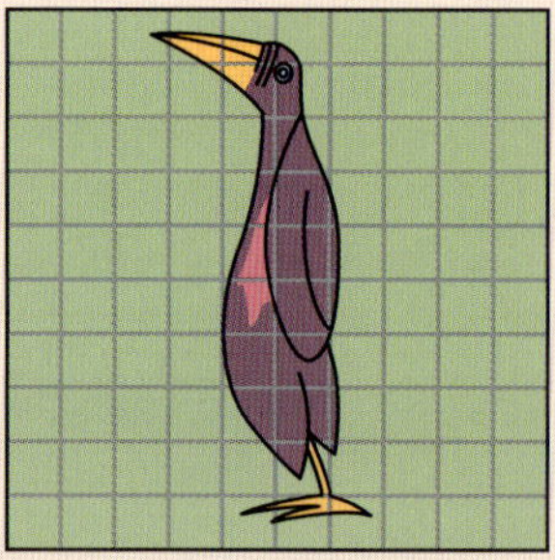

Auf der Fläche

Gut geeignet als Einzelmotiv auf einfarbigem Hintergrund.

ANORDNUNGSVORSCHLAG

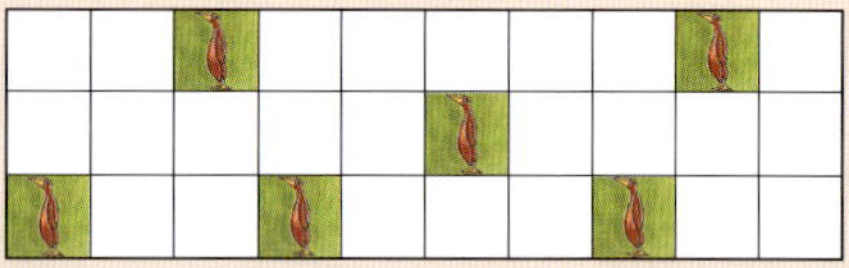

TECHNIK

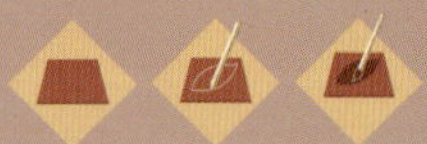

SCHWIERIGKEITSGRAD

1 2 3

siehe auch Der Brand **18–21** Fliesen trocknen **37** Motive übertragen **53**

MOTIV 12

Jugendstil-Pfau

Um die plastischen Konturen zu erhalten, wird das Motiv in eine Linolplatte geritzt. Diese wird dann auf die ungebrannte Fliese gepresst.

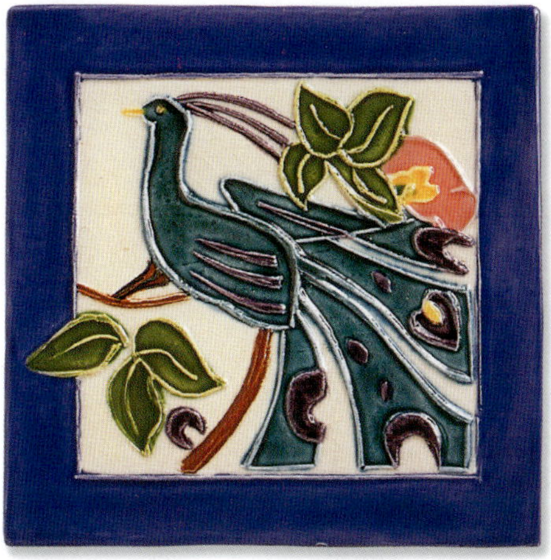

TON Weißer Steingut-Ton, Schrühbrand bei 1100 °C, Glasurbrand bei 1020 °C.

Schritt für Schritt

1 Das Motiv auf eine Linolplatte übertragen und mit Linolmessern in verschiedenen Stärken ausheben, um verschieden breite Linien und Oberflächen zu erhalten.

2 Die Fliese vorbereiten und die Linolplatte darauf pressen, um das Motiv zu übertragen.

3 Nach dem Schrühbrand mit farbigen Glasuren ausmalen und brennen.

Material

- Linolplatte. 15 x 15 cm
- Linolmesser in verschiedenen Stärken
- Weißer Steingut-Ton
- Farbige Glasuren
- Pinsel

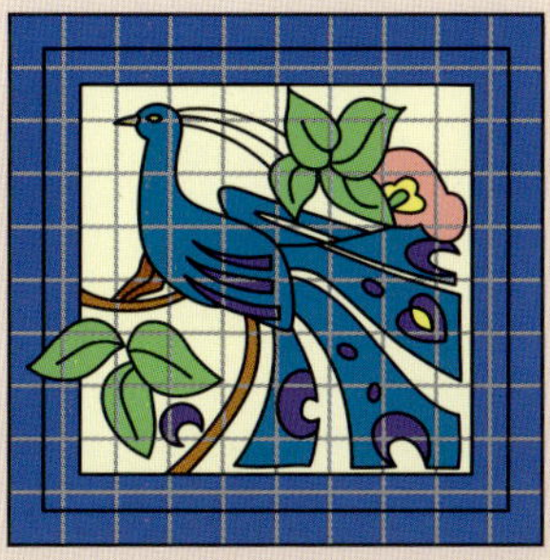

Auf der Fläche

Geeignet als Einzelmotiv oder, wie im Jugendstil, als Umrandung einfarbiger Flächen.

ANORDNUNGSVORSCHLAG

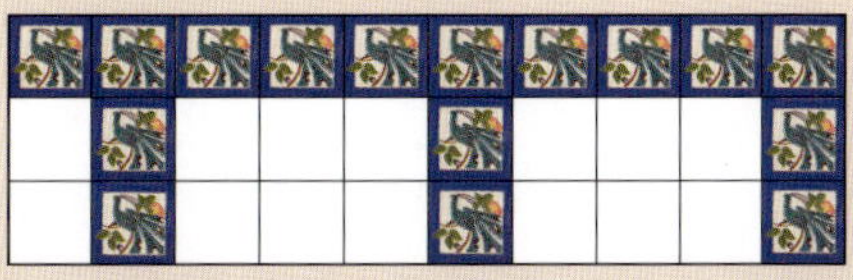

TECHNIK

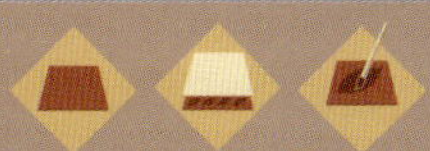

SCHWIERIGKEITSGRAD

1 2 3

siehe auch Der Brand **18–21** Fliesen trocknen **37** Motive übertragen **53**

MOTIV

13 Vögel im Karree

Die Vogelmotive wurden in Linolreste eingeritzt – ein optimales Recycling – und dann auf die vorbereitete Fliese gepresst.

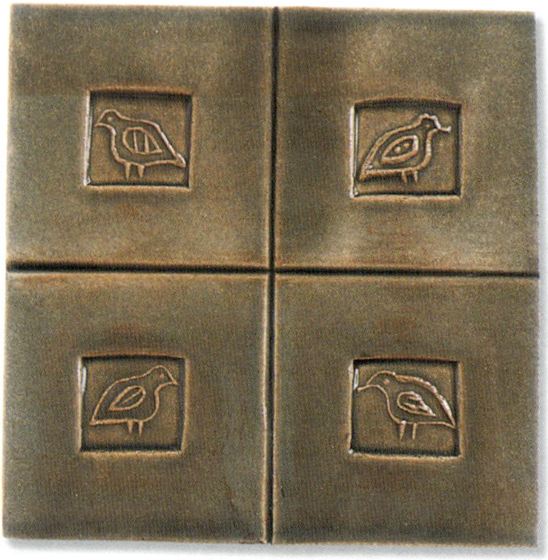

TON Weißer Steingut-Ton, Schrühbrand bei 1000 °C, Glasurbrand bei 1280 °C.

Schritt für Schritt

1 Das Motiv auf kleine Linolquadrate übertragen und das Motiv mit einem feinen Linolmesser exakt nachritzen.

2 Die Fliese vorbereiten und je eine senkrechte und eine waagerechte Trennlinie einritzen.

3 Die Linolstempel in die Mitte der so entstandenen vier Quadrate pressen.

4 Nach dem Schrühbrand einfarbig glasieren, um die Vertiefungen auszugleichen, dann den Glasurbrand vornehmen.

Material

- Linolreste
- Feines Linolmesser
- Weißer Steingut-Ton
- Werkzeug zum Ritzen
- Steingut-Glasur

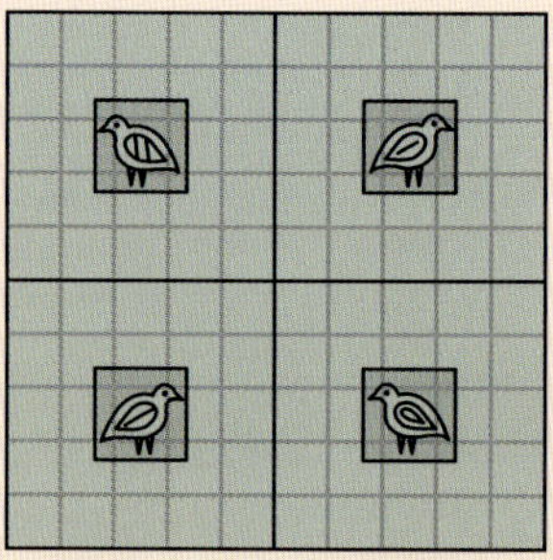

Auf der Fläche

Dieses Motiv ist sowohl als flächiger Rapport als auch als Einzelmotiv geeignet.

ANORDNUNGSVORSCHLAG

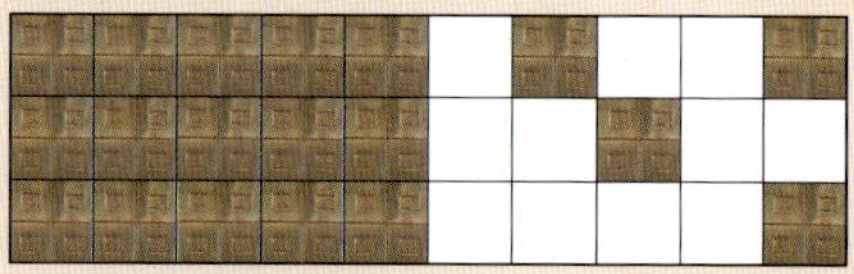

TECHNIK

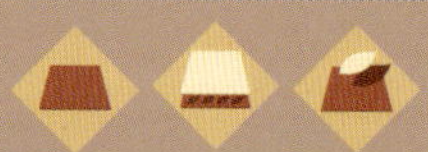

SCHWIERIGKEITSGRAD

1 2 3

siehe auch Der Brand **18–21** Fliesen trocknen **37**

MOTIV 14

Naiver Vogel

Solche Motive, die Kinderzeichnungen ähneln, waren in den 1950er-Jahren sehr populär. Der eingeritzte Hintergrund ist besonders typisch.

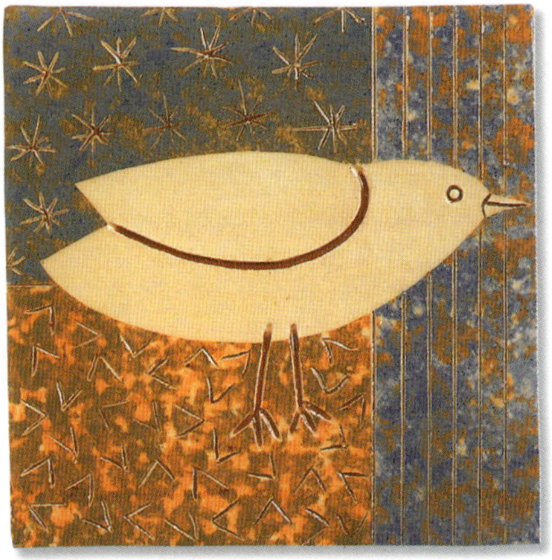

TON Roter Steingut-Ton, Schrühbrand bei 1100 °C, Glasurbrand bei 1080 °C.

Schritt für Schritt

1 Die Fiese vorbereiten, Engobe in der Grundfarbe auftragen und antrocknen lassen.

2 Eine Motiv-Schablone aus Zeitungspapier anfertigen, anfeuchten und auf die Fliese legen.

3 Die Fliese mit Papierstreifen zu einem Drittel abdecken und Engobe in zwei Farben auf die freie Stelle tupfen.

4 Den Papierstreifen, jedoch nicht die Vogel-Schablone entfernen und Schritt 3 mit anderen Farben zweimal wiederholen.

5 Alle Schablonen abziehen, die Details einritzen. Nach dem Schrühbrand transparent glasieren und brennen.

Material

- Roter Steingut-Ton
- Farbige Engobe
- Zeitung
- Naturschwamm
- Werkzeug zum Ritzen
- Transparente Steingut-Glasur

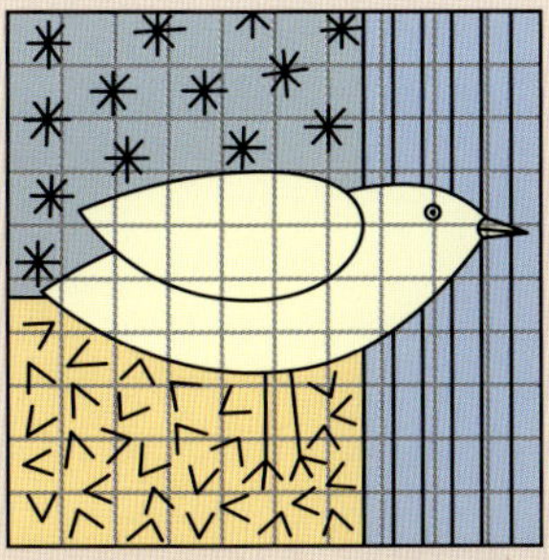

Auf der Fläche

Verwenden Sie diese Fliese als Einzelmotiv im Verbund mit ähnlichen Motiven.

ANORDNUNGSVORSCHLAG

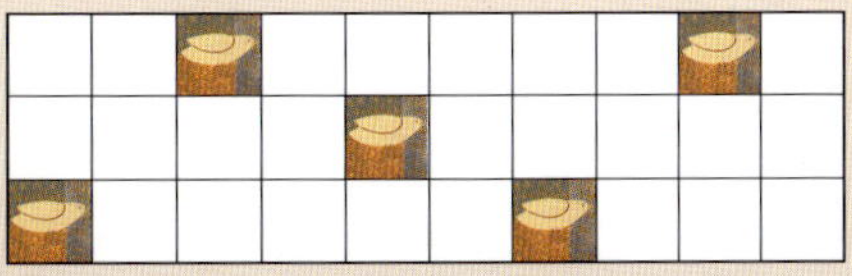

TECHNIK

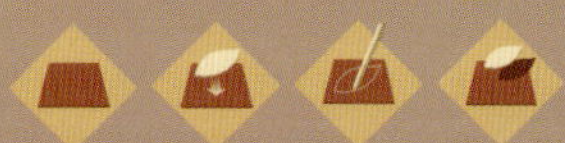

SCHWIERIGKEITSGRAD

1 2

siehe auch Der Brand **18–21** Engobe auftragen **32** Fliesen trocknen **37**

MOTIV 15

Säbelschnäbler

Das grafische, sparsame Schwarz-Weiß-Motiv des Säbelschnäblers ist wie geschaffen für elegante Porzellanfliesen.

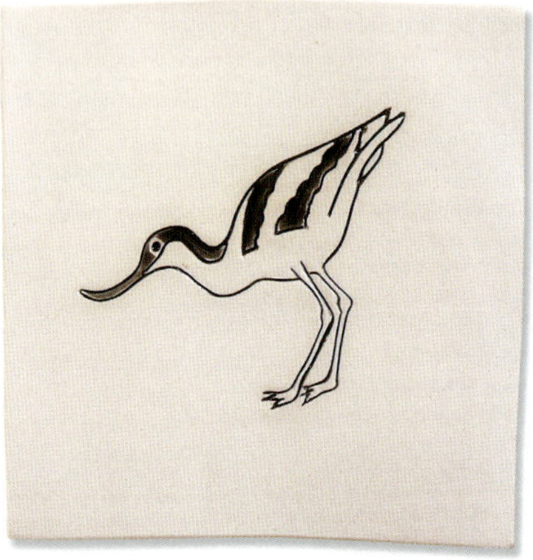

TON Porzellan-Ton, Schrühbrand bei 1000 °C, Glasurbrand bei 1280 °C.

Schritt für Schritt

1 Die Fliese vorbereiten und lederhart trocknen lassen.

2 Das Motiv auf die Oberfläche der Fliese übertragen und die Konturen nachritzen.

3 Nach dem Schrühbrand sorgfältig schwarze Glasur auftragen, verschmierte Stellen sauber wischen. Dann den Glasurbrand vornehmen.

Material

- Porzellan-Ton
- Werkzeug zum Ritzen
- Schwarze Steingut-Glasur
- Pinsel

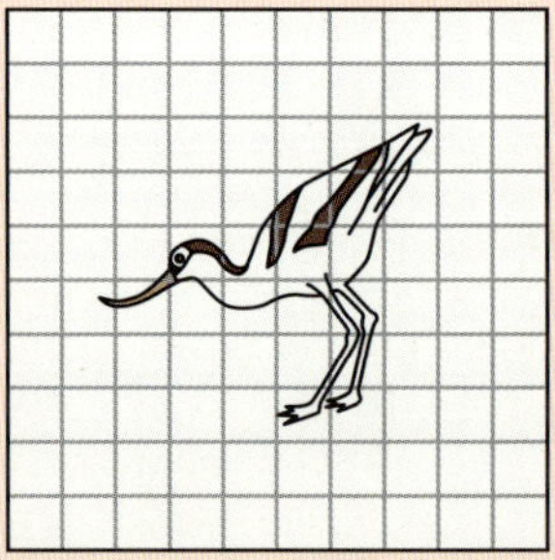

Auf der Fläche

Diese Fliese kommt am besten als Blickfang auf einer weißen Fläche zur Geltung, vielleicht zusammen mit ähnlichen Motiven.

ANORDNUNGSVORSCHLAG

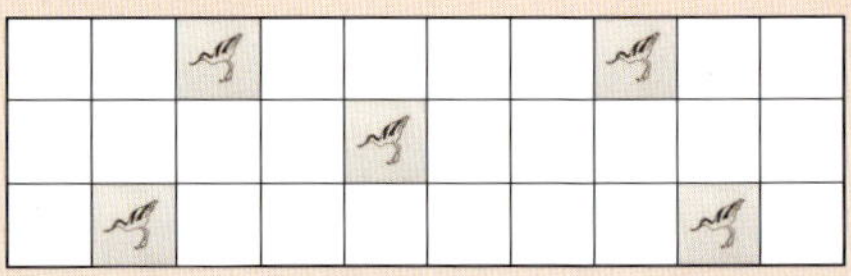

TECHNIK

SCHWIERIGKEITSGRAD

1

siehe auch Der Brand **18–21** Fliesen trocknen **37** Motive übertragen **53**

MOTIV

16 Vogel im Rahmen

Hier ist das Vogelmotiv von einem Rahmen umgeben, der mit Strukturtapete auf den Ton übertragen wurde. Sie können den Rahmen auch schlicht lassen.

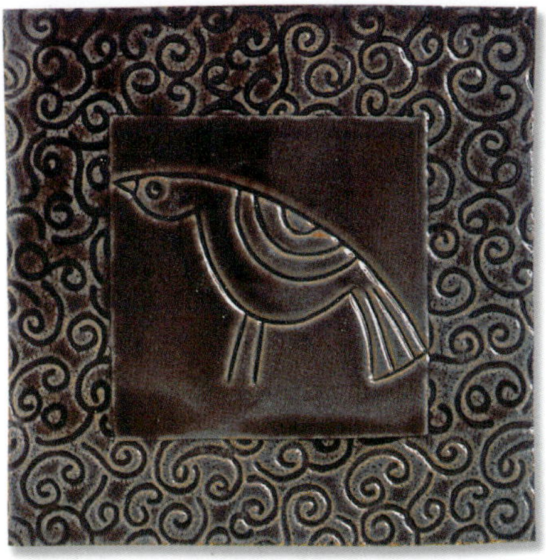

TON Weißer Steingut-Ton, Schrühbrand bei 1000 °C, Glasurbrand bei 1280 °C.

Schritt für Schritt

1 Die Fliese vorbereiten und einen Rahmen aus Strukturtapete zuschneiden.

2 Den Papierrahmen mit der Strukturseite nach unten auflegen, kräftig darüber rollen und die Fliese in Form schneiden.

3 Den Rahmen liegen lassen und das Vogelmotiv auf die Fliese übertragen.

4 Die Konturen vorsichtig nachritzen und den Rahmen entfernen.

5 Nach dem Schrühbrand einfarbige Glasur auftragen, sodass die Vertiefungen ausgefüllt werden, dann brennen.

Material

- Weißer Steingut-Ton
- Strukturtapete
- Rollholz und Leisten
- Werkzeug zum Ritzen
- Steingut-Glasur

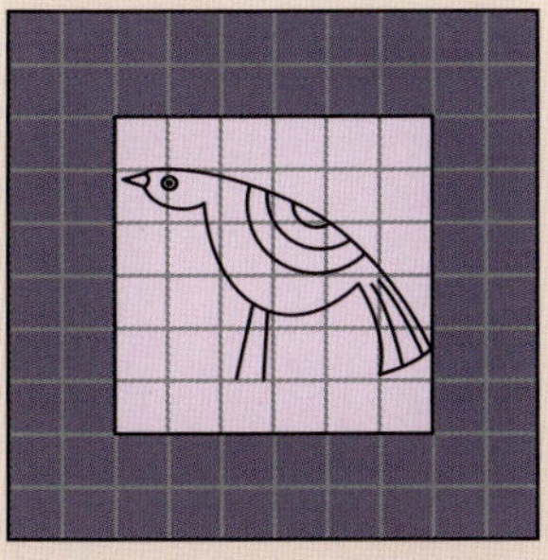

Auf der Fläche

Dieses Motiv kann ganzflächig oder als Einzelfliese in unregelmäßiger Anordnung verwendet werden.

ANORDNUNGSVORSCHLAG

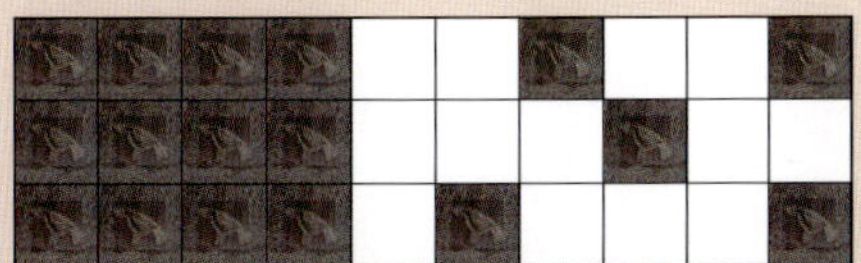

TECHNIK

SCHWIERIGKEITSGRAD

1

siehe auch Der Brand **18–21** Fliesen trocknen **37** Motive übertragen **53**

MOTIV 17

Monty

Auch dieses Motiv habe ich aus einer früheren Arbeit übernommen, in der alle Motive eigene Namen hatten.

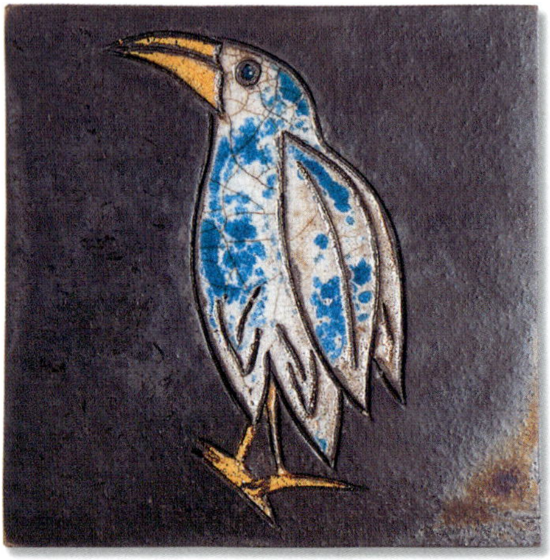

TON Schamottierter Raku-Ton, Schrühbrand bei 1000 °C, Raku-Brand bei 850–900 °C.

Schritt für Schritt

1 Die Fliese vorbereiten und lederhart trocknen lassen. Die Konturen auf die Fliese übertragen und nachritzen.

2 Nach dem Schrühbrand zwei oder mehr Raku-Glasuren auftragen. Teile, die frei bleiben sollen, zuvor mit Wachsemulsion abdecken.

3 Den Raku-Brand vornehmen und die Fliese zum Abkühlen in Sägespäne legen, um den charakteristischen schwarzen Hintergrund zu erhalten.

Material

- Weißer Raku-Ton
- Werkzeug zum Ritzen
- Zwei oder mehr Raku-Glasuren
- Wachsemulsion
- Pinsel

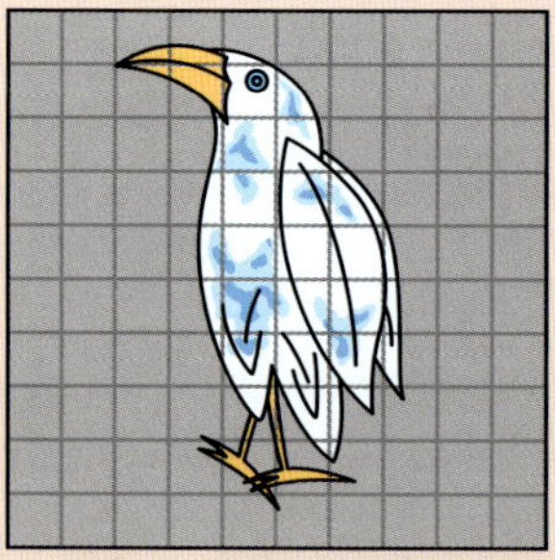

Auf der Fläche

Geeignet als Einzelfliese zusammen mit anderen Fliesen im gleichen Stil. Schön auch als gerahmtes Keramikbild.

ANORDNUNGSVORSCHLAG

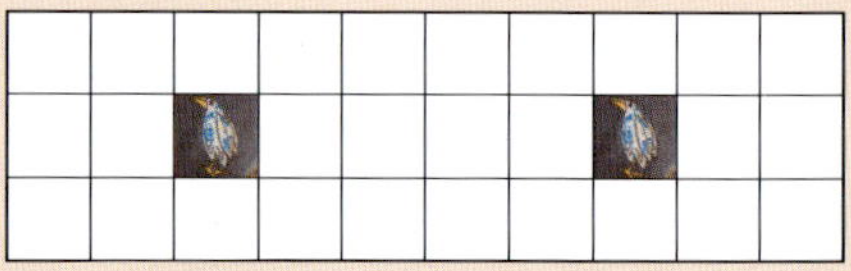

TECHNIK

SCHWIERIGKEITSGRAD

1 2

siehe auch Der Brand **18–21** Fliesen trocknen **37** Motive übertragen **53**

MOTIV

18 Elster

Dieses grafische Schwarz-Weiß-Motiv ist äußerst dekorativ. Es sieht zwar kompliziert aus, ist aber leicht nachzuarbeiten.

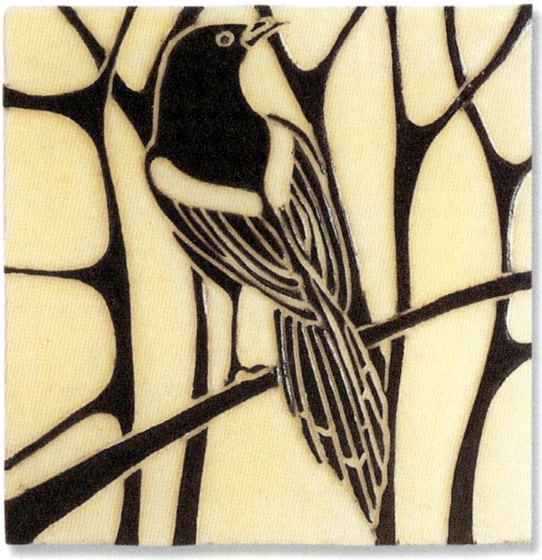

TON Weißer Steingut-Ton, Schrühbrand bei 1100 °C, Glasurbrand bei 1080 °C.

Schritt für Schritt

1 Die Fliese vorbereiten, eine dicke Schicht schwarzer Engobe auftragen und lederhart trocknen lassen.

2 Das Motiv auf die Oberfläche der Fliese übertragen und die Konturen vorsichtig nachritzen.

3 Die weißen Partien der Elster und die Flächen zwischen den Bäumen vorsichtig abschaben.

4 Die Fliese nach dem Schrühbrand transparent glasieren und brennen.

Material
- Weißer Steingut-Ton
- Schwarze Engobe
- Pinsel
- Werkzeug zum Ritzen
- Schaber
- Transparente Steingut-Glasur

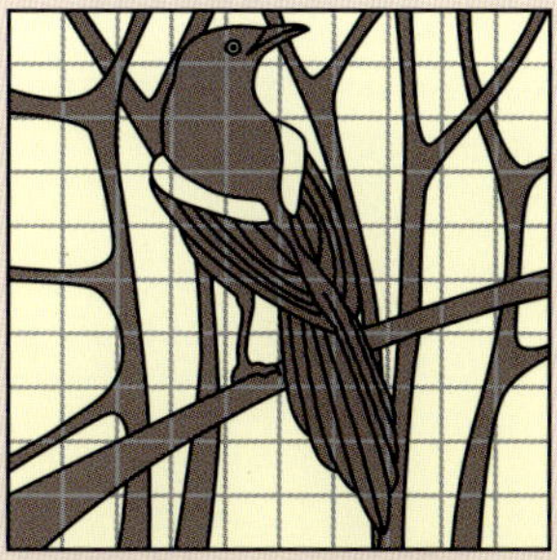

Auf der Fläche

Dieses Motiv sollte für sich allein stehend verwendet werden, zum Beispiel in lockerer Anordnung auf einfarbigem Hintergrund.

ANORDNUNGSVORSCHLAG

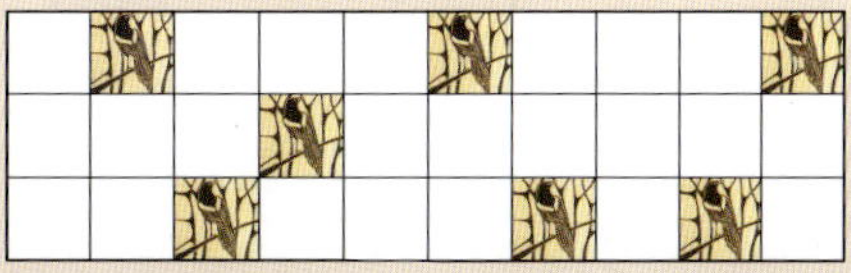

TECHNIK

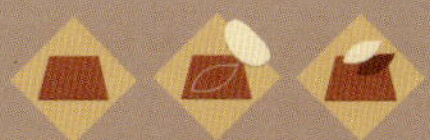

SCHWIERIGKEITSGRAD

1 2

siehe auch Der Brand **18–21** Fliesen trocknen **37** Motive übertragen **53**

MOTIV

19

Gans

Das Motiv ist wie geschaffen für eine Küche im Landhausstil, vielleicht im Verbund mit anderen Tiermotiven vom Bauernhof.

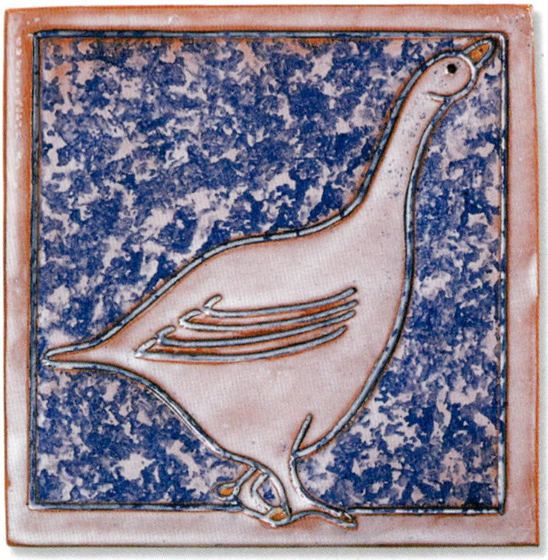

TON Roter Steingut-Ton, Schrühbrand bei 1100 °C, Glasurbrand bei 1080 °C.

Schritt für Schritt

1 Die Fliese vorbereiten und lederhart trocknen lassen.

2 Das Motiv auf die Oberfläche der Fliese übertragen und die Konturen nachritzen.

3 Nach dem Schrühbrand die Konturen mit weißer Unterglasurfarbe ausfüllen, dann die Fliese in weiße Zinnglasur tauchen. Schnabel und Füße sorgfältig mit gelber Unterglasurfarbe ausfüllen.

4 Rahmen und Gans mit Wachsemulsion abdecken, dann mit einem grobporigen Naturschwamm eine dünne Kobaltkarbonat-Lösung auftupfen.

5 Den Glasurbrand vornehmen.

Material
- Roter Steingut-Ton
- Werkzeug zum Ritzen
- Unterglasurfarben
- Weiße Zinnglasur
- Wachsemulsion
- Kobaltkarbonat
- Naturschwamm

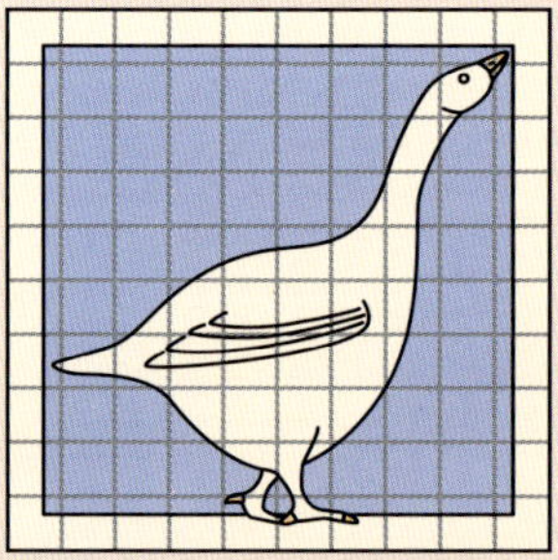

Auf der Fläche

Ideal als Einzelfliese, unregelmäßig verteilt auf hellem Hintergrund.

ANORDNUNGSVORSCHLAG

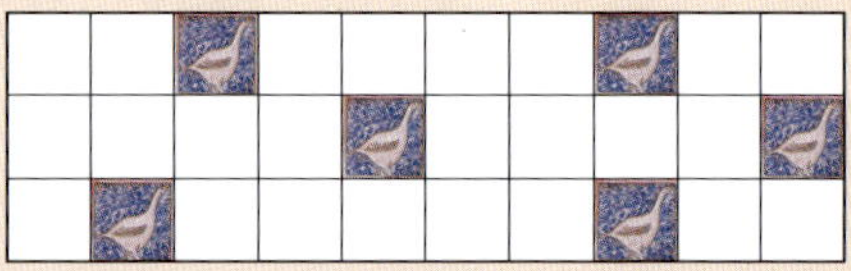

TECHNIK

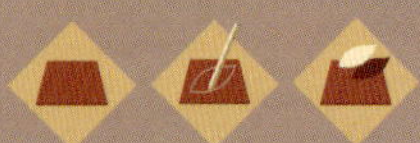

SCHWIERIGKEITSGRAD

1

siehe auch Der Brand **18–21** Fliesen trocknen **37**

MOTIV 20

Hahn und Henne

Durch die Freihandtechnik wirken diese Vögel sehr lebendig. Vielleicht müssen Sie den richtigen Pinselschwung vorher ein wenig üben, aber das Ergebnis wird es wert sein.

MOTIV 21

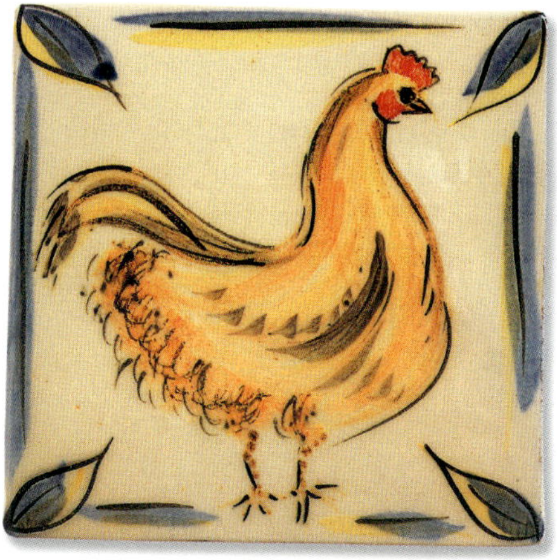

TON Roter Steingut-Ton, Schrühbrand bei 1100 °C, Glasurbrand bei 1080 °C.

Schritt für Schritt

1 Die Fliese vorbereiten und mit weißer Engobe überziehen.

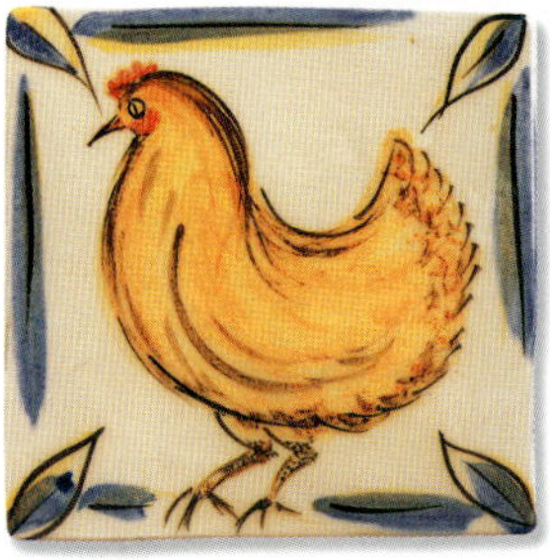

2 Nach dem Antrocknen das Motiv auf die Fliese übertragen.

3 Die Vögel mit Unterglasurfarben Ihrer Wahl ausmalen.

4 Nach dem Schrühbrand transparent glasieren und den Glasurbrand vornehmen.

Material

- Roter Steingut-Ton
- Weiße Engobe
- Pinsel
- Unterglasurfarben
- Transparente Steingut-Glasur

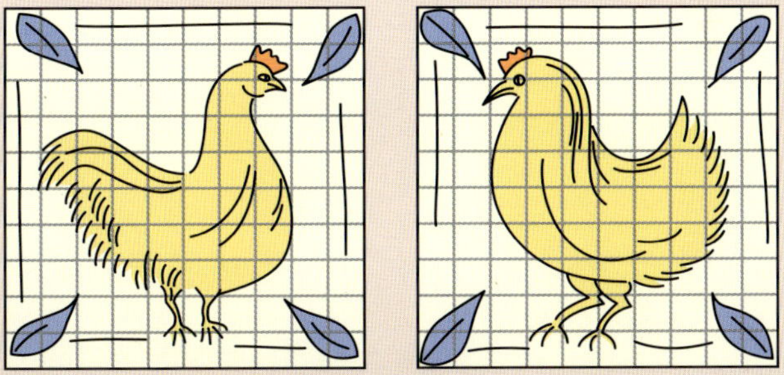

ANORDNUNGSVORSCHLAG

Auf der Fläche
Besonders schön in einer Küche im Landhausstil als Einzelmotive zwischen farblich passenden Fliesen.

TECHNIK

SCHWIERIGKEITSGRAD

1 2 3

siehe auch Der Brand **18–21** Engobe auftragen **32** Fliesen trocknen **37**

MOTIV 22

Vogel-Schablone

Mit dieser einfachen Technik können Sie geflieste Flächen wunderbar aufpeppen.

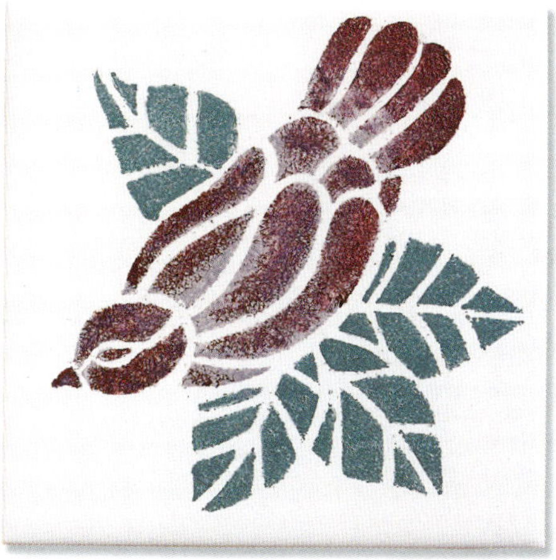

Schritt für Schritt

1 Das Motiv auf Schablonenkarton übertragen und sorgfältig mit dem Cutter ausschneiden.

2 Die Schablone mit Malerkrepp über einer Wandfliese befestigen. Die Details mit einem Stupfpinsel und Keramikfarben sorgfältig auftragen.

3 Die Schablone abnehmen und die Oberfläche der Fliese versiegeln.

Material
- Schablonen-karton
- Cutter
- Malerkrepp
- Keramikfarben
- Stupfpinsel
- Klarlack zum Versiegeln

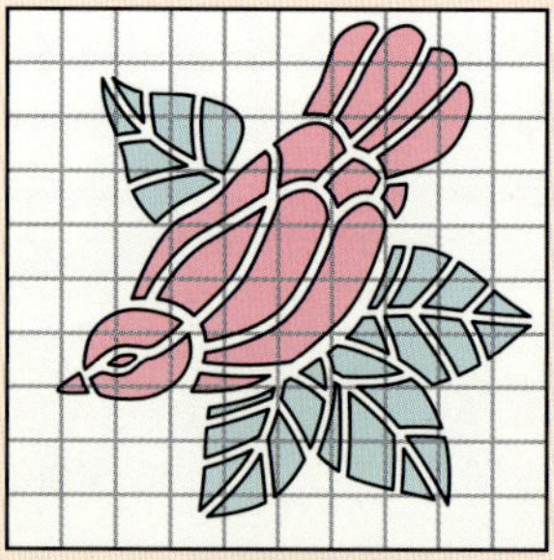

Auf der Fläche

Durch die Schablone kann das Motiv in fast unbegrenzten Farbvariationen wiederholt werden. Ganzflächig oder als Einzelmotiv einsetzbar.

ANORDNUNGSVORSCHLAG

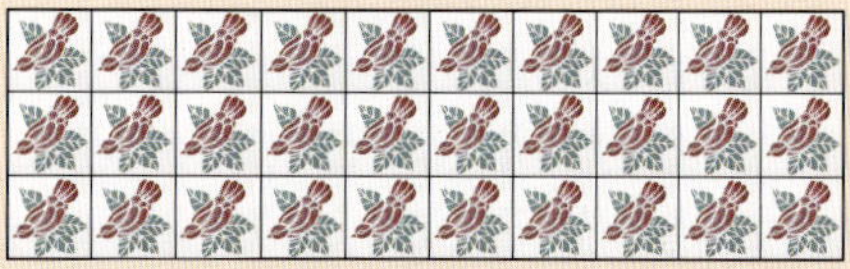

TECHNIK

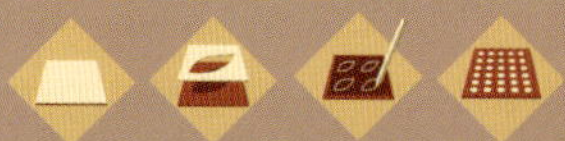

SCHWIERIGKEITSGRAD

1

siehe auch Der Brand **18–21** Fliesen trocknen **37** Motive übertragen **53**

MOTIV 23

Fliegende Vögel

Dieses Motiv ist als Doppelrapport angelegt – auf benachbarten Fliesen erscheint das Motiv spiegelverkehrt. Arbeiten Sie an vier Fliesen gleichzeitig, dann fällt die Orientierung leichter.

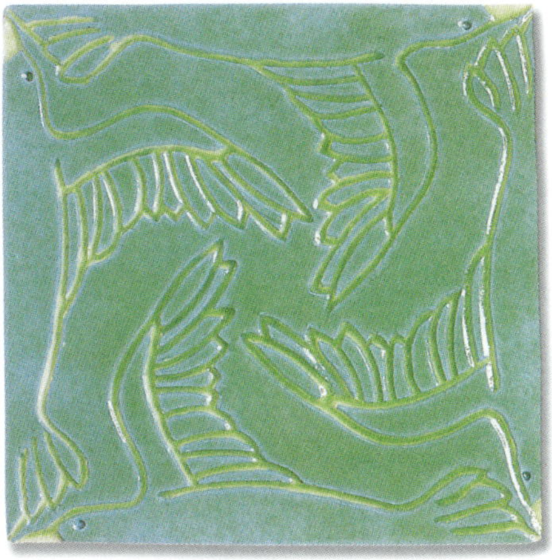

TON Weißer Steingut-Ton, Schrühbrand bei 1100 °C, Glasurbrand bei 1080 °C.

Schritt für Schritt

1 Vier Fliesen vorbereiten und lederhart trocknen lassen. Zwei Motivzeichnungen anfertigen, eine davon spiegelverkehrt.

2 Die Fliesen mit farbiger Engobe überziehen.

3 Ein Motiv auf zwei Fliesen übertragen und die Konturen nachritzen.

4 Das Spiegelbild auf die beiden übrigen Fliesen übertragen und nachritzen.

5 Nach dem Schrühbrand transparent glasieren und den Glasurbrand vornehmen.

Material

- Weißer Steingut-Ton
- Farbige Engobe
- Werkzeug zum Ritzen
- Transparente Steingut-Glasur
- Transparentpapier

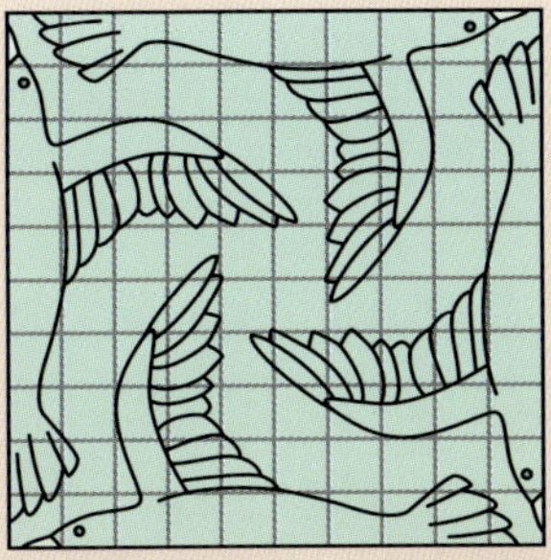

Auf der Fläche

Dieses Motiv ist für einen flächigen Rapport gedacht.

ANORDNUNGSVORSCHLAG

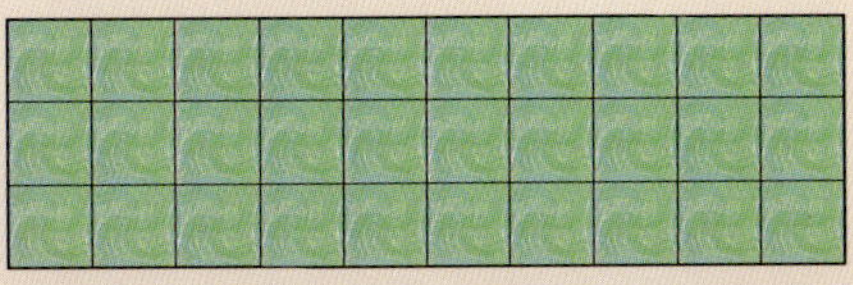

TECHNIK

SCHWIERIGKEITSGRAD

1 2 3

siehe auch Der Brand **18–21** Fliesen trocknen **37** Motive übertragen **53**

MOTIV 24

Fischschwarm

Dieser Fischschwarm ist eine schöne Dekoration für das Bad. Da das Motiv leicht und schnell nachzuarbeiten ist, kann der Schwarm beliebig anwachsen.

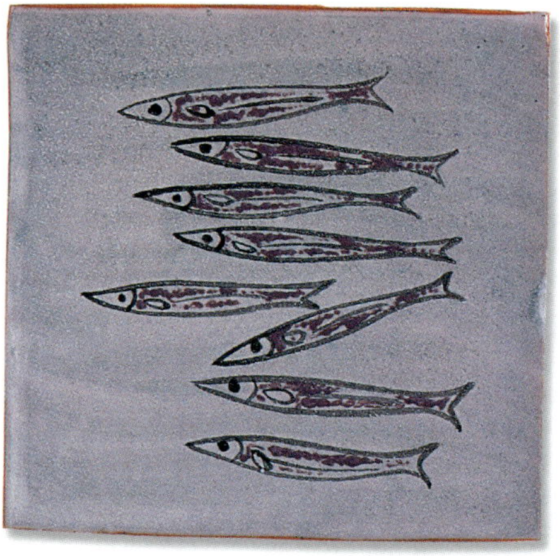

TON Roter Steingut-Ton, Schrühbrand bei 1100 °C, Glasurbrand bei 1080 °C, Lüsterbrand bis 730 °C.

Schritt für Schritt

1 Die Fliese nach dem Schrühbrand mit weißer Zinnglasur überziehen.

2 Nach dem Antrocknen mit einer dünnen Schicht blauer Unterglasurfarbe lasieren.

3 Das Motiv auf die Oberfläche der Fliese übertragen und die Konturen mit sehr feinem Pinsel und schwarzer Unterglasurfarbe nachmalen.

4 Nach dem Glasurbrand die Fischkörper mit Silberlüster betupfen oder ausmalen und den Lüsterbrand vornehmen.

Material
- Roter Steingut-Ton
- Weiße Zinnglasur
- Unterglasurfarben
- Sehr feiner Pinsel
- Silberlüster
- Naturschwamm

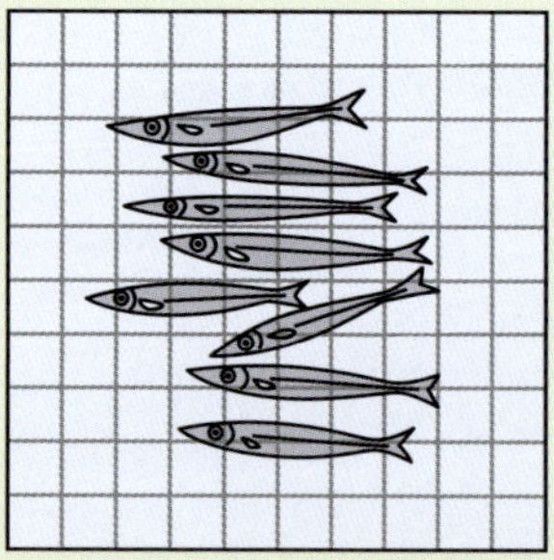

Auf der Fläche

Geeignet als Bordüre oder als Einzelmotiv zwischen Fliesen im selben Farbton.

ANORDNUNGSVORSCHLAG

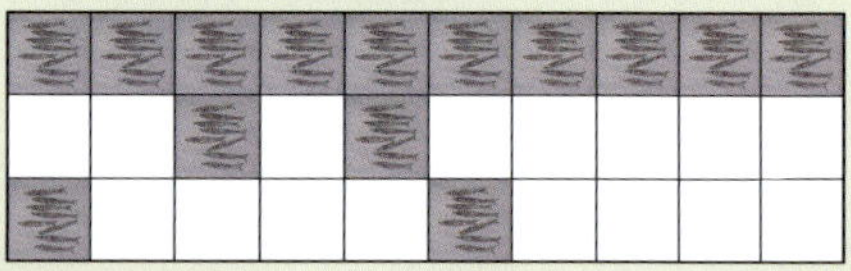

TECHNIK

SCHWIERIGKEITSGRAD

1 2

siehe auch Der Brand **18–21** Fliesen trocknen **37** Motive übertragen **53**

MOTIV 25

Springender Fisch

Dieser Fisch ist einer Zeichnung des Künstlers William de Morgan aus dem späten 19. Jahrhundert nachempfunden.

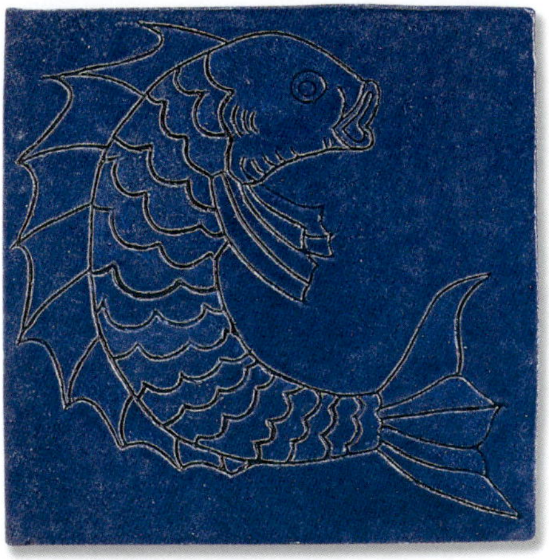

Schritt für Schritt

1 Die Fliese vorbereiten, mit weißer Engobe überziehen und lederhart trocknen lassen.

2 Das Motiv auf die Fliese übertragen und die Konturen nachritzen.

3 Nach dem Schrühbrand farbige, transparente Glasur auftragen und brennen.

TON Roter Steingut-Ton, Schrühbrand bei 1100 °C, Glasurbrand bei 1080 °C.

Material

- Roter Steingut-Ton
- Weiße Engobe
- Pinsel
- Werkzeug zum Ritzen
- Farbige, transparente Steingut-Glasur

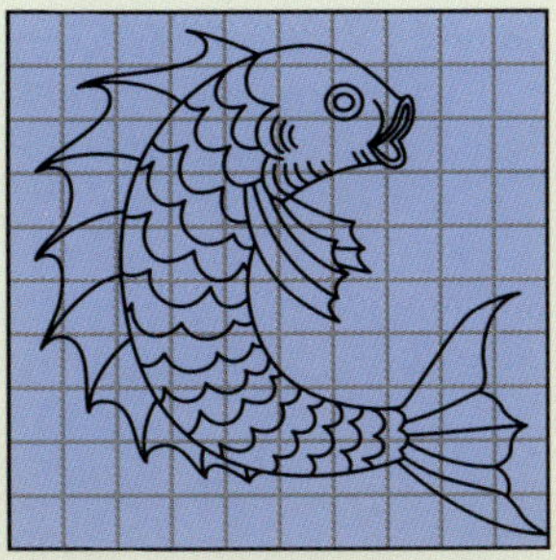

Auf der Fläche

Als Bordüre oder als unregelmäßig gestreutes Einzelmotiv geeignet.

ANORDNUNGSVORSCHLAG

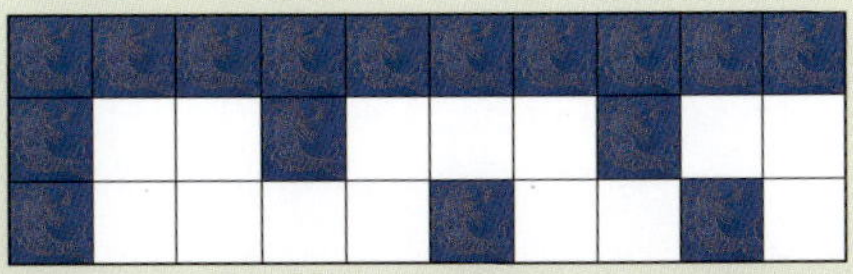

TECHNIK

SCHWIERIGKEITSGRAD

1

siehe auch Der Brand **18–21** Fliesen trocknen **37** Motive übertragen **53**

MOTIV 26

Kupferstreifen-Pinzettfisch

Tropenfische bieten sich wegen ihrer Farbenpracht für keramische Motive geradezu an. Die hier verwendete Majolika-Technik ist dafür besonders gut geeignet.

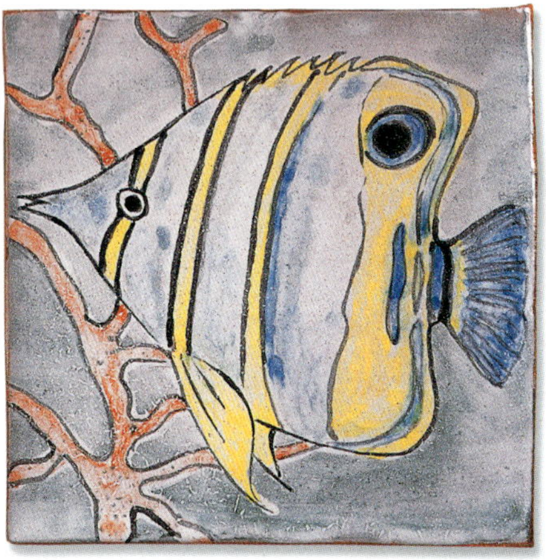

TON Roter Steingut-Ton, Schrühbrand bei 1100 °C, Glasurbrand bei 1080 °C.

Schritt für Schritt

1 Die Fliese nach dem Schrühbrand mit weißer Engobe überziehen und das Motiv auf die Fliese übertragen.

2 Fisch und Koralle mit Glasur- oder Unterglasurfarben ausmalen.

3 Fisch und Koralle sorgfältig mit Wachsemulsion abdecken. Die Fliese dünn mit blauer Glasur oder Unterglasurfarbe überziehen, dann brennen.

Material

- Roter Steingut-Ton
- Weiße Zinnglasur
- Pinsel
- Wachsemulsion
- Blaue Glasur oder Unterglasurfarbe

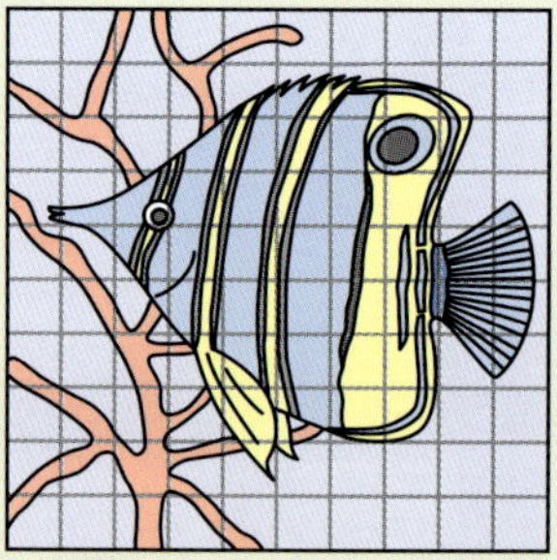

Auf der Fläche

Am besten als Einzelmotiv geeignet, auch zusammen mit anderen Fliesen im gleichen Stil.

ANORDNUNGSVORSCHLAG

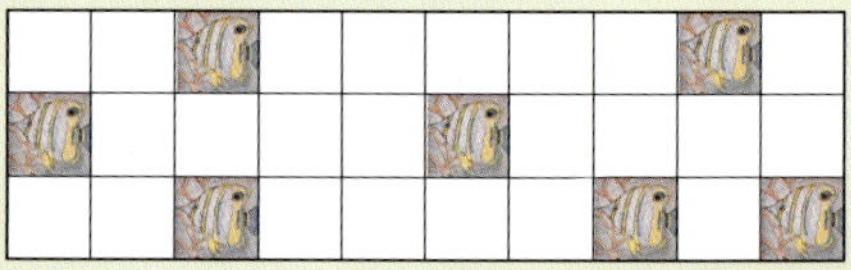

TECHNIK

SCHWIERIGKEITSGRAD

1 2

siehe auch Der Brand **18–21** Fliesen trocknen **37** Wachsabdeckung **46** Motive übertragen **53**

MOTIV

27 Qualle

Quallen sind zwar keine Fische, aber besonders attraktive Meerestiere, die besonders auf Porzellanfliesen sehr apart wirken.

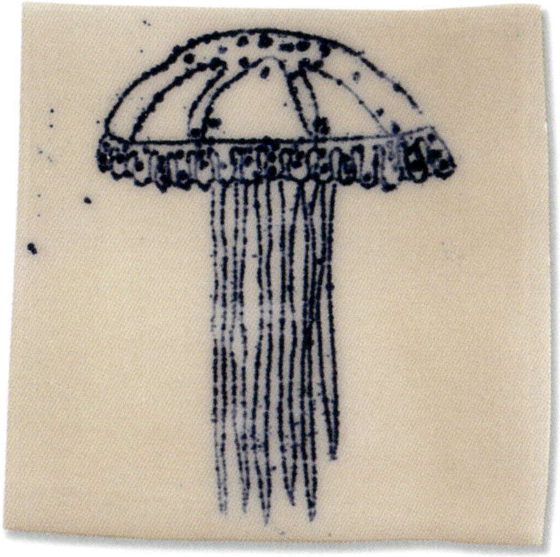

TON Porzellan-Ton, Schrühbrand bei 1000 °C, Glasurbrand bei 1280 °C.

Schritt für Schritt

1 Die Fliese vorbereiten, trocknen lassen und das Motiv mit Kobaltoxid im Monoprintverfahren übertragen.

2 Nach dem Schrühbrand mit transparenter Glasur überziehen.

3 Den Glasurbrand vornehmen.

Material

- Porzellan-Ton
- Kobaltoxid
- Blauer Lüster
- Transparente Porzellan-Glasur
- Pinsel oder Naturschwamm

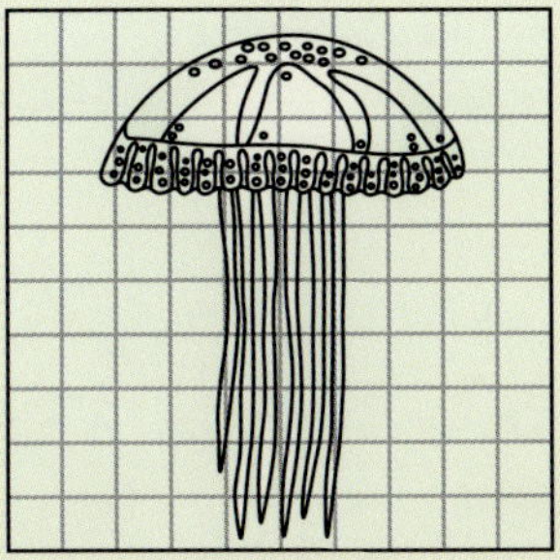

Auf der Fläche

Besonders wirkungsvoll als Einzelmotiv, auch im Verbund mit ähnlichen Motiven.

ANORDNUNGSVORSCHLAG

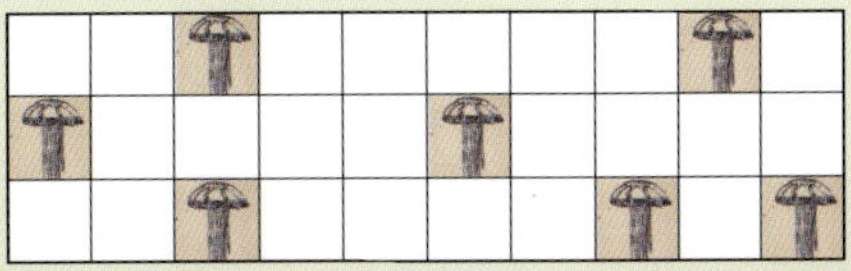

TECHNIK

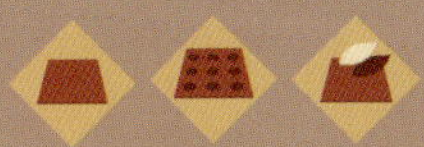

SCHWIERIGKEITSGRAD

1 2 3

siehe auch Der Brand **18–21** Fliesen trocknen **37** Motive übertragen **53**

MOTIV 28

Fisch-Schablone

Fisch-Schablonen sind relativ leicht zu machen und passen hervorragend ins Badezimmer.

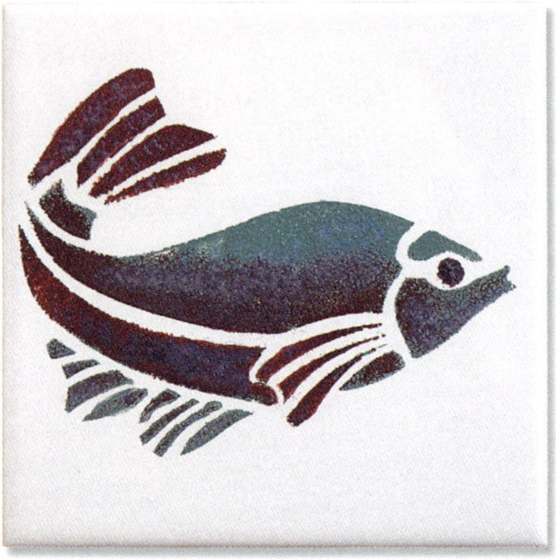

Schritt für Schritt

1 Das Motiv auf Schablonenkarton übertragen und sorgfältig mit dem Cutter ausschneiden.

2 Die Schablone mit Malerkrepp über einer Wandfliese befestigen. Das Motiv mit einem Naturschwamm und Keramikfarben sorgfältig auftupfen.

3 Die Schablone abnehmen und die Oberfläche der Fliese versiegeln.

Material

- Schablonen-karton
- Cutter
- Malerkrepp
- Keramikfarben
- Naturschwamm
- Klarlack zum Versiegeln

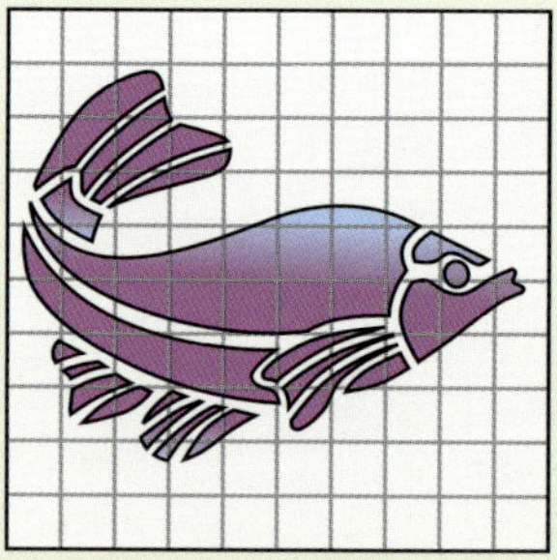

Auf der Fläche

Geeignet als Bordüre und als Einzelmotiv zwischen einfarbigen Fliesen.

ANORDNUNGSVORSCHLAG

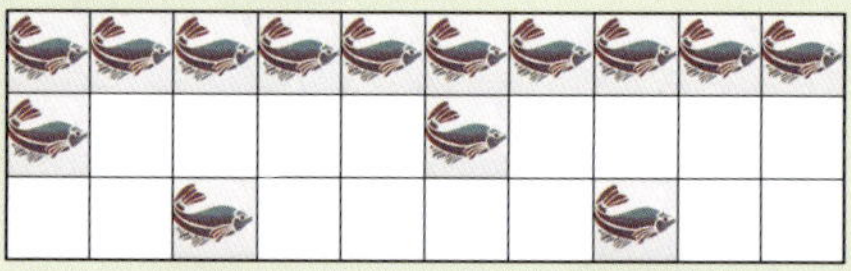

TECHNIK

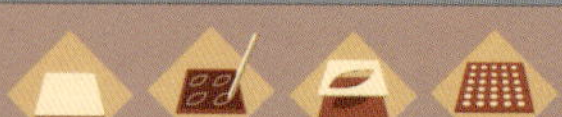

SCHWIERIGKEITSGRAD

1

MOTIV 29

Drückerfisch

Hier ist noch ein farbenfroher Tropenfisch in Majolika-Technik, der gut zu dem Majolika-Schmetterling auf Seite 98 passt.

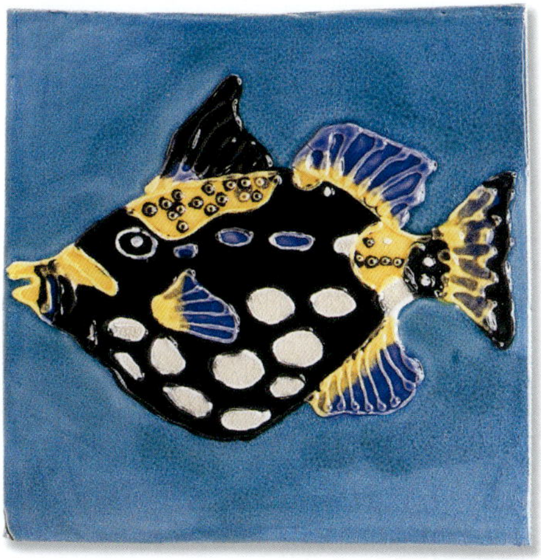

TON Weißer Steingut-Ton, Schrühbrand bei 1100 °C, Glasurbrand bei 1020 °C.

Schritt für Schritt

1 Die Fliese vorbereiten und lederhart trocknen lassen. Das Motiv auf die Fliese übertragen.

2 Die Konturen sorgfältig mit dem Malbällchen und flüssiger Engobe nachmalen.

3 Das Motiv nach dem Schrühbrand mit Glasurfarben ausmalen und brennen.

Material

- Weißer Steingut-Ton
- Flüssige Engobe
- Malbällchen
- Gekaufte farbige Glasuren

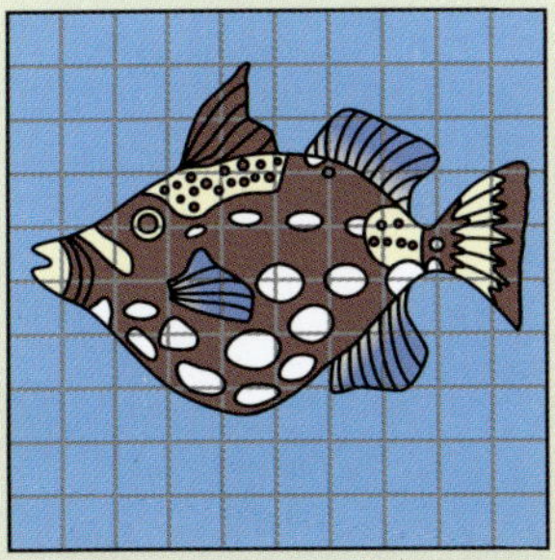

Auf der Fläche

Geeignet als Einzelmotiv, locker verteilt zwischen einfarbigen Fliesen.

ANORDNUNGSVORSCHLAG

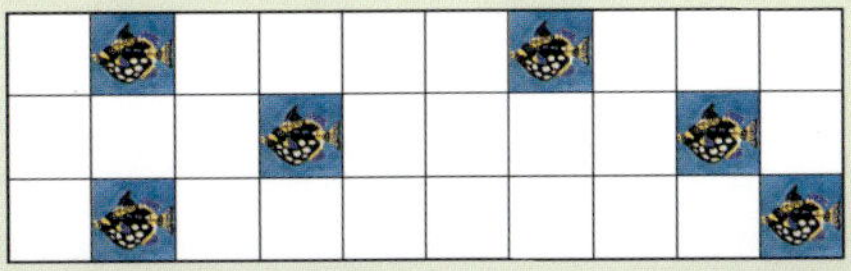

TECHNIK

SCHWIERIGKEITSGRAD

1 2 3

siehe auch Der Brand **18–21** Fliesen trocknen **37** Motive übertragen **53**

MOTIV

30

Skalar

Die graziösen Skalare waren besonders Mitte des 20. Jahrhunderts ein beliebtes Kunstmotiv.

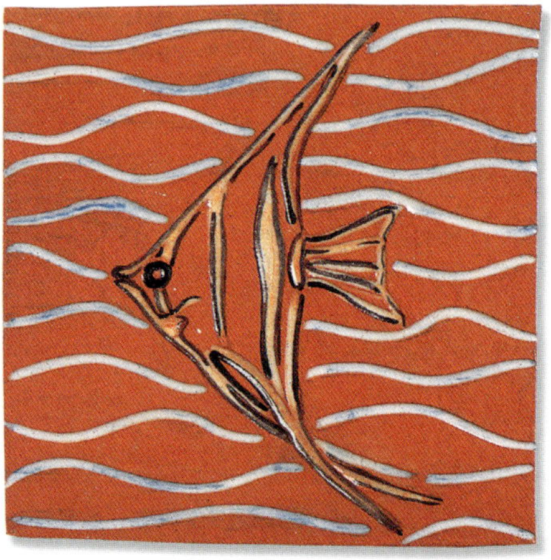

TON Roter Steingut-Ton, Schrühbrand bei 1100 °C, Glasurbrand bei 1080 °C.

Schritt für Schritt

1 Das Motiv auf die lederhart getrocknete Fliese übertragen und die Konturen nachritzen.

2 Die Fliese nach dem Schrühbrand mit weißer Zinnglasur überziehen und nach dem Trocknen abwischen, um das Muster freizulegen.

3 Die farbigen Details mit feinem Pinsel und Unterglasurfarben aufmalen, dann brennen.

Material

- Roter Steingut-Ton
- Werkzeug zum Ritzen
- Weiße Steingut-Zinnglasur
- Pinsel
- Unterglasurfarben

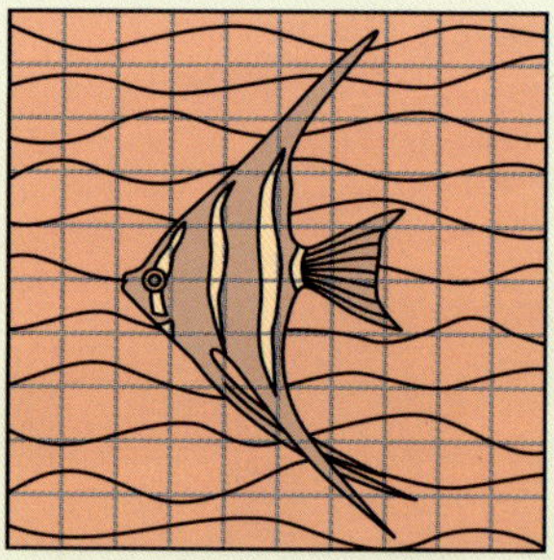

Auf der Fläche

Geeignet als Einzelmotiv zwischen einfarbigen Fliesen.

ANORDNUNGSVORSCHLAG

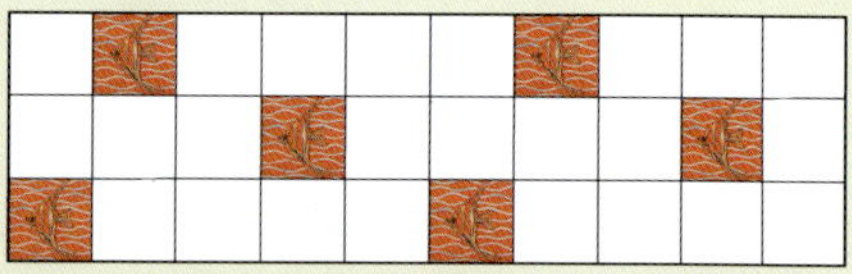

TECHNIK

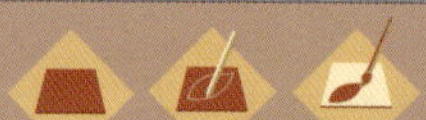

SCHWIERIGKEITSGRAD

1 **2**

siehe auch Der Brand **18–21** Fliesen trocknen **37** Motive übertragen **53**

MOTIV 31

Stilisierter Fisch

Dies ist wohl das einfachste Motiv in dieser Kategorie, doch da es freihändig gezeichnet wird, braucht man eine ruhige Hand.

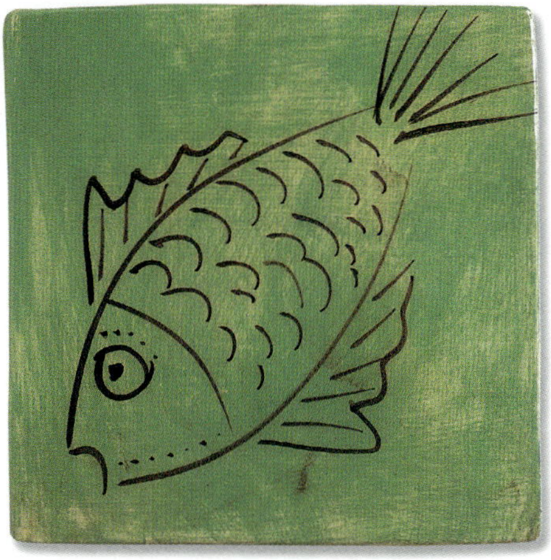

TON Roter Steingut-Ton, Schrühbrand bei 1100 °C, Glasurbrand bei 1080 °C.

Schritt für Schritt

1 Die Fliese vorbereiten, lederhart trocknen lassen und weiße Engobe auftragen.

2 Wenn die Fliese ganz trocken ist, mit einer dünnen Schicht Unterglasurfarbe grob lasieren.

3 Das Motiv auf die Fliese übertragen. Konturen und Details so freihändig wie möglich mit schwarzer Unterglasurfarbe auftragen.

4 Nach dem Schrühbrand transparent glasieren und brennen.

Material

- Roter Steingut-Ton
- Weiße Engobe
- Pinsel
- Grüne und schwarze Unterglasurfarbe
- Transparente Steingut-Glasur

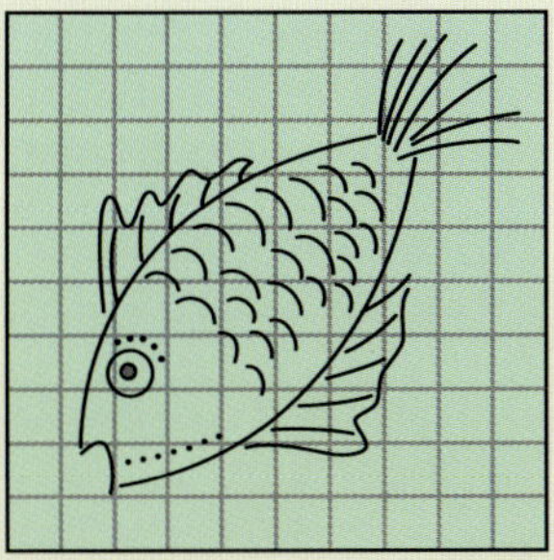

Auf der Fläche

Geeignet als Einzelmotiv, auch zusammen mit Fliesen im gleichen Stil zwischen einfarbigen Fliesen.

ANORDNUNGSVORSCHLAG

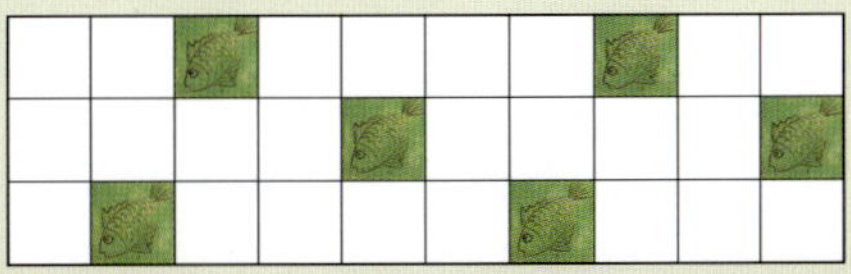

TECHNIK

SCHWIERIGKEITSGRAD

1

siehe auch Der Brand **18–21** Engobe auftragen **32** Fliesen trocknen **37** Unterglasurfarben **43** Motive übertragen **53**

MOTIV

32 Goldfisch

Hier ist ein weiteres Beispiel für ein freihändig gemaltes Motiv. Je leichter der Farbauftrag, desto lebendiger wirkt der Fisch.

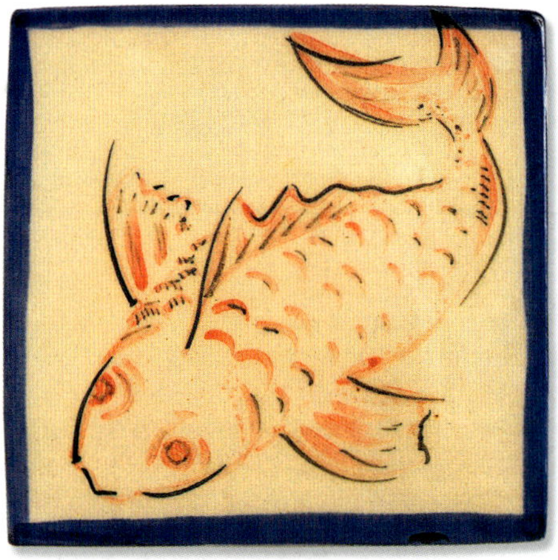

TON Roter Steingut-Ton, Schrühbrand bei 1100 °C, Glasurbrand bei 1080 °C.

Schritt für Schritt

1 Die Fliese vorbereiten, lederhart trocknen lassen und weiße Engobe auftragen.

2 Wenn die Fliese ganz trocken ist, das Motiv auf die Fliese übertragen.

3 Die Details so freihändig wie möglich mit Unterglasurfarbe auftragen, dann die schwarzen Konturen mit feinem Pinsel aufsetzen.

4 Nach dem Schrühbrand transparent glasieren und brennen.

Material

- Roter Steingut-Ton
- Weiße Engobe
- Pinsel
- Unterglasur-farben
- Transparente Steingut-Glasur

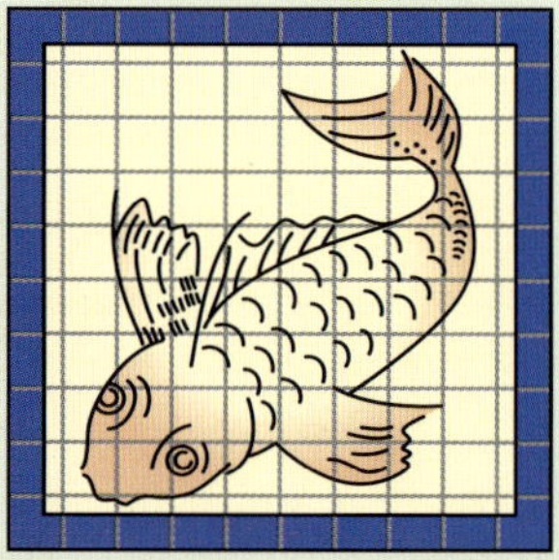

Auf der Fläche

Geeignet als Einzelmotiv und zusammen mit Fliesen im selben Stil zwischen einfarbigen Fliesen.

ANORDNUNGSVORSCHLAG

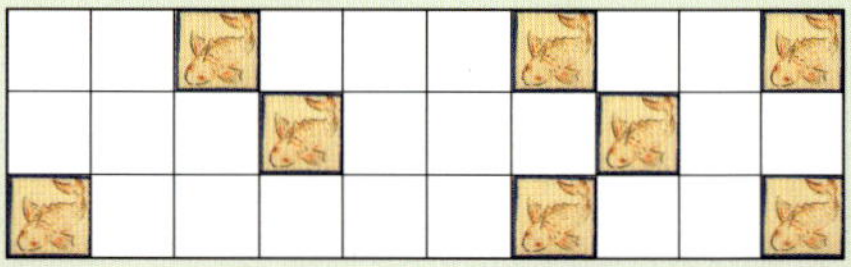

TECHNIK

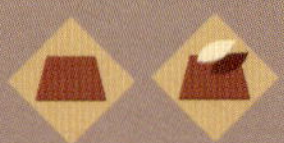

SCHWIERIGKEITSGRAD

1 2

siehe auch Der Brand **18–21** Engobe auftragen **32** Fliesen trocknen **37** Unterglasurfarben **43** Motive übertragen **53**

MOTIV

33

Seepferdchen und Muscheln

Die Dekore für diese Relief-Fliese sind Strandfunde, das Seepferdchen jedoch wurde in Ton modelliert. Eine einfachere Version sieht aber auch gut aus.

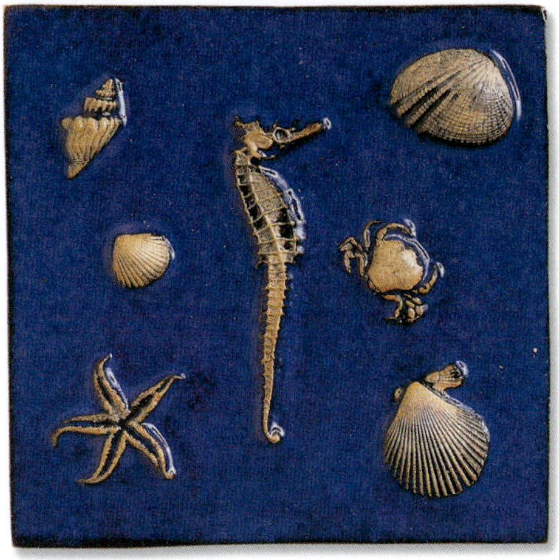

TON Steinzeug-Ton, Schrühbrand bei 1000 °C, Glasurbrand bei 1280 °C.

Schritt für Schritt

1 Ihre eigenen Dekore werden sich nach Ihrer Strandausbeute richten. Legen Sie diese zur Probe auf ein maßstabgerechtes Stück Papier, bis Sie mit der Anordnung zufrieden sind.

2 Die Position mit Bleistift markieren, damit die Fliesen später nachproduziert werden können.

3 Die Fliese vorbereiten, die Dekore darauf in Position legen und andrücken.

4 Nach dem Schrühbrand gleichmäßig blaue Glasur auftragen und mit einem feuchten Tuch von den Dekoren abwischen, sodass die Glasur in den Vertiefungen verbleibt.

Material
- Weißer Steinzeug-Ton
- Model von Strandfunden
- Blaue Steinzeug-Glasur

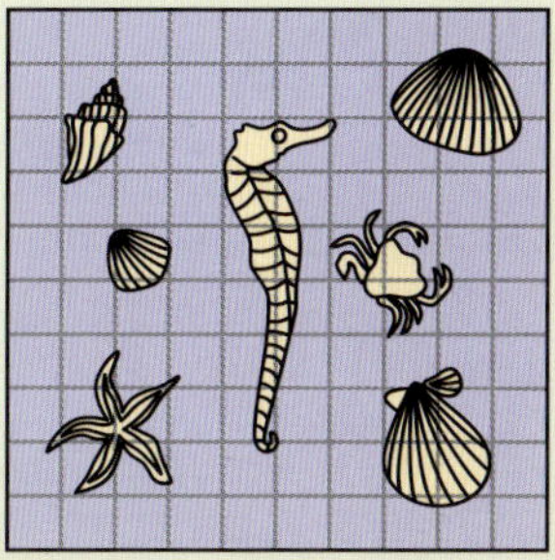

Auf der Fläche

Als Einzelmotiv zwischen Fliesen im gleichen Farbton oder einer Kontrastfarbe, zum Beispiel Weiß.

ANORDNUNGSVORSCHLAG

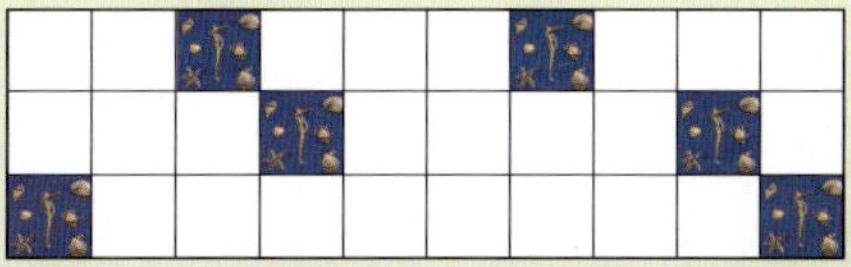

TECHNIK

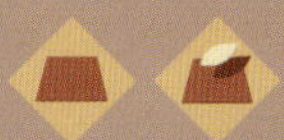

SCHWIERIGKEITSGRAD

1

siehe auch Der Brand **18–21** Dekor-Model **24–25** Fliesen trocknen **37** Motive übertragen **53**

MOTIV

34

Majolika-Schmetterling

Das stilisierte Schmetterlingsmotiv hat klare, gut definierte Umrisse und ist daher wie geschaffen für die Majolika-Technik.

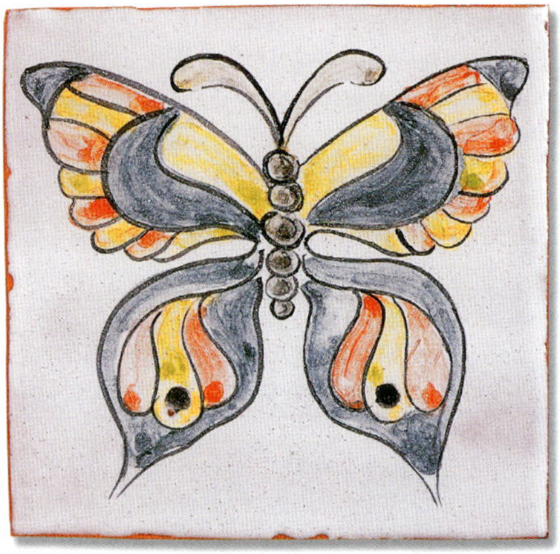

TON Roter Steingut-Ton, Schrühbrand bei 1100 °C, Glasurbrand bei 1080 °C.

Schritt für Schritt

1 Die Fliese nach dem Schrühbrand mit weißer Zinnglasur überziehen und trocknen lassen.

2 Das Motiv auf die Fliese übertragen und die Farbflächen mit Unterglasurfarben ausmalen.

3 Anschließend die schwarzen Umrisslinien mit Unterglasurfarben und einem feinen Pinsel aufmalen, dann brennen.

Material

- Roter Steingut-Ton
- Weiße Zinnglasur
- Pinsel
- Unterglasurfarben

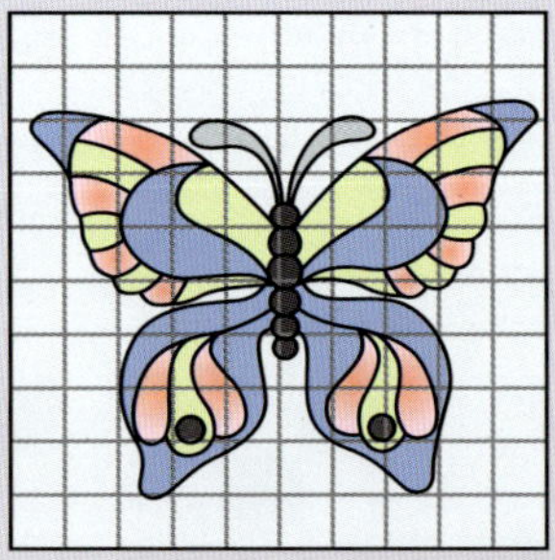

Auf der Fläche

Geeignet als Dekormotiv zwischen einfarbigen Fliesen.

ANORDNUNGSVORSCHLAG

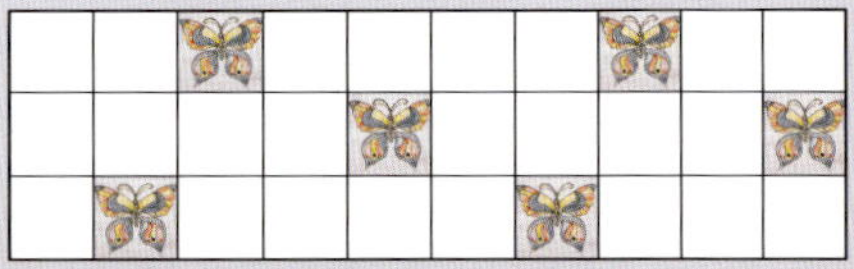

TECHNIK

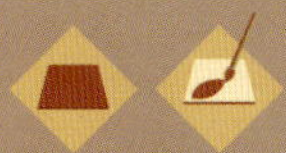

SCHWIERIGKEITSGRAD

1 2

siehe auch Der Brand **18–21** Fliesen trocknen **37** Motive übertragen **53**

MOTIV

35 Biene

Diese wunderbaren Insekten dürfen hier nicht fehlen. Gekaufte Glasuren sind für dieses Motiv ideal, denn man kann sie wie Künstlerfarben verarbeiten.

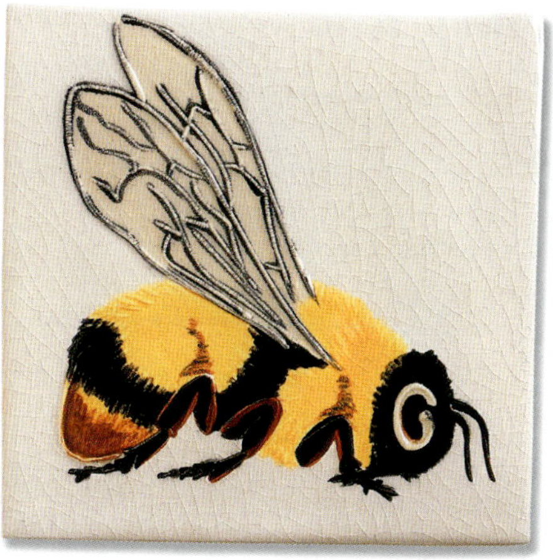

TON Weißer Steingut-Ton, Schrühbrand bei 1100 °C, Glasurbrand bei 1020 °C.

Schritt für Schritt

1 Das Motiv auf eine Linolplatte übertragen und mit einem feinen Linolmesser ausschneiden.

2 Die Linolplatte auf eine Tonfliese legen und kräftig darüber rollen.

3 Nach dem Schrühbrand das Motiv mit gekauften Unterglasurfarben ausmalen, dann brennen.

Material

- Linolplatte, 15 x 15 cm
- Feines Linolmesser
- Weißer Steingut-Ton
- Unterglasurfarben

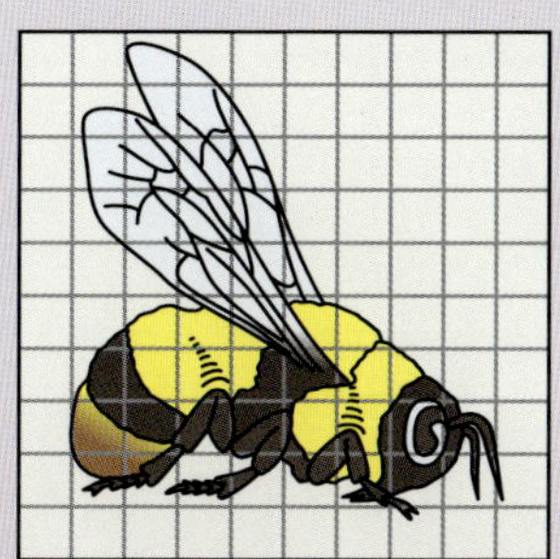

Auf der Fläche

Dieses Motiv ist sehr dekorativ als Einzelfliese oder in Kombination mit anderen Insekten- und Käfermotiven.

ANORDNUNGSVORSCHLAG

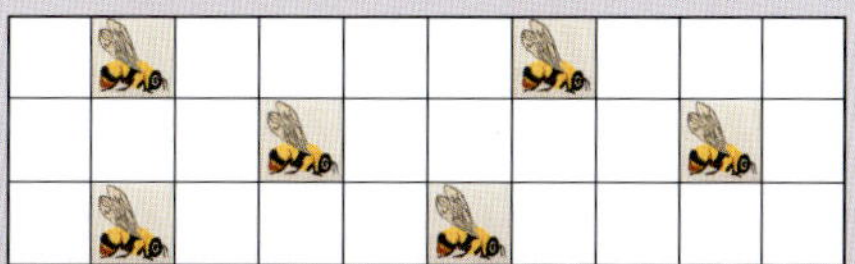

TECHNIK

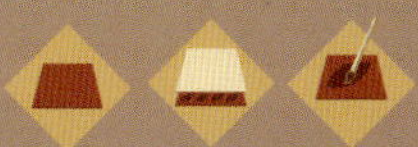

SCHWIERIGKEITSGRAD

1 2 3

siehe auch Der Brand **18–21** Fliesen trocknen **37** Motive übertragen **53**

MOTIV 36

Rapportfliese Schmetterling

Je vier Fliesen bilden einen Rapport, bei dem die Schmetterlinge alle zur Mitte hin schauen. Man kann das Motiv aber auch gut allein stehend verwenden.

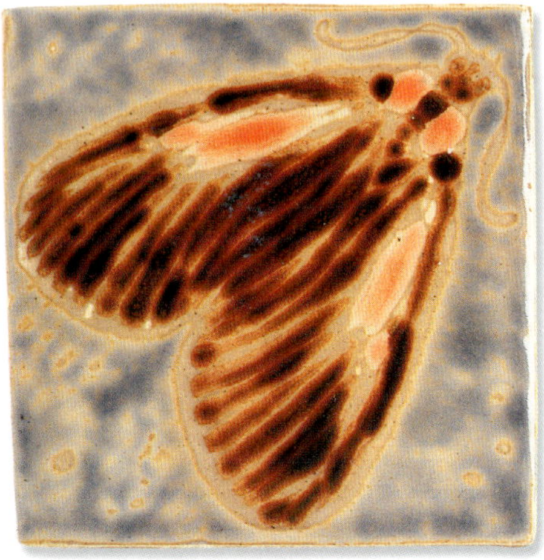

TON Weißer Steingut-Ton, Schrühbrand bei 1000 °C, Glasurbrand bei 1260 °C.

Schritt für Schritt

1 Die Fliese nach dem Schrühbrand farbig glasieren und trocknen lassen.

2 Das Motiv auf die Fliese übertragen und alle Linien mit einem feinen Pinsel und Wachsemulsion nachziehen.

3 Mit einem Naturschwamm farbige Glasur auftupfen und brennen.

Material

- Weißer Steingut-Ton
- Farbige Steingut-Glasuren
- Wachsemulsion
- Feiner Pinsel
- Naturschwamm

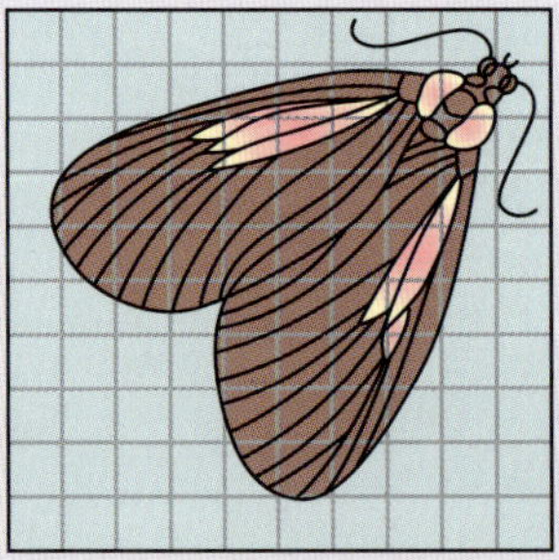

Auf der Fläche

Am eindrucksvollsten ist dieses Motiv als flächiger Musterrapport.

ANORDNUNGSVORSCHLAG

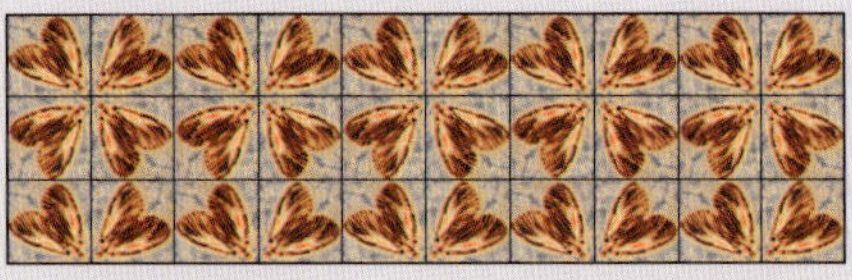

TECHNIK

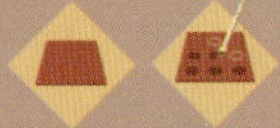

SCHWIERIGKEITSGRAD

1 2

siehe auch Der Brand **18–21** Fliesen trocknen **37** Wachsabdeckung **46** Motive übertragen **53**

MOTIV 37

Schwarz-weißer Schmetterling

Dieses zarte, grafische Schwarz-Weiß-Muster passt vom Thema her eigentlich überall ins Haus.

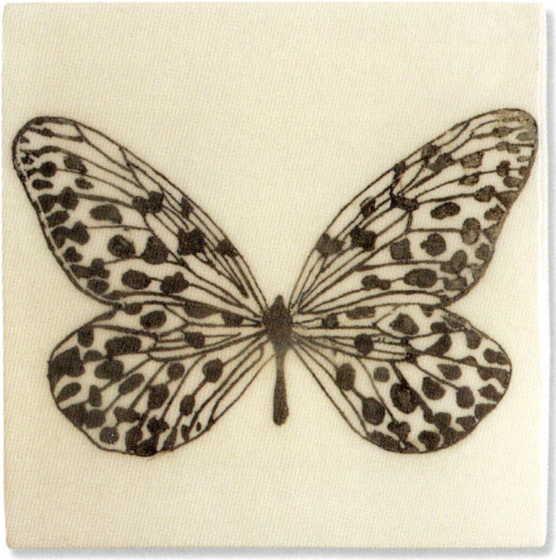

TON Weißer Steingut-Ton, Schrühbrand bei 1000 °C, Glasurbrand bei 1260 °C.

Schritt für Schritt

1 Das Motiv im Monoprint-Verfahren auf die noch weiche Tonfliese übertragen.

2 Nach dem Schrühbrand transparent glasieren und brennen.

Material

- Weißer Steingut-Ton
- Schwarzes Tonfärbemittel
- Transparente Steingut-Glasur
- Pinsel

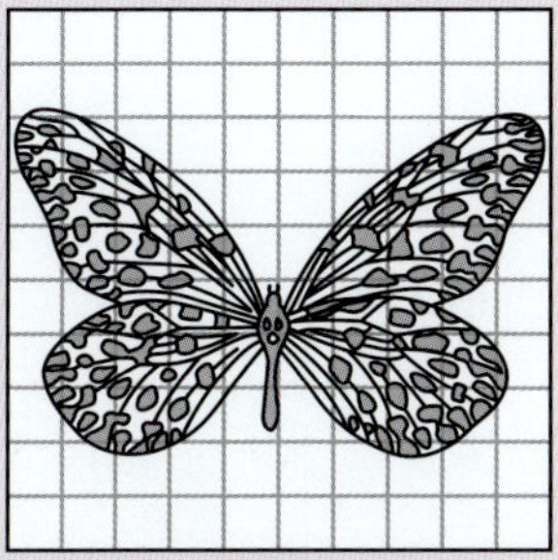

Auf der Fläche

Als Einzelmotiv in lockerer Anordnung, schön auch im Verbund mit anderen Schmetterlingsmotiven.

ANORDNUNGSVORSCHLAG

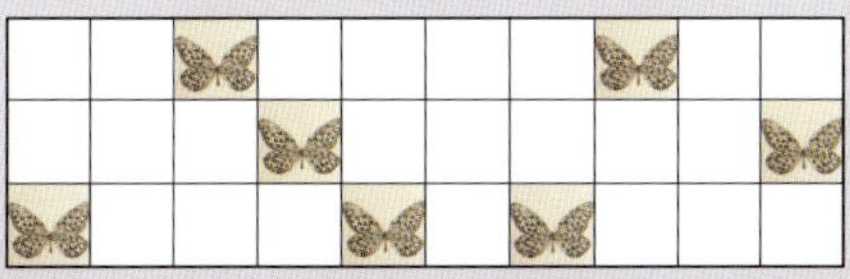

TECHNIK

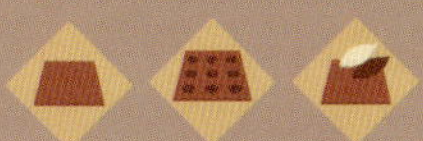

SCHWIERIGKEITSGRAD

1 2 3

siehe auch Der Brand **18–21** Fliesen trocknen **37** Motive übertragen **53**

MOTIV 38

Fliege

Viele mögen sich über diese Motivwahl wundern, aber wenn man genau hinschaut, sind Fliegen trotz ihrer unhygienischen Lebensweise sehr attraktive Insekten.

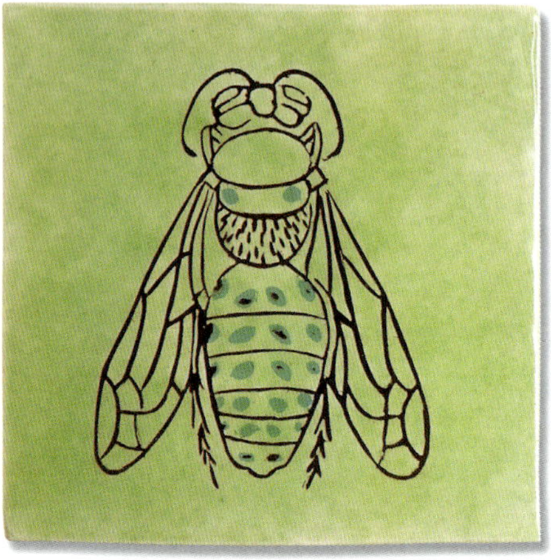

TON Weißer Steingut-Ton, Schrühbrand bei 1100 °C, Glasurbrand bei 1080 °C.

Schritt für Schritt

1 Die Fliese vorbereiten und lederhart trocknen lassen.

2 Das Motiv auf die Fliese übertragen und die Konturen nachritzen.

3 Das Motiv mit farbiger Engobe ausmalen, trocknen lassen und den Überstand abschaben, um das Muster freizulegen.

4 Nach dem Schrühbrand farbig glasieren und den Glasurbrand vornehmen.

Material

- Weißer Steingut-Ton
- Werkzeug zum Ritzen
- Farbige Engobe
- Pinsel
- Farbige Transparentglasur

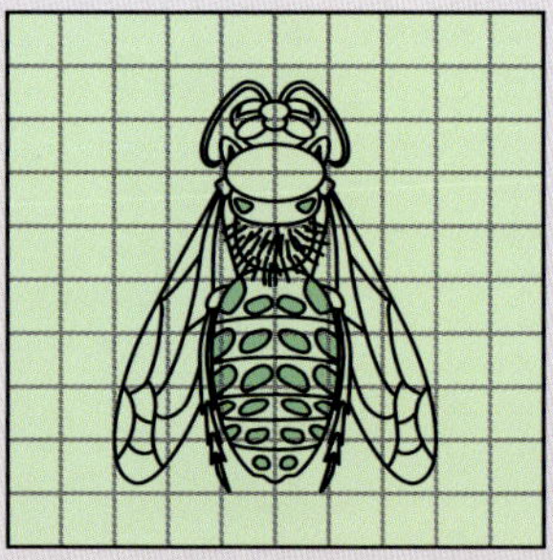

Auf der Fläche

Am besten geeignet als Einzelmotiv zwischen einfarbigen Fliesen.

ANORDNUNGSVORSCHLAG

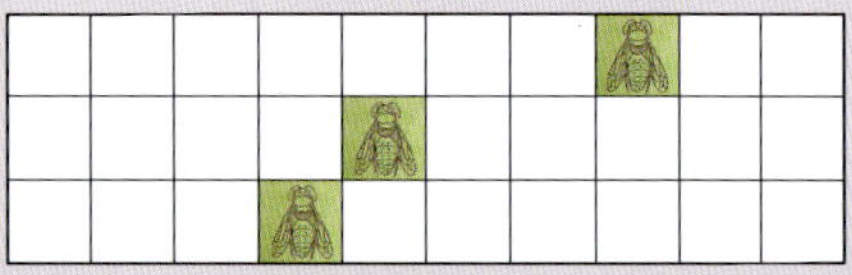

TECHNIK

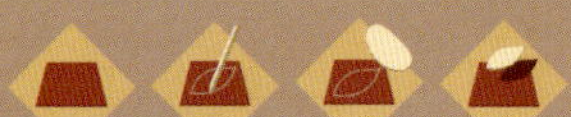

SCHWIERIGKEITSGRAD

1 2 3

siehe auch Der Brand **18–21** Fliesen trocknen **37** Motive übertragen **53**

MOTIV **39**

Schwarz-weißer Schmetterling 2

Noch ein Schmetterlingsmotiv, das zusammen mit anderen Motiven dieses Kapitels eine sehr dekorative Gruppe bilden würde.

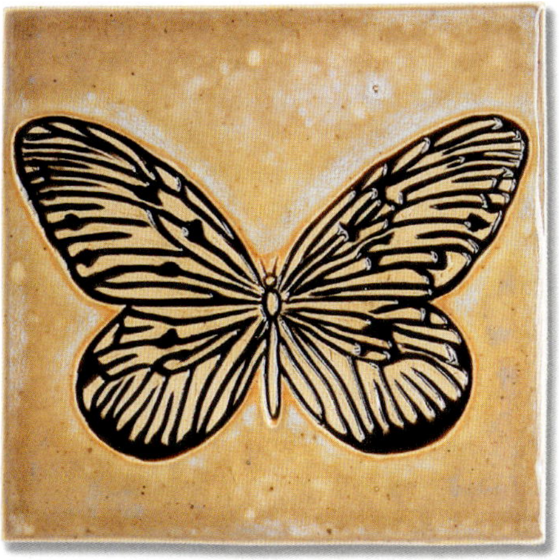

TON Porzellan-Ton, Schrühbrand bei 1000 °C, Glasurbrand bei 1280 °C.

Schritt für Schritt

1 Die Fliese vorbereiten und lederhart trocknen lassen.

2 Das Motiv auf die Fliese übertragen und die Konturen nachritzen.

3 Das Motiv nach dem Schrühbrand mit schwarzer Glasur übermalen, dann sorgfältig abschaben, um das Muster freizulegen. Den Hintergrund mit reaktiver Glasur ausfüllen und brennen.

Material

- Porzellan-Ton
- Werkzeug zum Ritzen
- Schwarze Steingut-Glasur
- Pinsel
- Reaktive Glasur

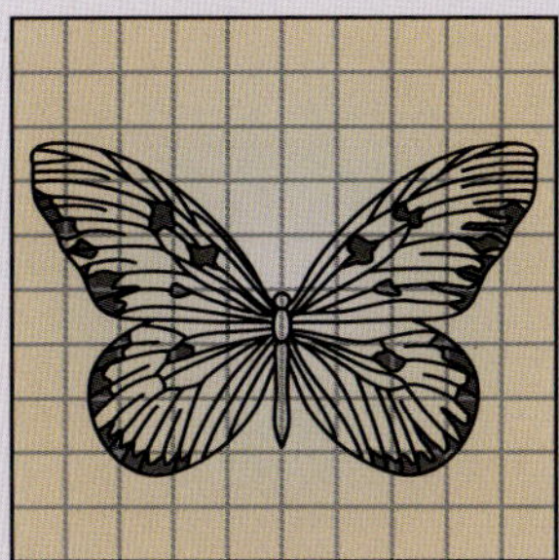

Auf der Fläche

Als Einzelmotiv in unregelmäßiger Anordnung, auch kombiniert mit demselben Motiv in verschiedenen Farben.

ANORDNUNGSVORSCHLAG

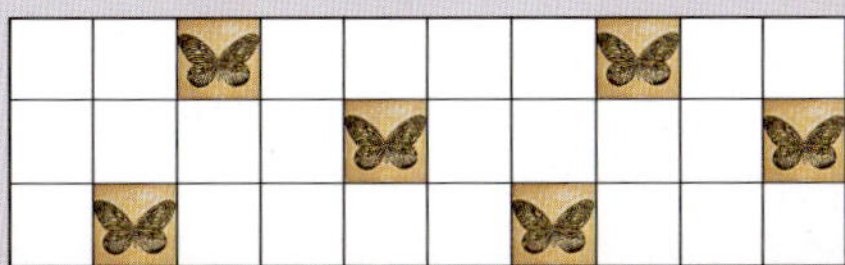

TECHNIK

SCHWIERIGKEITSGRAD

1 2

siehe auch Der Brand **18–21** Fliesen trocknen **37** Wachsabdeckung **46** Motive übertragen **53**

MOTIV 40

Schmetterlingsflügel

Schmetterlingsmotive sind schön, aber oft auch sehr kompliziert. Dieser Flügelausschnitt ist eine gute Lösung und kann als abstraktes Muster für sich allein stehen.

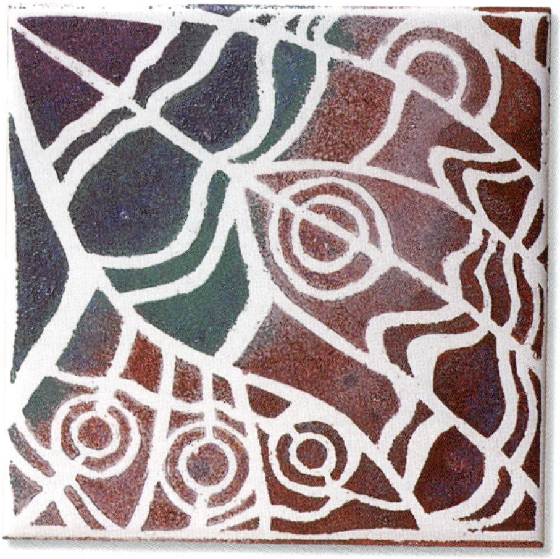

Schritt für Schritt

1 Das Motiv auf Schablonenkarton übertragen und sorgfältig mit dem Cutter ausschneiden.

2 Die Schablone mit Malerkrepp über einer Wandfliese befestigen. Die Details mit einem Naturschwamm und Keramikfarben sorgfältig auftupfen.

3 Die Schablone abnehmen und die Oberfläche der Fliese versiegeln.

Material

- Schablonen-karton
- Cutter
- Malerkrepp
- Fliesenfarben
- Naturschwamm oder Stupfpinsel
- Klarlack zum Versiegeln

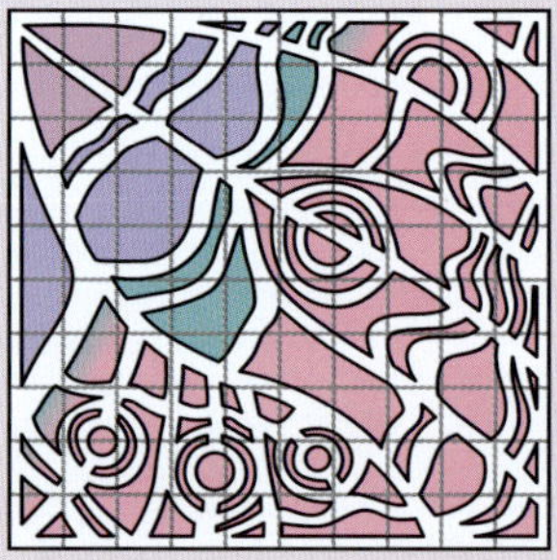

Auf der Fläche

Als Einzelmotiv oder für flächigen Rapport – je nach Ausrichtung der Fliesen ergibt sich dabei eine völlig andere Optik.

ANORDNUNGSVORSCHLAG

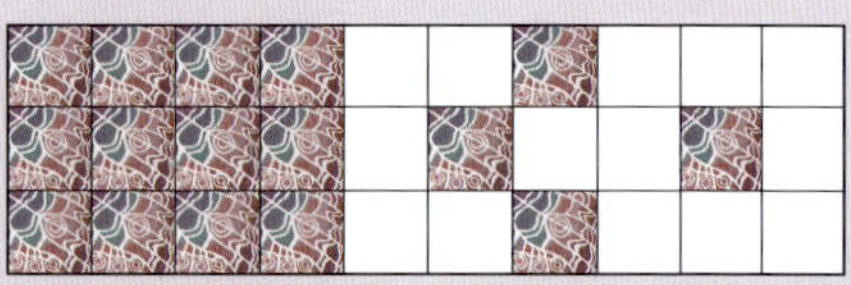

TECHNIK

SCHWIERIGKEITSGRAD

1 2

MOTIV 41

Libelle

Die Raku-Technik ist das ideale Medium, um die schillernde Schönheit der Libelle wiederzugeben.

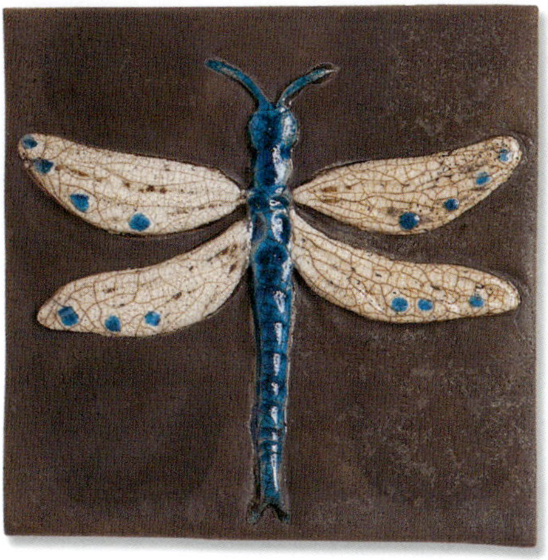

TON Schamottierter Raku-Ton, Schrühbrand bei 1000 °C, Raku-Brand bei 850 °C.

Schritt für Schritt

1 Ein Model des Libellenkörpers anfertigen und das fertige Dekor sorgfältig auf der lederharten Fliese andrücken.

2 Nach dem Schrühbrand alle Bereiche, die frei bleiben sollen, mit Wachsemulsion abdecken. Raku-Glasur auf die übrigen Flächen auftragen.

3 Den Raku-Brand vornehmen und die Fliese zum Abkühlen in Sägespäne legen, um den charakteristischen schwarzen Hintergrund zu erhalten.

Material

- Gips
- Wachsemulsion
- Raku-Ton
- Raku-Glasur
- Pinsel

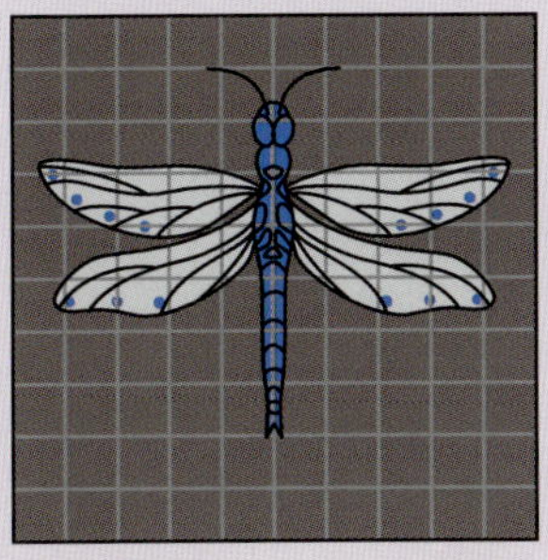

Auf der Fläche

Geeignet als Einzelmotiv in lockerer Anordnung zwischen einfarbigen Fliesen.

ANORDNUNGSVORSCHLAG

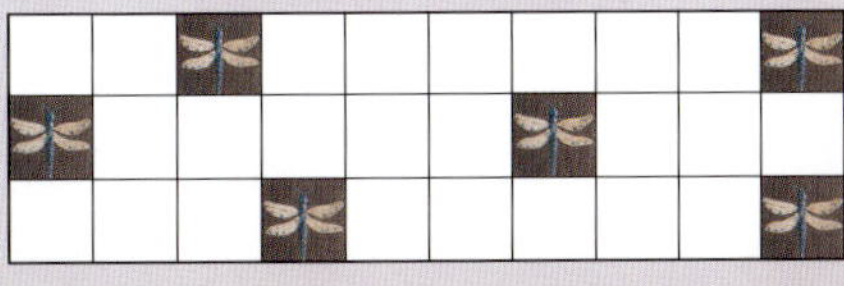

TECHNIK

SCHWIERIGKEITSGRAD

1 2 3

siehe auch Der Brand **18–21** Raku-Brand **21** Dekor-Model **24–25** Fliesen trocknen **37** Wachsabdeckung **46** Motive übertragen **53**

MOTIV 42

Stilisierter Schmetterling

Da dieses Schmetterlingsmotiv ein wenig an die 1960er-Jahre erinnert, habe ich es stilgerecht in leuchtenden Farben glasiert.

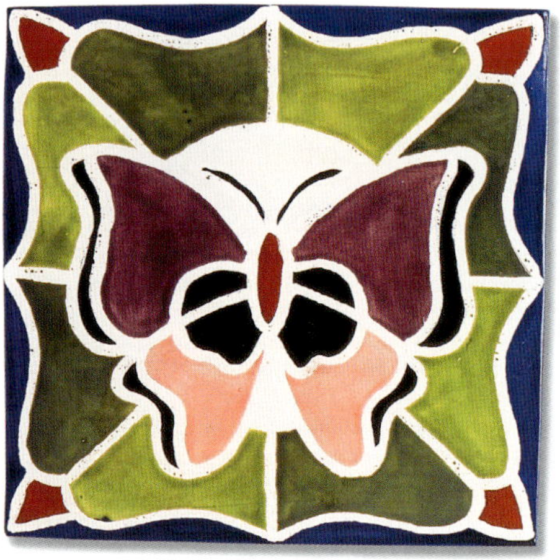

TON Weißer Steingut-Ton, Schrühbrand bei 1100 °C, Glasurbrand bei 1080 °C.

Schritt für Schritt

1 Das Motiv nach dem Schrühbrand auf die Fliese übertragen und die Konturen mit einem feinen Pinsel und Wachsemulsion nachziehen.

2 Die Farbflächen mit Farbglasuren ausfüllen und brennen.

Material

- Weißer Steingut-Ton
- Wachsemulsion
- Farbglasuren
- Pinsel
- Feiner Pinsel

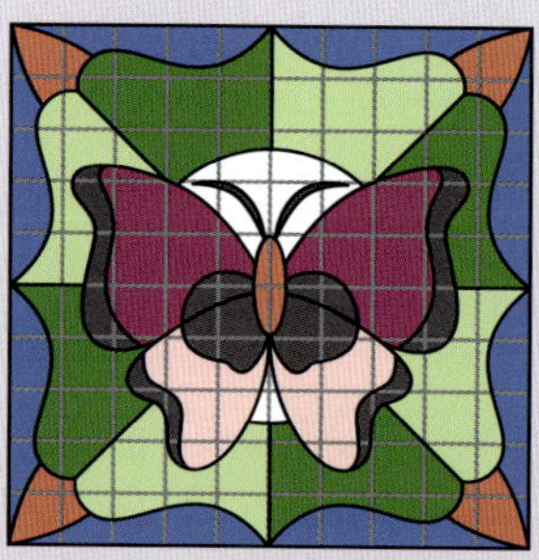

Auf der Fläche

Dieses Motiv eignet sich sehr gut als Bordüre.

ANORDNUNGSVORSCHLAG

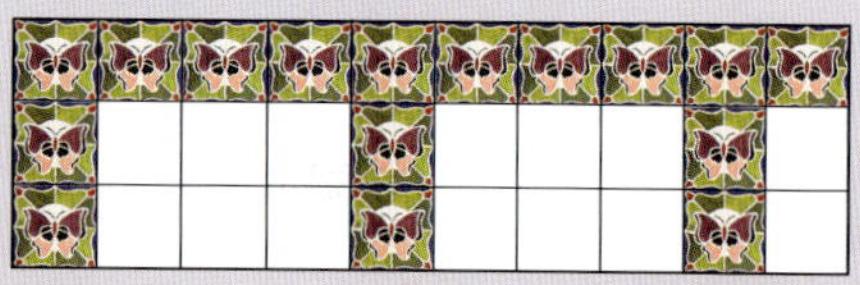

TECHNIK

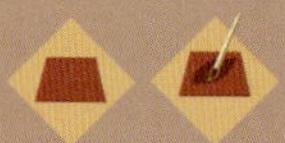

SCHWIERIGKEITSGRAD

1 2

siehe auch Der Brand **18–21** Fliesen trocknen **37** Wachsabdeckung **46** Motive übertragen **53**

MOTIV
43

Schmetterlings-Kranz
Ein einfaches, aber effektvolles Motiv, das jeden Raum aufwertet.

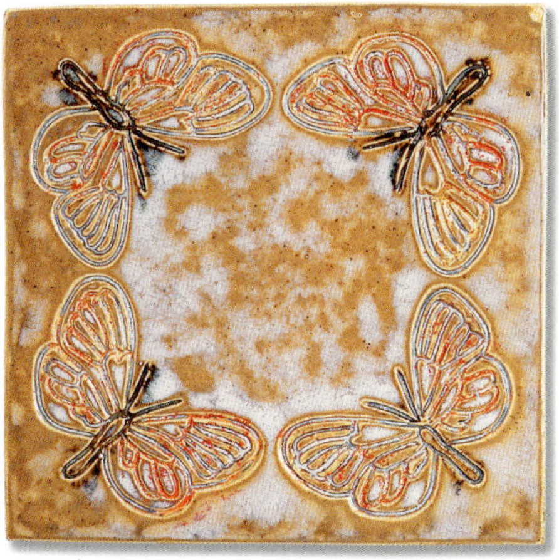

TON Weißer Steingut-Ton, Schrühbrand bei 1000 °C, Glasurbrand bei 1280 °C.

Schritt für Schritt

1 Die Fliese vorbereiten und lederhart trocknen lassen.

2 Das Motiv auf die Fliese übertragen und die Konturen nachritzen.

3 Die Details nach dem Schrühbrand mit Unterglasurfarben ausmalen. Dann reaktive oder opalisierende Glasur auftragen und brennen.

Material
- Weißer Steingut-Ton
- Werkzeug zum Ritzen
- Reaktive oder opalisierende Steingut-Glasur
- Pinsel

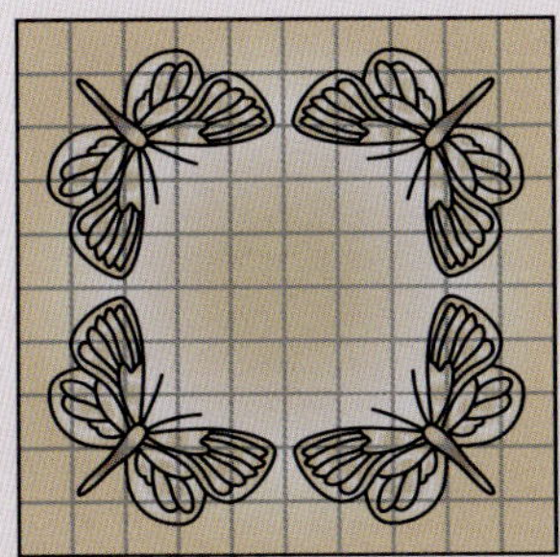

Auf der Fläche
Geeignet für flächigen Rapport.

ANORDNUNGSVORSCHLAG

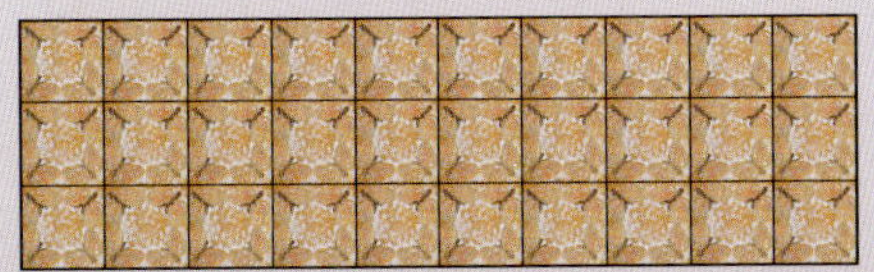

TECHNIK

SCHWIERIGKEITSGRAD

1 2 3

siehe auch Der Brand **18–21** Fliesen trocknen **37** Unterglasurfarben **43** Motive übertragen **53**

MOTIV 44

Tintenfisch

Diese Fliese wurde in einer Gipsform gepresst. Auf diese Weise bekommt man schnell viele identische Fliesen. Die Gipsform kann auch für Schlickerguss verwendet werden.

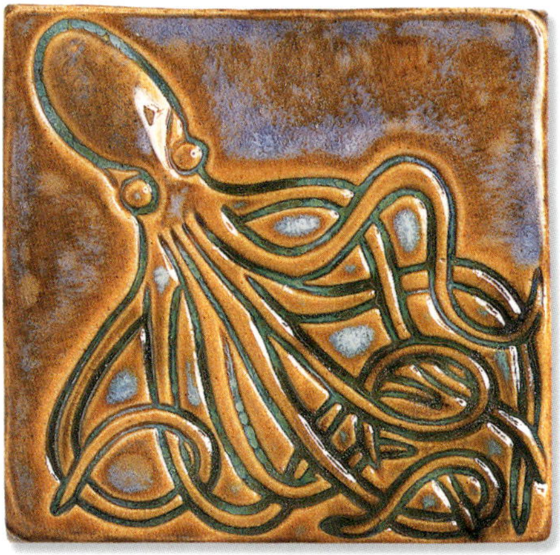

TON Weißer Steingut-Ton, Schrühbrand bei 1000 °C, Glasurbrand bei 1280 °C.

Schritt für Schritt

1 Zuerst die Fliese herstellen und einen Gipsabdruck davon machen.

2 Einen Batzen Ton ausrollen und in die Gipsform pressen.

3 Die Fliese nach dem Schrühbrand mit Oxid einpinseln und sofort mit einem feuchten Schwamm abwischen, sodass das Oxid nur in den Vertiefungen zurückbleibt.

4 Die Fliese mit heller, transparenter Glasur überziehen und brennen.

Material

- Weißer Steingut-Ton
- Gips
- Oxid
- Pinsel
- Helle, transparente Steingut-Glasur

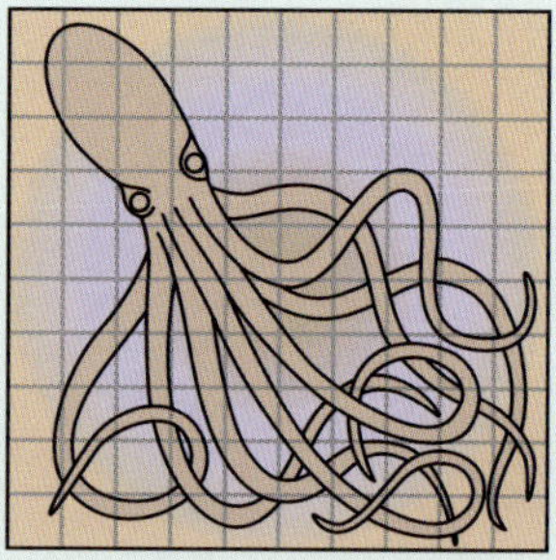

Auf der Fläche

Geeignet als flächiger Rapport und als locker verteiltes Einzelmotiv.

ANORDNUNGSVORSCHLAG

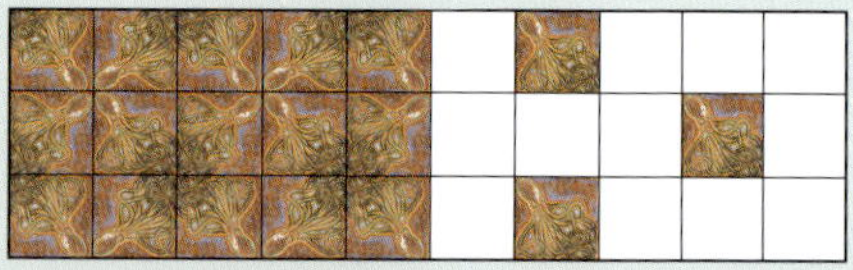

TECHNIK

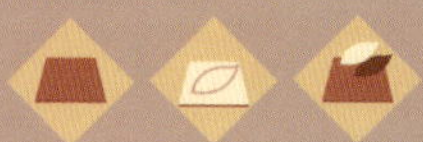

SCHWIERIGKEITSGRAD

1 2

siehe auch Der Brand **18–21** Model **22–23** Fliesen trocknen **37** Oxide **45–47** Motive übertragen **53**

MOTIV

45 Krabbe

Um die Konturen des Krabbenmotivs effektiv in die Fliese zu ritzen, ist ein sehr feines Werkzeug nötig.

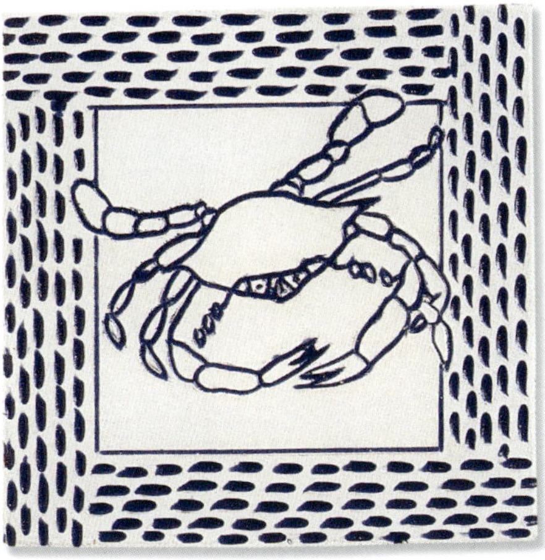

TON Weißer Steingut-Ton, Schrühbrand bei 1100 °C, Glasurbrand bei 1080 °C.

Schritt für Schritt

1 Die Fliese vorbereiten und lederhart trocknen lassen.

2 Das Motiv auf die Fliese übertragen und die Konturen mit einem sehr feinen Werkzeug nachritzen.

3 Mit einer Modellierschlinge oder einem anderen passenden Werkzeug die Struktur des Rahmens einritzen.

4 Die Fliese nach dem Schrühbrand farbig glasieren und sofort mit einem feuchten Schwamm abwischen, sodass die Glasur nur in den Vertiefungen verbleibt. Dann brennen.

Material

- Weißer Steingut-Ton
- Werkzeug zum Ritzen
- Modellierschlinge (wenn vorhanden)
- Farbige Steingut-Glasur
- Pinsel

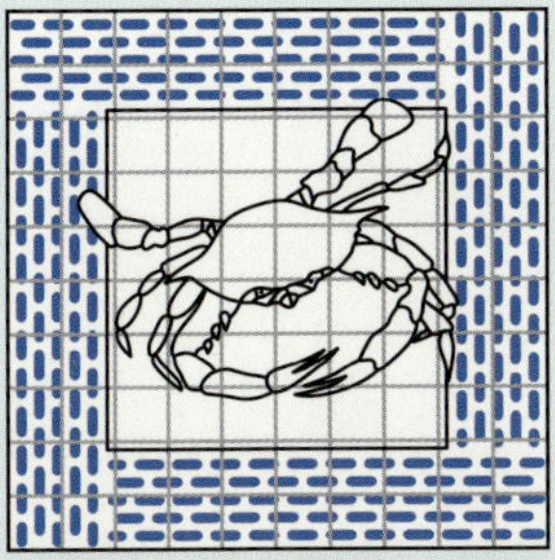

Auf der Fläche

Sehr schön als Einzelmotiv auf einfarbigem Hintergrund, auch im Verbund mit ähnlichen Motiven.

ANORDNUNGSVORSCHLAG

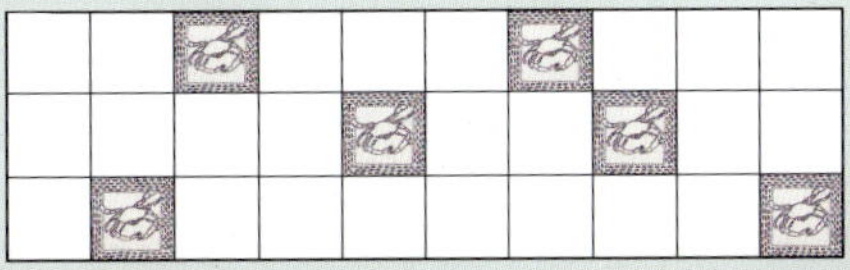

TECHNIK

SCHWIERIGKEITSGRAD

1 2 3

siehe auch Der Brand **18–21** Fliesen trocknen **37** Motive übertragen **53**

MOTIV 46

Hummer

Der Hummer ist einem amerikanischen Original aus der Arts and Crafts-Periode des 19. Jahrhunderts nachempfunden. Solche Fliesen wurden in Kindergärten verwendet.

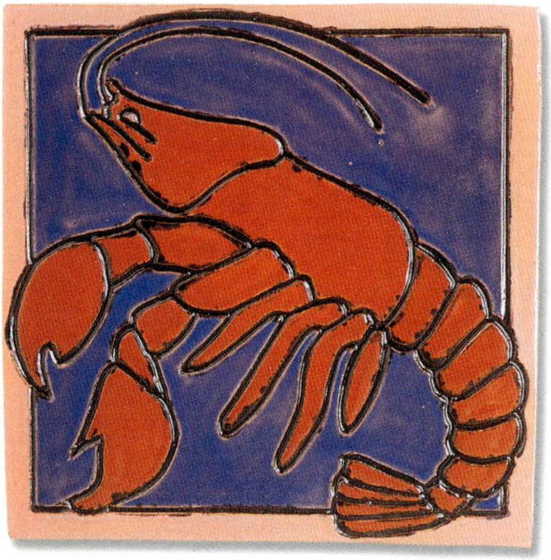

TON Roter oder weißer Steingut-Ton, Schrühbrand bei 1100 °C, Glasurbrand bei 1020 °C.

Schritt für Schritt

1 Die Fliese vorbereiten und lederhart trocknen lassen.

2 Das Motiv auf die Fliese übertragen und die Konturen sorgfältig nachritzen.

3 Nach dem Schrühbrand die Details mit Glasuren ausmalen und brennen.

Material

- Roter oder weißer Steingut-Ton
- Werkzeug zum Ritzen
- Farbige Glasuren
- Pinsel

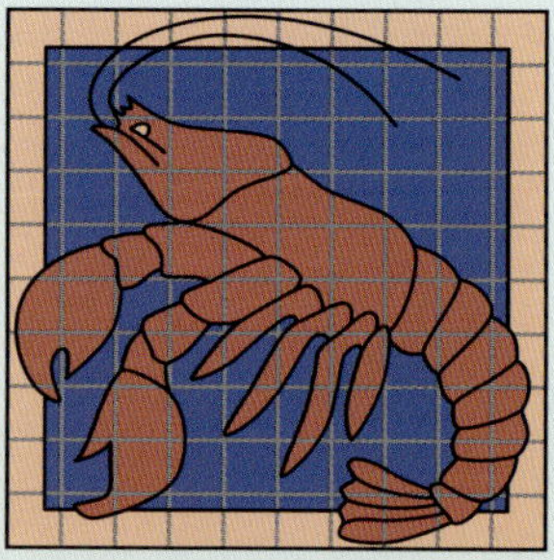

Auf der Fläche

Geeignet als Bordüre oder als locker verteiltes Einzelmotiv im Verbund mit ähnlichen Motiven.

ANORDNUNGSVORSCHLAG

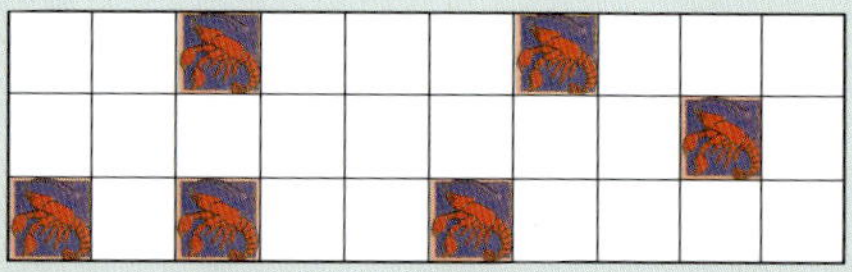

TECHNIK

SCHWIERIGKEITSGRAD

1

siehe auch Der Brand **18–21** Fliesen trocknen **37** Motive übertragen **53**

MOTIV 47

Seesterne am Strand

Mit diesem Motiv könnten Sie ein ganzes Badezimmer gestalten, denn es kommt erst auf der Fläche richtig zur Geltung.

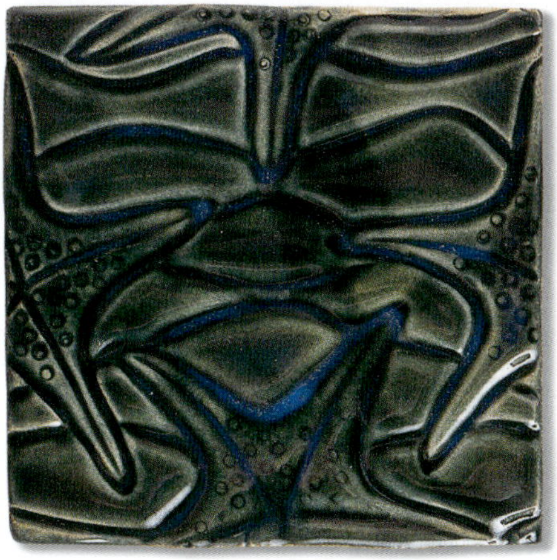

TON Weißer Steingut-Ton, Schrühbrand bei 1000 °C, Glasurbrand bei 1280 °C.

Schritt für Schritt

1 Die Fliese modellieren und einen Gipsabdruck davon anfertigen.

2 Einen Batzen Ton ausrollen, in die Gipsform pressen und kräftig darüber rollen.

3 Nach dem Schrühbrand zuerst eine Schicht farbiger Glasur auftragen, dann eine Schicht reaktive Glasur. Den Glasurbrand vornehmen.

Material

- Weißer Steingut-Ton Gips
- Rollholz
- Farbige Steingut-Glasur
- Pinsel
- Reaktive Glasur

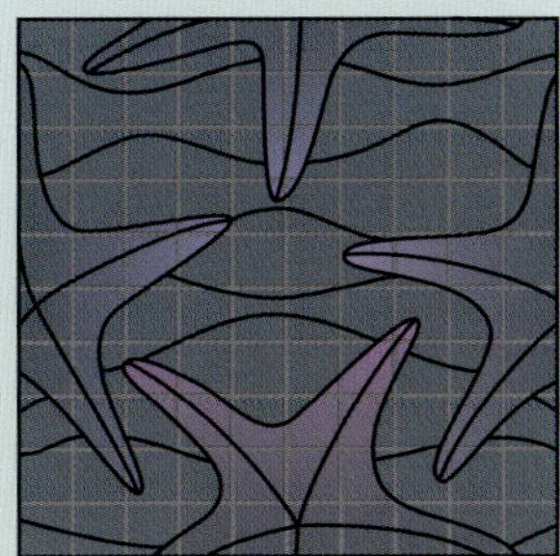

Auf der Fläche

Geeignet als flächiger Rapport.

ANORDNUNGSVORSCHLAG

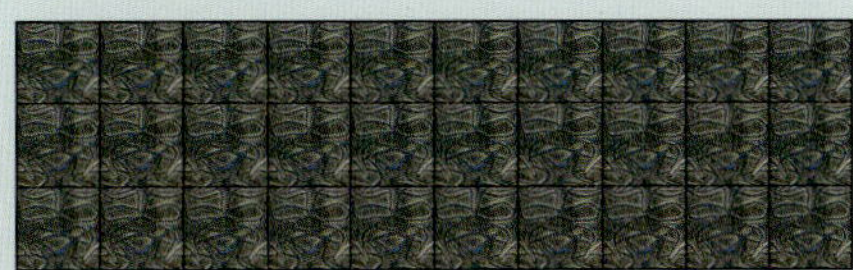

TECHNIK

SCHWIERIGKEITSGRAD

1 2 3

siehe auch Der Brand **18–21** Model **22–23** Fliesen trocknen **37** Motive übertragen **53**

MOTIV 48

Nautilus-Schablone

Das Perlboot ist seit Jahrhunderten als Kunstmotiv beliebt. Das grafische Muster bietet sich zum Anfertigen einer Schablone geradezu an.

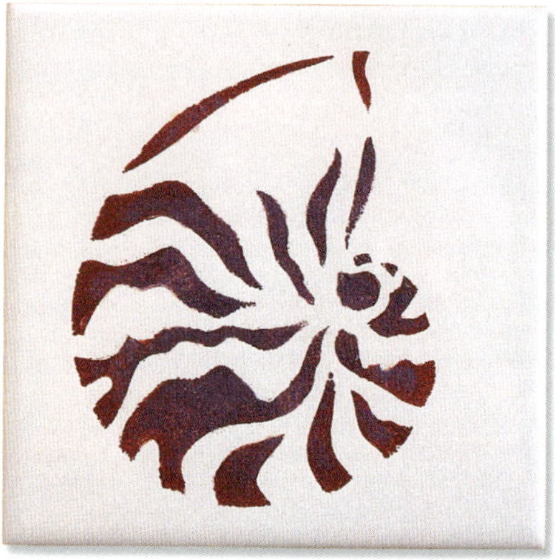

Schritt für Schritt

1 Das Motiv auf Schablonenkarton übertragen und sorgfältig mit dem Cutter ausschneiden.

2 Die Schablone mit Malerkrepp über einer Wandfliese befestigen. Die Details mit einem Naturschwamm und Keramikfarben sorgfältig auftragen.

3 Die Schablone abnehmen und die Oberfläche der Fliese versiegeln.

Material

- Schablonenkarton
- Cutter
- Gekaufte Fliese
- Malerkrepp
- Keramikfarben
- Naturschwamm
- Klarlack zum Versiegeln

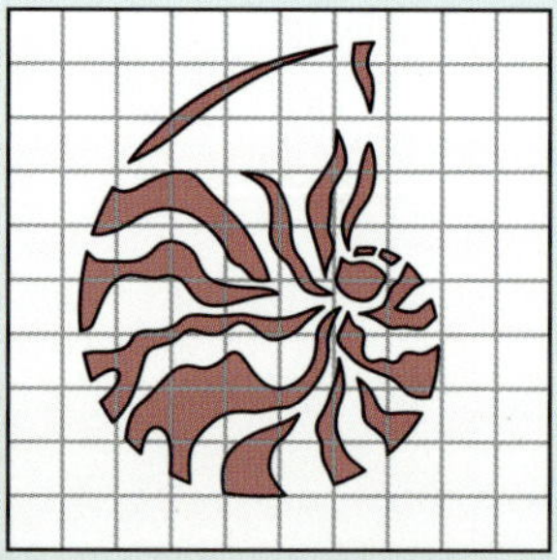

Auf der Fläche

Geeignet als Einzelmotiv oder als Bordüre.

ANORDNUNGSVORSCHLAG

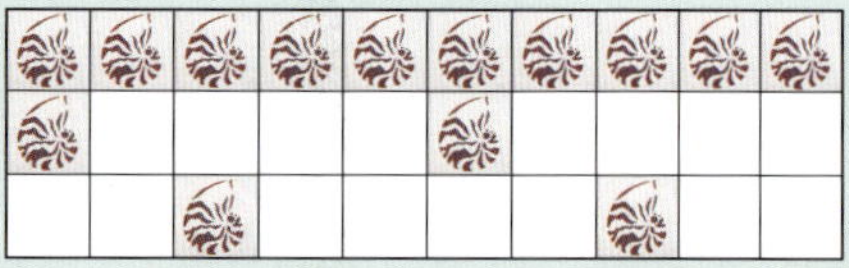

TECHNIK

SCHWIERIGKEITSGRAD

1 2

siehe auch Der Brand **18–21** Fliesen trocknen **37** Motive übertragen **53**

MOTIV

49

Muscheln

Mit diesem Motiv könnte man eine ganze Wand fliesen. Um in größeren Mengen zu produzieren, können Sie von der fertigen Fliese eine Gipsform machen.

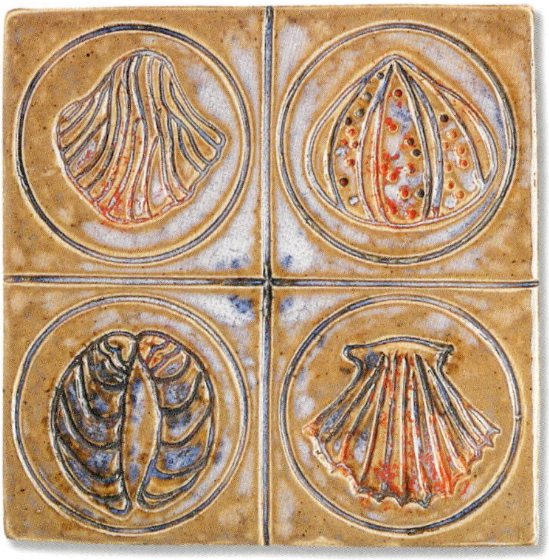

TON Weißer Steingut-Ton, Schrühbrand bei 1000 °C, Glasurbrand bei 1280 °C.

Schritt für Schritt

1 Die Fliese vorbereiten und lederhart trocknen lassen.

2 Das Motiv auf die Fliese übertragen und die Konturen nachritzen.

3 Nach dem Schrühbrand die Details mit Unterglasurfarben ausmalen, dann opalisierende Glasur auftragen und brennen.

Material

- Weißer Steingut-Ton
- Werkzeug zum Ritzen
- Steingut-Glasur
- Opalisierende Glasur
- Unterglasur-farben

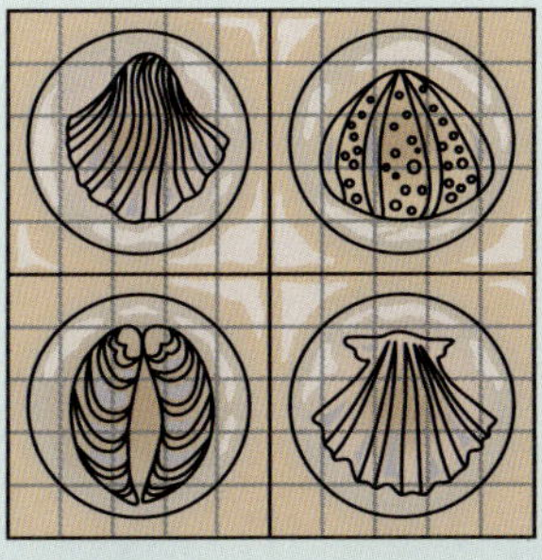

Auf der Fläche

Geeignet als flächiger Rapport und als locker verteiltes Einzelmotiv.

ANORDNUNGSVORSCHLAG

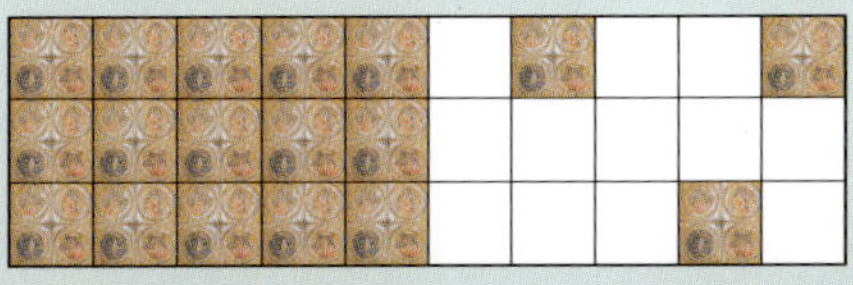

TECHNIK

SCHWIERIGKEITSGRAD

1

siehe auch Der Brand **18–21** Fliesen trocknen **37** Unterglasurfarben **43** Motive übertragen **53**

MOTIV

50 Nesseltierchen

Nesseltierchen sind mit dem bloßen Auge unsichtbar, unter dem Mikroskop betrachtet aber wunderschön – also ideal für Fliesenmotive.

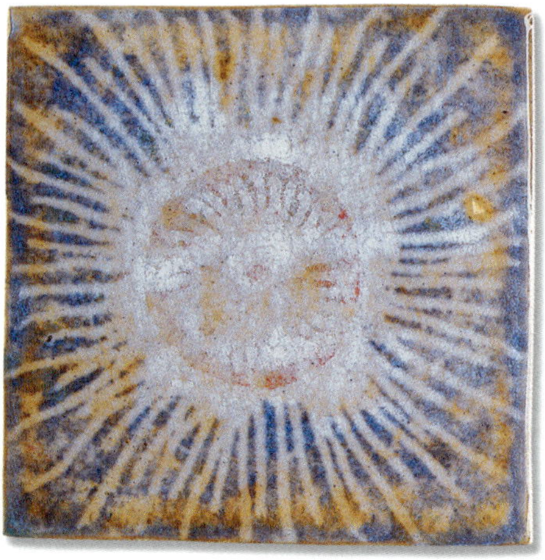

TON Weißer Steingut-Ton, Schrühbrand bei 1000 °C, Glasurbrand bei 1280 °C.

Schritt für Schritt

1 Die Fliese nach dem Schrühbrand farbig glasieren.

2 Das Motiv auf die Fliese übertragen und die Konturen mit Wachsemulsion nachmalen.

3 Vor dem Glasurbrand nach Geschmack mit Glasurfarben betupfen.

Material

- Weißer Steingut-Ton
- Steingut-Glasuren
- Pinsel
- Wachsemulsion
- Naturschwamm

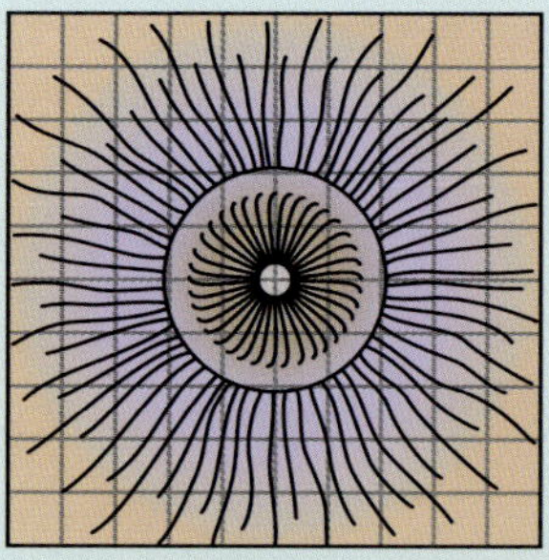

Auf der Fläche

Geeignet als Einzelmotiv im Verbund mit ähnlichen Motiven.

ANORDNUNGSVORSCHLAG

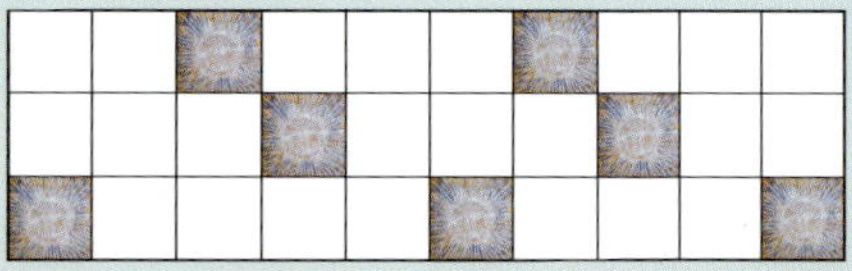

TECHNIK

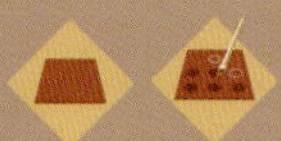

SCHWIERIGKEITSGRAD

1

siehe auch Der Brand **18–21** Fliesen trocknen **37** Wachsabdeckung **46** Motive übertragen **53**

MOTIV

51 Koralle

Der Farben- und Formenreichtum von Korallen ist für jeden Künstler eine unerschöpfliche Inspirationsquelle.

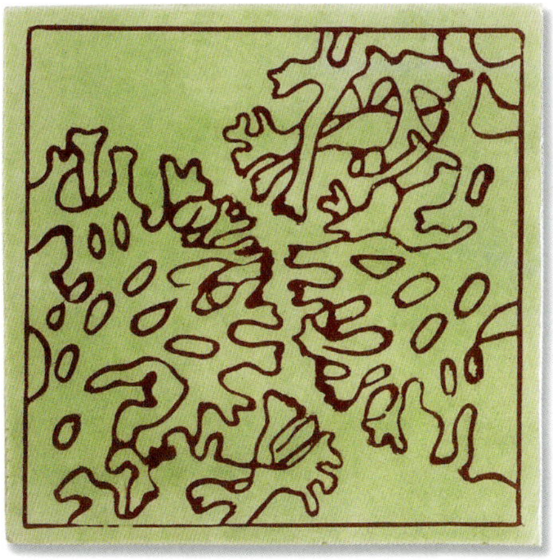

Schritt für Schritt

1 Die Fliese vorbereiten und lederhart trocknen lassen.

2 Das Motiv auf die Fliese übertragen und die Konturen nachritzen, dabei die Strichstärke variieren.

3 Die Fliese mit farbiger Engobe überziehen und lederhart trocknen lassen. Den Überschuss abschaben, um das Muster freizulegen.

4 Nach dem Schrühbrand farbige Transparent-Glasur auftragen und brennen.

TON Weißer Steingut-Ton, Schrühbrand bei 1100 °C, Glasurbrand bei 1080 °C.

Material

- Weißer Steingut-Ton
- Werkzeug zum Ritzen
- Farbige Engobe
- Pinsel
- Farbige, transparente Steingut-Glasur

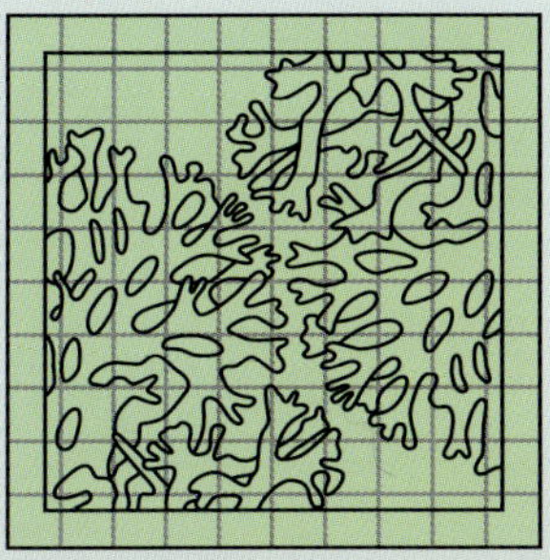

Auf der Fläche

Kommt am besten als locker verteiltes Einzelmotiv zur Geltung.

ANORDNUNGSVORSCHLAG

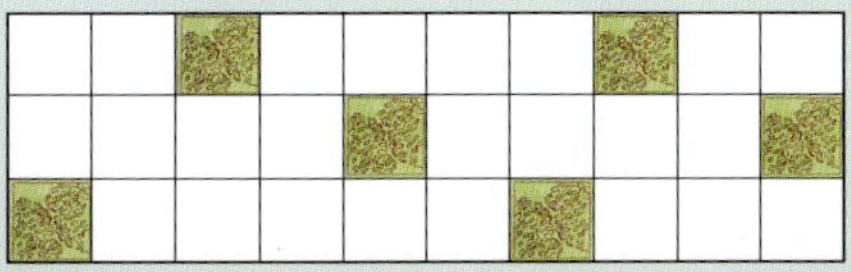

TECHNIK

SCHWIERIGKEITSGRAD

1 2

siehe auch Der Brand **18–21** Fliesen trocknen **37** Motive übertragen **53**

MOTIV 52

Segelboot

Durch die Majolika-Malerei wirkt das Segelboot besonders schön und ziert jedes Badezimmer.

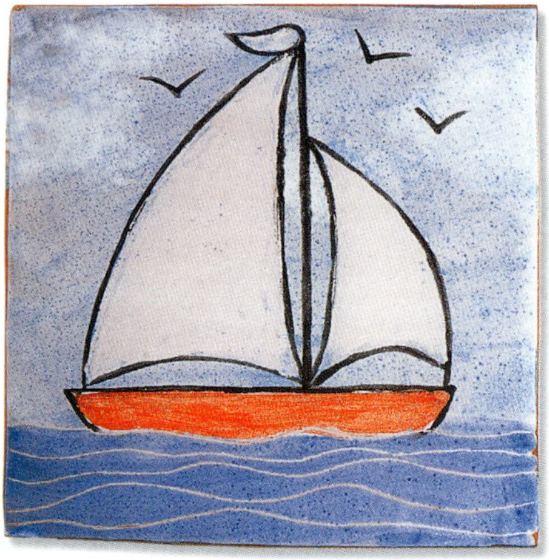

TON Roter Steingut-Ton, Schrühbrand bei 1100 °C, Glasurbrand bei 1080 °C.

Schritt für Schritt

1 Die Fliese nach dem Schrühbrand mit weißer Zinnglasur überziehen.

2 Das Motiv auf die Fliese übertragen.

3 Die Details mit farbigen Unterglasurfarben ausmalen, dann brennen.

Material

- Roter Steingut-Ton
- Weiße Zinnglasur
- Pinsel
- Unterglasurfarben

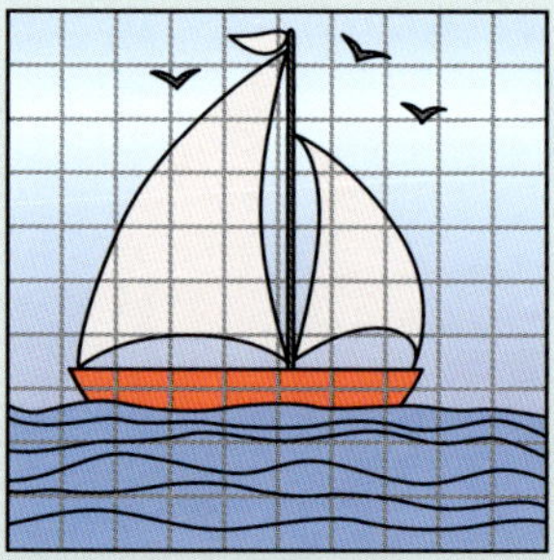

Auf der Fläche

Geeignet als locker verteiltes Einzelmotiv zusammen mit ähnlichen Motiven.

ANORDNUNGSVORSCHLAG

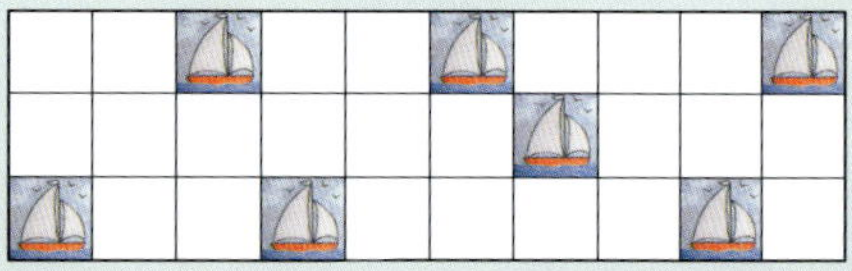

TECHNIK

SCHWIERIGKEITSGRAD

1 2

siehe auch Der Brand **18–21** Fliesen trocknen **37** Motive übertragen **53**

MOTIV 53

Muscheln und Schnecken

Die zahllosen Formen von Muscheln und Schnecken sind wie geschaffen für Schablonen. So kann man mit wenig Geld ein langweiliges Badezimmer aufpeppen.

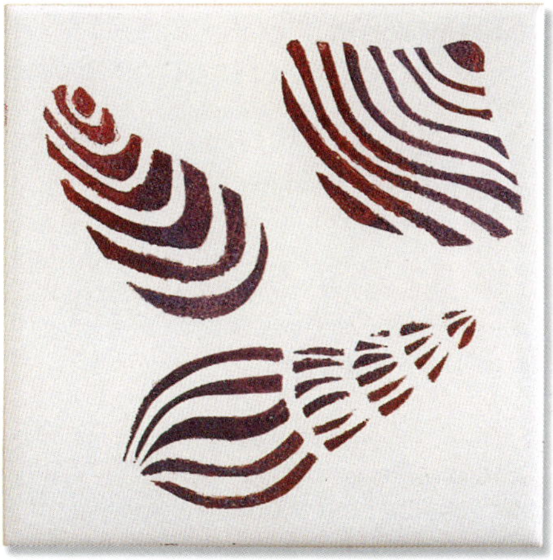

Schritt für Schritt

1 Das Motiv auf Schablonenkarton übertragen und sorgfältig mit dem Cutter ausschneiden.

2 Die Schablone mit Malerkrepp über einer Wandfliese befestigen. Die Details mit einem Stupfpinsel und Keramikfarben sorgfältig auftragen.

3 Die Schablone vorsichtig abnehmen und an der nächsten Fliese anbringen, dabei vielleicht die Richtung ändern.

4 Die Fliese versiegeln.

Material

- Schablonenkarton
- Cutter
- Malerkrepp
- Fliesenfarben
- Stupfpinsel oder Naturschwamm
- Klarlack zum Versiegeln

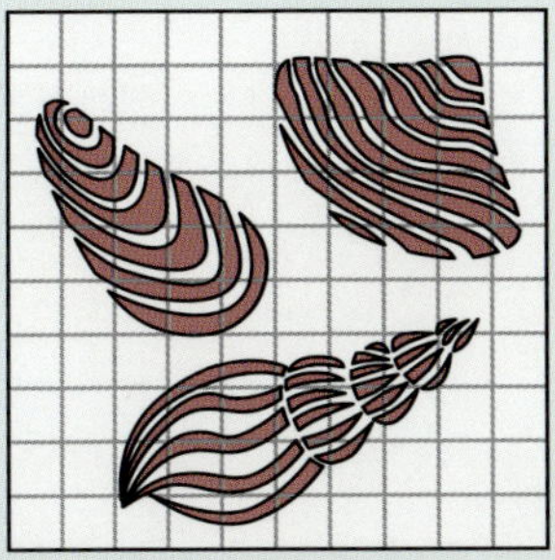

Auf der Fläche

Geeignet als Bordüre oder als Einzelmotiv.

ANORDNUNGSVORSCHLAG

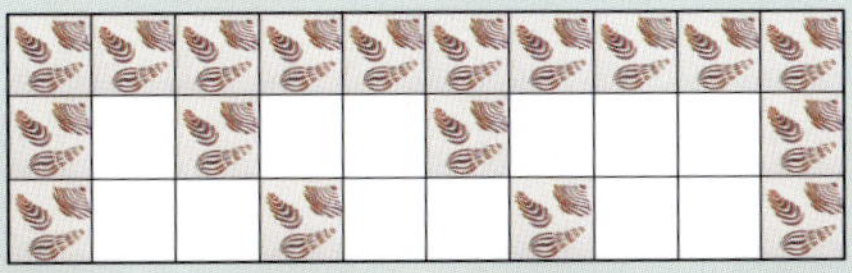

TECHNIK

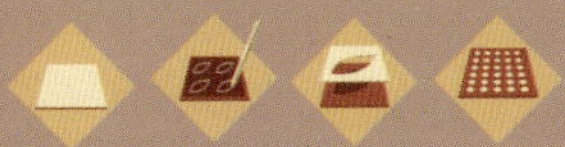

SCHWIERIGKEITSGRAD

1

MOTIV 54

Fossile Koralle

Ein einfaches, aber dennoch sehr eindrucksvolles Motiv, das zugleich abstrakt und organisch wirkt.

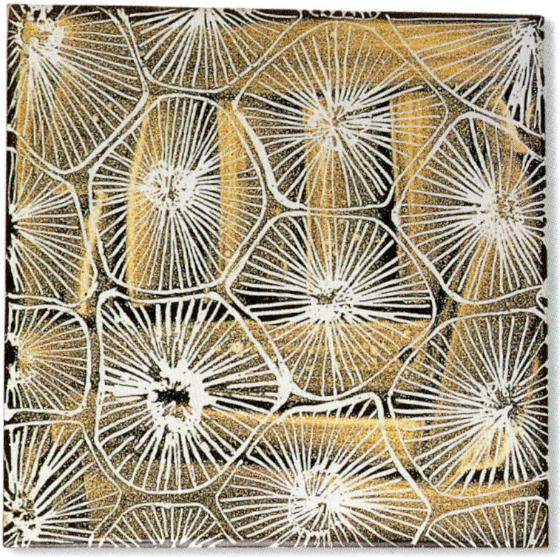

Schritt für Schritt

1 Eisenoxid mit transparenter Steingut-Glasur zu einer cremigen Paste mischen.

2 Die Glasur auf eine gekaufte Fliese auftragen und trocknen lassen.

3 Das Motiv auf ein Stück Papier in Fliesengröße übertragen. Das Papier auf die Fliese legen und die Linien nachziehen.

4 Das Papier vorsichtig abziehen. Nun sollte ein Negativ-Abdruck auf der Fliese zu sehen sein. Wenn nötig, die Linien mit einem spitzen Werkzeug nachziehen, dann brennen.

Material

- Eisenoxid
- Transparente Steingut-Glasur
- Gekaufte, glasierte Fliese
- Pinsel
- Papier und Bleistift

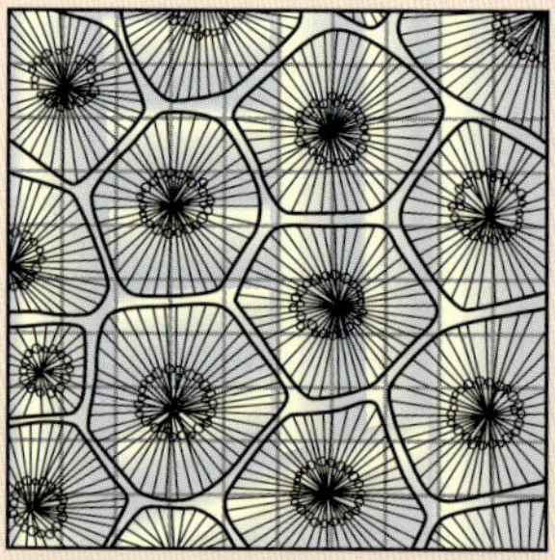

Auf der Fläche

Sehr dekorativ als Einzelmotiv zwischen hellblauen Fliesen.

ANORDNUNGSVORSCHLAG

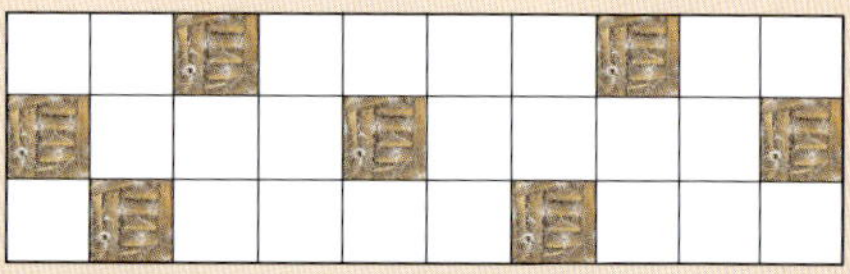

TECHNIK

SCHWIERIGKEITSGRAD

1 2

siehe auch Der Brand **18–21** Fliesen trocknen **37** Oxide **45–47** Motive übertragen **53**

MOTIV 55

Farn

Da Farne sich im Laufe der Jahrmillionen wenig verändert haben, kann man mit einem frischen Farnwedel wunderbare Fossilienmotive gestalten.

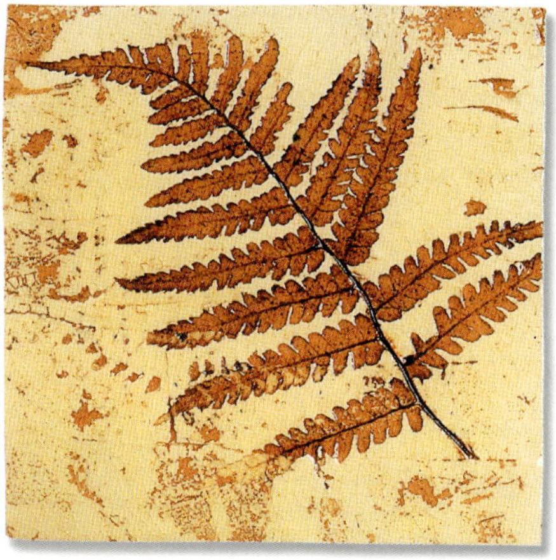

TON Roter Steingut-Ton, Schrühbrand bei 1100 °C, Glasurbrand bei 1080 °C.

Schritt für Schritt

1 Einen Farnwedel auf die frische Fliese legen, fest darüber rollen. Den Farn nicht abziehen.

2 Einen Gipsblock (z.B. die Rückseite einer Ihrer Gipsformen) anfeuchten und grob mit einer Schicht Engobe bepinseln.

3 Den Block auf die Fliese setzen und sanft hin und her bewegen.

4 Den Block abheben. Die Engobe hat sich nun partienweise auf die Fliese übertragen, wodurch eine gesteinsartige Struktur entstanden ist. Die Fliese in Form schneiden und den Farnwedel abziehen.

5 Nach dem Schrühbrand mit Mangandioxid lasieren und abwischen. Transparent glasieren und brennen.

Material

- Roter Steingut-Ton
- Farnzweige
- Gipsblock
- Farbige Engobe
- Pinsel
- Mangandioxid
- Transparente Steingut-Glasur

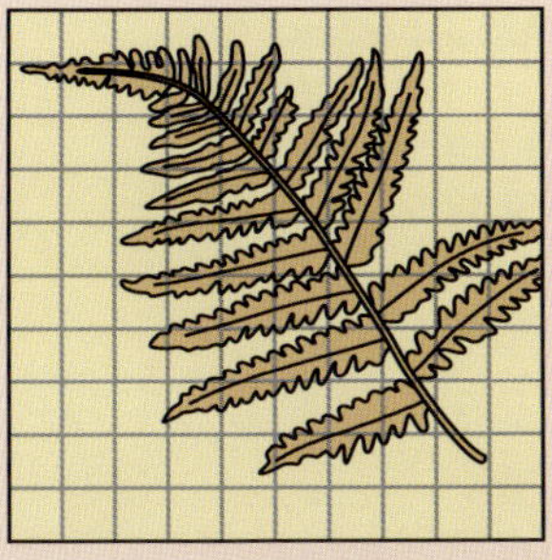

Auf der Fläche

Geeignet als flächiger Rapport und als locker verteiltes Einzelmotiv. Für einen exakten Rapport eine Gipsform der Fliese anfertigen.

ANORDNUNGSVORSCHLAG

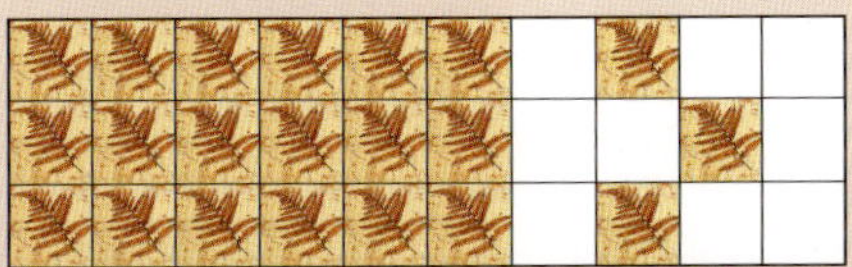

TECHNIK

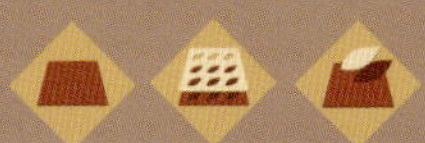

SCHWIERIGKEITSGRAD

1 2

siehe auch Der Brand **18–21** Fliesen trocknen **37** Oxide **45–47** Motive übertragen **53**

MOTIV 56

Fossiler Fisch

Das Anfertigen des Linolschnittes ist nicht ganz einfach, aber dadurch wirkt die fertige Fliese sehr realistisch.

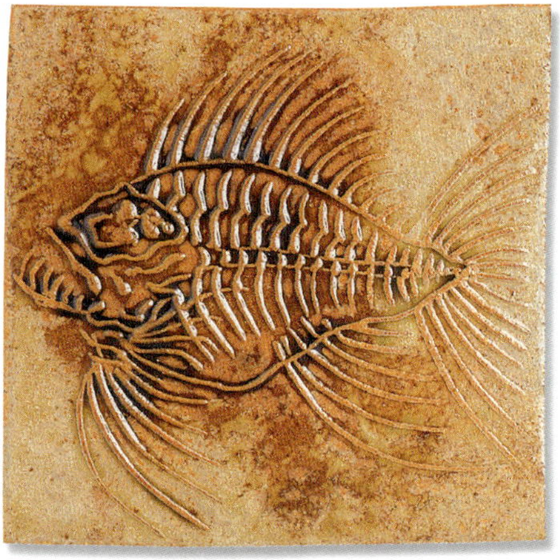

Schritt für Schritt

1 Das Motiv auf eine Linolplatte übertragen und die Konturen ausschneiden.

2 Ton ausrollen und mit terrakottafarbener Engobe bestreichen, antrocknen lassen.

3 Die Linolplatte auf die Tonplatte legen und fest darüber rollen, abziehen und die Fliese in Form schneiden.

4 Nach dem Schrühbrand transparent glasieren und brennen.

TON Naturfarbener, schamottierter Steinzeug-Ton, Schrühbrand bei 1000 °C, Glasurbrand bei 1260 °C.

Material

- Linolplatte, 15 x 15 cm
- Naturfarbener, schamottierter Steinzeug-Ton
- Farbige Engobe
- Pinsel
- Transparente Steinzeug-Glasur

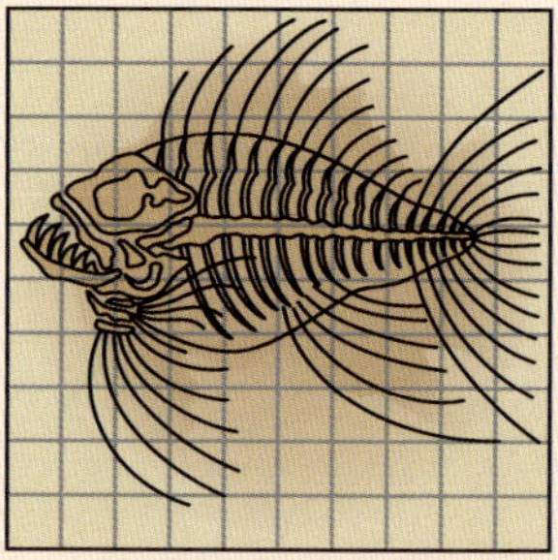

Auf der Fläche

Dieses Motiv sieht draußen besonders gut aus, z.B. an der Gartenmauer.

ANORDNUNGSVORSCHLAG

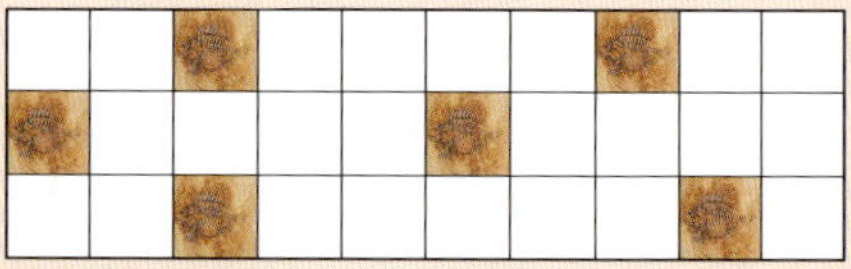

TECHNIK

SCHWIERIGKEITSGRAD

1 2 3

siehe auch Der Brand **18–21** Engobe auftragen **32** Fliesen trocknen **37** Motive übertragen **53**

MOTIV 57

Muscheln und Ammoniten

Auch Muscheln und Schnecken haben sich nicht viel verändert, daher sind Ihre Strandfunde bestens für dieses Motiv geeignet. Sie können dafür auch Dekor-Stempel anfertigen.

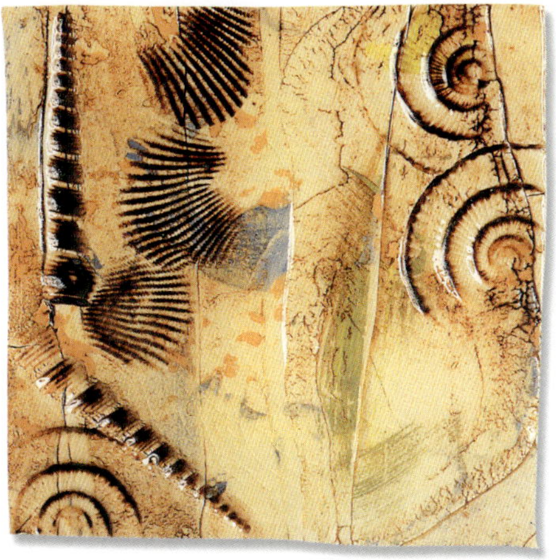

TON Weißer Steingut-Ton, Schrühbrand bei 1100 °C, Glasurbrand bei 1080 °C.

Schritt für Schritt

1 Eine Auswahl von Dekoren von Schnecken und Muscheln anfertigen und den Schrühbrand vornehmen.

2 Eine Fliese auseinanderreißen, grob wieder zusammenfügen und darüber rollen, sodass sich eine felsartige Struktur ergibt. In Form schneiden.

3 Mehrere Schichten Engobe in Erdfarben grob auftragen, dann die Dekore eindrücken.

4 Nach dem Schrühbrand die Vertiefungen mit Mangandioxid einpinseln und etwas abtupfen. Transparent glasieren und brennen.

Material

- Weißer Steingut-Ton
- Farbige Engobe
- Pinsel
- Mangandioxid
- Transparente Steingut-Glasur

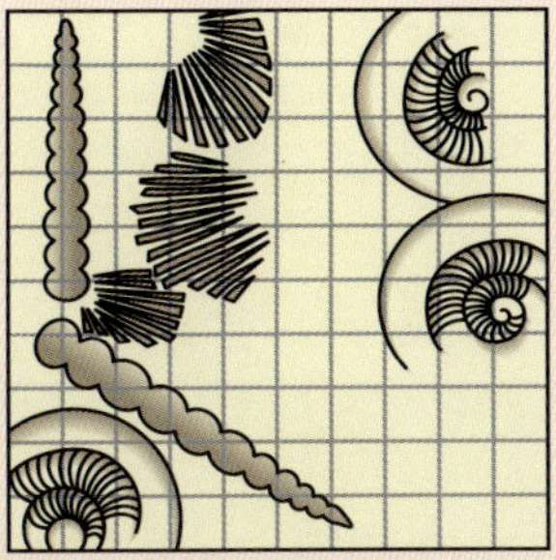

Auf der Fläche

Geeignet als flächiger Rapport im Badezimmer und als locker verteiltes Einzelmotiv.

ANORDNUNGSVORSCHLAG

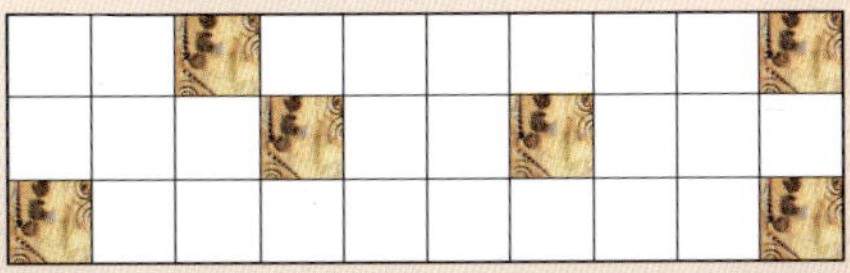

TECHNIK

SCHWIERIGKEITSGRAD

1 2

siehe auch Der Brand **18–21** Engobe auftragen **37** Fliesen trocknen **37** Oxide **45–47** Motive übertragen **53**

MOTIV

58

Ammoniten

Sie können Model anfertigen, indem Sie Gipsabdrücke von echten oder aus Ton modellierten Schnecken machen oder diese direkt aus einem Gipsblock schnitzen.

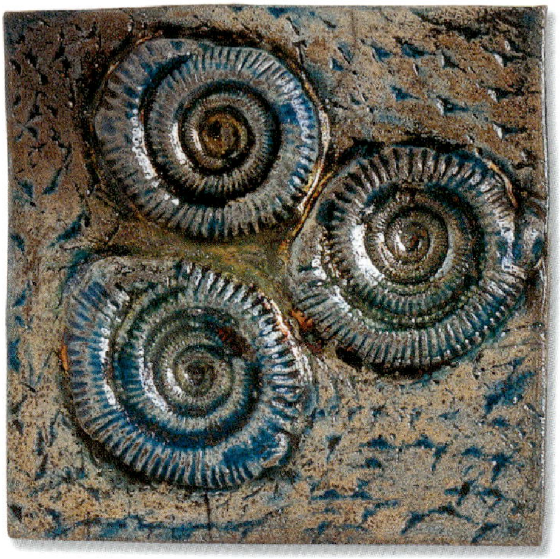

TON Schamottierter Raku-Ton, Schrühbrand bei 1000 °C, Raku-Brand bei 900 °C.

Schritt für Schritt

1 Dekore nach einer der oben beschriebenen Methoden anfertigen.

2 Dekorunterseiten und Oberfläche der lederharten Fliese mit einer feuchten Zahnbürste aufrauen, gut andrücken.

3 Vor dem Trocknen sicher gehen, dass sich keine Luftkammern unter den Dekoren befinden.

4 Nach dem Schrühbrand türkise Raku-Glasur auftragen und etwas abtupfen, um die Textur hervorzuheben. Den Raku-Brand vornehmen und die Fliese zum Abkühlen in Sägespäne legen, dann mit Wasser und hartem Schwamm reinigen.

Material
- Raku-Ton
- Gips
- Zahnbürste
- Raku-Glasur in Türkis
- Pinsel
- Harter Schwamm

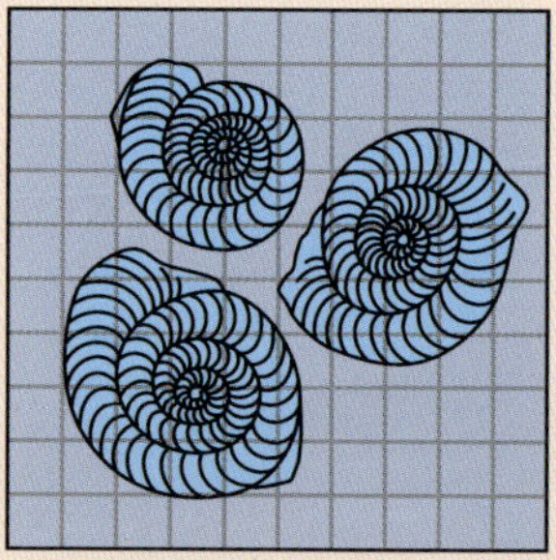

Auf der Fläche

Geeignet als flächiger Rapport und als locker verteiltes Einzelmotiv.

ANORDNUNGSVORSCHLAG

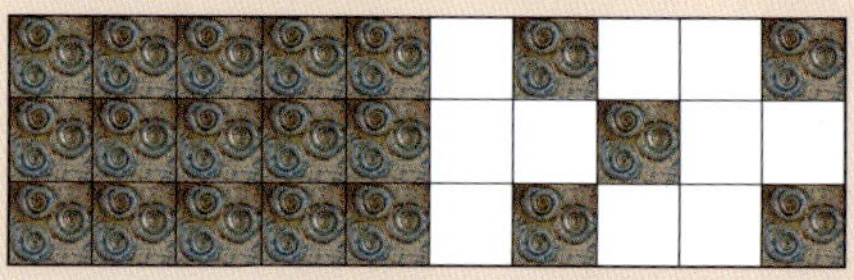

TECHNIK

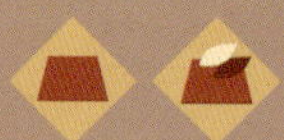

SCHWIERIGKEITSGRAD

1 2 3

siehe auch Der Brand **18–21** Raku-Brand **21** Dekor-Model **24–25** Fliesen trocknen **37**

MOTIV 59

Fossiler Seestern

Dieser Seestern wurde direkt in einen Gipsblock geschnitzt, um schnell und einfach eine reproduzierbare Strukturoberfläche zu schaffen.

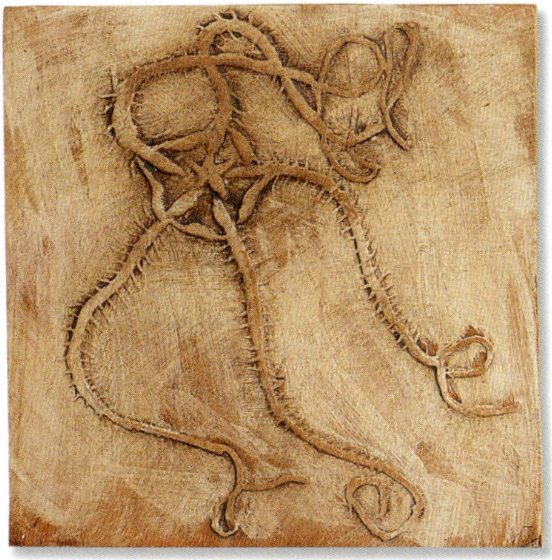

TON Roter Steingut-Ton, Schrühbrand bei 1100 °C, kein Glasurbrand.

Schritt für Schritt

1 Gießen Sie ruhig gleich mehrere Gipsblöcke in Fliesengröße, obwohl hier nur einer benötigt wird.

2 Das Motiv auf den Gipsblock übertragen und die Details mit einem Modellierwerkzeug ausheben.

3 Einen Tonklumpen ausrollen und auf den Block pressen, fest darüber rollen.

4 Die Fliese abheben und in Form schneiden. Eine dünne Schicht weißer Engobe auftragen und vorsichtig abwischen.

5 Mit Kupferoxid dünn lasieren und den Überschuss abwischen. Den Schrühbrand vornehmen.

Material

- Gips
- Modellier-werkzeug
- Roter Steingut-Ton
- Rollholz
- Weiße Engobe
- Pinsel
- Kupferoxid

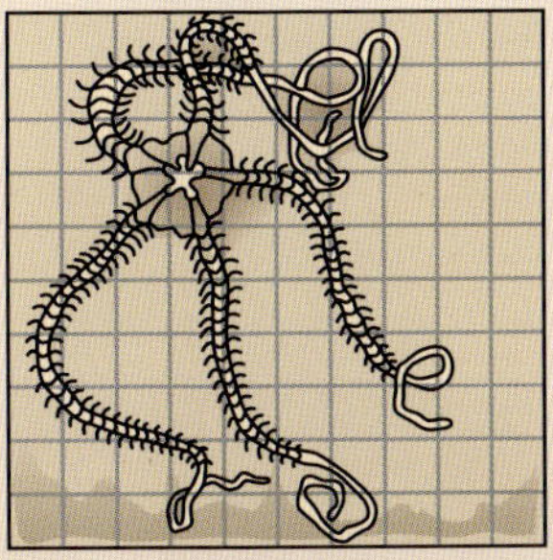

Auf der Fläche

Geeignet als flächiger Rapport, entweder regelmäßig oder in unregelmäßiger Ausrichtung der Fliesen. Auch als locker verteiltes Einzelmotiv, z.B. zusammen mit anderen Fossilienmotiven.

ANORDNUNGSVORSCHLAG

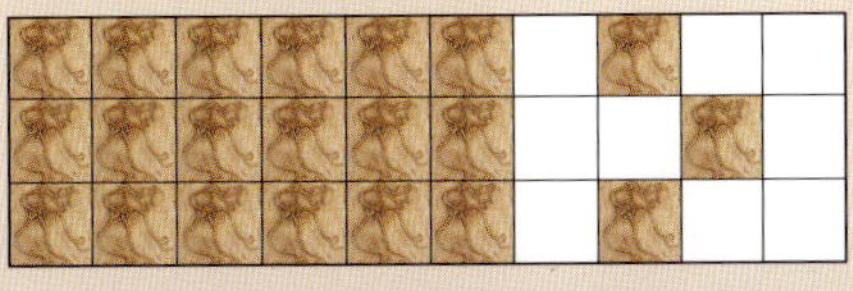

TECHNIK

SCHWIERIGKEITSGRAD

1 2

siehe auch Der Brand **18–21** Dekor-Model **22–23** Engobe auftragen **32** Fliesen trocknen **37** Oxide **45–47** Motive übertragen **53**

MOTIV 60

Großer Ammonit

Diese Fliese ist etwas dicker und besteht aus Steinzeug. Sie wirkt besonders schön in Außenmauern oder Gartenwegen.

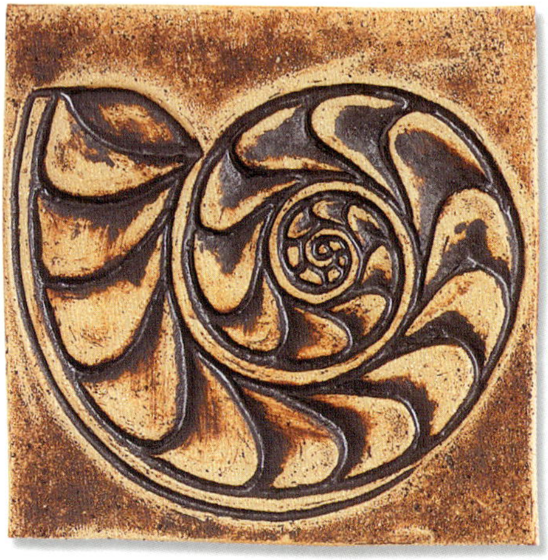

TON Naturfarbener schamottierter Steinzeug-Ton, Schrühbrand bei 1000 °C, Glasurbrand bei 1280 °C.

Schritt für Schritt

1 Die Fliese 15 cm dick ausrollen und lederhart trocknen lassen.

2 Das Motiv auf die Fliese übertragen und die Konturen ausheben, sodass der Ammonit plastisch hervortritt.

3 Nach dem Schrühbrand dick mit Kupferoxid lasieren, dann brennen.

Material

- Naturfarbener schamottierter Steinzeug-Ton
- Modellier-werkzeug
- Kupferoxid
- Pinsel

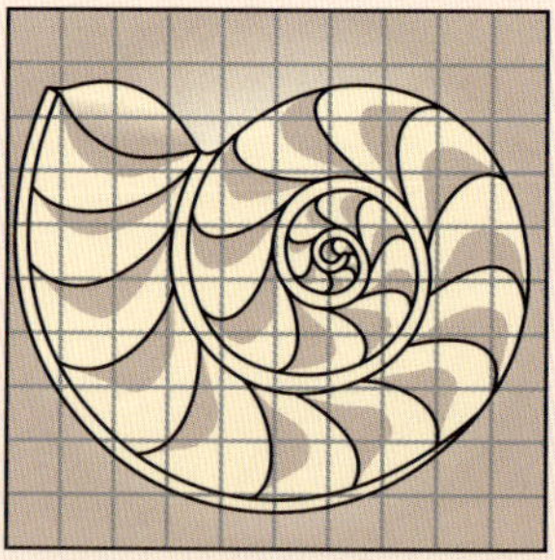

Auf der Fläche

Geeignet als flächiger Rapport und als locker verteiltes Einzelmotiv.

ANORDNUNGSVORSCHLAG

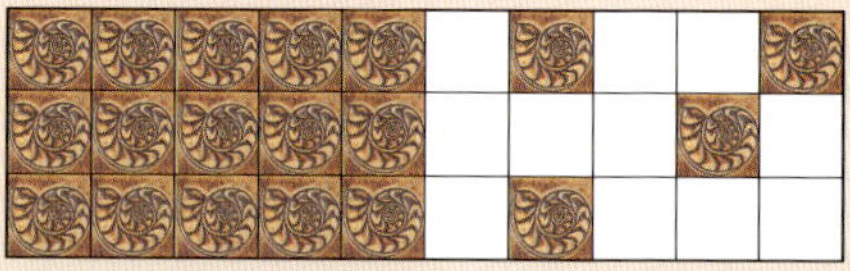

TECHNIK

SCHWIERIGKEITSGRAD

1 2

siehe auch Der Brand **18–21** Fliesen trocknen **37** Oxide **45–47** Motive übertragen **53**

MOTIV 61

Seeigel

Diese Fliese ist einfach zu machen, doch für die vielen Löcher brauchen Sie etwas Geduld. Sie benötigen spitze Werkzeuge in verschiedenen Stärken.

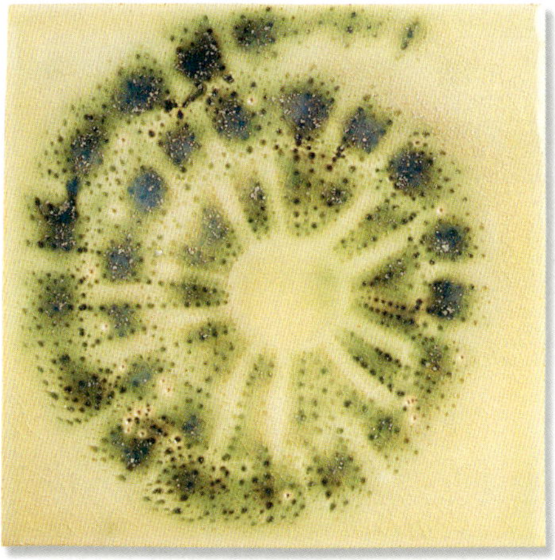

Schritt für Schritt

1 Die Fliese vorbereiten und lederhart trocknen lassen.

2 Das Motiv auf die Fliese übertragen und die gepunkteten Bereiche mit verschiedenen spitzen Werkzeugen herausarbeiten.

3 Nach dem Schrühbrand mit Kupferkarbonat lasieren und sofort ein wenig abwischen.

4 Transparent glasieren und den Glasurbrand vornehmen.

TON Porzellan-Ton, Schrühbrand bei 1000 °C, Glasurbrand bei 1260 °C.

Material

- Porzellan-Masse
- Spitze
- Werkzeuge in verschiedenen Stärken
- Kupferkarbonat
- Pinsel
- Transparente Steingut-Glasur

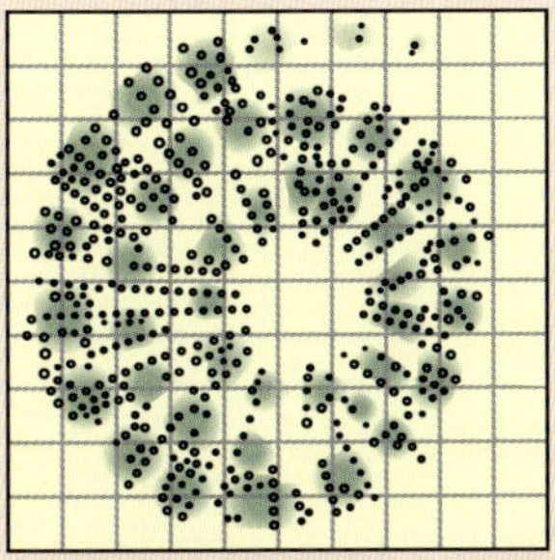

Auf der Fläche

Ideal als locker verteiltes Einzelmotiv zwischen Fliesen in derselben Grundfarbe.

ANORDNUNGSVORSCHLAG

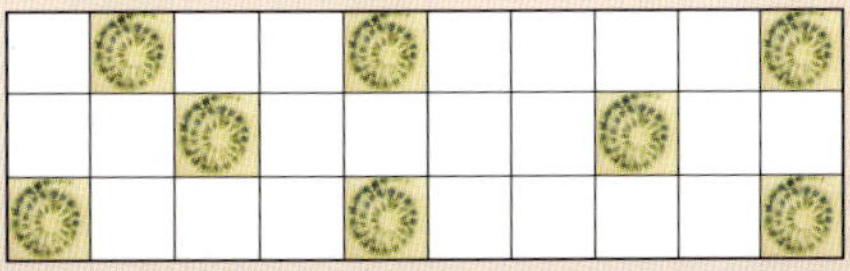

TECHNIK

SCHWIERIGKEITSGRAD

1 2

siehe auch Der Brand **18–21** Fliesen trocknen **37** Oxide **45–47** Motive übertragen **53**

MOTIV

62 Akelei

Für dieses Motiv wurden Samenkapseln der Akelei in den Ton gepresst, aber Sie können dafür auch ein Modellierwerkzeug verwenden oder Kapseln anderer Pflanzen.

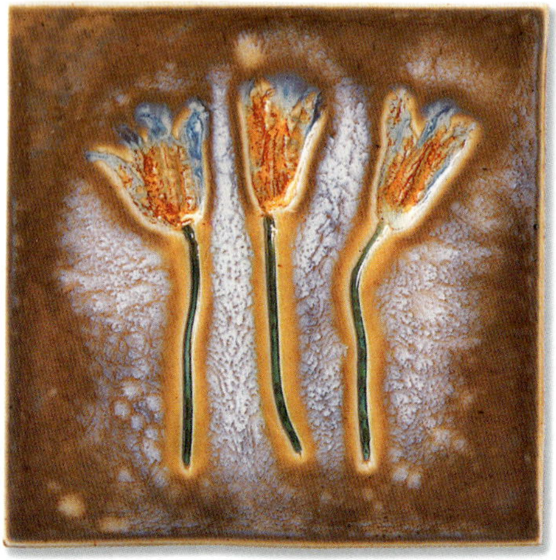

TON Porzellan-Ton, Schrühbrand bei 1000 °C, Glasurbrand bei 1280 °C.

Schritt für Schritt

1 Die Samenkapseln in einer Reihe in den feuchten Ton pressen. Die Fliese in Form schneiden, sodass das Motiv in der Mitte liegt, und die Stiele einritzen.

2 Nach dem Schrühbrand eine dünne Schicht Oxid in die Vertiefungen geben.

3 Transparente Glasur auftragen und den Glasurbrand vornehmen.

Material

- Samenkapseln
- Porzellan-Ton
- Rollholz
- Oxid
- Pinsel
- Transparente Steingut-Glasur

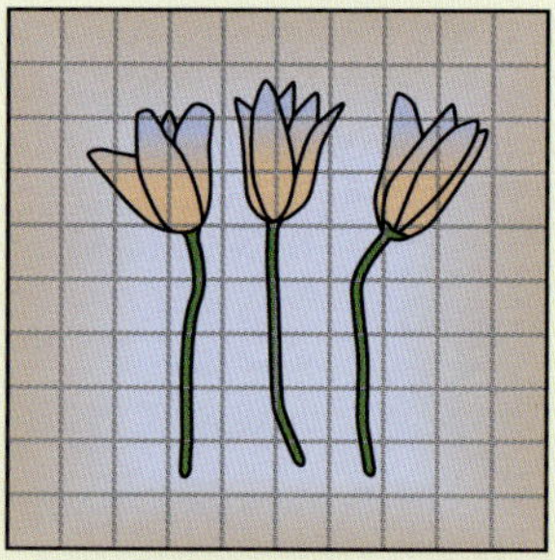

Auf der Fläche

Geeignet als locker verteiltes Einzelmotiv zusammen mit ähnlichen Motiven.

ANORDNUNGSVORSCHLAG

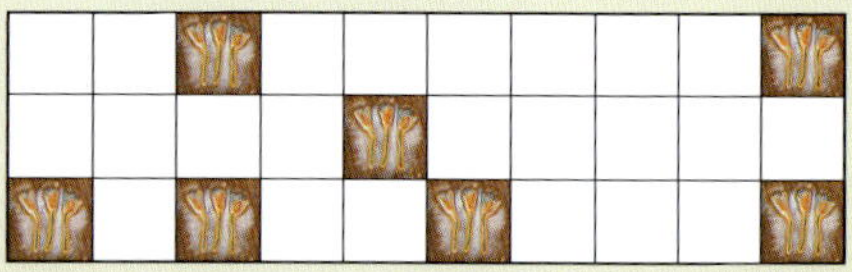

TECHNIK

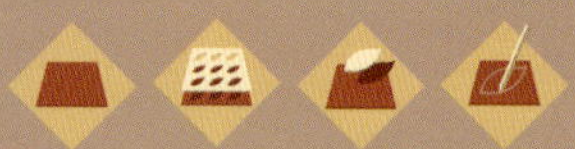

SCHWIERIGKEITSGRAD

1

siehe auch Der Brand **18–21** Fliesen trocknen **37** Oxide **45–47** Motive übertragen **53**

MOTIV 63

Tulpenmuster

Dieses farbenfrohe Motiv wurde in einer Kombination von Wachsabdeckungs-Technik und Majolika-Malerei gearbeitet.

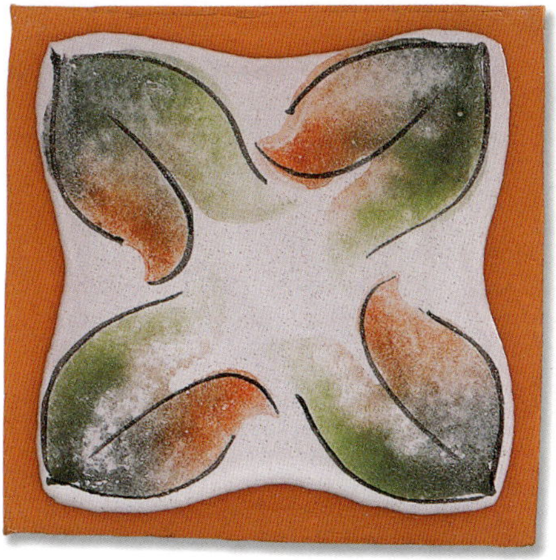

TON Roter Steingut-Ton, Schrühbrand bei 1100 °C, Glasurbrand bei 1080 °C.

Schritt für Schritt

1 Das Motiv nach dem Schrühbrand auf die Fliese übertragen und den Randbereich mit Wachsemulsion abdecken.

2 Weiße Zinnglasur auf die freie Fläche auftragen.

3 Einen Schwamm in Form des Tulpenmotivs zuschneiden.

4 Zwei oder drei Unterglasurfarben mit dem Schwamm auftupfen, die Konturen mit feinem Pinsel ziehen und den Glasurbrand vornehmen.

Material

- Roter Steingut-Ton
- Wachsemulsion
- Weiße Zinnglasur
- Haushalts-schwamm
- Cutter
- Unterglasur-farben

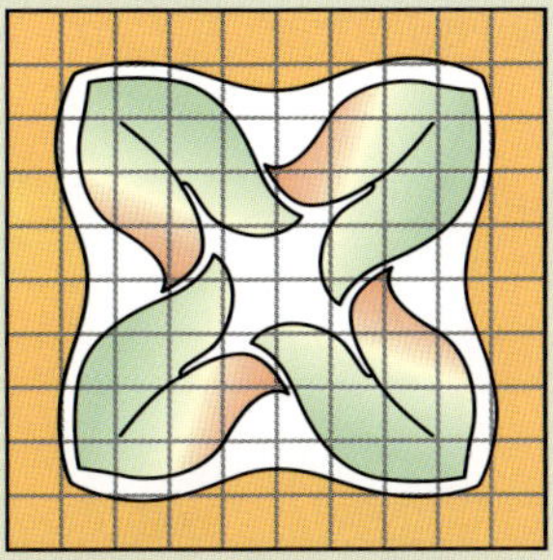

Auf der Fläche

Geeignet als Bordüre, z. B. um einen Kamin herum, und als locker verteiltes Einzelmotiv zwischen Terrakottafliesen.

ANORDNUNGSVORSCHLAGS

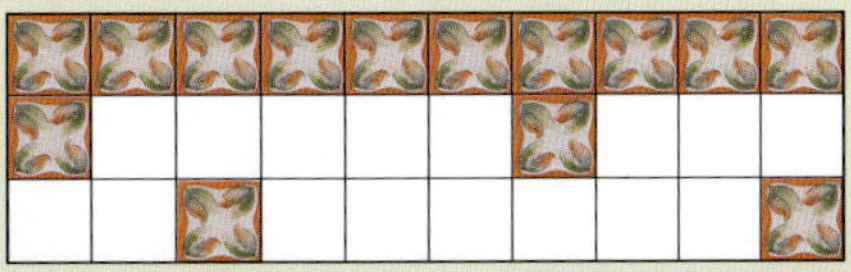

TECHNIK

SCHWIERIGKEITSGRAD

1 2

siehe auch Der Brand **18–21** Fliesen trocknen **37** Wachsabdeckung **46** Motive übertragen **53**

MOTIV

64

Stilisierte Blätter

Um das Nacharbeiten dieser Fliese zu vereinfachen, sind die einzelnen Bereiche der Schemazeichnung zur besseren Orientierung nummeriert.

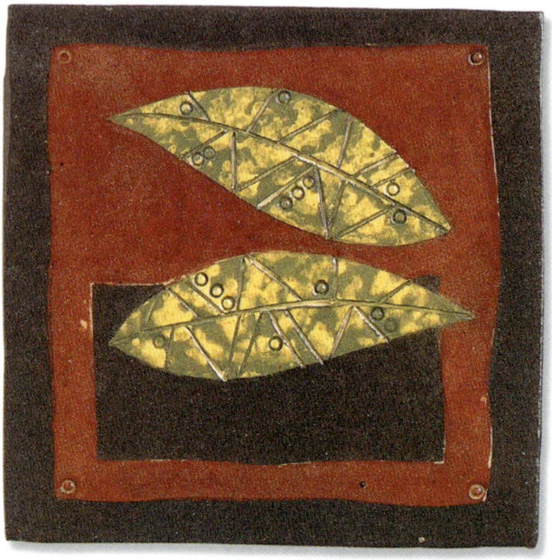

TON Weißer Steingut-Ton, Schrühbrand bei 1100 °C, Glasurbrand bei 1080 °C.

Schritt für Schritt

1 Die Papierschablonen nach dem Motiv aus Zeitungspapier zuschneiden und nummerieren.

2 Eine Schicht farbiger Engobe auf die lederharte Fliese auftragen.

3 Papierschablonen Nr. 1 und 3 anfeuchten, auflegen und Engobe in einer neuen Farbe auftragen.

4 Schablonen abnehmen und dafür Nr. 2, das Negativ der Blätter, auflegen. Engobe in zwei weiteren Farben auftupfen.

5 Die Details einritzen.

6 Nach dem Schrühbrand transparent glasieren, dann den Glasurbrand vornehmen.

Material

- Zeitung
- Weißer Steingut-Ton
- Farbige Engobe
- Pinsel
- Naturschwamm
- Werkzeug zum Ritzen
- Transparente Steingut-Glasur

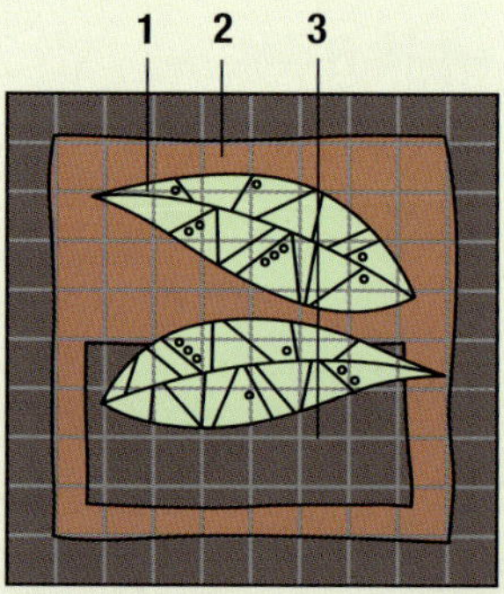

Auf der Fläche

Geeignet als locker verteiltes Einzelmotiv.

ANORDNUNGSVORSCHLAG

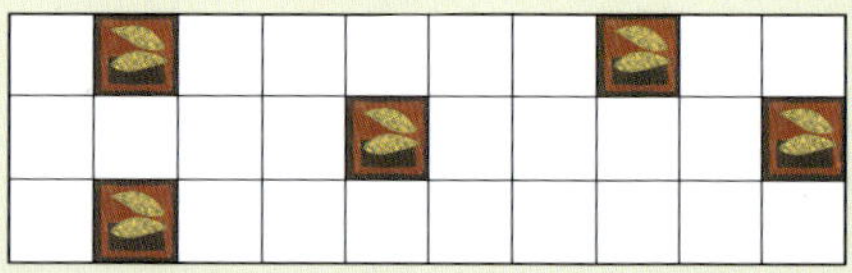

TECHNIK

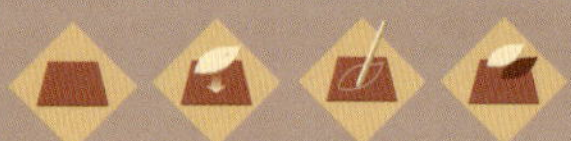

SCHWIERIGKEITSGRAD

1 **2** **3**

siehe auch Der Brand **18–21** Engobe auftragen **32** Fliesen trocknen **37** Motive übertragen **53**

MOTIV

65 Pusteblume

Pusteblumen mit ihrer zarten Schönheit sind immer ein dankbares Motiv und passen überall ins Haus.

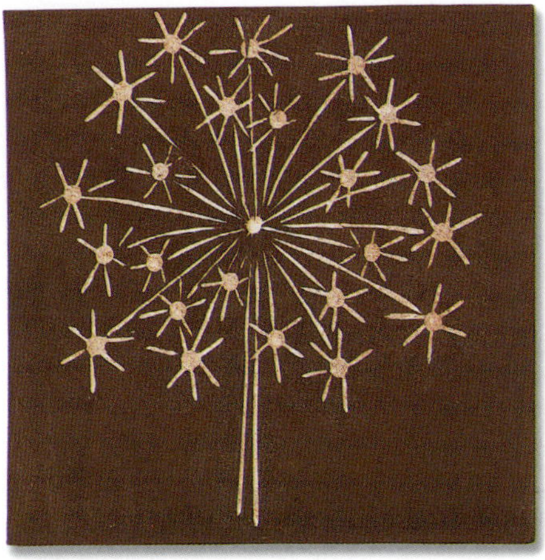

TON Schwarzer Steingut-Ton, Schrühbrand bei 1000 °C, kein Glasurbrand.

Schritt für Schritt

1 Die Fliese vorbereiten und lederhart trocknen lassen.

2 Das Motiv auf die Fliese übertragen und die Konturen mit einem feinen Werkzeug nachritzen.

3 Das Motiv mit weißer Engobe übermalen und leicht antrocknen lassen, dann den Überschuss abschaben, um das Muster freizulegen.

4 In diesem Fall ist nur ein Schrühbrand notwendig.

Material

- Schwarzer Steingut-Ton
- Werkzeug zum Ritzen
- Weiße Engobe
- Pinsel

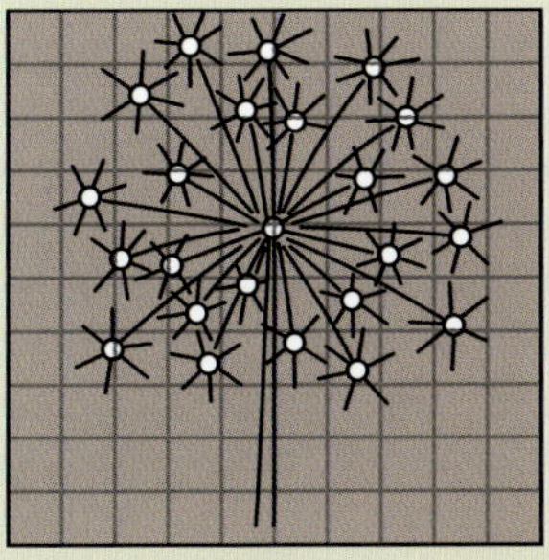

Auf der Fläche

Schön als locker verteiltes Einzelmotiv zusammen mit anderen Samenmotiven, die nach demselben Verfahren hergestellt wurden.

ANORDNUNGSVORSCHLAG

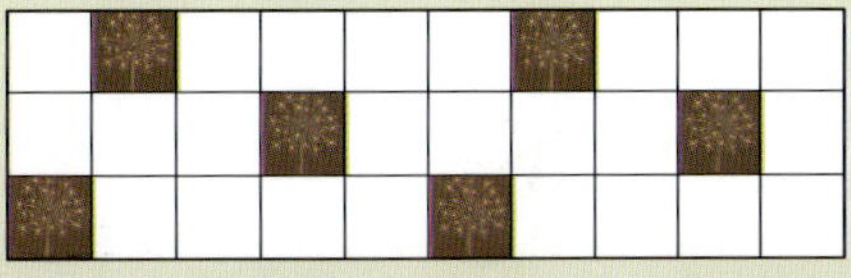

TECHNIK

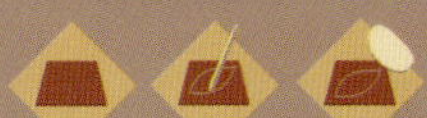

SCHWIERIGKEITSGRAD

1 2

siehe auch Der Brand **18–21** Fliesen trocknen **37** Motive übertragen **53**

MOTIV

66 Bäumchen

Sie brauchen verschiedene Linolmesser für diese nicht ganz leichte Arbeit – und es ist besser, vorher ein wenig zu üben.

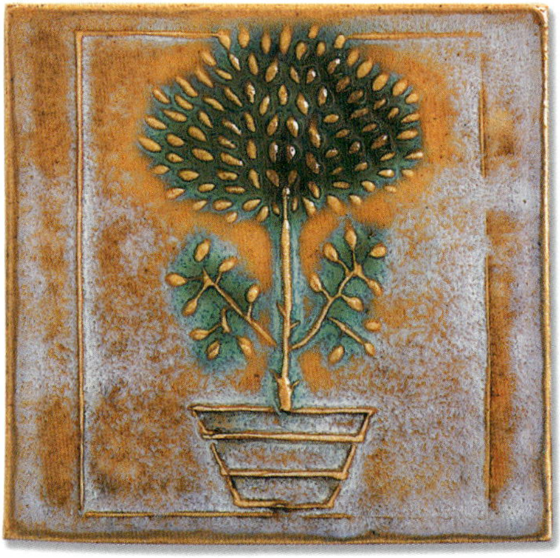

Schritt für Schritt

1 Das Motiv auf eine Linolplatte übertragen und vorsichtig ausschneiden.

2 Die Linolplatte auf die Fliese legen und fest darüber rollen, um das Motiv zu übertragen.

3 Nach dem Schrühbrand eine dünne Schicht Kupferkarbonat auftragen, dann eine Schicht reaktive oder opalisierende Glasur. Den Glasurbrand vornehmen.

TON Weißer Steingut-Ton, Schrühbrand bei 1000 °C, Glasurbrand bei 1260 °C.

Material
- Linolplatte, 15 x 15 cm
- Linolmesser
- Weißer Steingut-Ton
- Pinsel
- Kupferkarbonat
- Opalisierende Glasur

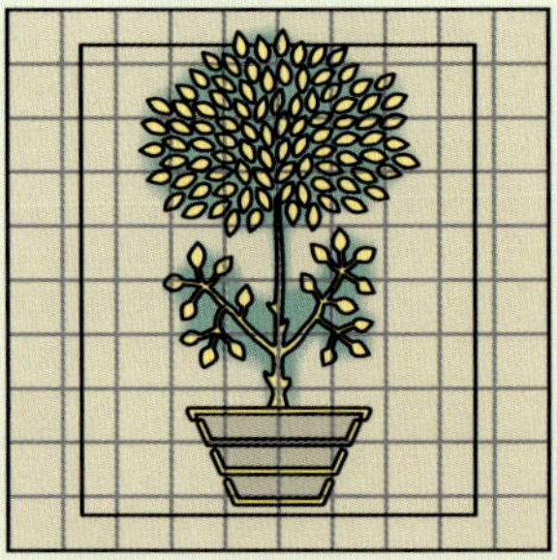

Auf der Fläche

Geeignet als Bordüre und als locker verteiltes Einzelmotiv.

ANORDNUNGSVORSCHLAG

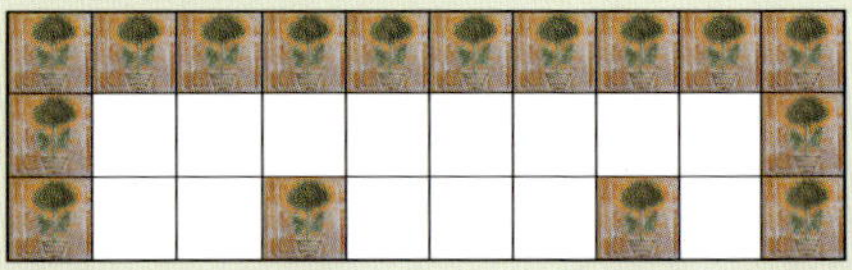

TECHNIK

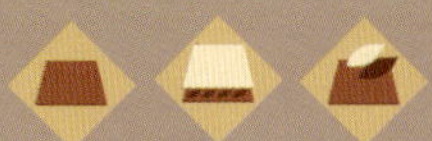

SCHWIERIGKEITSGRAD

1 2 3

siehe auch Der Brand **18–21** Fliesen trocknen **37** Motive übertragen **53**

MOTIV 67

Altenglisches Muster

Dieses Muster ist einer englischen Bodenfliese aus dem Mittelalter nachempfunden. Honigfarbene Glasur gibt ihr die charakteristische, rustikale Patina.

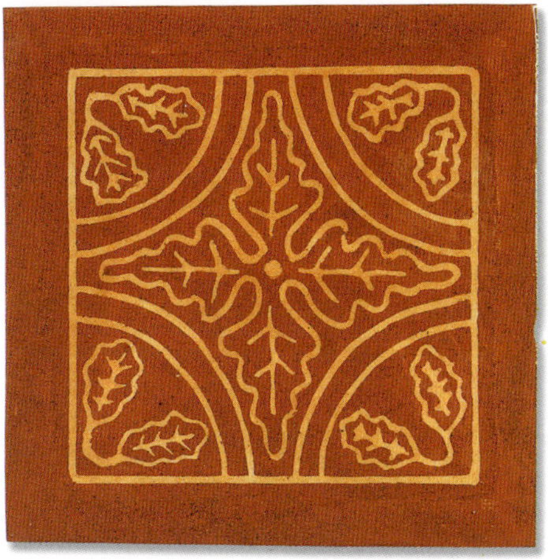

TON Roter Steingut-Ton, Schrühbrand bei 1100 °C, Glasurbrand bei 1080 °C.

Schritt für Schritt

1 Die Fliese vorbereiten und lederhart trocknen lassen.

2 Das Motiv auf die Fliese übertragen und die Konturen nachritzen.

3 Konturen mit weißer Engobe ausmalen, antrocknen lassen und den Überschuss abschaben, um das Muster freizulegen.

4 Nach dem Schrühbrand honigfarben glasieren und brennen.

Material

- Roter Steingut-Ton
- Werkzeug zum Ritzen
- Weiße Engobe
- Honigfarbene, transparente Steingut-Glasur

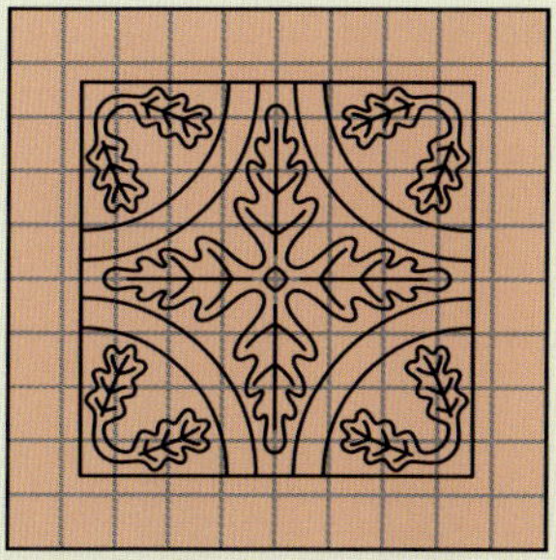

Auf der Fläche

Ideal geeignet als flächiger Rapport, z.B. in einer Küche im Landhausstil.

ANORDNUNGSVORSCHLAG

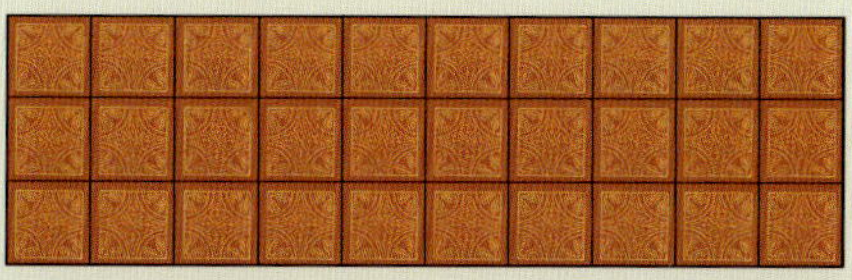

TECHNIK

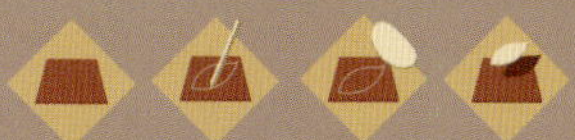

SCHWIERIGKEITSGRAD

1 2

siehe auch Der Brand **18–21** Fliesen trocknen **37** Motive übertragen **53**

MOTIV

68 Blattranke

Dieses Motiv ist als senkrechter Rapport angelegt und sieht als Umrandung einer Tür oder eines Kamins sehr eindrucksvoll aus.

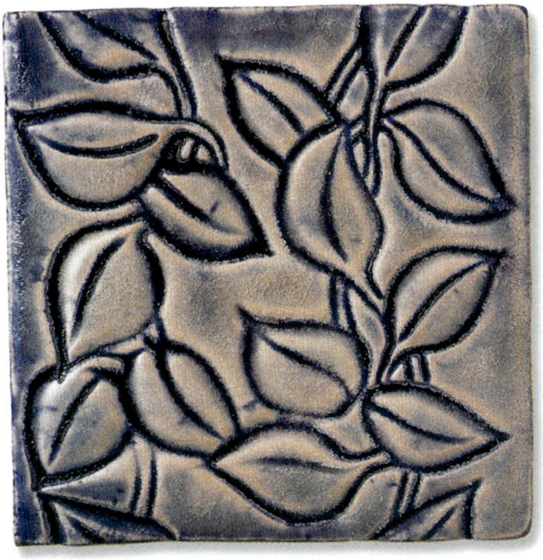

TON Weißer Steingut-Ton, Schrühbrand bei 1000 °C, Glasurbrand bei 1260 °C.

Schritt für Schritt

1. Die Fliese vorbereiten und lederhart trocknen lassen.
2. Das Motiv auf die Fliese übertragen und die Konturen nachschnitzen.
3. Einen Gipsabguss von der Fliese anfertigen.
4. Nun jeweils eine weiche Tonplatte auf die Gipsform pressen und fest darüber rollen.
5. Nach dem Schrühbrand mit Oxid und Glasur überziehen und den Glasurbrand vornehmen.

Material

- Weißer Steingut-Ton
- Werkzeug zum Ritzen
- Gips
- Oxid
- Pinsel
- Steingut-Glasur

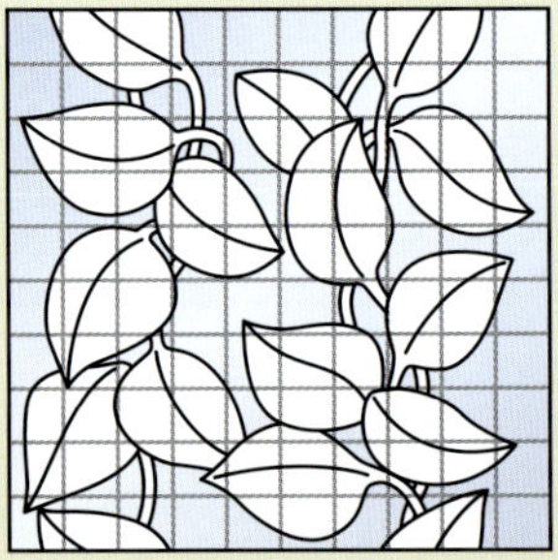

Auf der Fläche

Als senkrechter Rapport, z.B. zur Umrandung von Türen oder Kaminen.

ANORDNUNGSVORSCHLAG

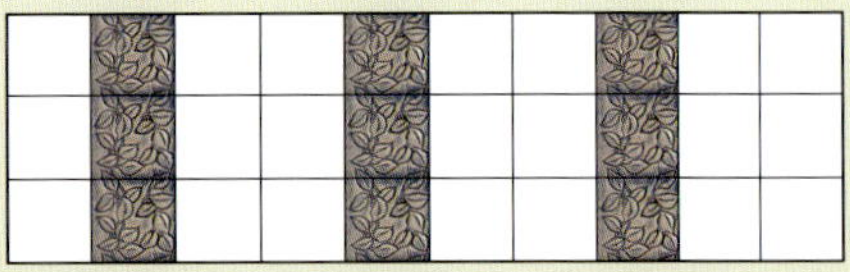

TECHNIK

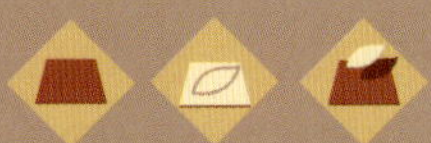

SCHWIERIGKEITSGRAD

1 2 3

siehe auch Der Brand **18–21** Model **22–23** Fliesen trocknen **37** Oxide **45–47** Motive übertragen **53**

MOTIV 69

Waldboden

Die Modellzeichnung ist ein Anordnungsvorschlag für echte Blätter. Sie können die Umrisse jedoch auch in den Ton einritzen, falls Sie kein Laub zur Verfügung haben.

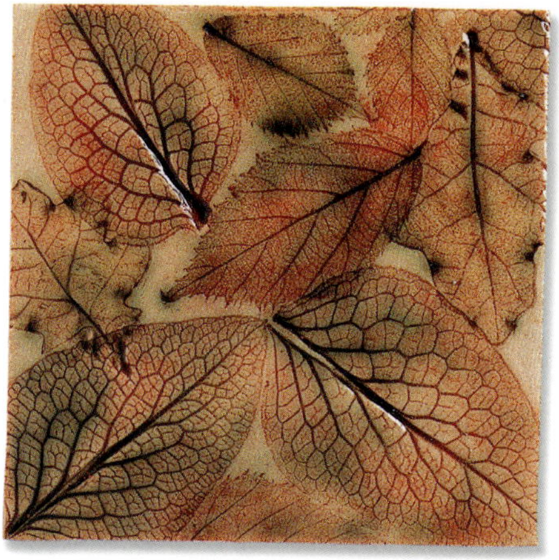

TON Weißer Steingut-Ton, Schrühbrand bei 1000 °C, Glasurbrand bei 1260 °C.

Schritt für Schritt

1 Verschieden geformte Blätter auf einer Tonplatte auslegen und fest darüber rollen.

2 Die gelungenste Stelle zur Fliese zuschneiden.

3 Nach dem Schrühbrand mit Oxid lasieren, glasieren und brennen.

Material

- Weißer Steingut-Ton
- Frisches Laub
- Rollholz
- Oxid
- Pinsel
- Steingut-Glasur

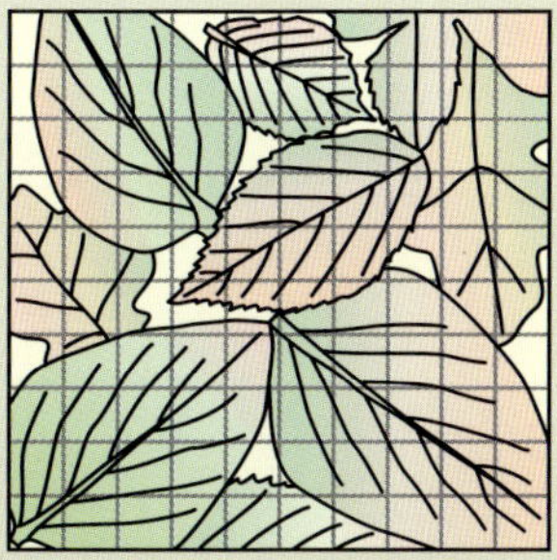

Auf der Fläche

Besonders schön als Streumotiv auf einfarbigem Hintergrund.

ANORDNUNGSVORSCHLAG

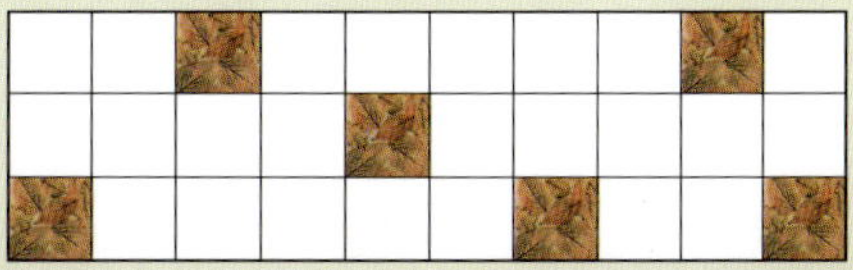

TECHNIK

SCHWIERIGKEITSGRAD

1

siehe auch Der Brand **18–21** Fliesen trocknen **37** Oxide **45–47** Motive übertragen **53**

MOTIV

70 Blattmuster

Das Relief auf dieser Fliese im Arts and Crafts-Stil entstand durch Linoldruck. Verwenden Sie eine einfache Glasur, die von den erhabenen Stellen abläuft.

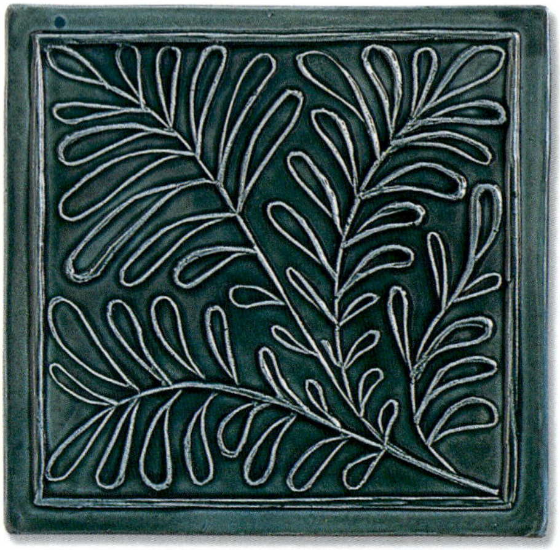

TON Weißer Steingut-Ton, Schrühbrand bei 1100 °C, Glasurbrand bei 1080 °C.

Schritt für Schritt

1 Das Motiv auf ein Linolquadrat übertragen und die Konturen nachritzen.

2 Die Fliese vorbereiten, die Linolplatte auflegen und fest darüber rollen.

3 Nach dem Schrühbrand mir farbiger, transparenter Glasur überziehen und den Glasurbrand vornehmen.

Material

- Linolplatte, 15 x 15 cm
- Linolmesser
- Weißer Steingut-Ton
- Farbige Transparentglasur
- Pinsel

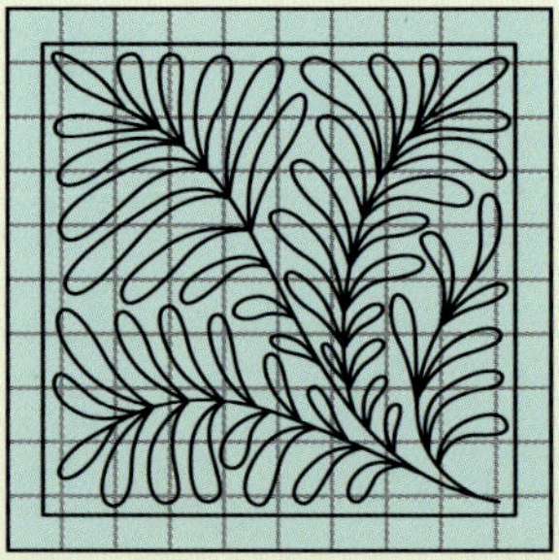

Auf der Fläche

Geeignet als flächiger Rapport oder Bordüre. Die Fliesen können auf der Fläche auch als Vierergruppen mit zueinander weisenden Stängeln angeordnet werden.

ANORDNUNGSVORSCHLAG

TECHNIK

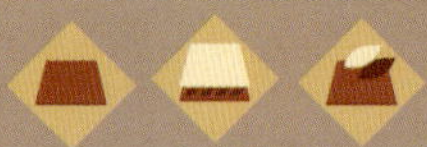

SCHWIERIGKEITSGRAD

1 2

siehe auch Der Brand **18–21** Fliesen trocknen **37** Motive übertragen **53**

MOTIV

71

Mauerblümchen

Diese Fliese ist einfach herzustellen und man kann sie mit verschiedenen Tapetenmustern leicht variieren.

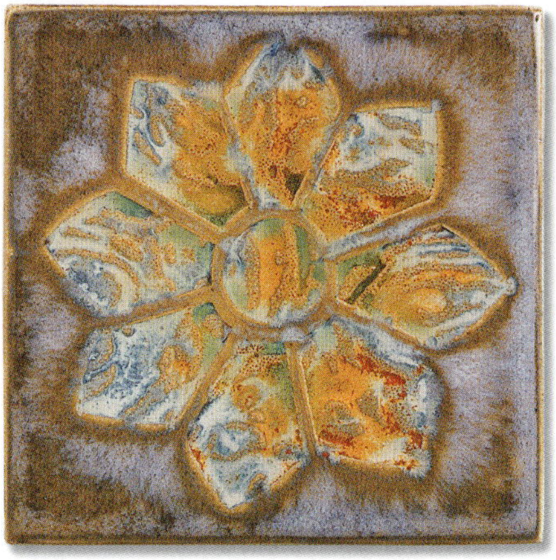

TON Weißer Steingut-Ton, Schrühbrand bei 1100 °C, Glasurbrand bei 1260 °C.

Schritt für Schritt

1 Das Motiv auf Strukturtapete übertragen und die Blütenteile ausschneiden.

2 Die Blütenteile gemäß Zeichnung mit der Strukturseite nach unten auf eine vorbereitete Fliese legen, fest darüber rollen und vorsichtig abziehen.

3 Nach dem Schrühbrand zuerst Unterglasur, dann eine Schicht opalisierender Glasur auftragen und brennen.

Material

- Strukturtapete
- Weißer Steingut-Ton
- Rollholz, Leisten und Messer
- Steingut-Glasur
- Unterglasurfarben

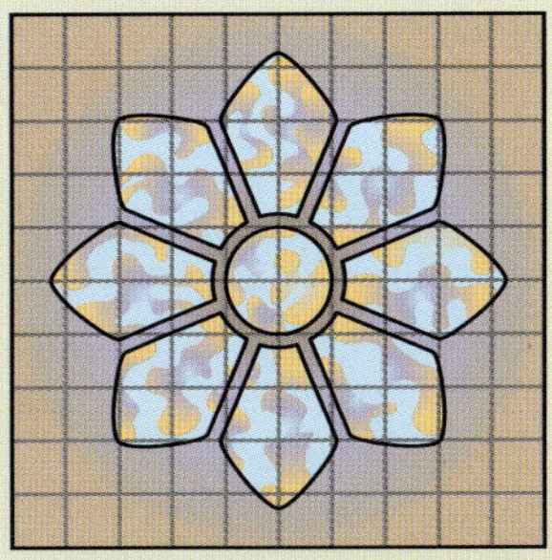

Auf der Fläche

Geeignet als flächiger Rapport, auch in verschiedenen Farbvariationen oder einfarbig Weiß.

ANORDNUNGSVORSCHLAG

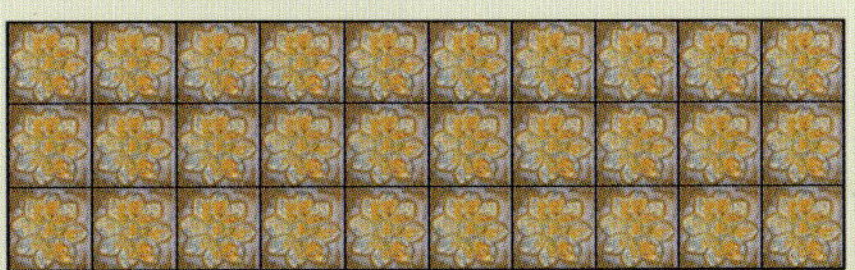

TECHNIK

SCHWIERIGKEITSGRAD

1

siehe auch Der Brand **18–21** Fliesen trocknen **37** Unterglasurfarben **43** Motive übertragen **53**

MOTIV 72

Blattabdruck

Versuchen Sie, ein Blatt mit gut sichtbaren Blattadern zu finden. Alternativ können Sie das Blattmotiv auch in den Ton einritzen.

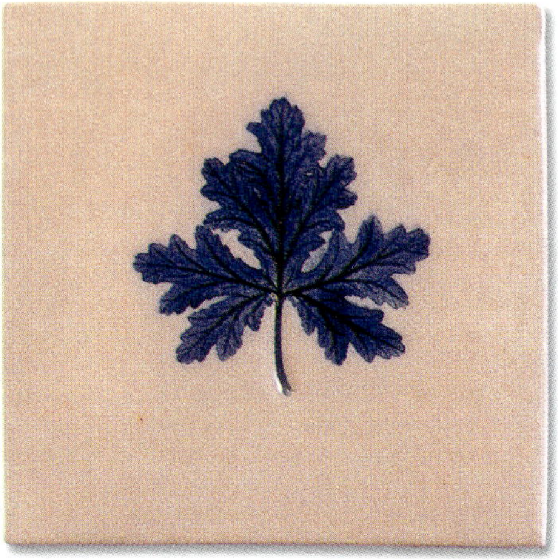

TON Porzellan-Ton, Schrühbrand bei 1000 °C, Glasurbrand bei 1280 °C.

Schritt für Schritt

1 Die Fliese vorbereiten, das Blatt mit den Blattadern nach unten mittig auflegen und fest darüber rollen.

2 Nach dem Schrühbrand Oxide in dünner Schicht auf das Blattmuster auftragen.

3 Transparente Glasur auftragen und den Glasurbrand vornehmen.

Material

- Porzellan-Ton
- Blatt mit gut ausgeprägter Äderung
- Rollholz
- Pinsel
- Oxide
- Transparente Steingut-Glasur

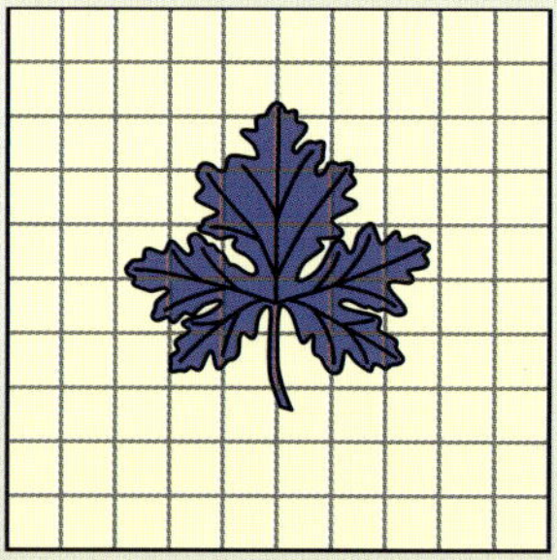

Auf der Fläche

Geeignet als locker verteiltes Einzelmotiv.

ANORDNUNGSVORSCHLAG

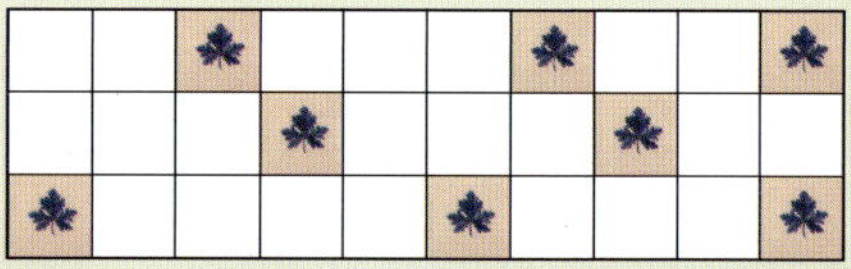

TECHNIK

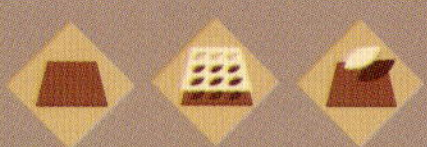

SCHWIERIGKEITSGRAD

1

siehe auch Der Brand **18–21** Fliesen trocknen **37** Unterglasurfarben **43** Oxide **45–47** Motive übertragen **53**

MOTIV

73

Tulpe

Die Konturen der Tulpe wurden durch Engobe-Malerei hervorgehoben. Die Glasur läuft von den erhabenen Linien ab und sorgt für eine scharfe Definition.

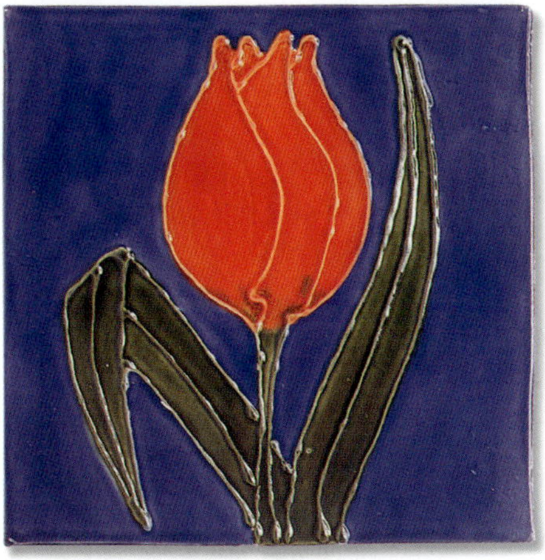

Schritt für Schritt

1 Das Motiv auf die trockene, ungebrannte Fliese übertragen und die Konturen nachritzen.

2 Die Konturen mit dem Malbällchen und flüssiger Engobe nachmalen.

3 Das Motiv nach dem Schrühbrand mit gekauften Glasuren ausmalen und den Glasurbrand vornehmen.

TON Weißer Steingut-Ton, Schrühbrand bei 1100 °C, Glasurbrand bei 1020 °C.

Material

- Weißer Steingut-Ton
- Flüssige Engobe
- Malbällchen
- Pinsel
- Gekaufte Glasuren

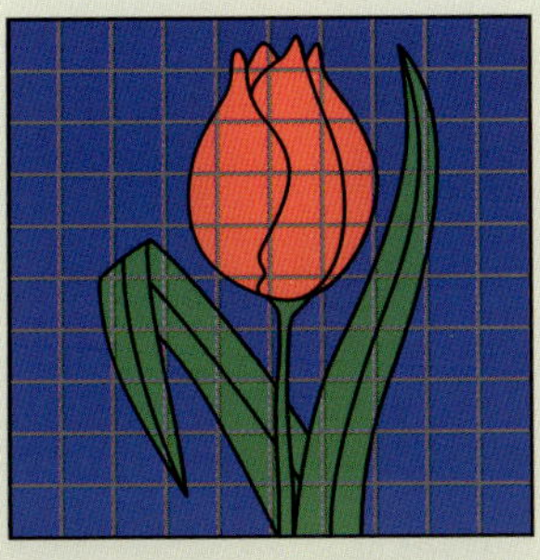

Auf der Fläche

Geeignet als Einzelmotiv, schön auch zusammen mit anderen Blumenmotiven.

ANORDNUNGSVORSCHLAG

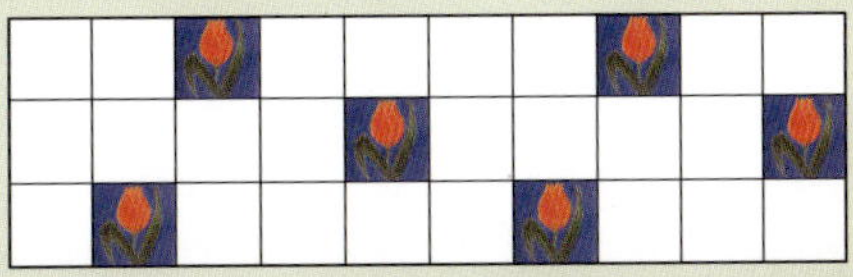

TECHNIK

SCHWIERIGKEITSGRAD

1 2 3

siehe auch Der Brand **18–21** Fliesen trocknen **37** Engobe-Malerei **34** Motive übertragen **53**

MOTIV **74**

Blattmuster

Eine interessante Kombination aus Wachsabdeckung und Tupftechnik. Verschiedene Steingut-Glasuren, die miteinander reagieren, erzeugen reizvolle Effekte.

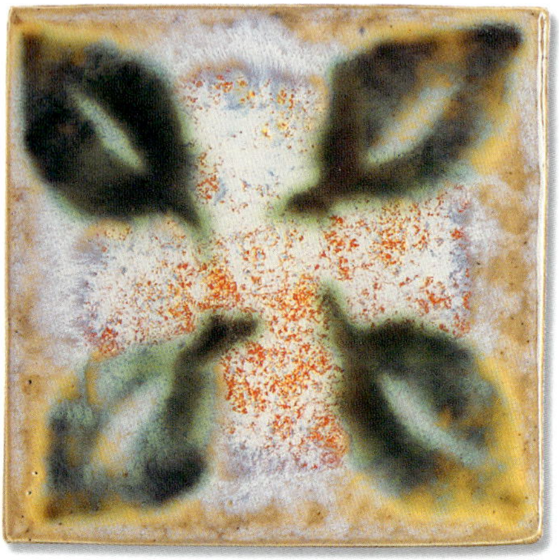

TON Weißer Steingut-Ton, Schrühbrand bei 1000 °C, Glasurbrand bei 1260 °C.

Schritt für Schritt

1 Nach dem Schrühbrand in der Grundfarbe glasieren.

2 Das Motiv auf die Fliese übertragen und den Fliesenrand um die Blattmotive herum mit Wachsemulsion abdecken.

3 Das Blattmotiv aus einem Stück Haushaltsschwamm zuschneiden.

4 Die Blätter mit grüner Glasur auftupfen.

5 Die Blätter mit Wachsemulsion abdecken, eine dritte Glasurfarbe mit Naturschwamm auftupfen und brennen.

Material

- Weißer Steingut-Ton
- Drei Steingut-Glasuren
- Wachsemulsion
- Haushalts-schwamm
- Cutter
- Naturschwamm

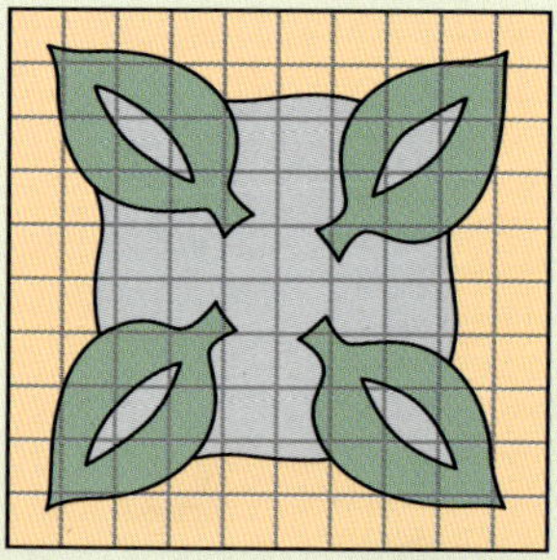

Auf der Fläche

Geeignet als flächiger Rapport oder als Bordüre.

ANORDNUNGSVORSCHLAG

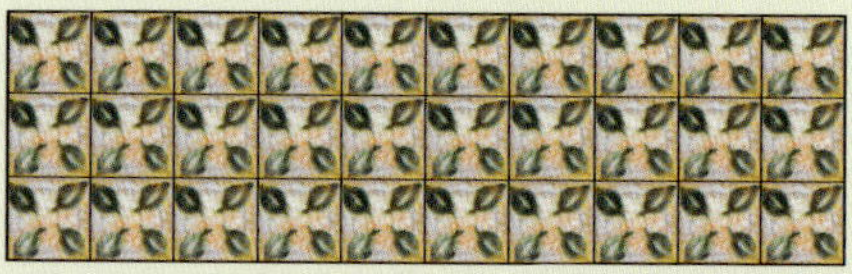

TECHNIK

SCHWIERIGKEITSGRAD

1 2

siehe auch Der Brand **18–21** Fliesen trocknen **37** Unterglasurfarben **43** Wachsabdeckung **46** Motive übertragen **53**

MOTIV

75 Gräser

Die zarten Linien dieses Gräsermotivs eignen sich durch ihre grafischen Einfachheit besonders gut für die Einlegetechnik.

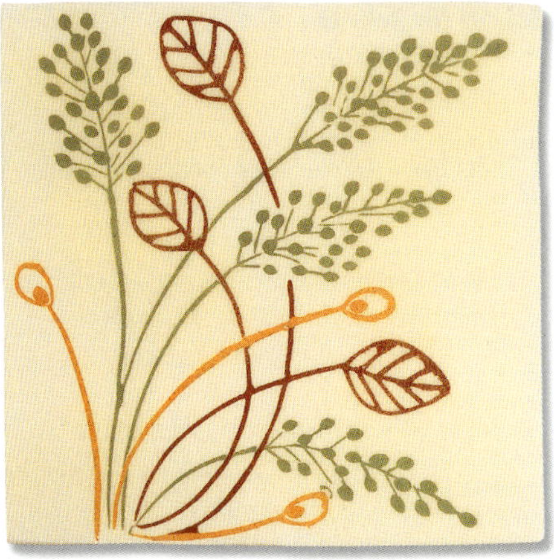

Schritt für Schritt

1 Die Fliese vorbereiten und lederhart trocknen lassen.

2 Das Motiv auf die Fliese übertragen und die Konturen nachritzen.

3 Die Konturen mit farbiger Engobe nachmalen, antrocknen lassen und den Überschuss abschaben, um das Muster freizulegen.

4 Nach dem Schrühbrand transparente Glasur auftragen und den Glasurbrand vornehmen.

TON Weißer Steingut-Ton, Schrühbrand bei 1100 °C, Glasurbrand bei 1080 °C.

Material

- Weißer Steingut-Ton
- Werkzeug zum Ritzen
- Farbige Engobe
- Pinsel
- Transparente Steingut-Glasur

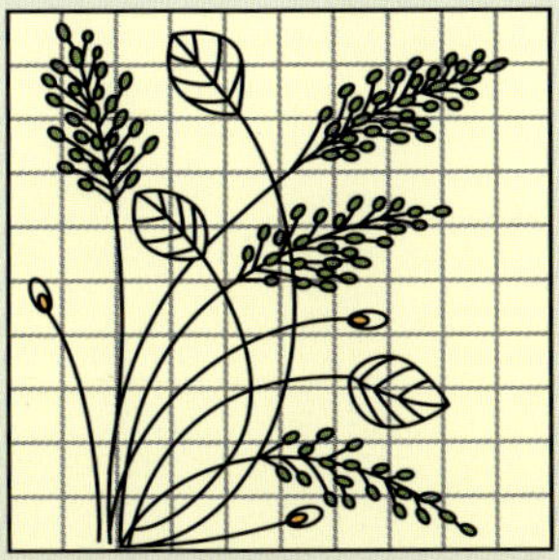

Auf der Fläche

Geeignet als flächiger Rapport, entweder in der gleichen Ausrichtung oder je vier Fliesen mit zueinander zeigenden Stängeln.

ANORDNUNGSVORSCHLAG

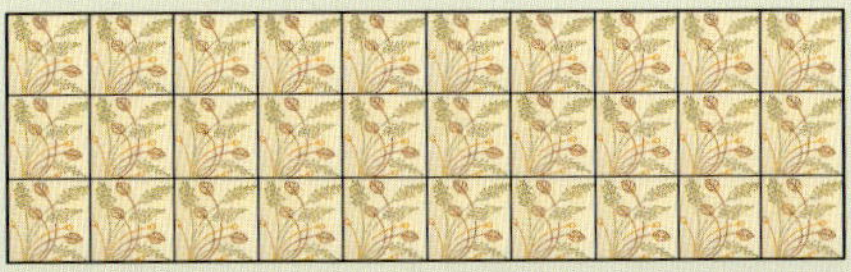

TECHNIK

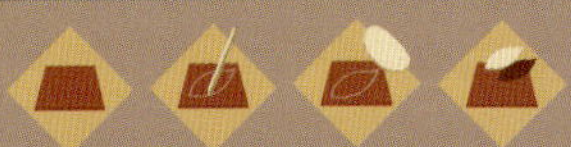

SCHWIERIGKEITSGRAD

1 2

siehe auch Der Brand **18–21** Fliesen trocknen **37** Engobe-Malerei **34** Motive übertragen **53**

MOTIV

76 Geißblatt

Noch ein Motiv im Arts and Crafts-Stil, das sowohl in moderne als auch in traditionelle Einrichtungen passt.

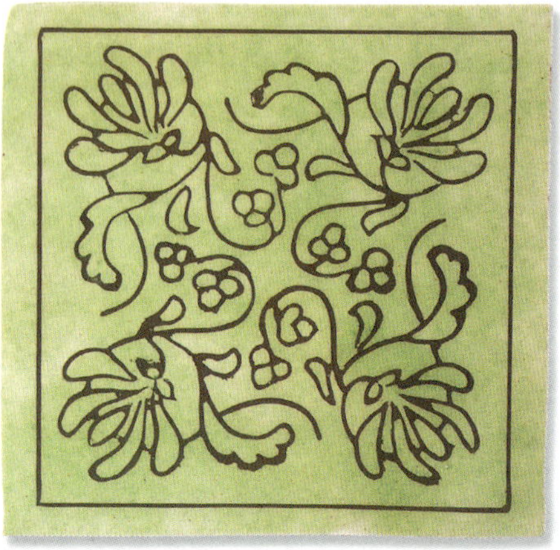

TON Weißer Steingut-Ton, Schrühbrand bei 1100 °C, Glasurbrand bei 1080 °C.

Schritt für Schritt

1 Die Fliese vorbereiten und lederhart trocknen lassen.

2 Das Motiv auf die Fliese übertragen und die Konturen nachritzen.

3 Die Konturen mit farbiger Engobe nachmalen, antrocknen lassen und den Überschuss abschaben, um das Muster freizulegen.

4 Nach dem Schrühbrand mit farbiger Transparent-Glasur überziehen und brennen.

Material

- Weißer Steingut-Ton
- Werkzeug zum Ritzen
- Farbige Engobe
- Steingut-Glasur
- Pinsel

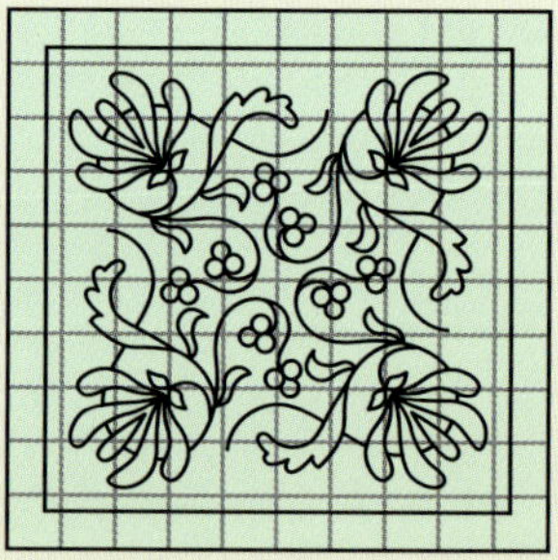

Auf der Fläche

Geeignet als flächiger Rapport.

ANORDNUNGSVORSCHLAG

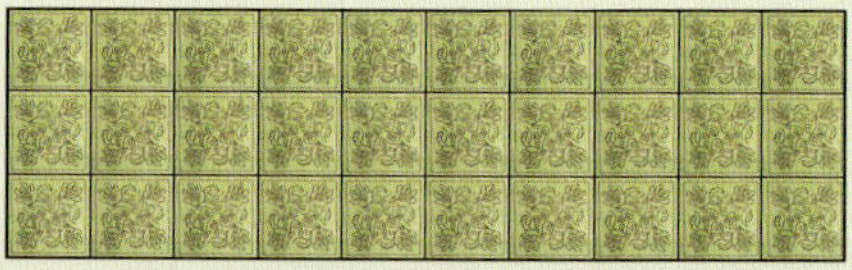

TECHNIK

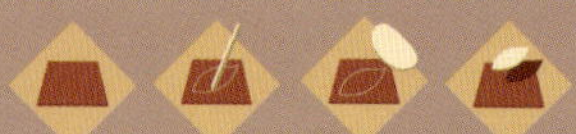

SCHWIERIGKEITSGRAD

1 2

siehe auch Der Brand **18–21** Fliesen trocknen **37** Engobe-Malerei **34** Motive übertragen **53**

MOTIV 77

Blütendolde

Solche schönen Blütenstände findet man im Sommer bei manchen Kräutern und auch bei Pflanzen, die mancher als Unkraut bezeichnen würde.

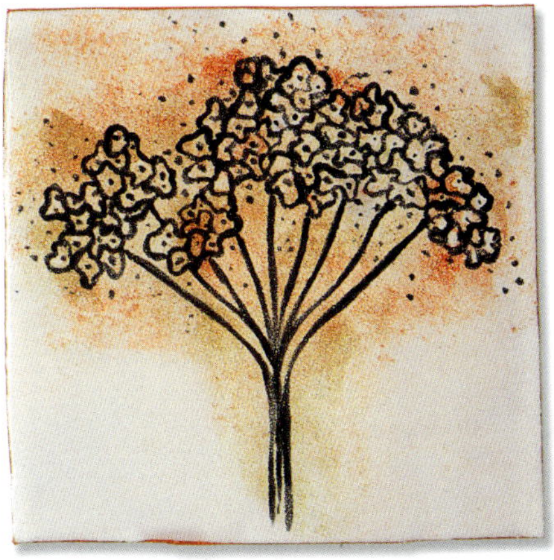

TON Roter Steingut-Ton, Schrühbrand bei 1100 °C, Glasurbrand bei 1080 °C.

Schritt für Schritt

1 Nach dem Schrühbrand weiße Zinnglasur auftragen, dann Unterglasurfarbe im Bereich der Blütendolde auftupfen.

2 Das Motiv auf die Fliese übertragen.

3 Die Blüte mit schwarzer Unterglasurfarbe nachmalen und den Glasurbrand vornehmen.

Material

- Roter Steingut-Ton
- Weiße Zinnglasur
- Pinsel
- Unterglasurfarben

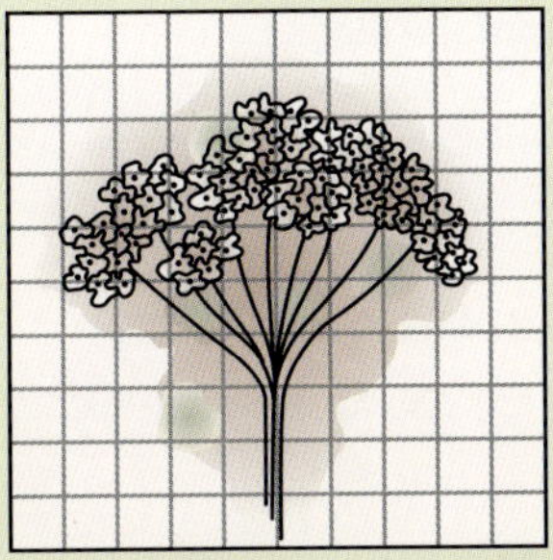

Auf der Fläche

Geeignet als locker verteiltes Einzelmotiv.

ANORDNUNGSVORSCHLAG

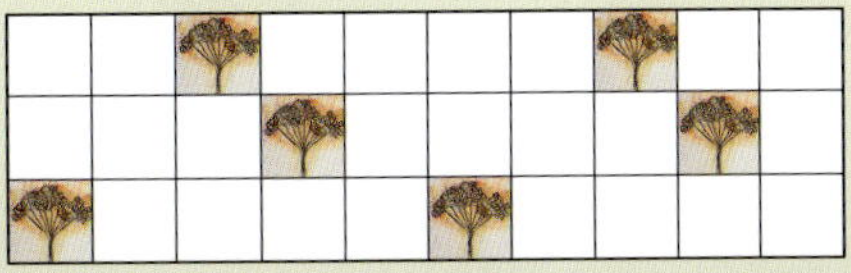

TECHNIK

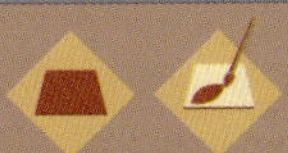

SCHWIERIGKEITSGRAD

1 2

siehe auch Der Brand **18–21** Fliesen trocknen **37** Engobe-Malerei **34** Motive übertragen **53**

MOTIV

78 Pfingstrose

Dieses Schablonen-Motiv passt eigentlich überall hin, doch durch den Altgold-Schimmer ist es wie geschaffen für luxuriöse Badezimmer.

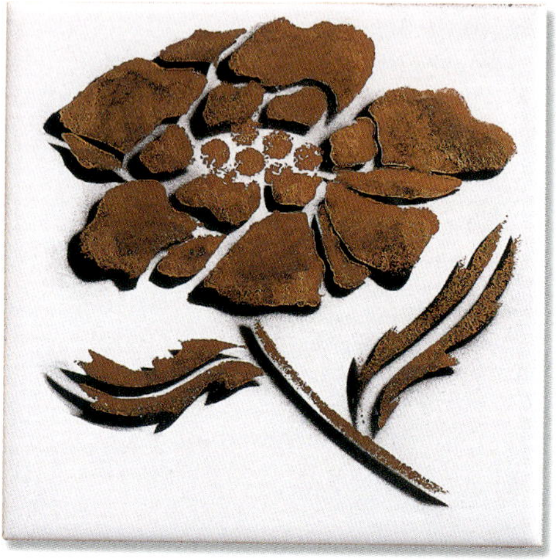

Schritt für Schritt

1 Das Motiv auf Schablonenkarton übertragen und sorgfältig mit dem Cutter ausschneiden.

2 Die Schablone mit Malerkrepp über einer Wandfliese befestigen. Die Details mit einem Stupfpinsel und schwarzer Keramikfarbe sorgfältig auftragen.

3 Die Schablone abnehmen, leicht versetzt wieder befestigen und unregelmäßig mit goldener Keramikfarbe betupfen.

4 Die Oberfläche der Fliese versiegeln.

Material

- Schablonenkarton
- Cutter
- Malerkrepp
- Schwarze und goldene Fliesenfarbe
- Naturschwamm
- Klarlack zum Versiegeln

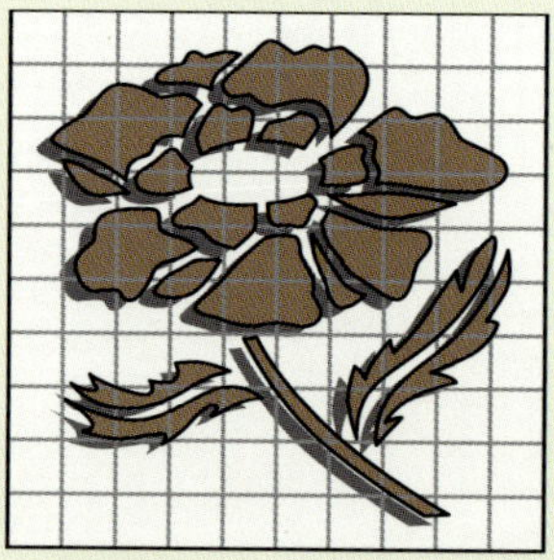

Auf der Fläche

Durch die Schablone kann das Motiv in fast unbegrenzten Farbvariationen wiederholt werden. Ganzflächig oder als Einzelmotiv einsetzbar.

ANORDNUNGSVORSCHLAG

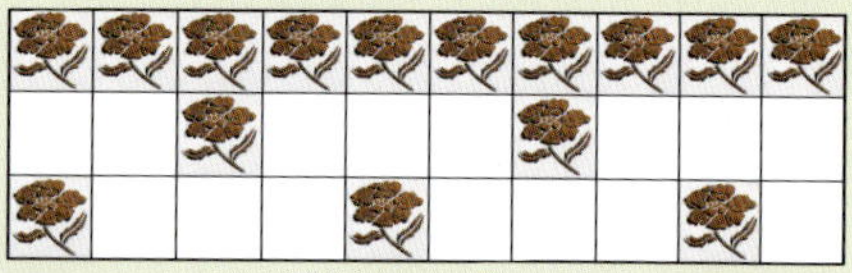

TECHNIK

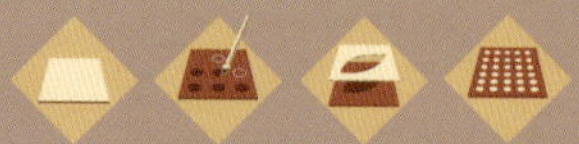

SCHWIERIGKEITSGRAD

1 2 3

MOTIV

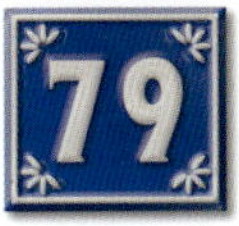

Streublüten

Die Blüten wurden mit einem Schwamm mit Aufglasurfarben aufgestempelt. Sie sparen viel Zeit, wenn Sie gekaufte Fliesen verwenden.

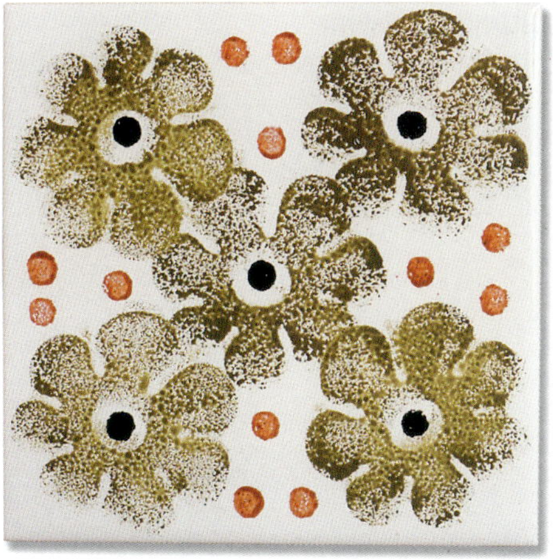

Schritt für Schritt

1 Das Blumenmotiv aus einem Haushaltsschwamm zuschneiden.

2 Aufglasur-Emaillefarben zur richtigen Konsistenz anrühren.

3 Die Blüten in einer Farbe auf eine gekaufte, glasierte Fliese aufstempeln und die Hintergrund-Details mit anderen Farben auftupfen.

4 Die Fliese bei 780 °C brennen.

Material

- Haushaltsschwamm
- Cutter
- Aufglasur-Emaillefarben
- Gekaufte, glasierte Fliese

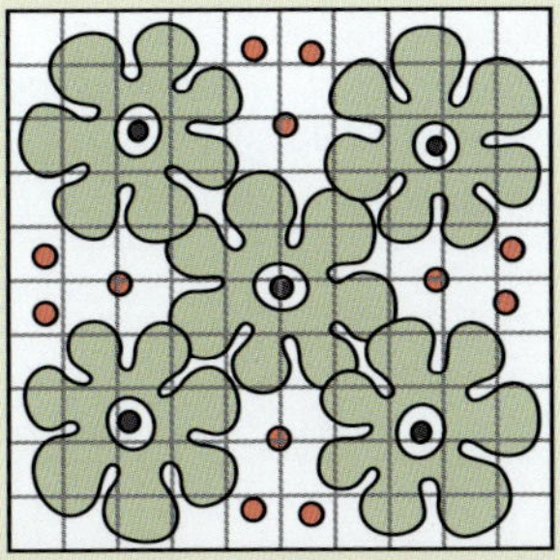

Auf der Fläche

Geeignet als einfacher, flächiger Rapport.

ANORDNUNGSVORSCHLAG

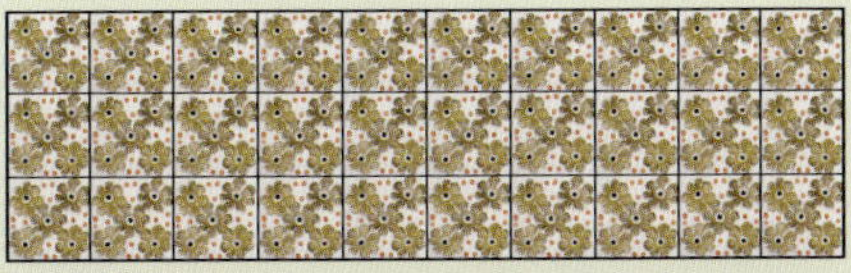

TECHNIK

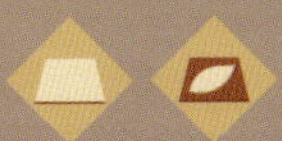

SCHWIERIGKEITSGRAD

1

siehe auch Der Brand **18–21** Schwammdruck **43**

MOTIV

80 Schmale Fliesen: Mohn

Diese Fliesen sind halb so groß wie die übrigen Fliesen in diesem Buch und können daher in Zweiergruppen mit diesen kombiniert werden.

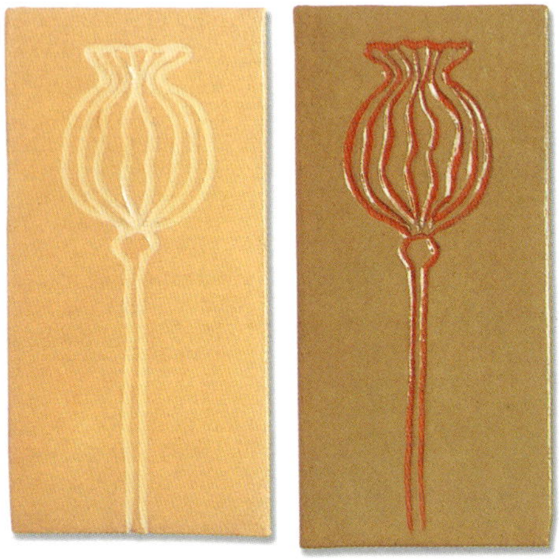

TON Weißer Steingut-Ton, Schrühbrand bei 1000 °C, Glasurbrand bei 1260 °C.

Schritt für Schritt

1 Die Fliese vorbereiten und eine Schicht farbiger Engobe auftragen.

2 Das Motiv auf die Fliese übertragen und die Konturen nachritzen.

3 Die Konturen mit farbiger Engobe nachmalen, trocknen lassen und den Überschuss abschaben, um das Muster freizulegen.

4 Nach dem Schrühbrand transparent glasieren und brennen.

Material

- Weißer Steingut-Ton
- Werkzeug zum Ritzen
- Farbige Engobe
- Pinsel

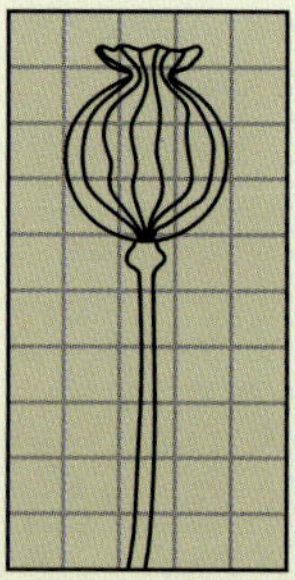

Auf der Fläche

Geeignet als locker verteiltes Einzelmotiv, entweder zwischen einfarbigen Fliesen derselben Größe oder in Zweiergruppen zwischen Fliesen normaler Größe.

ANORDNUNGSVORSCHLAG

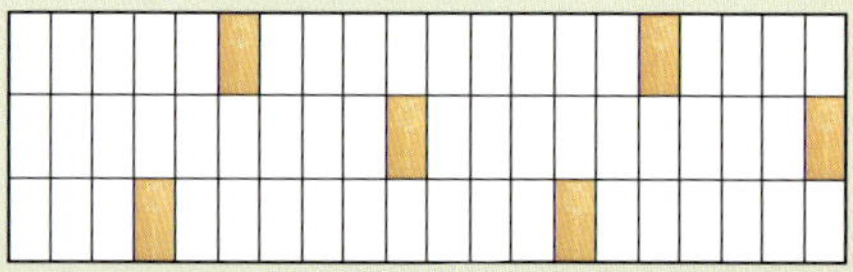

TECHNIK

SCHWIERIGKEITSGRAD

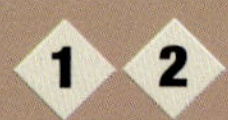

siehe auch Der Brand **18–21** Engobe auftragen **32** Fliesen trocknen **37** Motive übertragen **53**

MOTIV
81 Lilie

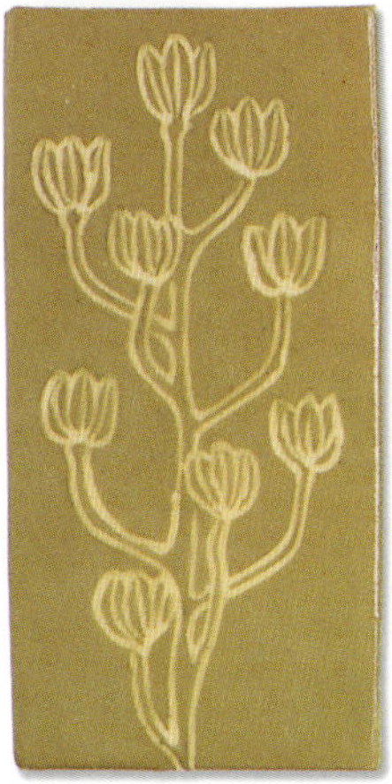
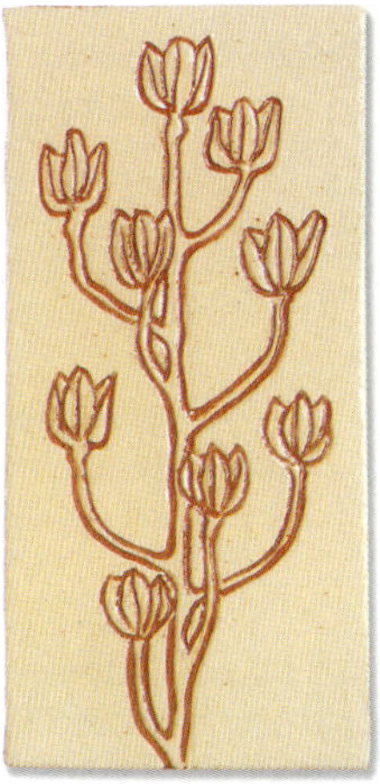

MOTIV
82 Iris

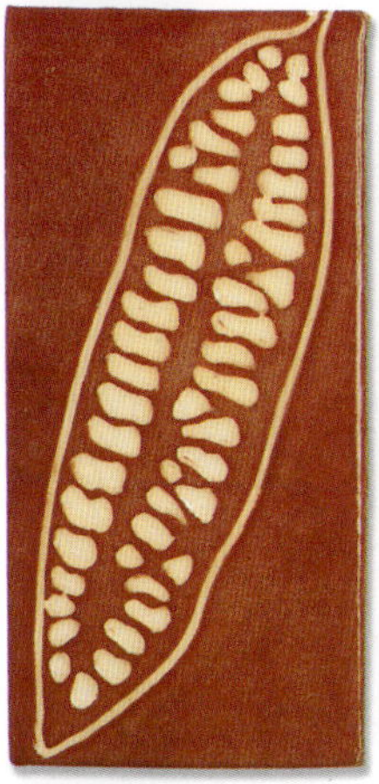
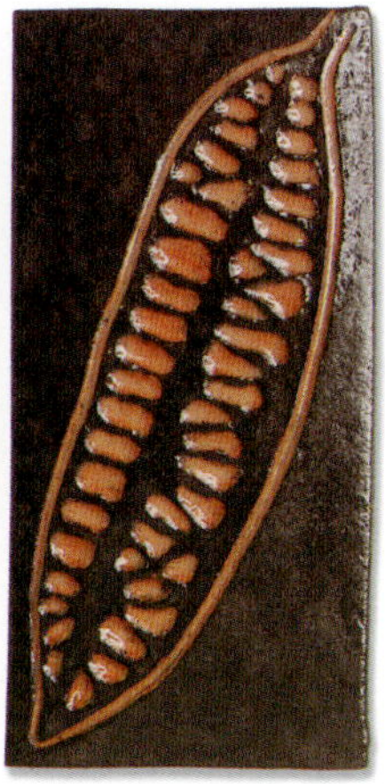

MOTIV
83 Färberwaid

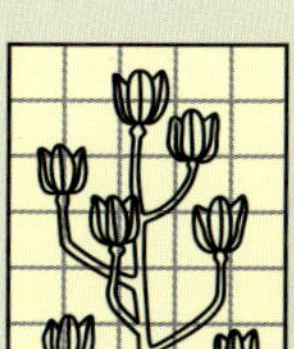
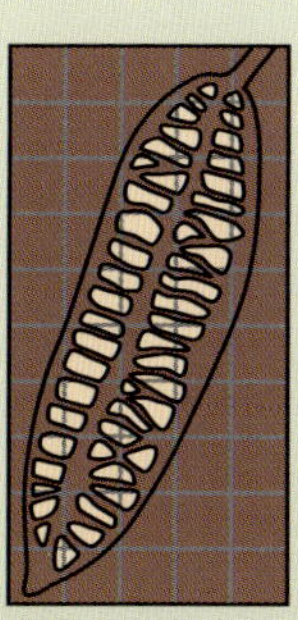
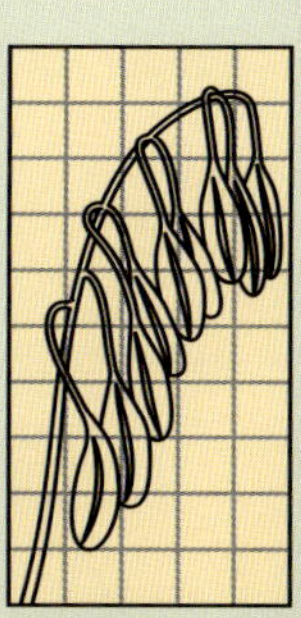
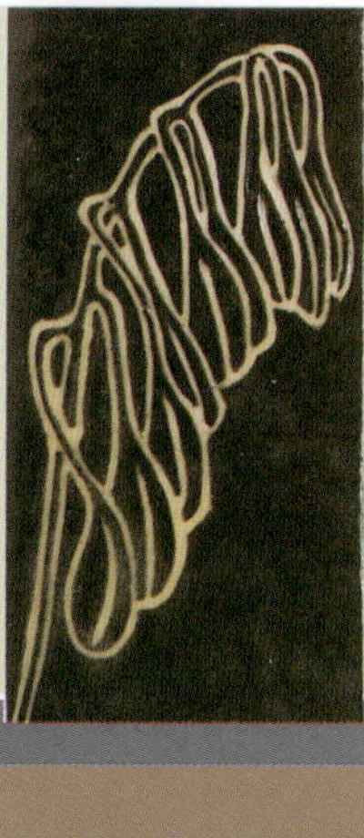
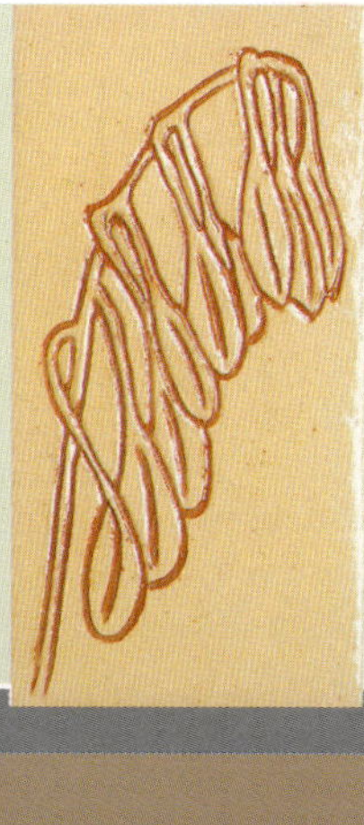

MOTIV 84

Mohrrüben

Dies ist eine sehr eindrucksvolle Fliese, die jedoch mit ganz einfachen Mitteln nachzuarbeiten ist.

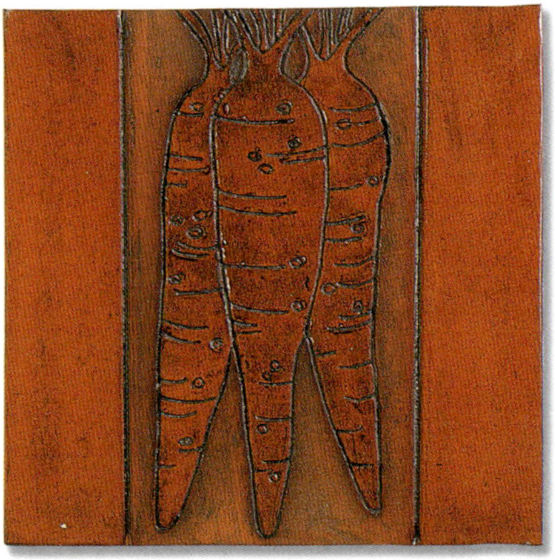

TON Roter Steingut-Ton, Schrühbrand bei 1100 °C, Glasurbrand bei 1080 °C.

Schritt für Schritt

1 Die Fliese vorbereiten und lederhart trocknen lassen.

2 Das Motiv auf die Fliese übertragen und die Konturen nachritzen.

3 Die Fliese nach dem Schrühbrand dünn mit Eisenoxid einpinseln, dann den Hintergrund mit Wachsemulsion abdecken.

4 Mit honigfarbener Glasur einpinseln und den Glasurbrand vornehmen.

Material

- Roter Steingut-Ton
- Werkzeug zum Ritzen
- Schwarzes Eisenoxid
- Pinsel
- Wachsemulsion
- Honigfarbene Steingut-Glasur

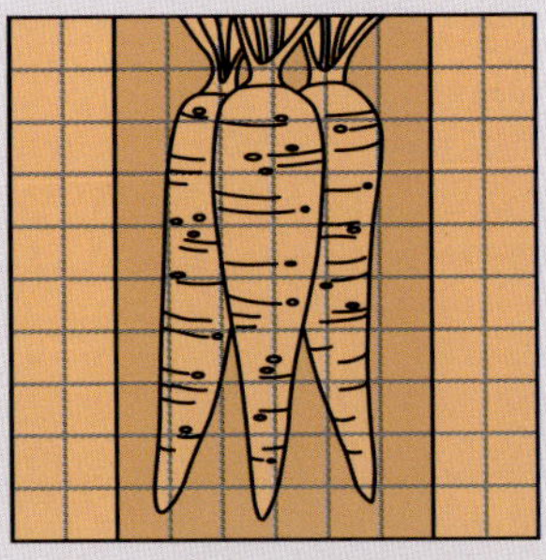

Auf der Fläche

Geeignet als locker verteiltes Einzelmotiv, auch zusammen mit ähnlichen Motiven.

ANORDNUNGSVORSCHLAG

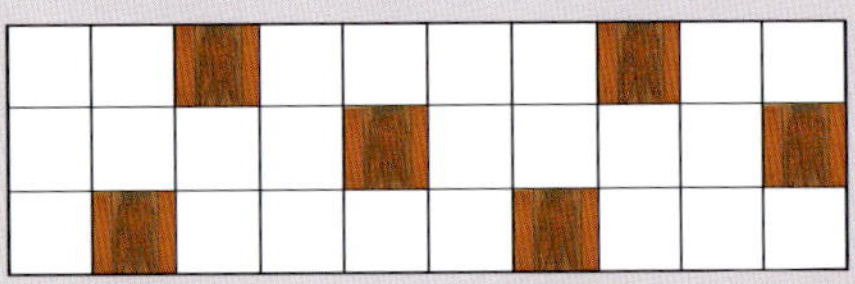

TECHNIK

SCHWIERIGKEITSGRAD

1

siehe auch Der Brand **18–21** Fliesen trocknen **37** Oxide **45–47** Motive übertragen **53**

MOTIV 85

Heidelbeer-Schablone

-Mit diesem fröhlichen Motiv lässt sich nicht nur die Küche aufpeppen – es passt eigentlich überall hin.

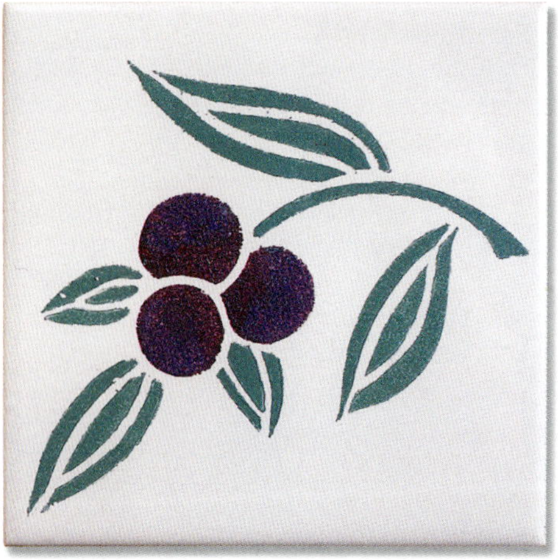

Schritt für Schritt

1 Das Motiv auf Schablonenkarton übertragen und sorgfältig mit dem Cutter ausschneiden.

2 Die Schablone mit Malerkrepp über einer Wandfliese befestigen. Die Details mit einem Naturschwamm und Keramikfarben sorgfältig auftupfen.

3 Die Schablone abnehmen und die Oberfläche der Fliese versiegeln.

Material

- Schablonenkarton
- Cutter
- Gekaufte Fliese
- Malerkrepp
- Keramikfarben
- Stupfpinsel
- Pinsel
- Klarlack zum Versiegeln

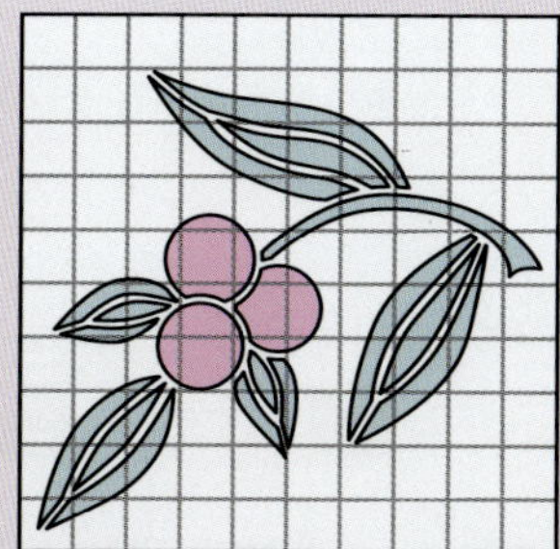

Auf der Fläche

Geeignet als Einzelmotiv zwischen einfarbigen Fliesen.

ANORDNUNGSVORSCHLAG

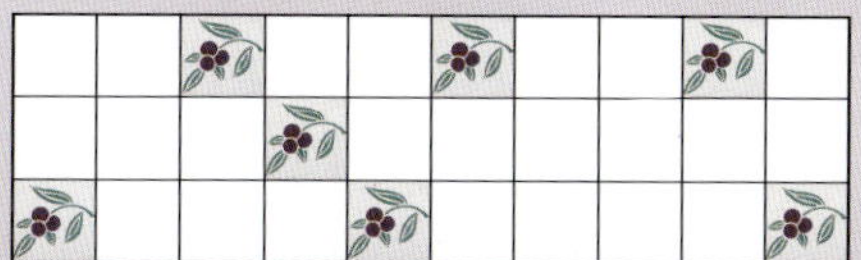

TECHNIK

SCHWIERIGKEITSGRAD

1

siehe auch Motive übertragen **53**

MOTIV

86

Chilischoten

Die Gipsabdrücke für diese Fliesen wurden von echten Früchten und Schoten gemacht, aber Sie können diese auch aus Ton modellieren.

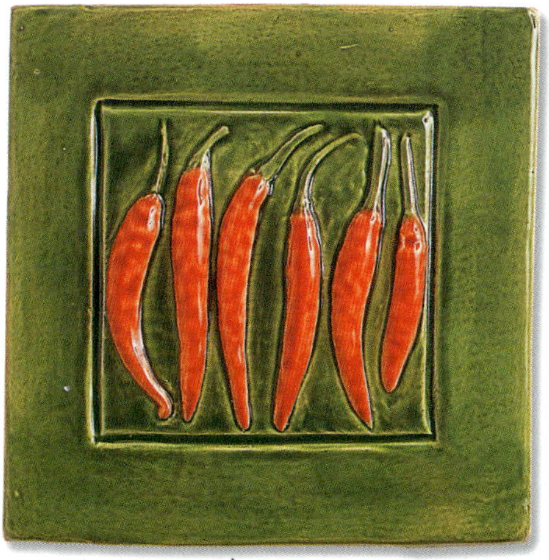

TON Weißer Steingut-Ton, Schrühbrand bei 1100 °C, Glasurbrand bei 1020 °C.

Schritt für Schritt

1 Entweder echte Früchte in eine vorbereitete Fliese pressen oder direkt dort hinein modellieren. Dann einen Gipsabdruck anfertigen.

2 Einen Tonklumpen ausrollen, in die Gipsform pressen und fest darüber rollen.

3 Nach dem Schrühbrand mit gekauften Glasuren ausmalen und den Glasurbrand vornehmen.

Material

- Weißer Steingut-Ton
- Gips
- Gekaufte Glasuren
- Pinsel

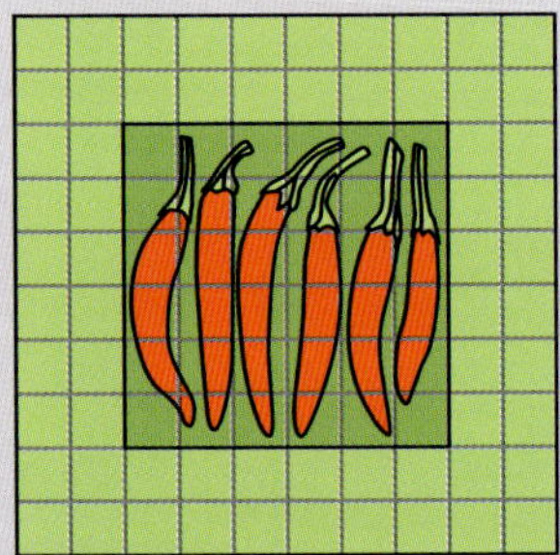

Auf der Fläche

Als locker verteiltes Einzelmotiv im Verbund mit anderen Obst- und Gemüsemotiven.

ANORDNUNGSVORSCHLAG

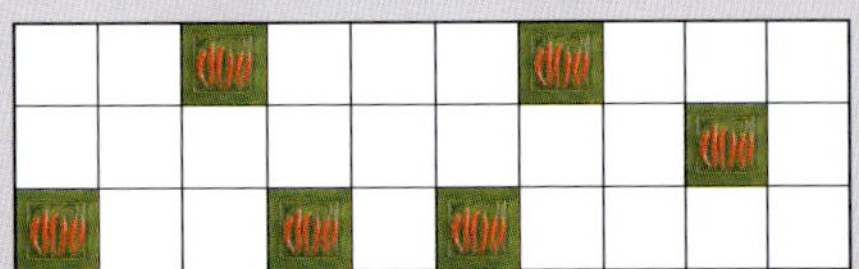

TECHNIK

SCHWIERIGKEITSGRAD

1 2 3

siehe auch Der Brand **18–21** Model **22–23** Fliesen trocknen **37**

MOTIV 87 Paprikaschote

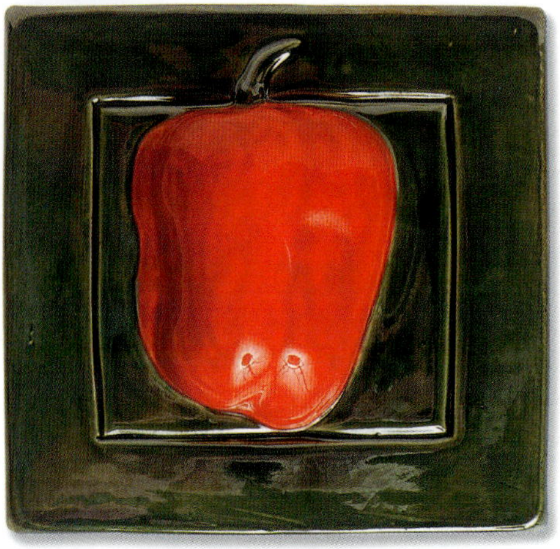

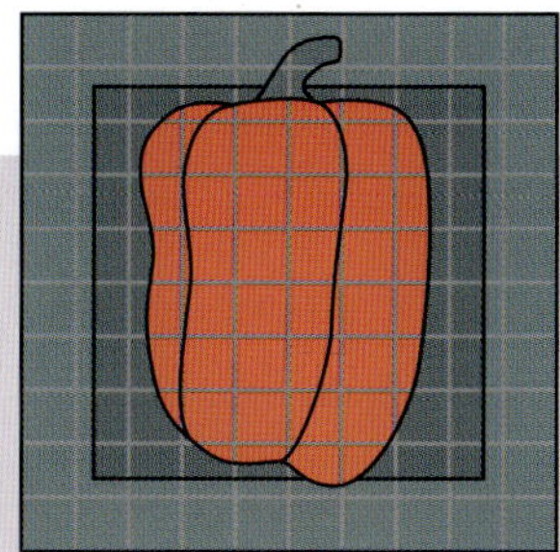

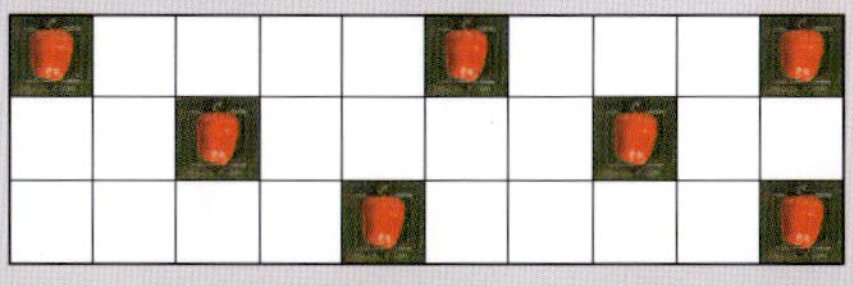

MOTIV 88 Zitrone

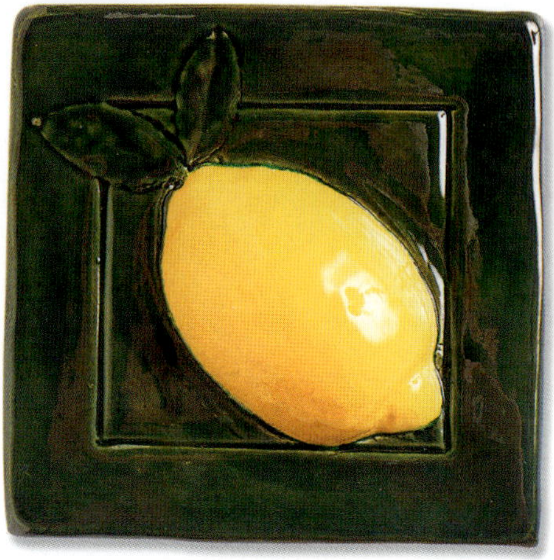

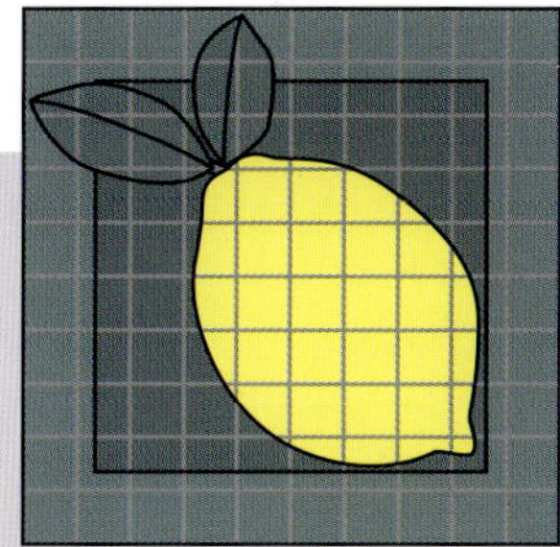

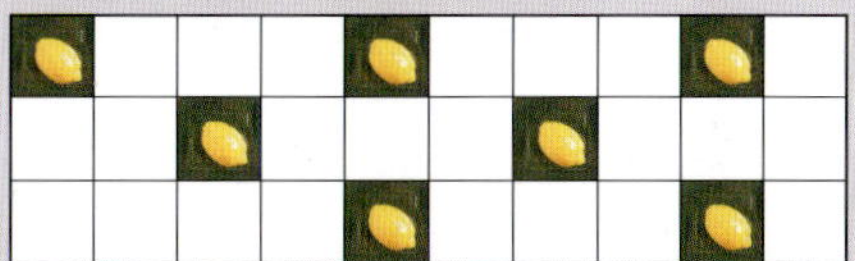

MOTIV 89

Äpfel

Diese einfache, aber ausdrucksstarke Fliese wurde in der Schablonen-Technik gearbeitet.

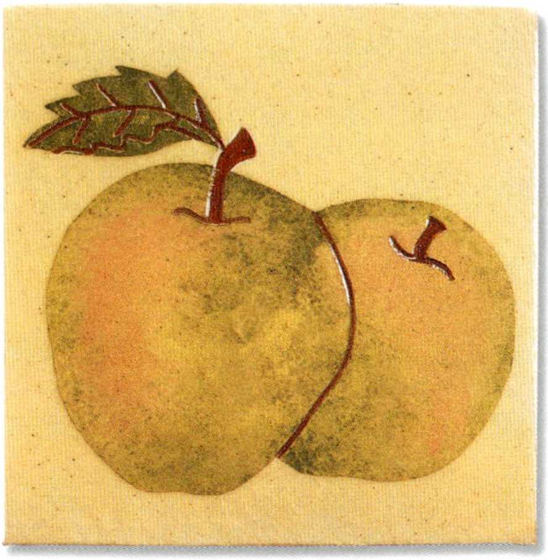

TON Roter Steingut-Ton, Schrühbrand bei 1100 °C, Glasurbrand bei 1080 °C.

Schritt für Schritt

1 Die lederharte Fliese mit einer Schicht Engobe überziehen. Aus Zeitungspapier je eine Schablone für die Äpfel und für das Blatt schneiden.

2 Die Apfel-Schablone auf die Fliese legen und die gewählten Farben auftupfen.

3 Das Motiv vorsichtig abheben, die Blatt-Schablone auflegen und grüne Engobe auftupfen.

4 Die Details einritzen und den Schrühbrand vornehmen. Transparent glasieren und brennen.

Material

- Roter Steingut-Ton
- Zeitung
- Naturschwamm
- Werkzeug zum Ritzen
- Transparente Steingut-Glasur

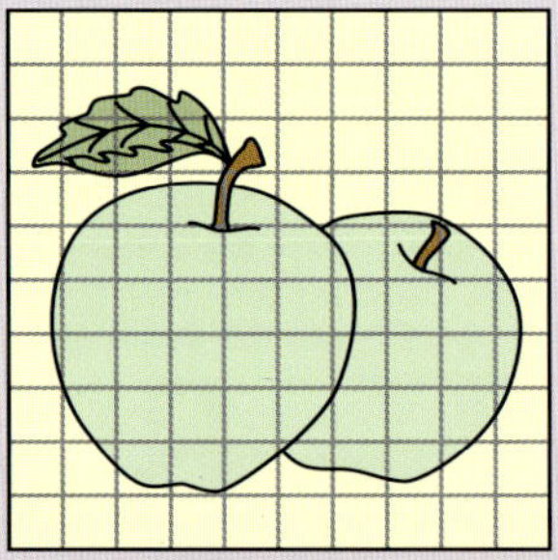

Auf der Fläche

Geeignet als flächiger Rapport und als locker verteiltes Einzelmotiv.

ANORDNUNGSVORSCHLAG

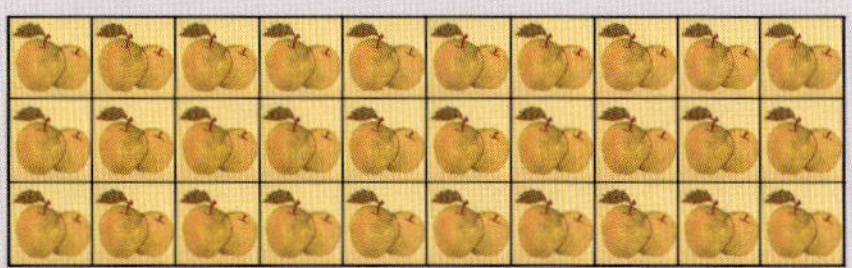

TECHNIK

SCHWIERIGKEITSGRAD

1

siehe auch Der Brand **18–21** Engobe auftragen **32** Fliesen trocknen **37** Motive übertragen **53**

MOTIV 90

Pilze

Eine elegante Fliese, die durch den Weiß-auf-Schwarz-Effekt sehr apart wirkt und dennoch einfach herzustellen ist.

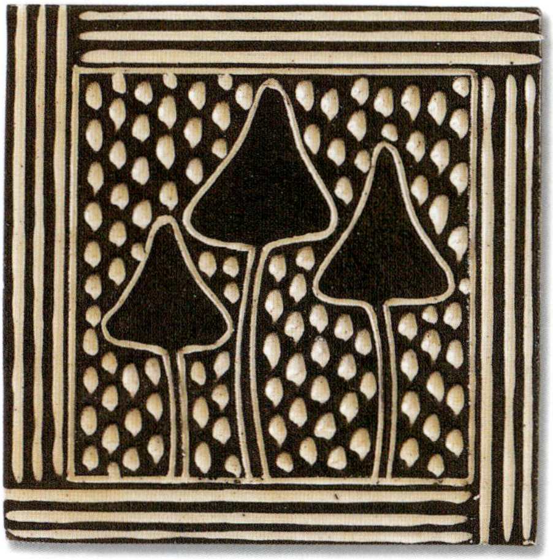

TON Weißer Steingut-Ton, Schrühbrand bei 1100 °C, Glasurbrand bei 1080 °C.

Schritt für Schritt

1 Eine Schicht schwarze Engobe auf die lederharte Fliese auftragen.

2 Das Motiv auf die Fliese übertragen und die Konturen nachritzen.

3 Nach dem Schrühbrand transparent glasieren und brennen.

Material

- Weißer Steingut-Ton
- Schwarze Engobe
- Pinsel
- Werkzeug zum Ritzen
- Transparente Steingut-Glasur

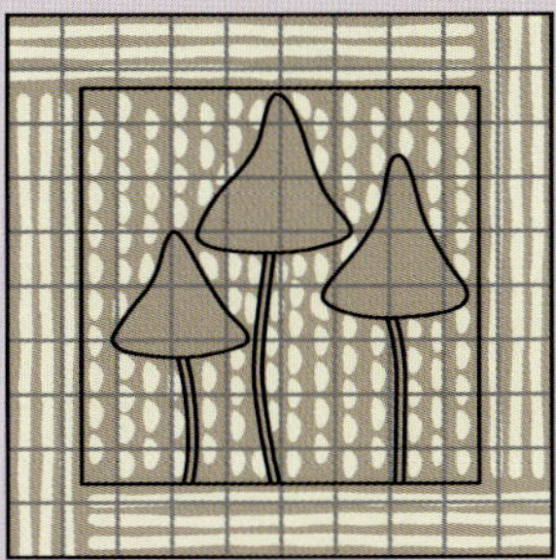

Auf der Fläche

Geeignet als Einzelmotiv oder als Block von Fliesen gleichen Stils zwischen einfarbigen Fliesen.

ANORDNUNGSVORSCHLAG

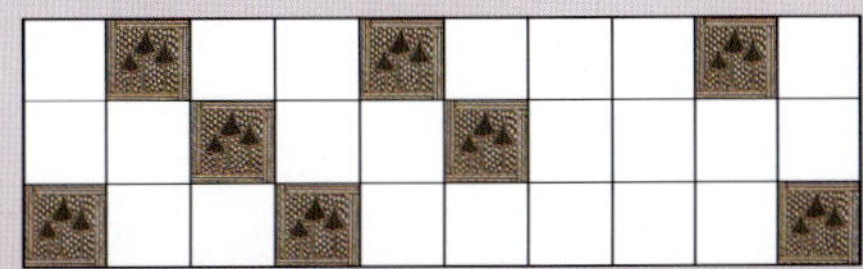

TECHNIK

SCHWIERIGKEITSGRAD

1

siehe auch Der Brand **18–21** Engobe auftragen **32** Fliesen trocknen **37** Motive übertragen **53**

MOTIV 91

Knoblauch

Diese Fliese würde in einer Küche im Landhausstil besonders gut aussehen.

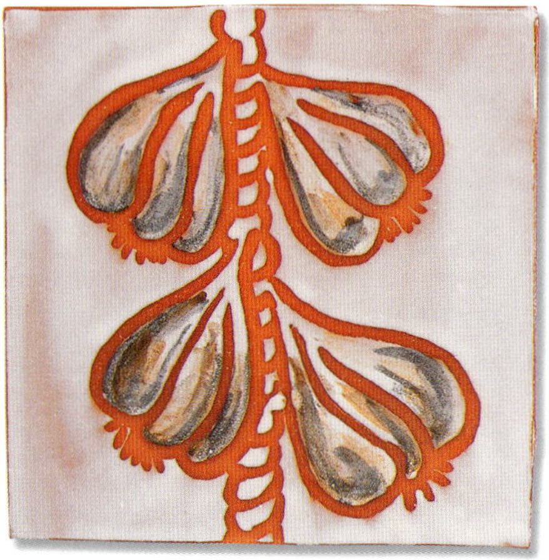

TON Roter Steingut-Ton, Schrühbrand bei 1100 °C, Glasurbrand bei 1080 °C.

Schritt für Schritt

1 Das Motiv nach dem Schrühbrand auf die Fliese übertragen.

2 Das Motiv mit feinem Pinsel und Wachsemulsion nachmalen.

3 Weiße Zinnglasur auftragen und die Details mit Unterglasurfarben aufmalen, dann den Glasurbrand vornehmen.

Material

- Roter Steingut-Ton
- Wachs-emulsion
- Feiner Pinsel
- Weiße Zinnglasur
- Unterglasur-farben

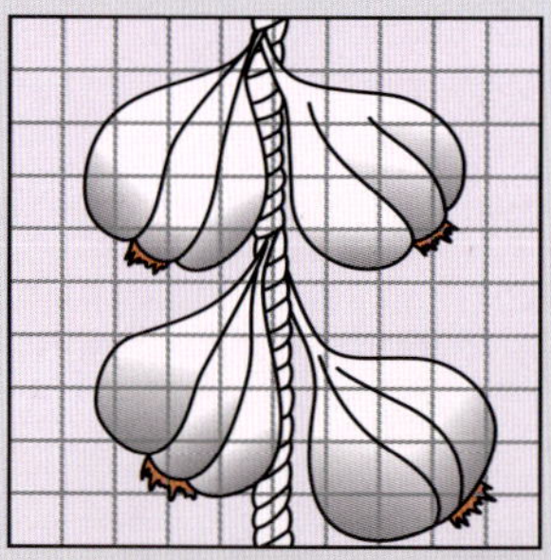

Auf der Fläche

Geeignet als locker verteiltes Einzelmotiv oder als senkrechter Rapport.

ANORDNUNGSVORSCHLAG

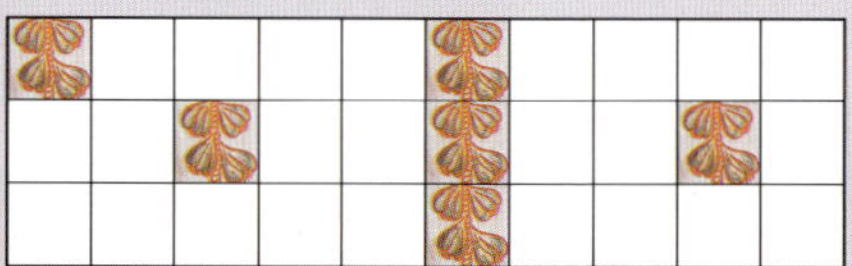

TECHNIK

SCHWIERIGKEITSGRAD

1 2

siehe auch Der Brand **18–21** Fliesen trocknen **37** Wachsabdeckung **46** Motive übertragen **53**

MOTIV

92

Birnenzweig

Dieses Birnenmotiv würde gut vor einem Hintergrund von Fliesen aussehen, auf denen nur das gepunktete Muster erscheint.

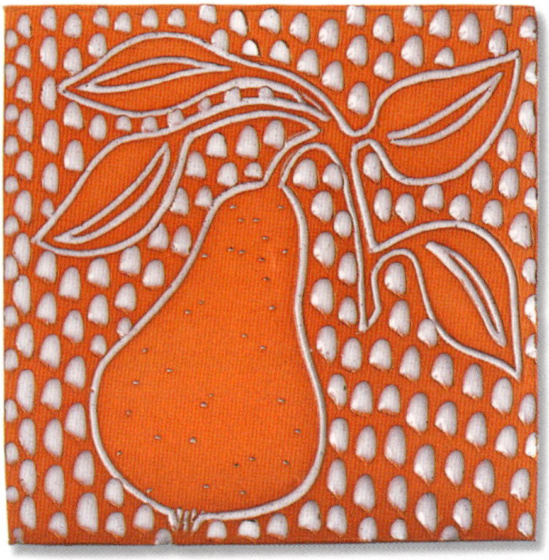

TON Roter Steingut-Ton, Schrühbrand bei 1100 °C, Glasurbrand bei 1080 °C.

Schritt für Schritt

1 Die Fliese vorbereiten und lederhart trocknen lassen.

2 Das Motiv auf die Fliese übertragen und die Konturen nachritzen – für die Punkte eine Modellierschlinge nehmen.

3 Die Fliese nach dem Schrühbrand mit weißer Zinnglasur überziehen und antrocknen lassen. Den Überschuss abschaben, um das Muster freizulegen, dann brennen.

Material

- Roter Steingut-Ton
- Werkzeug zum Ritzen
- Modellierschlinge
- Weiße Zinnglasur

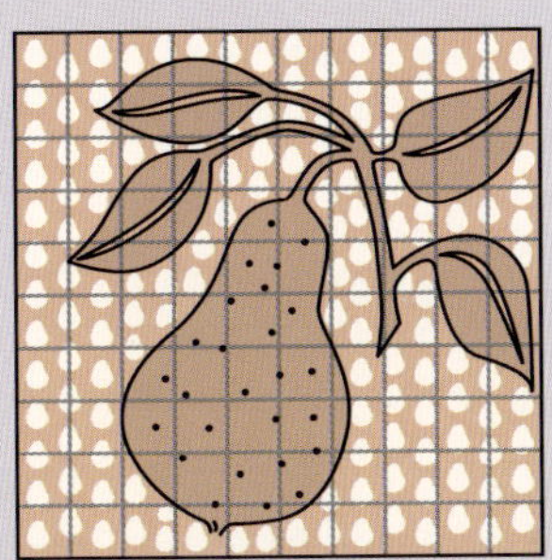

Auf der Fläche

Wirkungsvoll als Einzelmotiv zwischen Fliesen, auf denen nur das Hintergrundmuster erscheint.

ANORDNUNGSVORSCHLAG

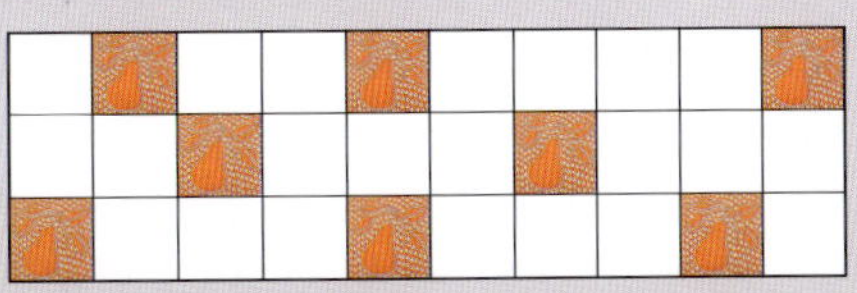

TECHNIK

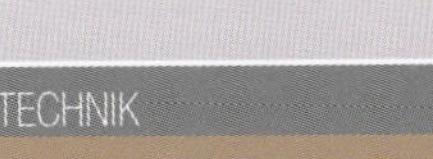

SCHWIERIGKEITSGRAD

1 2

siehe auch Der Brand **18–21** Fliesen trocknen **37** Motive übertragen **53**

MOTIV 93

Zitrone

Der besondere Charme dieser Majolika-Fliesen ist der Freihand-Stil, daher sollten Sie den richtigen Schwung vorher etwas üben.

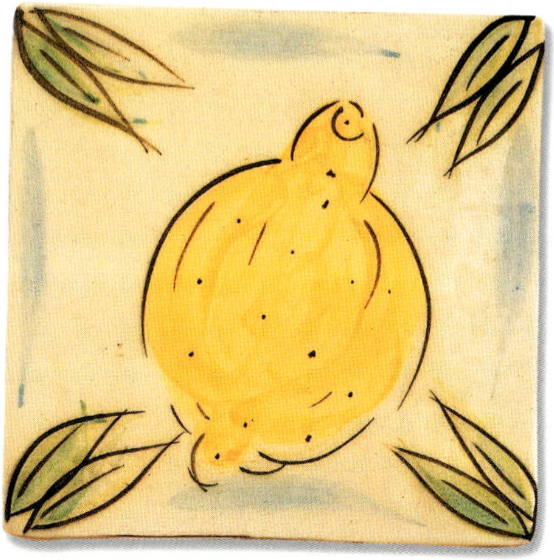

Schritt für Schritt

1 Eine lederharte Fliese mit weißer Engobe überziehen und gut trocknen lassen.

2 Das Motiv auf die Fliese übertragen. Die Farben locker mit Unterglasurfarbe auftragen, dann die Konturen mit schwarzer Unterglasur und feinem Pinsel malen.

3 Nach dem Schrühbrand transparent glasieren und den Glasurbrand vornehmen.

TON Roter Steingut-Ton, Schrühbrand bei 1100 °C, Glasurbrand bei 1080 °C.

Material
- Roter Steingut-Ton
- Weiße Engobe
- Pinsel
- Unterglasur-farben
- Transparente Steingut-Glasur

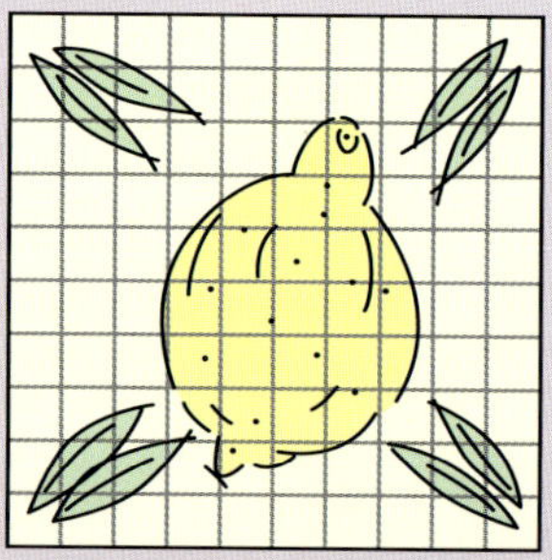

Auf der Fläche

Geeignet als flächiger Rapport oder als Umrandung in Küchen.

ANORDNUNGSVORSCHLAG

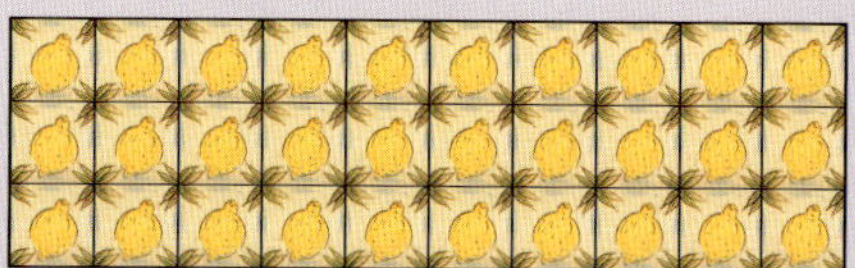

TECHNIK

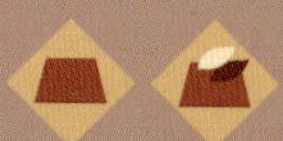

SCHWIERIGKEITSGRAD

1 2 3

siehe auch Der Brand **18–21** Engobe auftragen **32** Fliesen trocknen **37** Unterglasurfarben **43** Motive übertragen **53**

MOTIV 94 Pfirsich

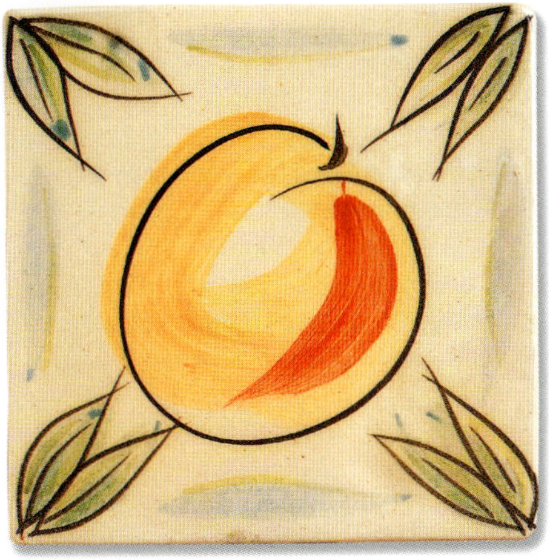

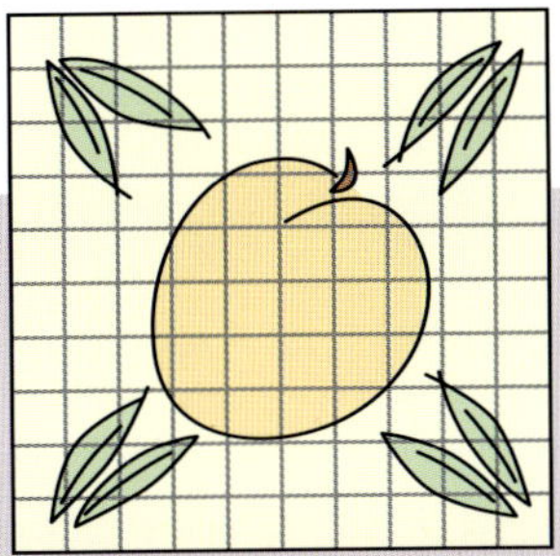

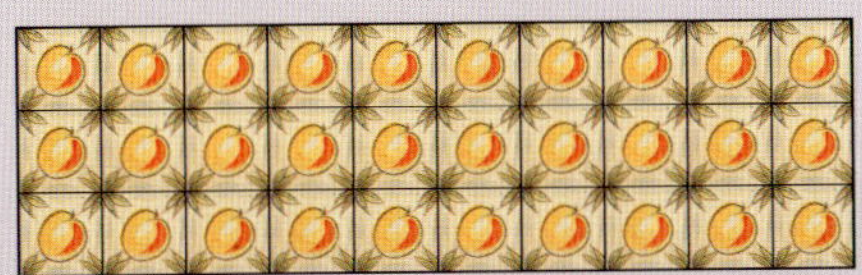

MOTIV 95 Birne

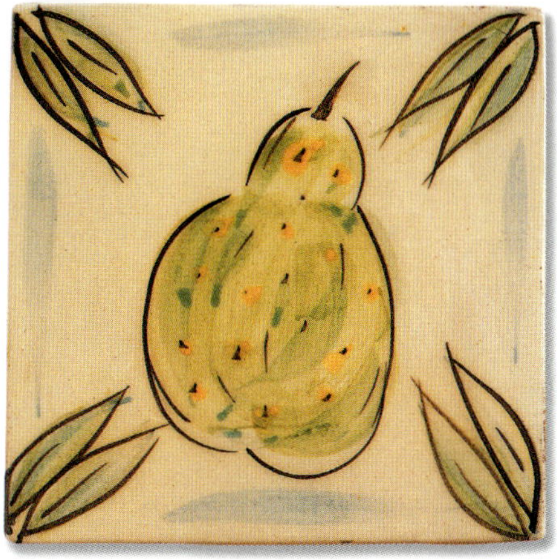

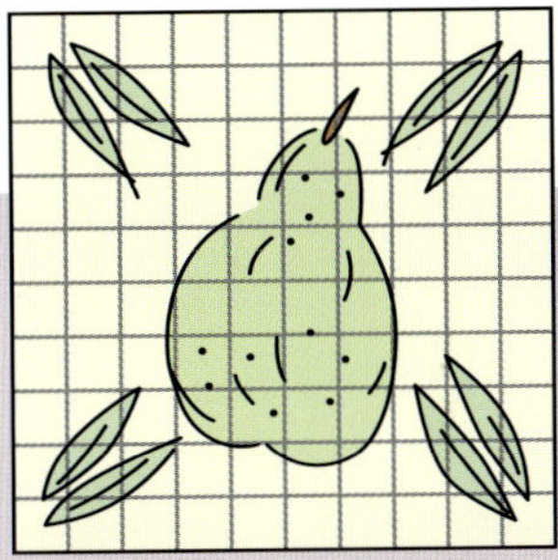

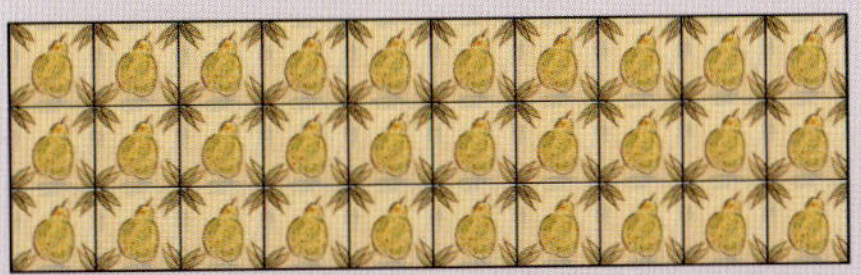

MOTIV 96

Babyrassel

Das Kinderzimmer scheint auf den ersten Blick nicht der geeignete Ort für Fliesen zu sein, aber sie sind in bestimmten Bereichen nicht nur praktisch, sondern auch sehr dekorativ.

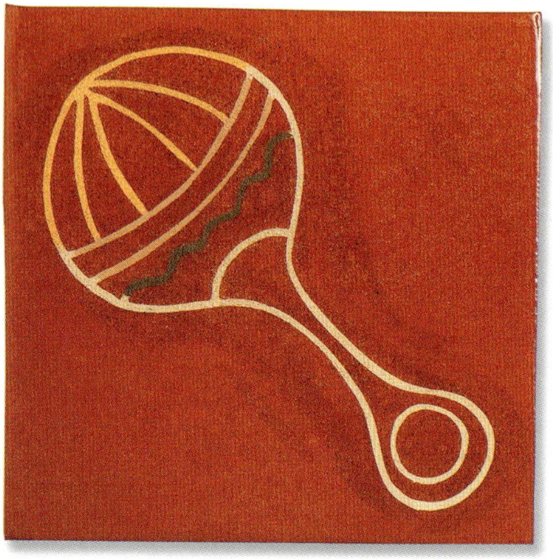

TON Roter Steingut-Ton, Schrühbrand bei 1100 °C, Glasurbrand bei 1080 °C.

Schritt für Schritt

1 Die Fliese vorbereiten und lederhart trocknen lassen.

2 Das Motiv auf die Fliese übertragen und die Konturen nachritzen.

3 Die Konturen mit farbiger Engobe nachmalen, antrocknen lassen und den Überschuss abschaben, um das Muster freizulegen.

4 Nach dem Schrühbrand transparent glasieren und brennen.

Material

- Roter Steingut-Ton
- Werkzeug zum Ritzen
- Farbige Engobe
- Pinsel
- Schaber
- Transparente Steingut-Glasur

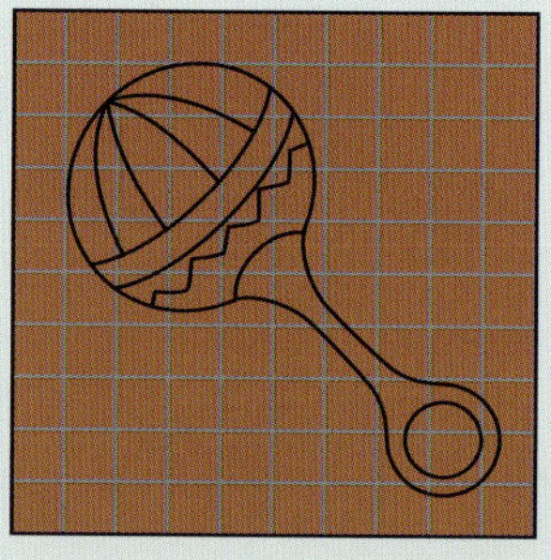

Auf der Fläche

Geeignet als flächiger Rapport, als locker verteiltes Einzelmotiv zwischen einfarbigen Fliesen oder als gerahmtes Bild.

ANORDNUNGSVORSCHLAG

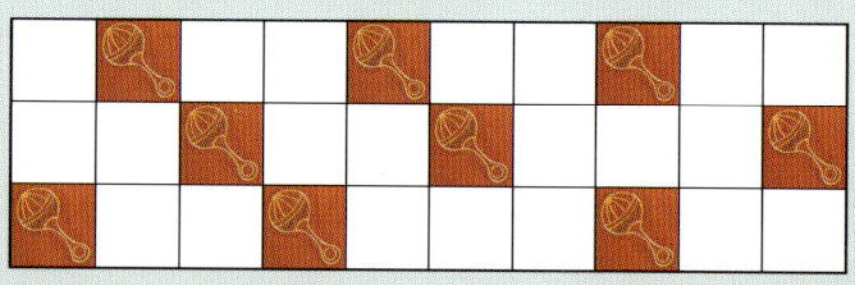

TECHNIK

SCHWIERIGKEITSGRAD

1 2

siehe auch Der Brand **18–21** Fliesen trocknen **37** Motive übertragen **53**

MOTIV 97

Teddybär

Teddybären dürfen im Kinderzimmer einfach nicht fehlen. Sie können dieses Motiv für einen Rapport in mehreren Farbvariationen anfertigen.

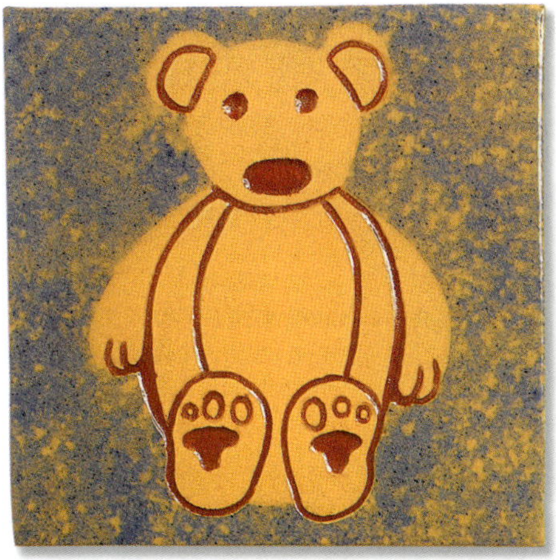

TON Roter Steingut-Ton, Schrühbrand bei 1100 °C, Glasurbrand bei 1080 °C.

Schritt für Schritt

1 Die lederharte Fliese mit einer Schicht farbiger Engobe überziehen.

2 Einen Teddybären aus Zeitungspapier ausschneiden, anfeuchten, auf die Fliese legen und Engobe in einer Kontrastfarbe auftupfen.

3 Die Schablone abziehen, das Motiv auf die Fliese übertragen und die Konturen wie abgebildet nachritzen, sodass die rote Tonfarbe freigelegt wird.

4 Nach dem Schrühbrand transparent glasieren und brennen.

Material

- Roter Steingut-Ton
- Farbige Engobe
- Pinsel
- Zeitung
- Naturschwamm
- Werkzeug zum Ritzen
- Transparente Steingut-Glasur

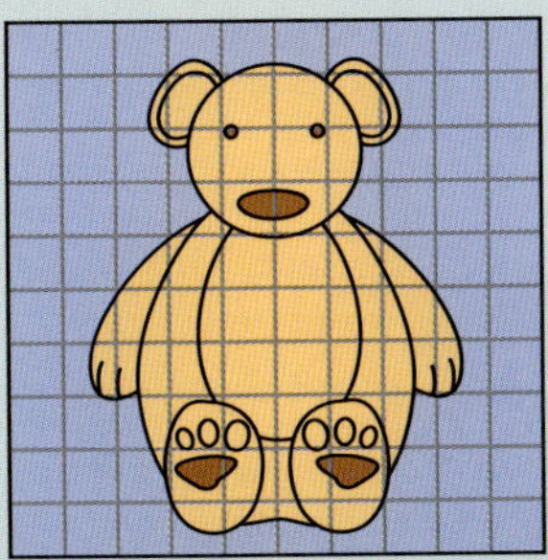

Auf der Fläche

Geeignet als locker verteiltes Einzelmotiv oder verschiedenfarbig als Bordüre.

ANORDNUNGSVORSCHLAG

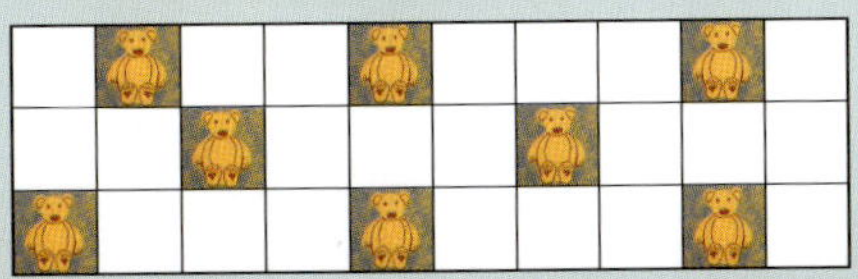

TECHNIK

SCHWIERIGKEITSGRAD

1

siehe auch Der Brand **18–21** Fliesen trocknen **37** Motive übertragen **53**

MOTIV 98

Babysöckchen

Diese Fliese ist schnell gemacht – und mit gekauften Glasurfarben, die es in großer Farbauswahl gibt, geht es noch schneller.

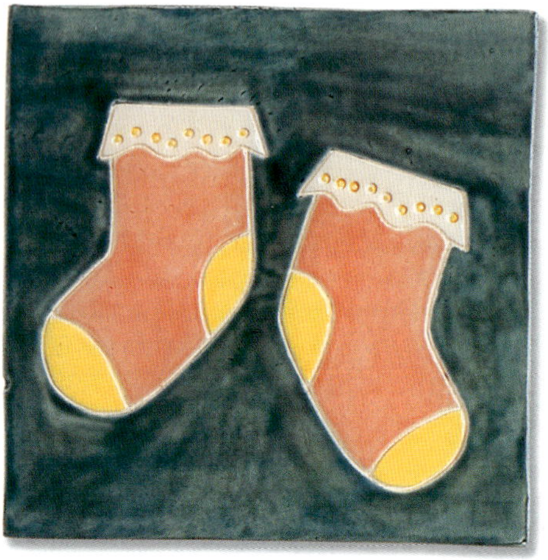

TON Weißer Steingut-Ton, Schrühbrand bei 1100 °C, Glasurbrand bei 1020 °C.

Schritt für Schritt

1 Die Fliese vorbereiten und lederhart trocknen lassen.

2 Das Motiv auf die Fliese übertragen und die Konturen mit einem feinen Werkzeug nachritzen.

3 Nach dem Schrühbrand die Farbflächen mit gekauften Glasuren ausmalen und den Glasurbrand vornehmen.

Material

- Weißer Steingut-Ton
- Werkzeug zum Ritzen
- Gekaufte Glasuren
- Pinsel

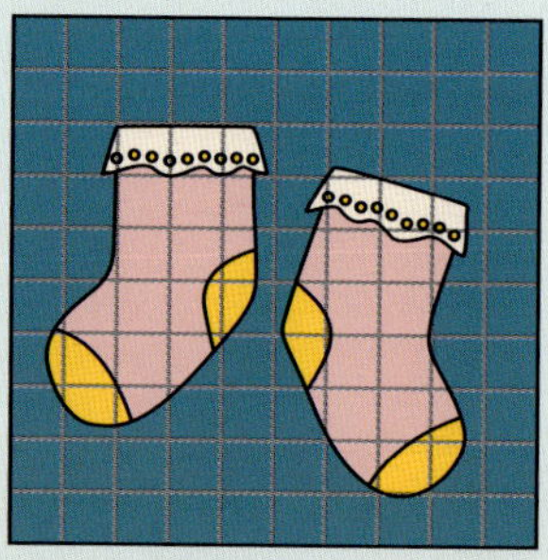

Auf der Fläche

Geeignet als locker verteiltes Einzelmotiv.

ANORDNUNGSVORSCHLAG

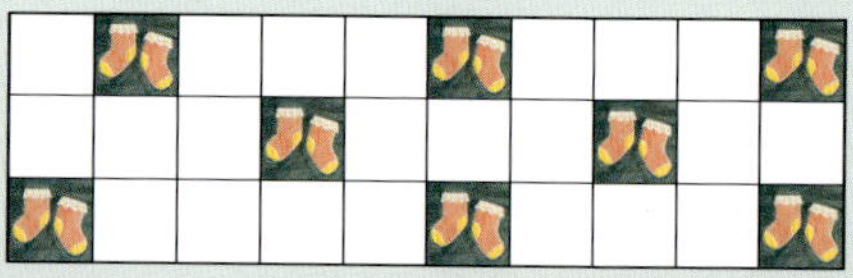

TECHNIK

SCHWIERIGKEITSGRAD

1

siehe auch Der Brand **18–21** Fliesen trocknen **37** Motive übertragen **53**

MOTIV

99 Kinderwagen

Dieser Kinderwagen mag zwar etwas altmodisch aussehen, ist aber ein attraktiveres Motiv als die modernen Varianten.

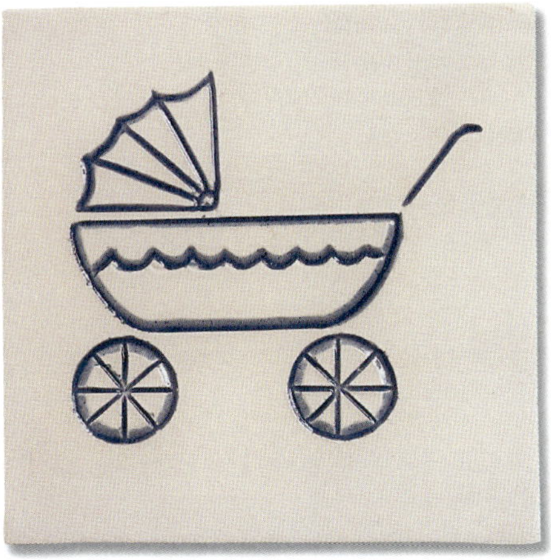

TON Weißer Steingut-Ton, Schrühbrand bei 1100 °C, Glasurbrand bei 1080 °C.

Schritt für Schritt

1 Die Fliese vorbereiten und lederhart trocknen lassen.

2 Das Motiv auf die Fliese übertragen und die Konturen nachritzen.

3 Nach dem Schrühbrand farbige Glasur auftragen und abwischen, sodass diese nur in den Vertiefungen verbleibt, dann brennen.

Material

- Weißer Steingut-Ton
- Werkzeug zum Ritzen
- Farbige, transparente Steingut-Glasur

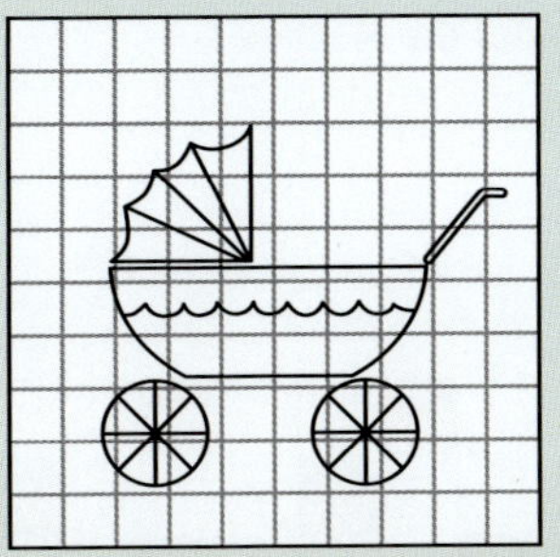

Auf der Fläche

Geeignet als locker verteiltes Einzelmotiv, zusammen mit ähnlichen Motiven.

ANORDNUNGSVORSCHLAG

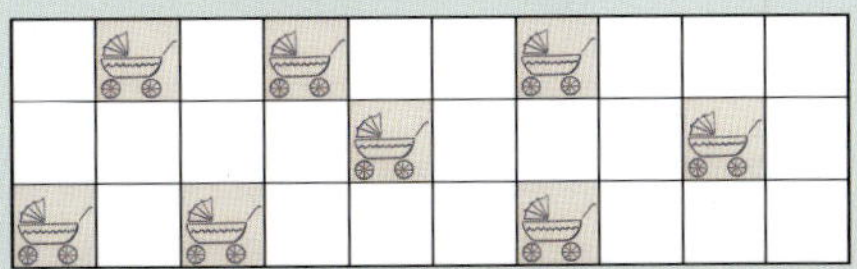

TECHNIK

SCHWIERIGKEITSGRAD

1

siehe auch Der Brand **18–21** Fliesen trocknen **37** Motive übertragen **53**

MOTIV

100 Ducky

Meine inzwischen 23 Jahre alte Tochter hat dieses Motiv so getauft, denn sie fand, das klänge besser als „duck" (das englische Wort für Ente).

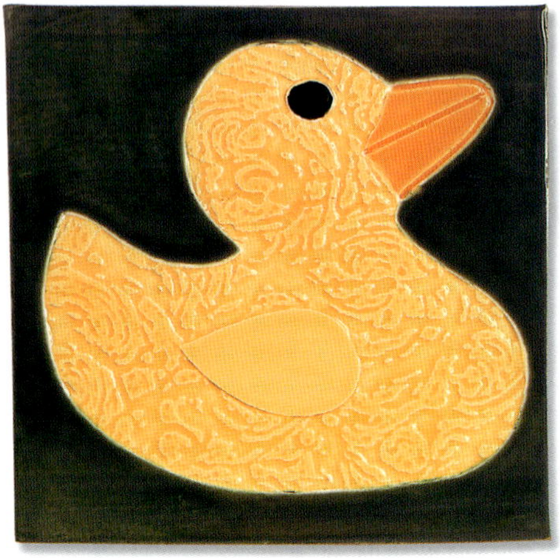

TON Weißer Steingut-Ton, Schrühbrand bei 1100 °C, Glasurbrand bei 1020 °C.

Schritt für Schritt

1 Die Ente aus strukturierter Tapete zuschneiden, dabei Auge, Schnabel und Flügel aussparen.

2 Die Schablone mit der Strukturseite nach unten auf eine Tonplatte legen, fest darüber rollen und die Fliese in Form schneiden.

3 Die Schablone abziehen und den Schnabel einritzen.

4 Nach dem Schrühbrand mit gekauften Glasuren ausmalen und brennen.

Material

- Strukturtapete
- Weißer Steingut-Ton
- Rollholz
- Werkzeug zum Ritzen
- Gekaufte Glasuren
- Pinsel

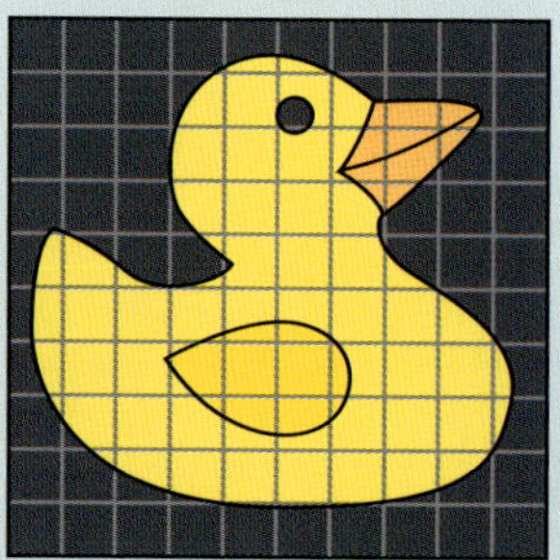

Auf der Fläche

Schön als Einzelmotiv in unregelmäßiger Anordnung, aber auch als Bordüre, z.B. in verschiedenen Farben.

ANORDNUNGSVORSCHLAG

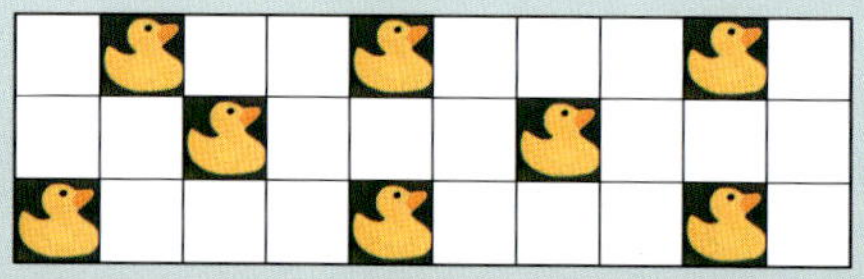

TECHNIK

SCHWIERIGKEITSGRAD

1

siehe auch Der Brand **18–21** Fliesen trocknen **37**

MOTIV

101 Eisenbahn

Diese farbenfrohe Szene wurde auf eine Fliese aufgemalt, die sich schon an der Wand befand. Einfacher ist es natürlich, dies vor dem Fliesen zu machen.

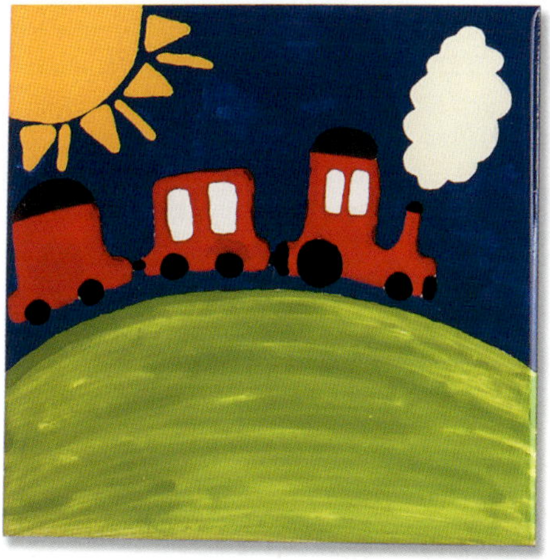

Schritt für Schritt

1 Das Motiv auf eine Wandfliese übertragen.

2 Das Motiv mit gekauften Emaillefarben nachmalen. Es geht leichter, wenn Sie jede Farbe trocknen lassen, bevor Sie mit der nächsten beginnen.

3 Nach dem Trocknen mit dem dafür empfohlenen Lack versiegeln.

Material
- Pinsel
- Emaillefarben
- Klarlack zum Versiegeln

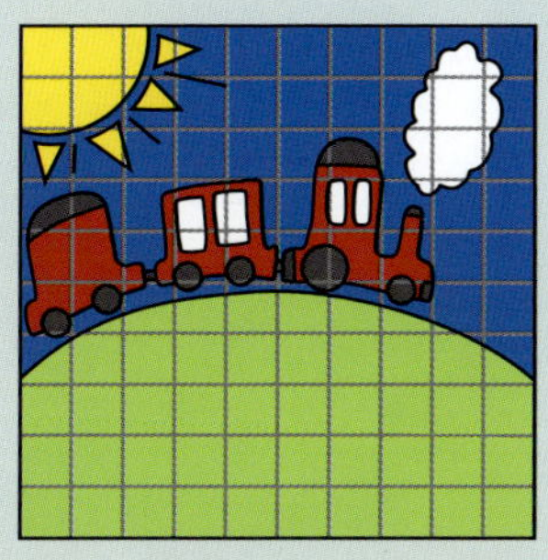

Auf der Fläche

Diese Fliese ist als Einzelmotiv gedacht, würde aber auch als Wandbild sehr gut aussehen.

ANORDNUNGSVORSCHLAG

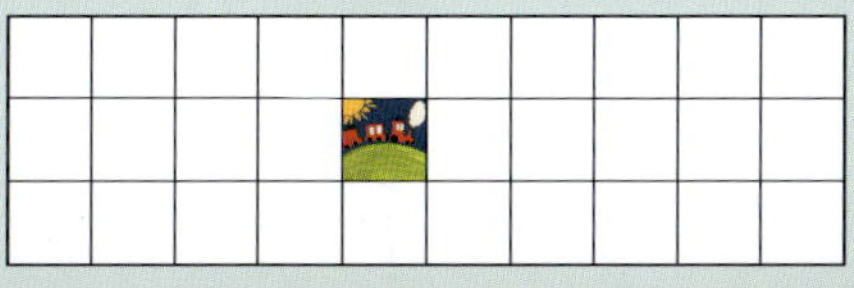

TECHNIK

SCHWIERIGKEITSGRAD

1

siehe auch Motive übertragen **53**

MOTIV 102

Luftballon-Schablone

Ein einfaches, fröhliches Motiv, mit dem man langweilige Fliesenwände in Windeseile kunterbunt machen kann.

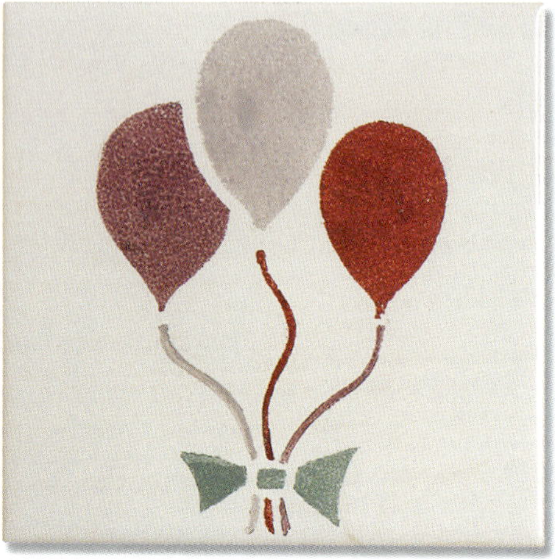

Schritt für Schritt

1 Das Motiv auf Schablonenkarton übertragen und sorgfältig mit dem Cutter ausschneiden.

2 Die Schablone mit Sprühkleber einsprühen und über einer Wandfliese befestigen. Die Details mit Keramikfarben sorgfältig auftupfen.

3 Die Schablone abnehmen und die Oberfläche der Fliese versiegeln.

Material

- Schablonen-karton
- Cutter
- Sprühkleber
- Keramikfarben
- Naturschwamm oder Stupfpinsel
- Klarlack zum Versiegeln

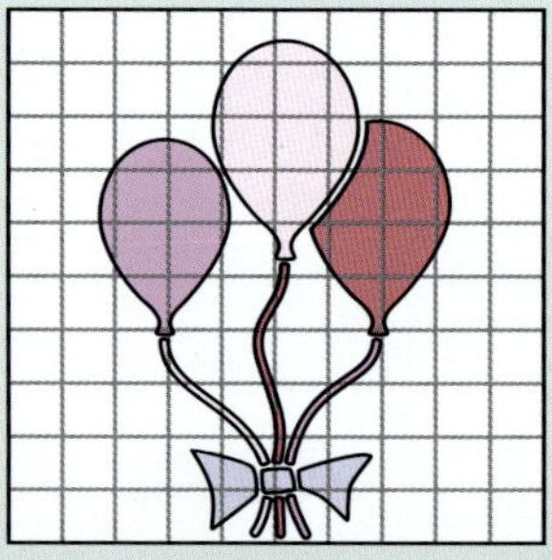

Auf der Fläche

Besonders schön als locker verteiltes Einzelmotiv in vielen Farbvariationen.

ANORDNUNGSVORSCHLAG

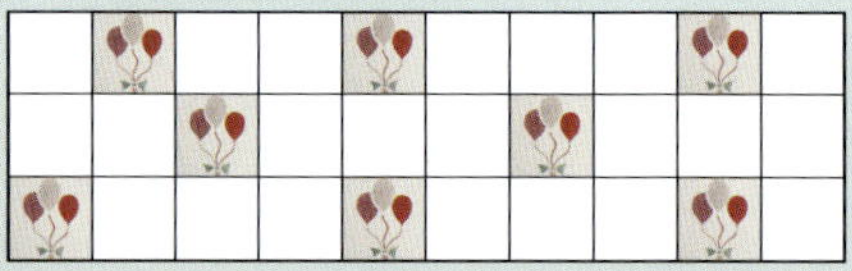

TECHNIK

SCHWIERIGKEITSGRAD

1

siehe auch Motive übertragen **53**

MOTIV

103 Drachen

Hier ist noch eine fröhliche und farbenfrohe Szene, wie geschaffen für die Spielecke im Kinderzimmer.

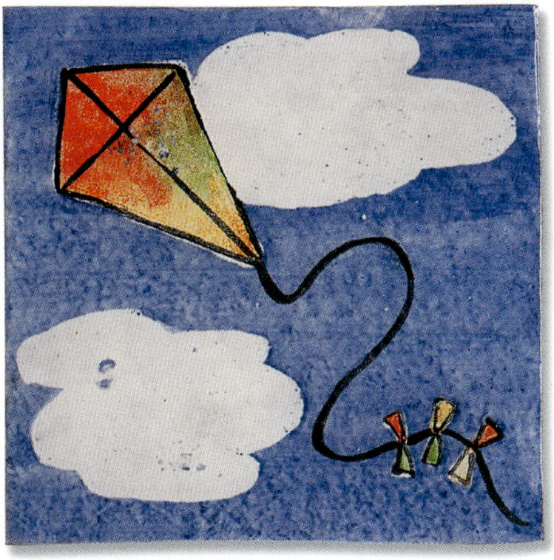

TON Roter Steingut-Ton, Schrühbrand bei 1100 °C, Glasurbrand bei 1080 °C.

Schritt für Schritt

1 Nach dem Schrühbrand eine Schicht weißer Zinnglasur auftragen, antrocknen lassen und das Motiv auf die Fliese übertragen.

2 Die Wolken mit Wachsemulsion abdecken, dann den Drachen und die Schleifen mit Unterglasurfarben ausmalen.

3 Die farbigen Bereiche des Drachens mit Wachsemulsion abdecken und die ganze Fliese mit blauer Unterglasurfarbe überziehen.

4 Die Konturen und Linien mit schwarzer Unterglasurfarben einfügen und den Glasurbrand vornehmen.

Material

- Roter Steingut-Ton
- Weiße Steingut-Zinnglasur
- Pinsel
- Wachsemulsion
- Unterglasur-farben

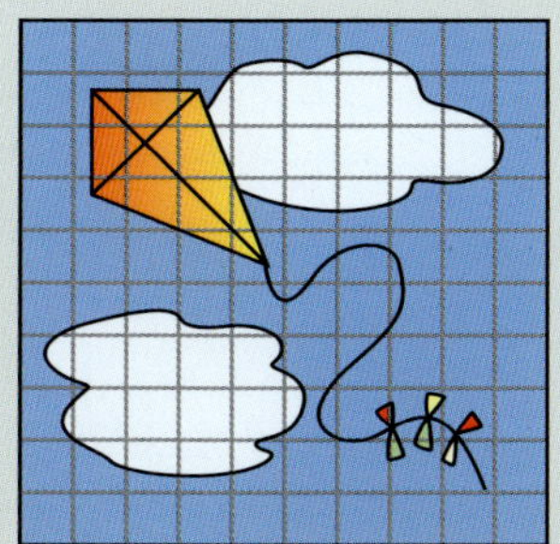

Auf der Fläche

Diese Fliese ist als Einzelmotiv gedacht, würde aber auch als Wandbild sehr gut aussehen.

ANORDNUNGSVORSCHLAG

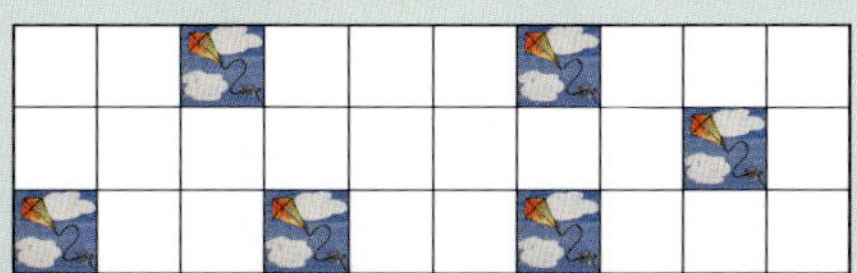

TECHNIK

SCHWIERIGKEITSGRAD

1 2

siehe auch Der Brand **18–21** Fliesen trocknen **37** Wachsabdeckung **46** Motive übertragen **53**

MOTIV

104 Puppe

Für dieses kunterbunte Püppchen sollten Sie vorher auf ein paar Bogen Papier üben, denn sie wird freihändig gemalt.

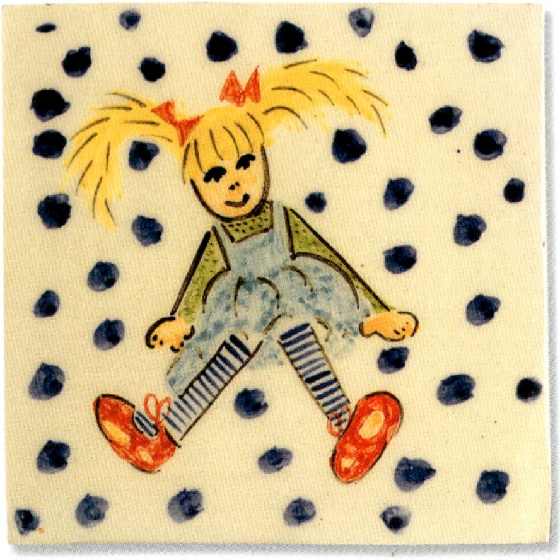

TON Roter Steingut-Ton, Schrühbrand bei 1100 °C, Glasurbrand bei 1080 °C.

Schritt für Schritt

1. Eine Schicht weißer Engobe auf die lederharte Fliese auftragen und trocknen lassen.
2. Das Motiv auf die Fliese übertragen und mit Unterglasurfarben ausmalen.
3. Nach dem Schrühbrand transparent glasieren und brennen.

Material

- Roter Steingut-Ton
- Weiße Engobe
- Pinsel
- Unterglasurfarben
- Transparente Steingut-Glasur

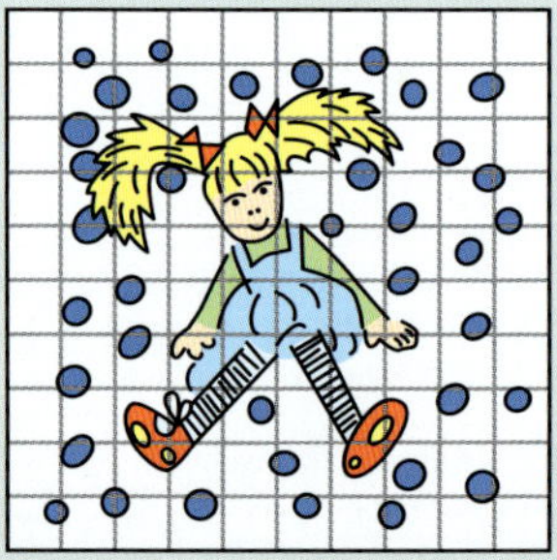

Auf der Fläche

Geeignet als locker verteiltes Einzelmotiv oder als Bordüre in verschiedenen Farbausführungen.

ANORDNUNGSVORSCHLAG

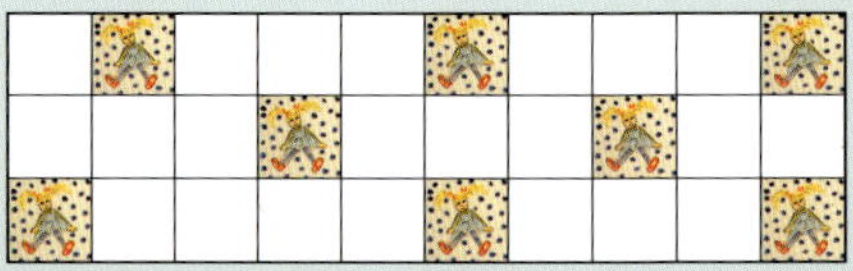

TECHNIK

SCHWIERIGKEITSGRAD

1 2

siehe auch Der Brand **18–21** Fliesen trocknen **37** Wachsabdeckung **43** Unterglasurfarben **46** Motive übertragen **53**

MOTIV

105 Würfelmuster

Das Motiv soll eigentlich Bauklötze darstellen, doch durch die lockere Freihand-Ausführung passt diese Fliese nicht nur ins Kinderzimmer.

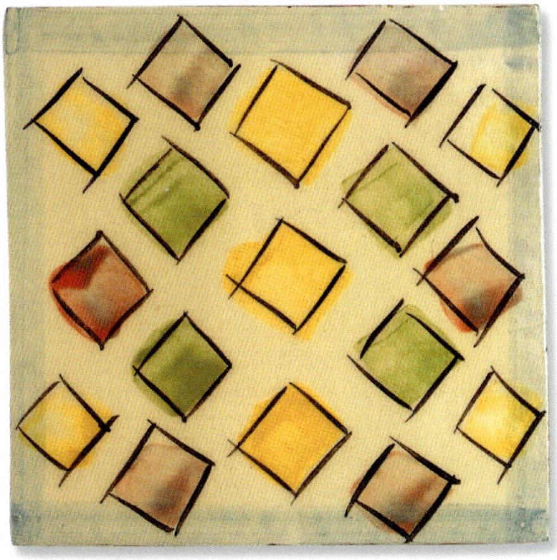

Schritt für Schritt

1. Eine Schicht weißer Engobe auf die lederharte Fliese auftragen und trocknen lassen.
2. Das Motiv auf die Fliese übertragen und mit Unterglasurfarben ausmalen.
3. Nach dem Schrühbrand transparent glasieren und brennen.

TON Roter Steingut-Ton, Schrühbrand bei 1100 °C, Glasurbrand bei 1080 °C.

Material

- Roter Steingut-Ton
- Weiße Engobe
- Pinsel
- Unterglasurfarben
- Transparente Steingut-Glasur

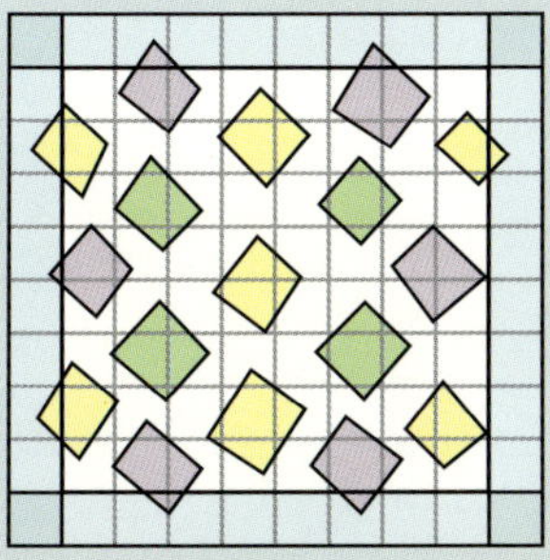

Auf der Fläche

Geeignet als flächiger Rapport, auch in verschiedenen Farbausführungen.

ANORDNUNGSVORSCHLAG

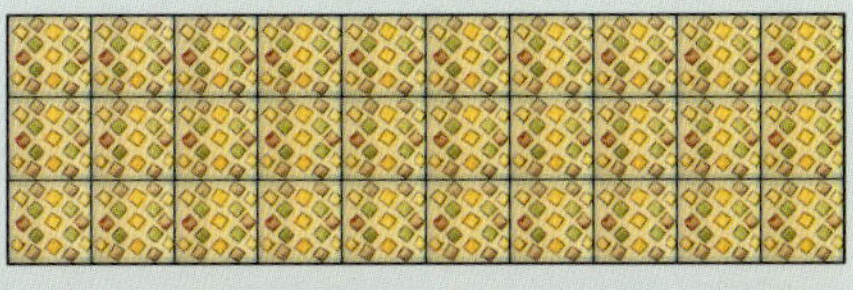

TECHNIK

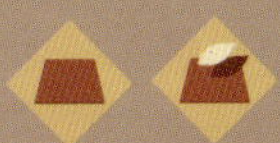

SCHWIERIGKEITSGRAD

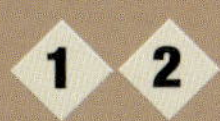

siehe auch Der Brand **18–21** Fliesen trocknen **37** Oxide **45–47** Motive übertragen **53**

MOTIV

106 Spiralmuster

Die Vorlage für dieses Motiv war eine von Antoni Gaudí in Barcelona entworfene steinerne Wendeltreppe.

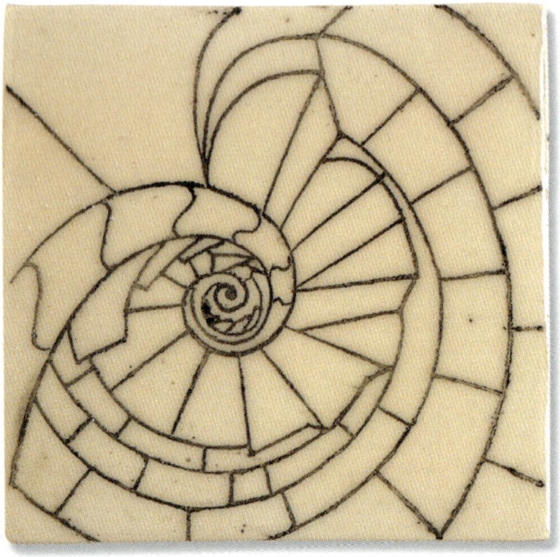

TON Porzellan-Ton, Schrühbrand bei 1000 °C, Glasurbrand bei 1260 °C.

Schritt für Schritt

1 Die Fliese vorbereiten und lederhart trocknen lassen.

2 Eine sehr gleichmäßige Schicht Pigment auf ein nicht saugfähiges Brett auftragen und trocknen lassen.

3 Das Motiv auf einen Bogen Papier übertragen, das Papier auf das Brett legen und die Konturen nochmals nachziehen.

4 Das Papier mit der Farbseite nach unten auf die Fliese legen und mit dem Finger darüber streichen, um das Motiv zu übertragen. Nach dem Schrühbrand transparent glasieren und brennen.

Material

- Porzellan-Ton
- Pigment
- Papier und Bleistift
- Transparente Steingut-Glasur

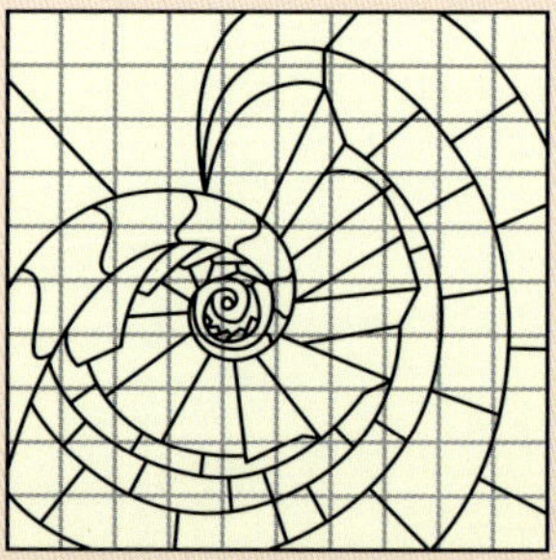

Auf der Fläche

Geeignet als flächiger Rapport und als locker verteiltes Einzelmotiv.

ANORDNUNGSVORSCHLAG

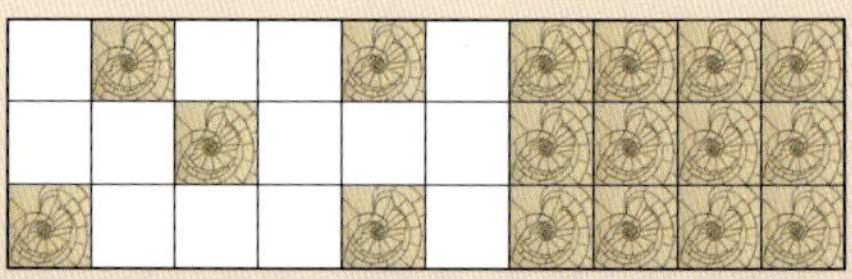

TECHNIK

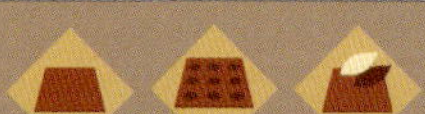

SCHWIERIGKEITSGRAD

1 2

siehe auch Der Brand **18–21** Fliesen trocknen **37** Motive übertragen **53**

MOTIV

107 Fenster Diese Majolika-Malerei zeigt Fensterbogen und geöffnete Fensterflügel.

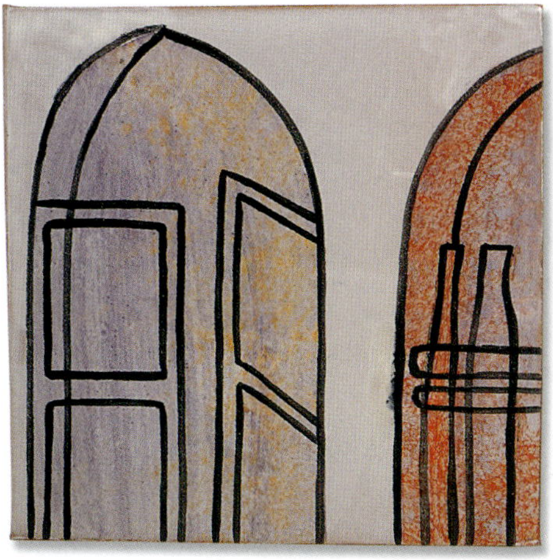

TON Roter Steingut-Ton, Schrühbrand bei 1100 °C, Glasurbrand bei 1080 °C.

Schritt für Schritt

1 Nach dem Schrühbrand eine Schicht weiße Zinnglasur auf die Fliese auftragen. Das Motiv auf die Fliese übertragen.

2 Für den Bereich über den Fenstern eine Schablone aus Zeitungspapier anfertigen, anfeuchten und auf die Fliese auflegen.

3 Die inneren Fensterbogen dünn mit Unterglasurfarbe lasieren. Mit dem Schwamm Schatten in einer Komplementärfarbe auftupfen.

4 Die schwarzen Linien mit einem feinen Pinsel einzeichnen und den Glasurbrand vornehmen.

Material

- Roter Steingut-Ton
- Weiße Steingut-Zinnglasur
- Feiner Pinsel
- Zeitung
- Unterglasur-farben
- Naturschwamm

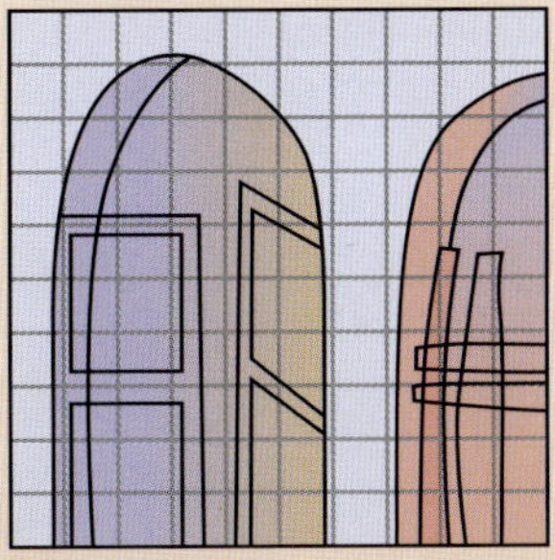

Auf der Fläche

Geeignet als locker verteiltes Einzelmotiv oder, aufgeblasen, als Wandbild.

ANORDNUNGSVORSCHLAG

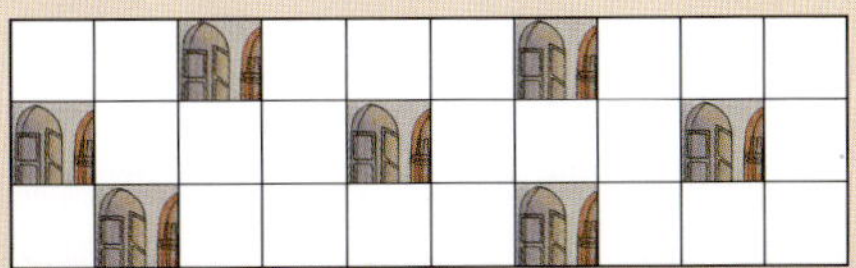

TECHNIK

SCHWIERIGKEITSGRAD

1 2

siehe auch Der Brand **18–21** Fliesen trocknen **37**

MOTIV

108 Kragstein

Solche Steinkonsolen sind dekorative Elemente in der Architektur, z.B. unter Balkons und Mauervorsprüngen. Diese Reliefffliese kommt dem Original sehr nahe.

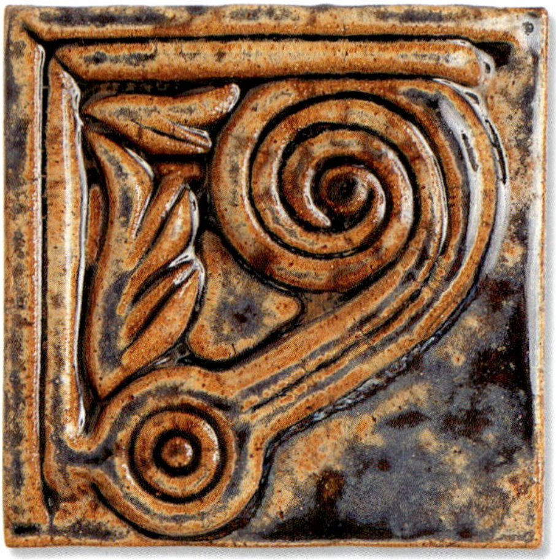

TON Flüssiger Steingut-Schlicker, Schrühbrand bei 1000 °C, Glasurbrand bei 1260 °C.

Schritt für Schritt

1 Eine Fliese 1,5 cm dick ausrollen, in Form schneiden und das Motiv darauf übertragen.

2 Das Motiv in die Fliese einmodellieren, dabei achtgeben, dass sich an den erhabenen Stellen keine Überhänge bilden.

3 Eine Gipsform von der fertigen Fliese machen. Nun die Fliese im Schlickergussverfahren anfertigen.

4 Nach dem Schrühbrand Kupferoxid auftragen und ein wenig abwischen. Anschließend reaktive oder opake Glasur auftragen und brennen.

Material

- Modellierwerkzeug
- Gips
- Flüssiger Steingut-Schlicker
- Kupferoxid
- Reaktive oder opake Steingut-Glasur

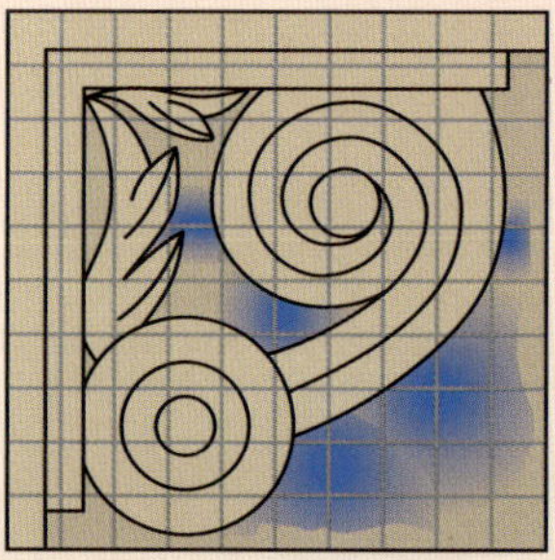

Auf der Fläche

Geeignet als flächiger Rapport und als locker verteiltes Einzelmotiv.

ANORDNUNGSVORSCHLAG

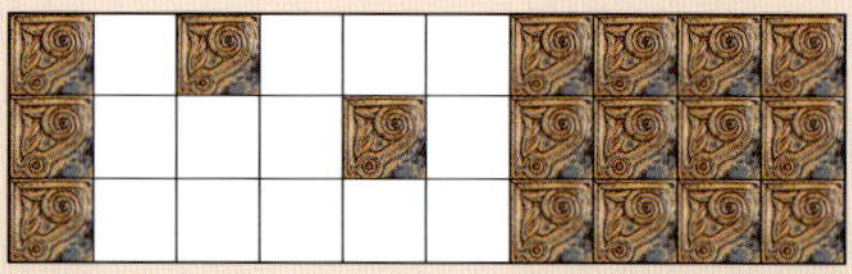

TECHNIK

SCHWIERIGKEITSGRAD

1 2 3

siehe auch Der Brand **18–21** Gipsformen **22** Fliesen trocknen **37** Oxide **45–47** Motive übertragen **53**

MOTIV

109

Eisengittermotiv

Eisengitter sind eine gute Inspirationsquelle für Fliesenmotive und Engobe-Malerei ist gut geeignet, um ihre eleganten Linien wiederzugeben. Dafür braucht man allerdings etwas Übung.

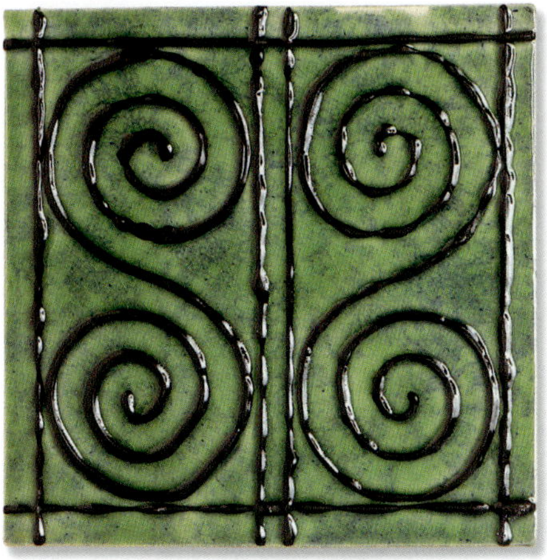

TON Weißer Steingut-Ton, Schrühbrand bei 1100 °C, Glasurbrand bei 1080 °C.

Schritt für Schritt

1 Das Motiv auf eine trockene, ungebrannte Fliese übertragen.

2 Die Konturen sorgfältig mit dem Malbällchen und flüssiger Engobe nachziehen.

3 Nach dem Schrühbrand farbige Transparentglasur auftragen, dann eine zweite Farbe locker darüber tupfen – Grün und Blau z.B. sehen sehr gut zusammen aus. Dann brennen.

Material

- Weißer Steingut-Ton
- Schwarze Engobe
- Malbällchen
- Steingut-Glasur in zwei Farben
- Naturschwamm

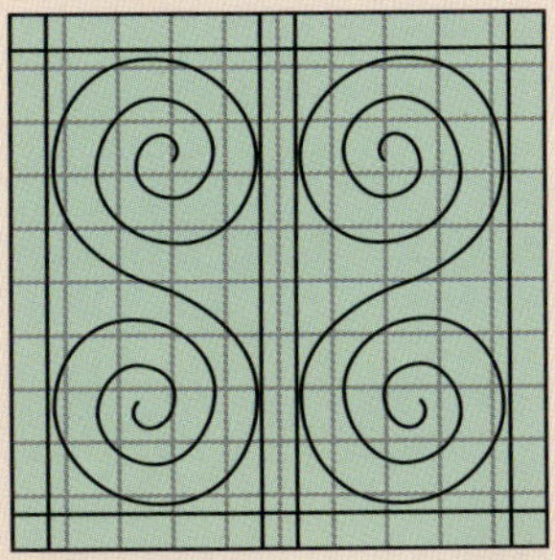

Auf der Fläche

Sehr schön für Umrandungen und Bordüren.

ANORDNUNGSVORSCHLAG

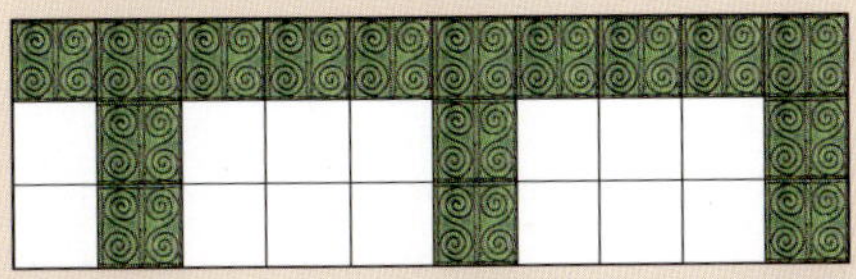

TECHNIK

SCHWIERIGKEITSGRAD

1 2

siehe auch Der Brand **18–21** Fliesen trocknen **37** Motive übertragen **53**

MOTIV

110 Offenes Tor

Das Design von Eingängen ist oft das Aushängeschild für den jeweiligen Architekturstil. Dieses klassizistische Tor ist von Säulen flankiert und hat einen Bogenaufsatz.

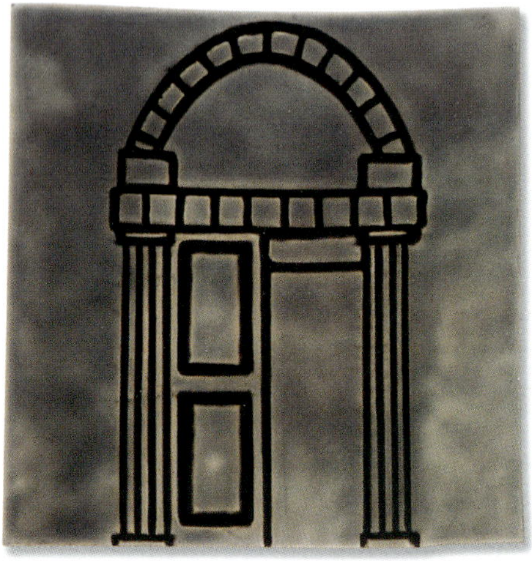

TON Weißer Steingut-Ton, Schrühbrand bei 1000 °C, Glasurbrand bei 1260 °C.

Schritt für Schritt

1 Die Fliese vorbereiten und lederhart trocknen lassen.

2 Das Motiv auf die Fliese übertragen und die Konturen nachritzen.

3 Nach dem Schrühbrand schwarze Glasur auftragen und wieder abwischen, sodass sie nur in den Vertiefungen verbleibt.

4 Eine Schicht helle Glasur auftragen und den Glasurbrand vornehmen.

Material

- Weißer Steingut-Ton
- Werkzeug zum Ritzen
- Schwarze Steingut-Glasur
- Helle, farbige, transparente Steingut-Glasur

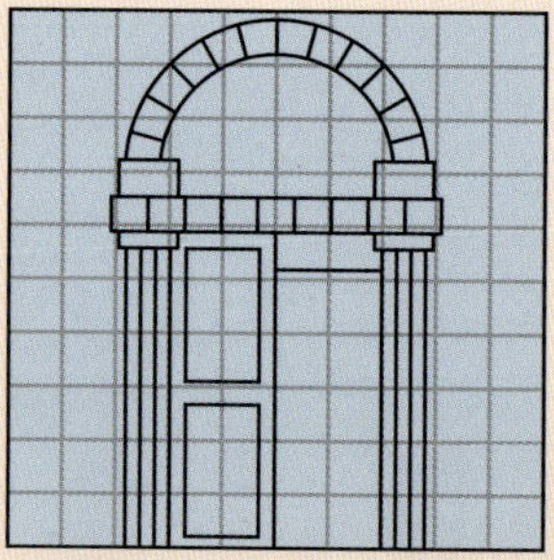

Auf der Fläche

Diese Fliese ist besonders dekorativ als Umrandung.

ANORDNUNGSVORSCHLAG

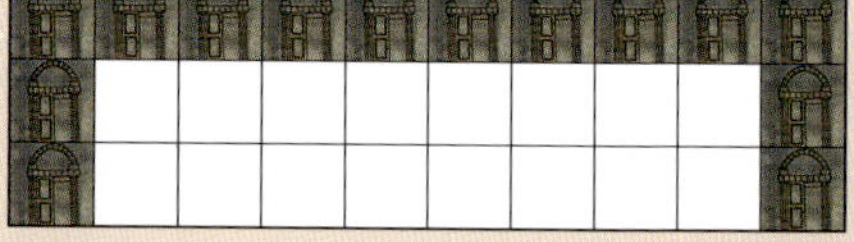

TECHNIK

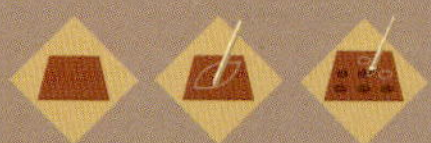

SCHWIERIGKEITSGRAD

1

siehe auch Der Brand **18–21** Fliesen trocknen **37** Motive übertragen **53**

MOTIV

111 Säulen

Säulen sind ein immer wiederkehrendes Motiv in der Architektur und ein dankbares Motiv für Rapportfliesen.

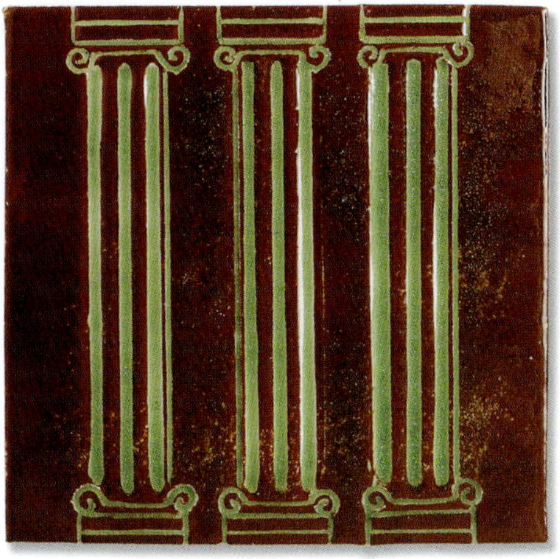

TON Weißer Steingut-Ton, Schrühbrand bei 1100 °C, Glasurbrand bei 1080 °C.

Schritt für Schritt

1 Eine Schicht farbige Engobe auf die lederharte Fliese auftragen und klebfrei trocknen lassen.

2 Das Motiv auf die Fliese übertragen und die Konturen nachritzen, dabei die Linienstärke variieren. Eine Modellierschlinge ist ideal. Die Tonfarbe sollte freigelegt werden.

3 Nach dem Schrühbrand farbige Transparentglasur auftragen und brennen.

Material

- Weißer Steingut-Ton
- Farbige Engobe
- Pinsel
- Ritzwerkzeug
- Modellierschlinge (wahlweise)
- Farbige, transparente Steingut-Glasur

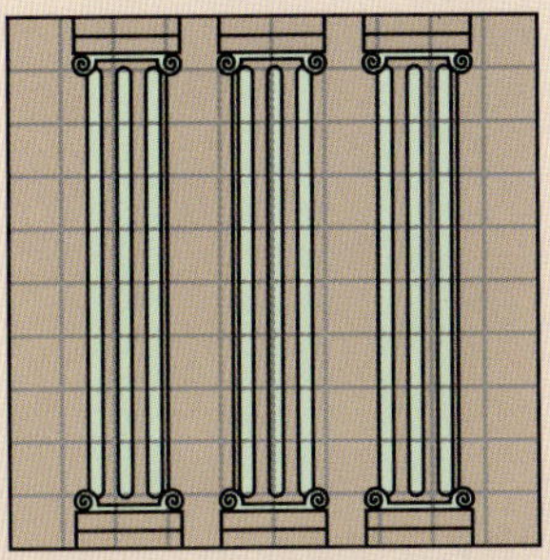

Auf der Fläche

Diese Fliese ist gut als Bordüre und als Umrandung geeignet.

ANORDNUNGSVORSCHLAG

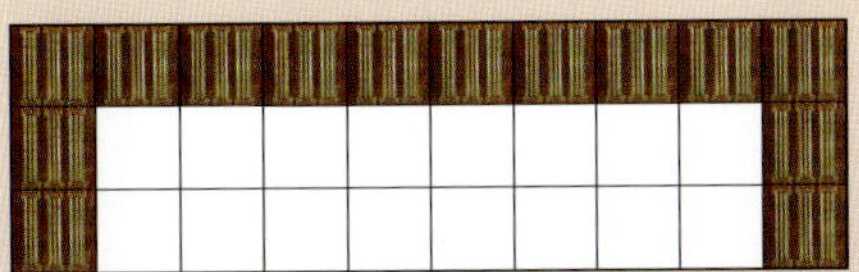

TECHNIK

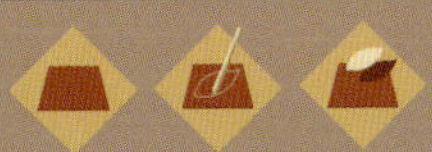

SCHWIERIGKEITSGRAD

1

siehe auch Der Brand **18–21** Engobe auftragen **32** Fliesen trocknen **37**
Motive übertragen **53**

MOTIV

112 Burgmauer

Diese Fliese wurde in der Raku-Technik hergestellt, um den Schwarz-Weiß-Kontrast herauszuarbeiten. Wenn Sie keinen Raku-Ofen haben, nehmen Sie schwarze und weiße Glasur.

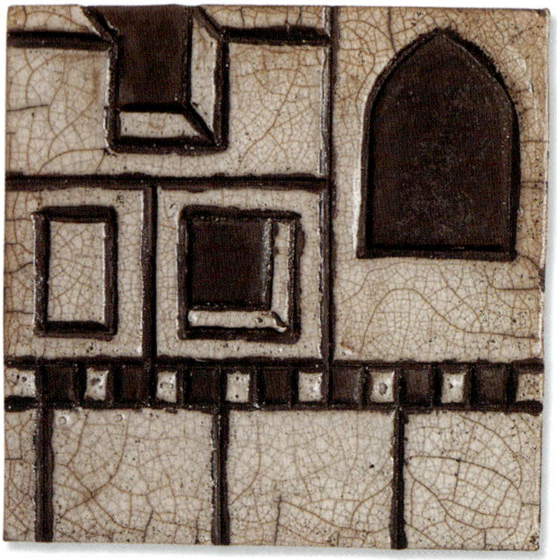

TON Schamottierter weißer Raku-Ton, Schrühbrand bei 1000 °C, Raku-Brand bei 900 °C.

Schritt für Schritt

1 Die Fliese vorbereiten und lederhart trocknen lassen.

2 Das Motiv auf die Fliese übertragen und die Konturen nachritzen.

3 Nach dem Schrühbrand alle Flächen und Linien, die schwarz bleiben sollen, mit Wachsemulsion abdecken.

4 Transparente Raku-Glasur auftragen, den Raku-Brand vornehmen und die Fliese zum Abkühlen in Sägespäne legen, damit die frei gebliebenen Stellen schwarz werden. Mit Wasser und hartem Schwamm reinigen.

Material

- Weißer Raku-Ton
- Werkzeug zum Ritzen
- Wachsemulsion
- Pinsel
- Transparente Raku-Glasur
- Harter Schwamm

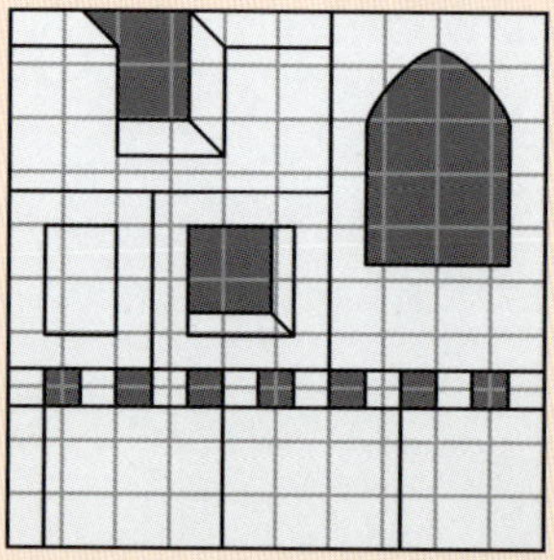

Auf der Fläche

Geeignet als flächiger Rapport und als locker verteiltes Einzelmotiv.

ANORDNUNGSVORSCHLAG

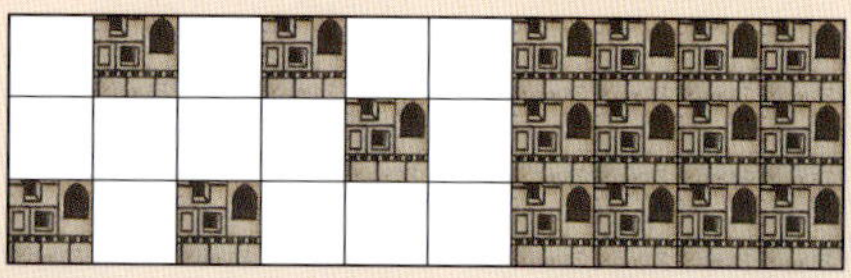

TECHNIK

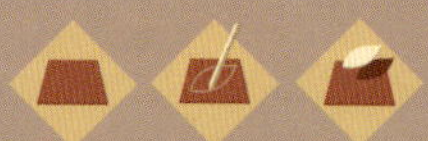

SCHWIERIGKEITSGRAD

1 2 3

siehe auch Der Brand **18–21** Raku-Brand **21** Fliesen trocknen **37** Wachsabdeckung **46** Motive übertragen **53**

MOTIV 113

Bauplan

Die Inspiration für diese Fliese waren Baupläne von Gebäuden. Das Ausschneiden der Strukturtapete macht ein bisschen Arbeit, aber der Rest ist einfach.

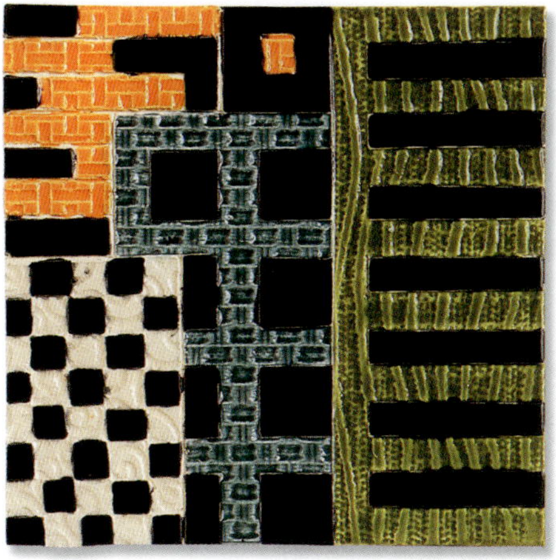

TON Weißer Steingut-Ton, Schrühbrand bei 1100 °C, Glasurbrand bei 1020 °C.

Schritt für Schritt

1 Aus Strukturtapete nach der Motivzeichnung fünf Schablonen ausschneiden.

2 Die Schablonen mit der Strukturseite nach unten auf eine vorbereitete Fliese legen und fest darüber rollen. Papier abziehen und die Fliese wenn nötig in Form schneiden.

3 Nach dem Schrühbrand alle glatten Partien mit schwarzer Glasur, die gemusterten mit farbiger Glasur ausmalen und brennen.

Material

- Weißer Steingut-Ton
- Strukturtapete
- Rollholz und Leisten
- Gekaufte Glasuren
- Pinsel

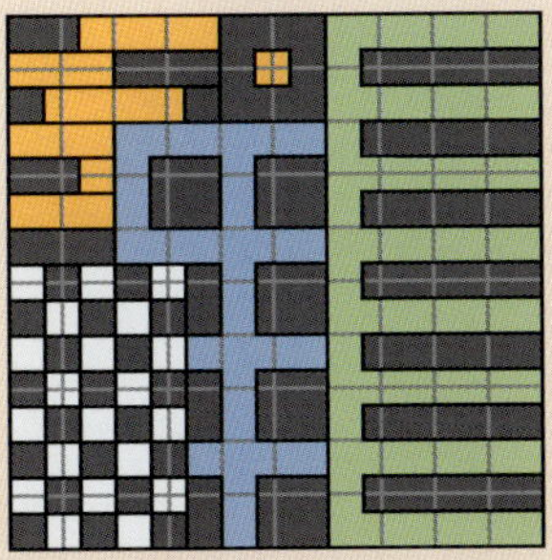

Auf der Fläche

Ideal für einen sehr farbenfrohen ganzflächigen Rapport.

ANORDNUNGSVORSCHLAG

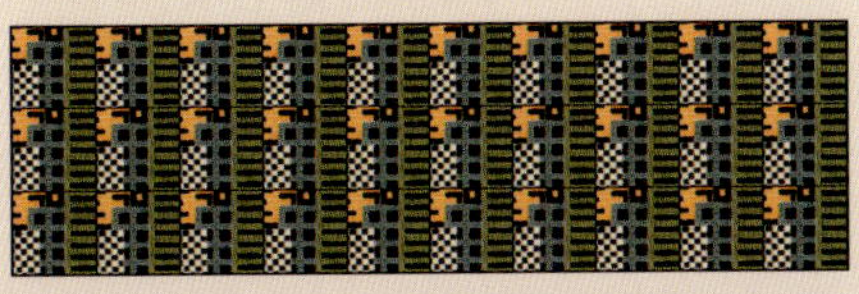

TECHNIK

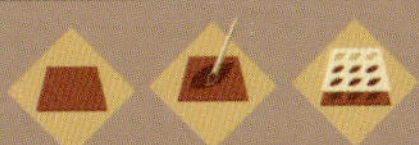

SCHWIERIGKEITSGRAD

1 2 3

siehe auch Der Brand **18–21** Fliesen trocknen **37** Motive übertragen **53**

MOTIV 114

Kirchenfenster

Kirchen sind ebenfalls eine unerschöpfliche künstlerische Inspirationsquelle. Diese effektvolle Fliese ist sehr einfach nachzuarbeiten.

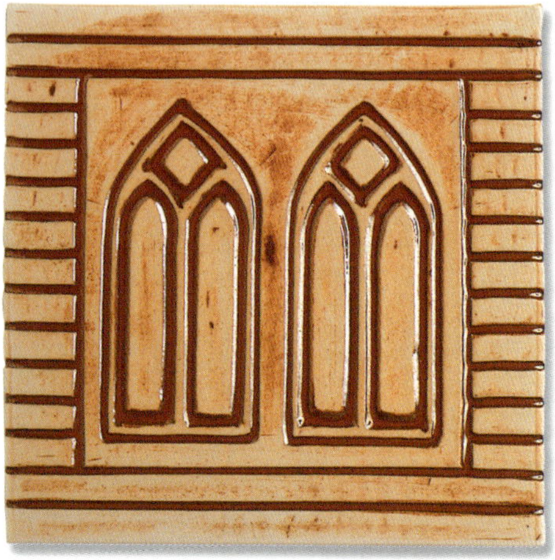

TON Porzellan-Ton, Schrühbrand bei 1000 °C, Glasurbrand bei 1260 °C.

Schritt für Schritt

1 Die Fliese vorbereiten und lederhart trocknen lassen.

2 Das Motiv auf die Fliese übertragen und die Konturen nachritzen.

3 Nach dem Schrühbrand farbig glasieren und sofort abwischen, sodass die Glasur nur in den Vertiefungen zurückbleibt.

Material

- Porzellan-Ton
- Werkzeug zum Ritzen
- Dunkle Steingut-Glasur
- Pinsel

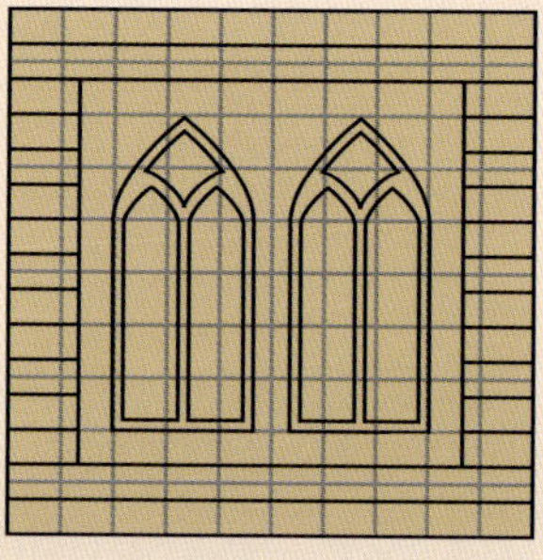

Auf der Fläche

Geeignet als flächiger Rapport und als locker verteiltes Einzelmotiv.

ANORDNUNGSVORSCHLAG

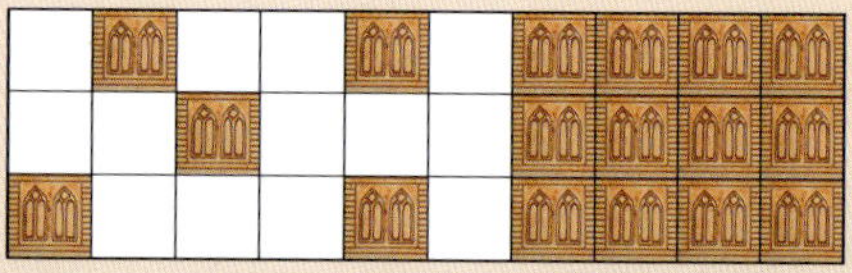

TECHNIK

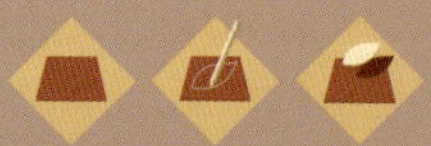

SCHWIERIGKEITSGRAD

1

siehe auch Der Brand **18–21** Fliesen trocknen **37** Motive übertragen **53**

MOTIV

115 Zwiebelturm

Durch die Schräglage des Motivs ergibt sich in der Vierergruppe ein sehr attraktiver, an eine Blüte erinnernder Rapport.

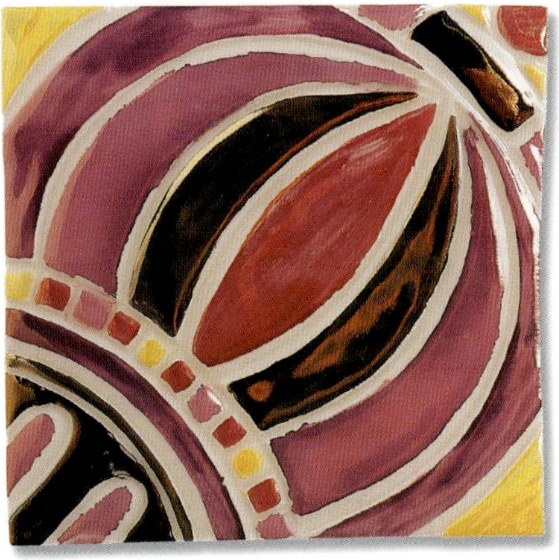

TON Porzellan-Ton, Schrühbrand bei 1000 °C, Glasurbrand bei 1260 °C, Lüster-Brand bei 730 °C.

Schritt für Schritt

1 Die Fliese vorbereiten und lederhart trocknen lassen.

2 Das Motiv auf die Fliese übertragen und die Konturen nachritzen.

3 Nach dem Schrühbrand transparent glasieren und den Glasurbrand vornehmen.

4 Anschließend die Farbflächen gleichmäßig mit einer dünnen Schicht Lüster-Glasur ausmalen und den Lüsterbrand vornehmen.

Material

- Porzellan-Ton
- Werkzeug zum Ritzen
- Transparente Glasur
- Pinsel
- Lüsterglasuren

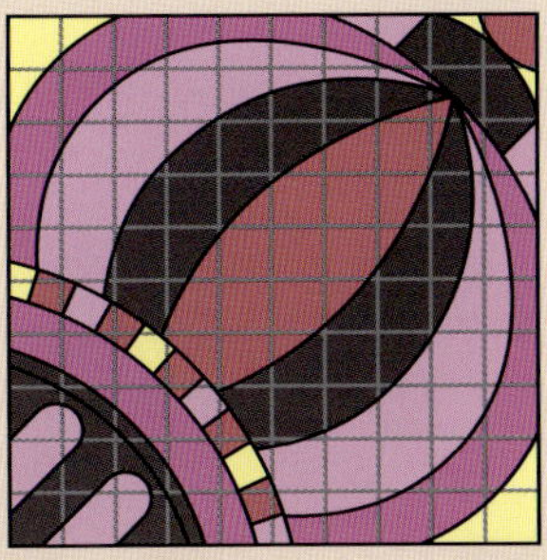

Auf der Fläche

Geeignet als flächiger Rapport, besonders in Vierergruppen wie abgebildet, und als locker verteiltes Einzelmotiv.

ANORDNUNGSVORSCHLAG

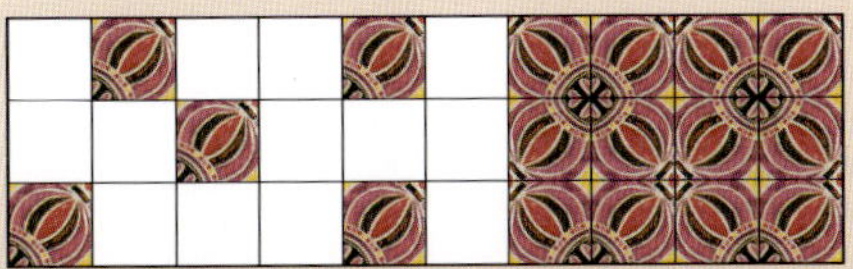

TECHNIK

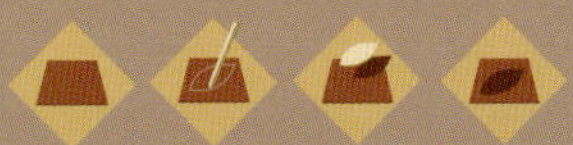

SCHWIERIGKEITSGRAD

1 2 3

siehe auch Der Brand **18–21** Fliesen trocknen **37** Motive übertragen **53**

MOTIV

116 Prunkvase

Der schwierigste Teil dieser Arbeit ist der Linolschnitt – danach kann man das Motiv kinderleicht in Serie produzieren.

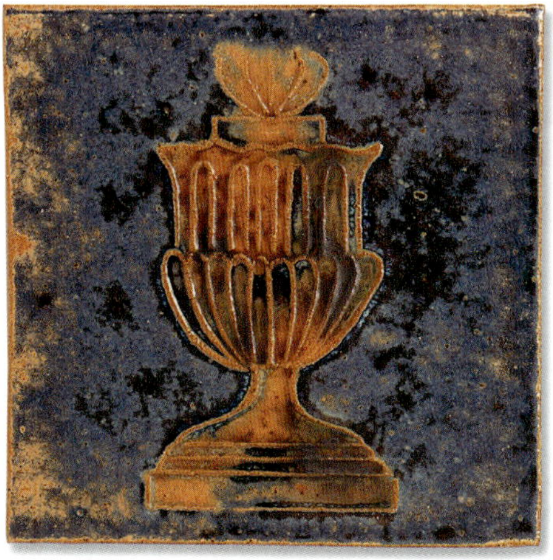

TON Weißer Steingut-Ton, Schrühbrand bei 1000 °C, Glasurbrand bei 1260 °C.

Schritt für Schritt

1 Das Motiv auf ein Linolquadrat übertragen und vorsichtig ausschneiden.

2 Die Linolplatte auf die Fliese legen und fest darüber rollen, um das Motiv zu übertragen.

3 Die Linolplatte abheben und die Fliese in Form schneiden.

4 Nach dem Schrühbrand Kupferkarbonat auftragen und leicht abwischen, eine Schicht reaktive oder opake Glasur auftragen und brennen.

Material

- 15 cm-Linolquadrat
- Linolmesser
- Weißer Steingut-Ton und Glasur
- Pinsel
- Kupferkarbonat
- Reaktive Glasur

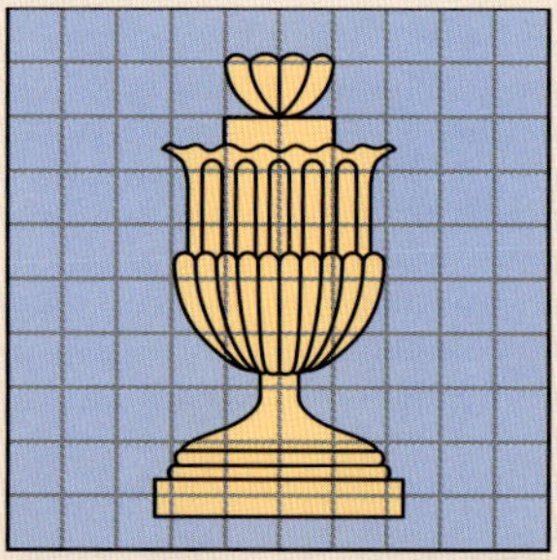

Auf der Fläche

Geeignet als flächiger Rapport oder als locker verteiltes Einzelmotiv.

ANORDNUNGSVORSCHLAG

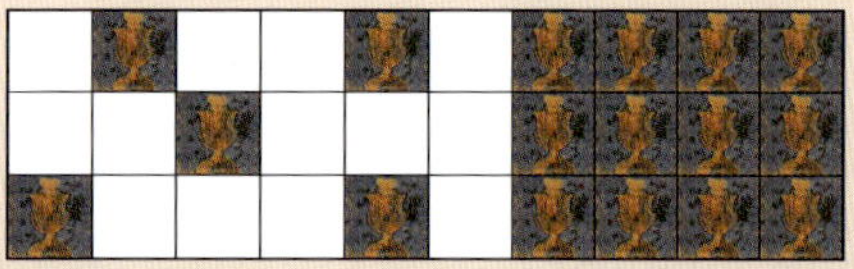

TECHNIK

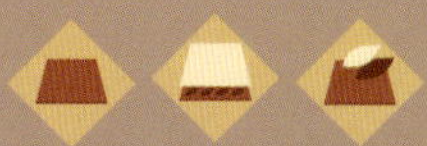

SCHWIERIGKEITSGRAD

1 2

siehe auch Der Brand **18–21** Fliesen trocknen **37** Oxide **45–47** Motive übertragen **53**

MOTIV

117 Mauerrelief

Dekoratives Mauerwerk ist ein dankbares Fliesenmotiv. Das Dekor in der Mitte dieser Fliese wurde in einen Model gepresst.

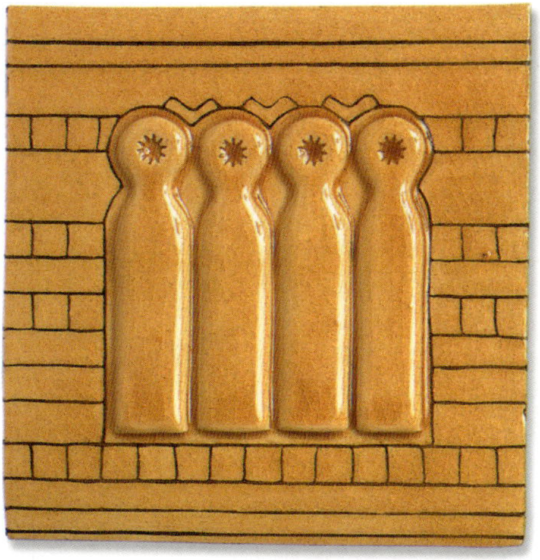

TON Weißer Steingut-Ton, Schrühbrand bei 1100 °C, Glasurbrand bei 1080 °C.

Schritt für Schritt

1 Ein Dekor-Model für das Zentralmotiv anfertigen.

2 Das Motiv auf die Fliese übertragen, die Linien nachritzen und mit farbiger Engobe überziehen.

3 Die Oberfläche nach dem Antrocknen abschaben, um das Motiv freizulegen. Vier Dekore nebeneinander in der Mitte befestigen, dafür die sich berührenden Flächen vorher mit einer nassen Zahnbürste aufrauen.

4 Nach dem Schrühbrand transparent glasieren und brennen.

Material

- Weißer Steingut-Ton
- Gips
- Ritzwerkzeug
- Farbige Engobe
- Pinsel
- Schaber
- Zahnbürste
- Transparente Steingut-Glasur

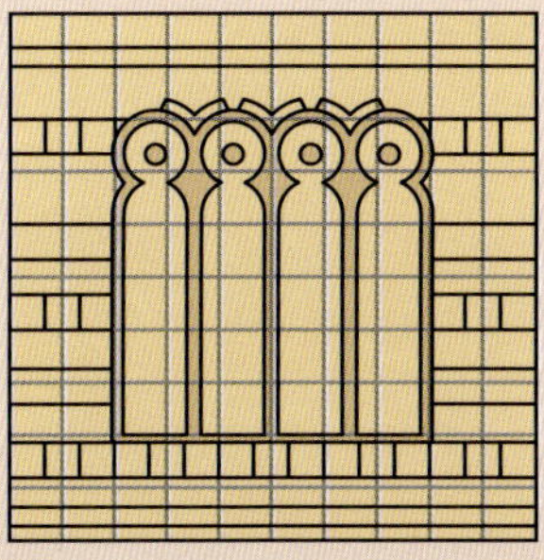

Auf der Fläche

Besonders wirkungsvoll als Umrandung von einfarbigen Flächen.

ANORDNUNGSVORSCHLAG

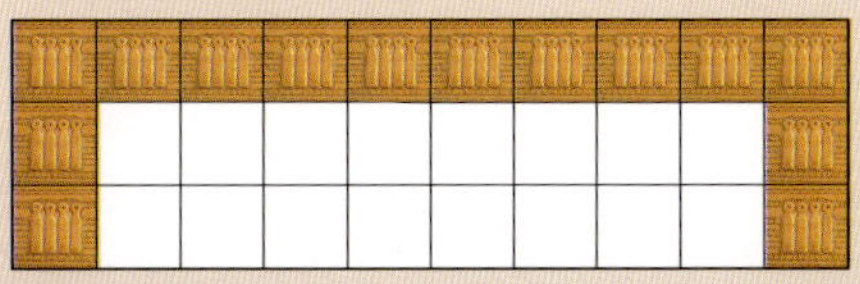

TECHNIK

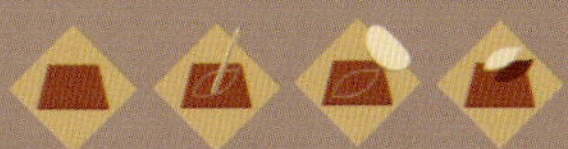

SCHWIERIGKEITSGRAD

1 2

siehe auch Der Brand **18–21** Dekor-Model **24–25** Fliesen trocknen **37** Motive übertragen **53**

MOTIV 118

Kirchen-Schablone

Noch eine Schablone mit einem einfachen und dekorativen Motiv zum Aufpeppen eintöniger Fliesenwände.

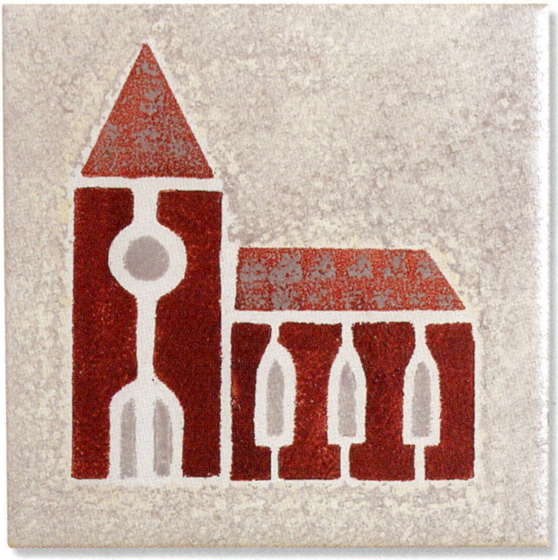

Schritt für Schritt

1 Das Motiv auf Schablonenkarton übertragen und sorgfältig mit dem Cutter ausschneiden.

2 Die Schablone mit Malerkrepp über einer Wandfliese befestigen. Die Details mit einem Naturschwamm oder Stupfpinsel und Keramikfarben sorgfältig auftupfen.

3 Die Schablone abnehmen und eine sehr helle Farbe rund um das Motiv tupfen.

4 Die Oberfläche der Fliese versiegeln.

Material
- Schablonenkarton
- Cutter
- Malerkrepp
- Keramikfarben
- Naturschwamm oder Stupfpinsel
- Klarlack zum Versiegeln

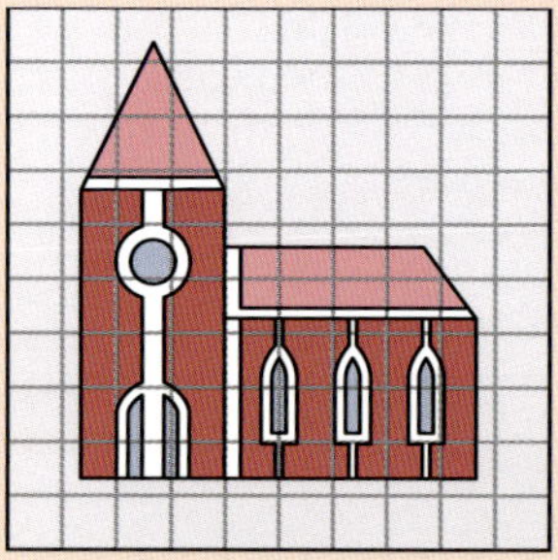

Auf der Fläche

Geeignet als Einzelmotiv zwischen einfarbigen Fliesen.

ANORDNUNGSVORSCHLAG

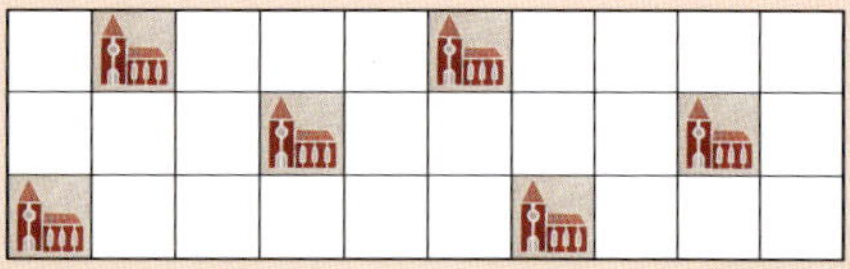

TECHNIK

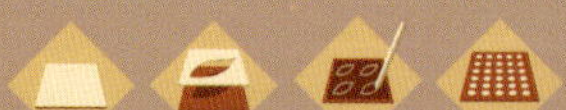

SCHWIERIGKEITSGRAD

1

MOTIV

119 Minarett

Ich habe das Minarett-Motiv sehr stark stilisiert – eigentlich ist nur noch der Turm zu sehen. Sehr schön als Gruppe in verschiedenen Farben.

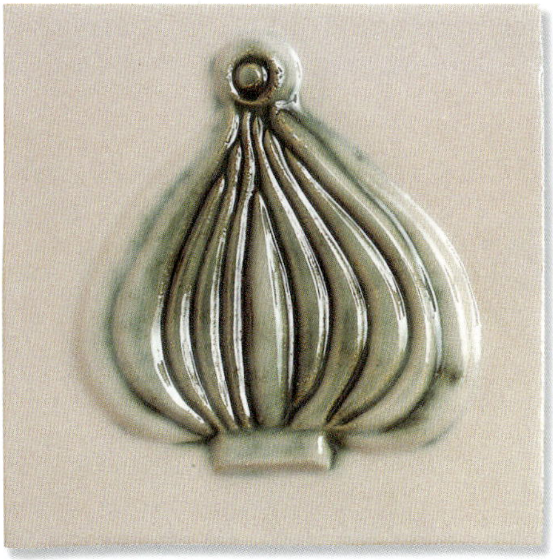

TON Weißer Steingut-Ton, Schrühbrand bei 1000 °C, Glasurbrand bei 1260 °C.

Schritt für Schritt

1 Ein Dekor-Model für das Motiv anfertigen.

2 Das Motiv auf die Fliese übertragen, die Linien nachritzen und mit farbiger Engobe überziehen.

3 Das Dekor in der Mitte befestigen, dafür die sich berührenden Flächen vorher mit einer nassen Zahnbürste aufrauen. Es dürfen keine Luftblasen dazwischen verbleiben, sonst springt das Motiv beim Brennen ab.

4 Nach dem Schrühbrand Kupferoxid auftragen, etwas abwischen, dann weiße Glasur auftragen und brennen.

Material

- Weißer Steingut-Ton
- Gips
- Kupferoxid
- Pinsel
- Zahnbürste
- Weiße Steingut-Glasur

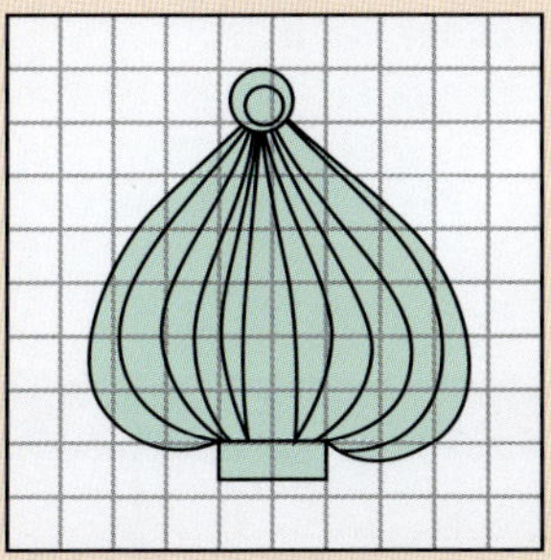

Auf der Fläche

Geeignet als flächiger Rapport, als Bordüre und als unregelmäßig verteiltes Einzelmotiv.

ANORDNUNGSVORSCHLAG

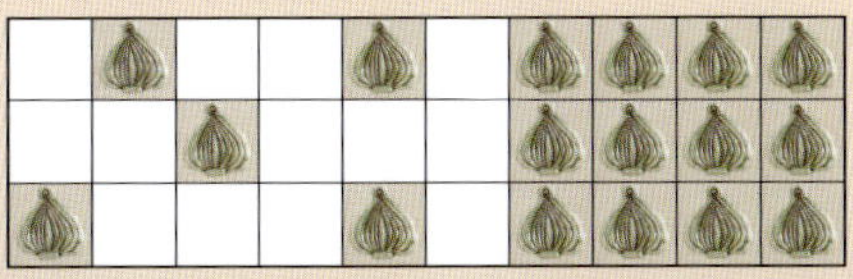

TECHNIK

SCHWIERIGKEITSGRAD

1 2

siehe auch Der Brand **18–21** Dekor-Model **24–25** Fliesen trocknen **37** Oxide **45–47** Motive übertragen **53**

MOTIV 120

Aztekische Schlange

Dieses Motiv ist besonders eindrucksvoll durch die Verwendung von Strukturtapete und Raku-Glasur. Das Original ist ein aztekisches Türkis-Mosaik, vermutlich von einer Brosche oder Brustscheibe.

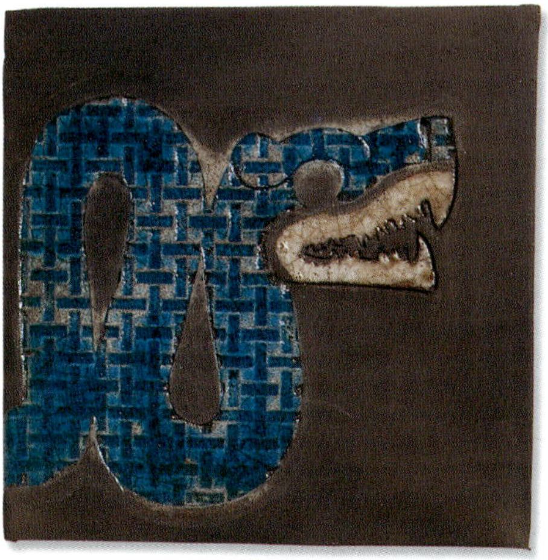

TON Weißer schamottierter Raku-Ton, Schrühbrand bei 1000 °C, Raku-Brand bei 900 °C.

Schritt für Schritt

1 Den Schlangenkörper (ohne Gebiss) aus Strukturtapete ausschneiden.

2 Die Schablone mit der Strukturseite nach unten auf eine vorbereitete Fliese legen und fest darüber rollen. Die Schablone abziehen und die Fliese in Form schneiden.

3 Das Gebiss-Motiv auf die Fliese übertragen und die Konturen nachritzen.

4 Die Schlange nach dem Schrühbrand mit türkiser, das Gebiss mit transparenter Glasur ausmalen. Den Raku-Brand vornehmen und die Fliese nach dem Brennen zum Abkühlen in Sägespäne legen. Dann mit Wasser und hartem Schwamm reinigen.

Material
- Strukturtapete
- Weißer Raku-Ton
- Werkzeug zum Ritzen
- Pinsel
- Transparente und türkise Raku-Glasur
- Harter Schwamm

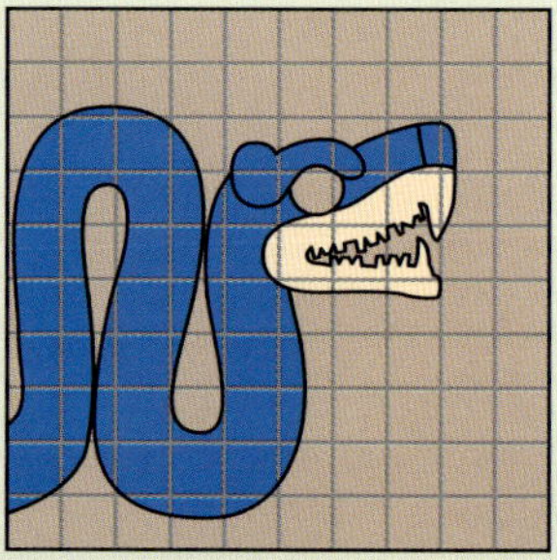

Auf der Fläche

Stellen Sie auch spiegelverkehrte Versionen dieser Fliese her, da das Motiv eigentlich zweiköpfig ist. Das ergibt eine sehr eindrucksvolle Bordüre.

ANORDNUNGSVORSCHLAG

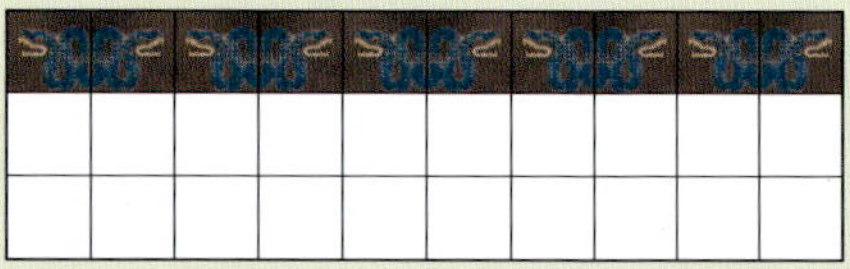

TECHNIK

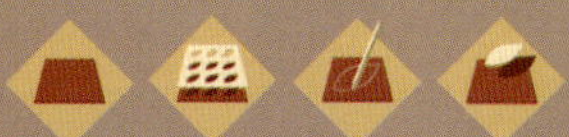

SCHWIERIGKEITSGRAD

1 2 3

siehe auch Der Brand **18–21** Raku-Brand **21** Fliesen trocknen **37** Motive übertragen **53**

MOTIV

121 Altgriechisches Muster mit Randmotiv

Die griechische Antike war eine künstlerische Blütezeit. Diese Motive sind der altgriechischen Keramik entlehnt.

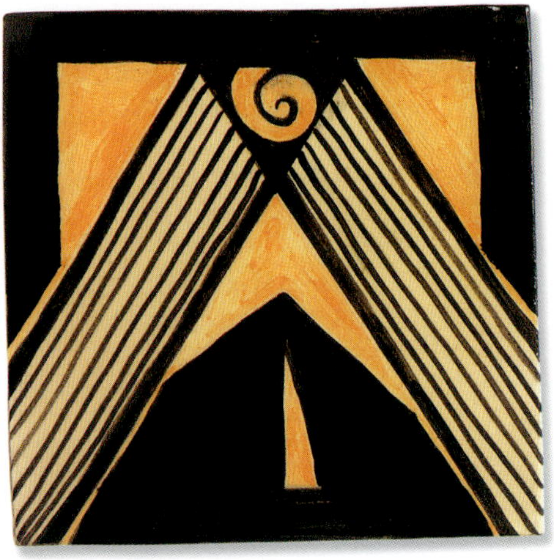

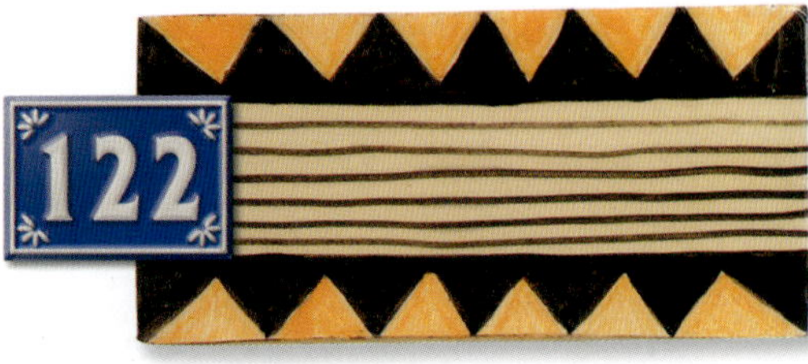

TON Roter Steingut-Ton, Schrühbrand bei 1100 °C, Glasurbrand bei 1080 °C.

Schritt für Schritt

1 Eine Schicht weißer Engobe auf die lederharte Fliese auftragen und gut trocknen lassen.

2 Ockergelbe Unterglasurfarbe auftragen. Das Motiv auf die Fliese übertragen und mit schwarzer Unterglasurfarbe ausmalen.

3 Nach dem Schrühbrand transparent glasieren und den Glasurbrand vornehmen.

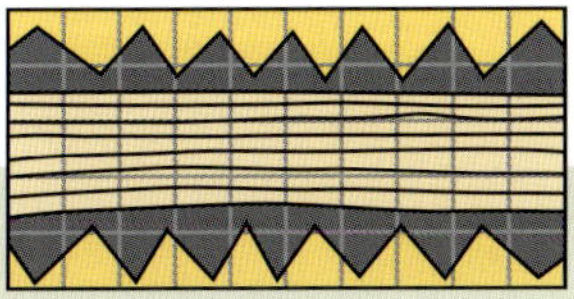

Material
- Roter Steingut-Ton
- Weiße Engobe
- Pinsel
- Unterglasurfarben
- Transparente Steingut-Glasur

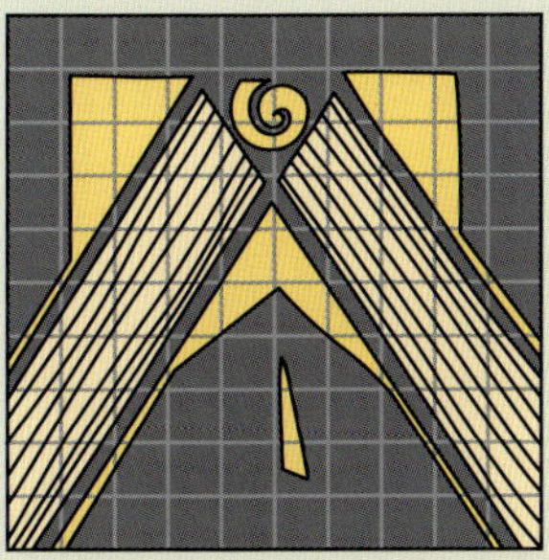

Auf der Fläche

Geeignet als flächiger Rapport und als locker verteiltes Einzelmotiv auf einfarbigem Hintergrund, jeweils mit dem Randmotiv als Bordüre.

ANORDNUNGSVORSCHLAG

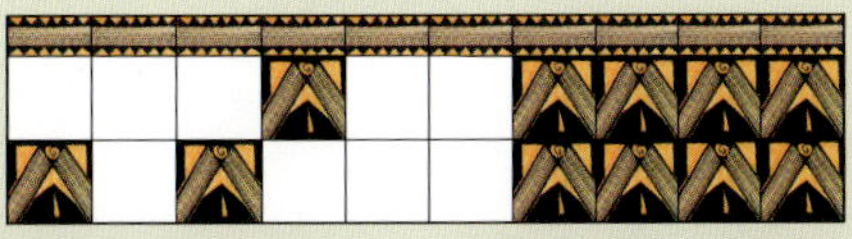

TECHNIK

SCHWIERIGKEITSGRAD

1 2

siehe auch Der Brand **18–21** Engobe auftragen **32** Fliesen trocknen **37** Unterglasurfarben **43** Motive übertragen **53**

MOTIV

123 Indianische Totem-Maske

Solche grotesk aussehenden Masken sind ein typisches Merkmal der indianischen Kunst Nordamerikas. Sie repräsentieren die Geister der Ahnen.

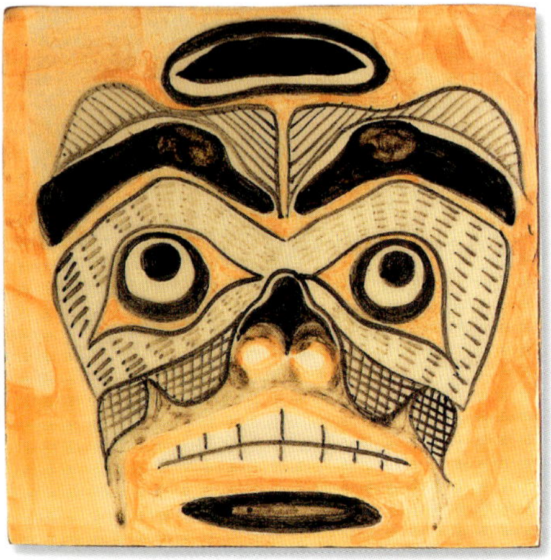

TON Roter Steingut-Ton, Schrühbrand bei 1100 °C, Glasurbrand bei 1080 °C.

Schritt für Schritt

1. Eine Schicht weißer Engobe auf die lederharte Fliese auftragen und gut trocknen lassen.
2. Eine Schicht ockergelber Unterglasurfarbe auftragen.
3. Das Motiv auf die Fliese übertragen und mit schwarzer Unterglasurfarbe ausmalen.
4. Nach dem Schrühbrand transparent glasieren und den Glasurbrand vornehmen.

Material
- Roter Steingut-Ton
- Weiße Engobe
- Pinsel
- Unterglasurfarben
- Transparente Steingut-Glasur

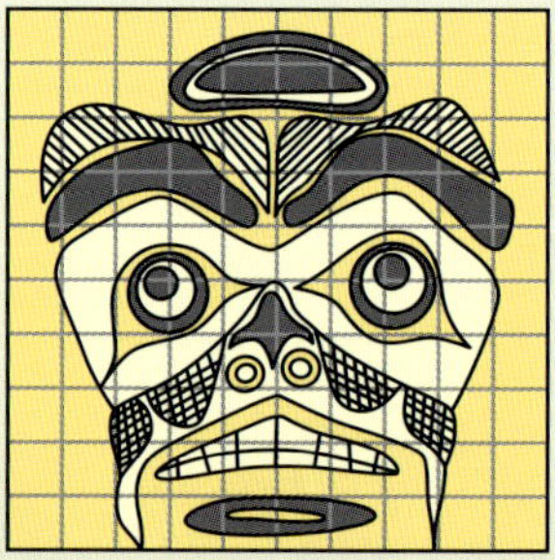

Auf der Fläche

Geeignet als locker verteiltes Einzelmotiv oder als gerahmtes Bild.

ANORDNUNGSVORSCHLAG

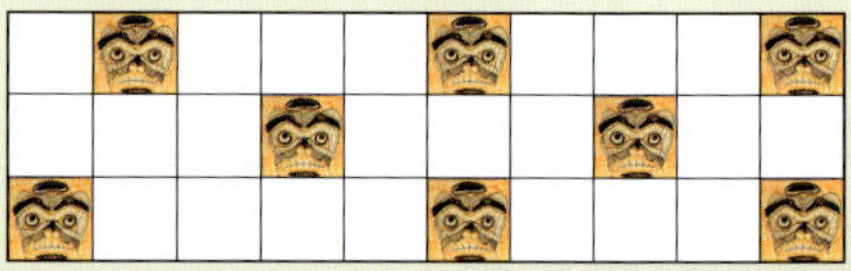

TECHNIK

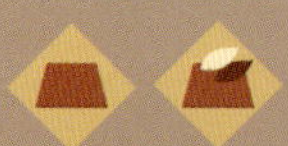

SCHWIERIGKEITSGRAD

1 2

siehe auch Der Brand **18–21** Engobe auftragen **32** Fliesen trocknen **37** Unterglasurfarben **43** Motive übertragen **53**

MOTIV

124 Buddha

Buddha-Darstellungen sind immer ein beliebtes Motiv. Die zartgrüne Glasur passt sehr gut zu dem gesammelten Ausdruck dieses Porträts.

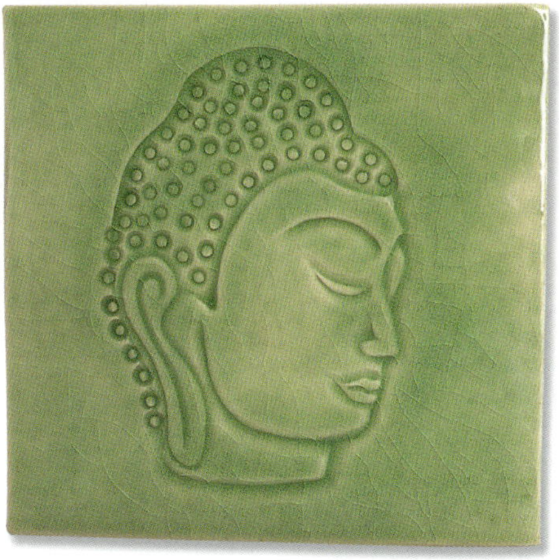

TON Porzellan-Ton, Schrühbrand bei 1000 °C, Glasurbrand bei 1260 °C.

Schritt für Schritt

1 Die Fliese vorbereiten und lederhart trocknen lassen.

2 Das Motiv auf die Fliese übertragen und die Konturen nachritzen.

3 Nach dem Schrühbrand soviel helle Transparent-Glasur auftragen, dass sie sich in den Vertiefungen sammelt. Dann den Glasurbrand vornehmen.

Material

- Porzellan-Ton
- Werkzeug zum Ritzen
- Helle, transparente Steingut-Glasur
- Pinsel

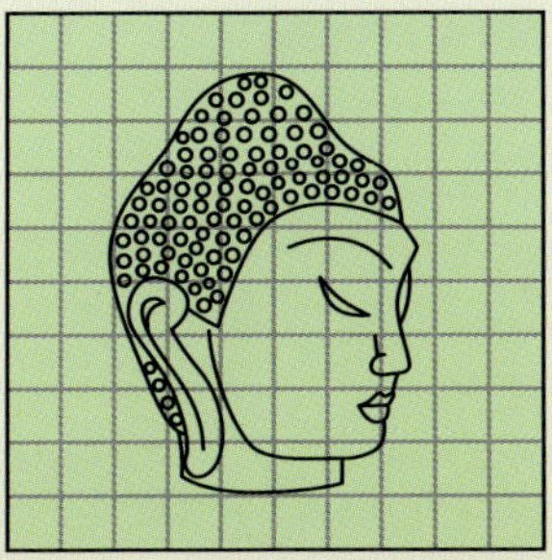

Auf der Fläche

Diese Fliese sollte eigentlich für sich allein stehen, zum Beispiel als gerahmtes Bild.

ANORDNUNGSVORSCHLAG

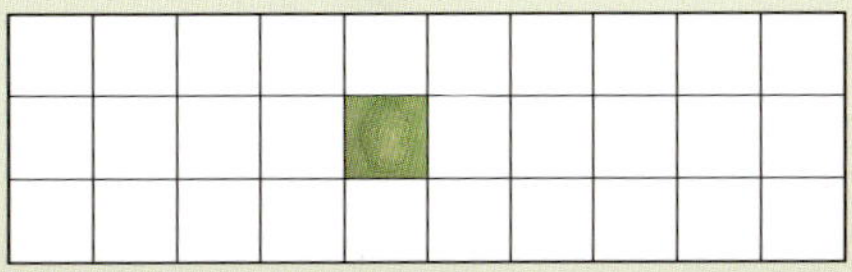

TECHNIK

SCHWIERIGKEITSGRAD

1 2

siehe auch Der Brand **18–21** Fliesen trocknen **37** Motive übertragen **53**

MOTIV

125

Indisches Textilmotiv

Indische Baumwollstoffe werden nicht selten mit Holzstempeln bedruckt. Diese Fliese ist solch einem Stempel nachempfunden.

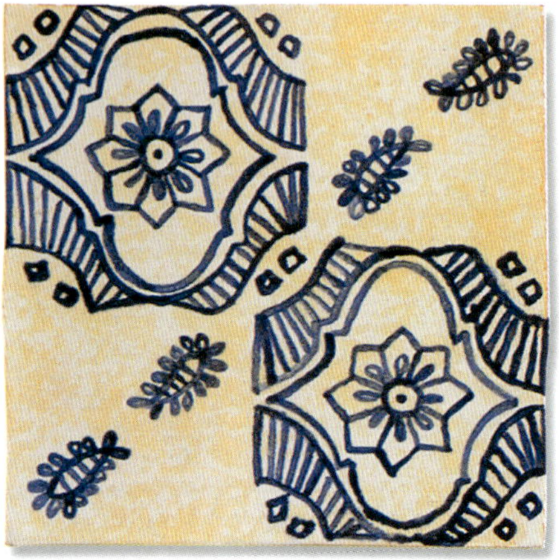

TON Roter Steingut-Ton, Schrühbrand bei 1100 °C, Glasurbrand bei 1080 °C.

Schritt für Schritt

1 Nach dem Schrühbrand eine Schicht weißer Zinnglasur auf die Fliese auftragen, dann das Motiv übertragen.

2 Kobaltoxid mit wenig Wasser zu einer Paste rühren, die Konturen mit feinem Pinsel nachmalen und trocknen lassen.

3 Die Fliese mit einer komplementären Unterglasurfarbe (in diesem Fall Gelb) betupfen und den Glasurbrand vornehmen.

Material
- Roter Steingut-Ton
- Weiße Steingut-Zinnglasur
- Kobaltoxid
- Feiner Pinsel
- Naturschwamm
- Unterglasurfarbe

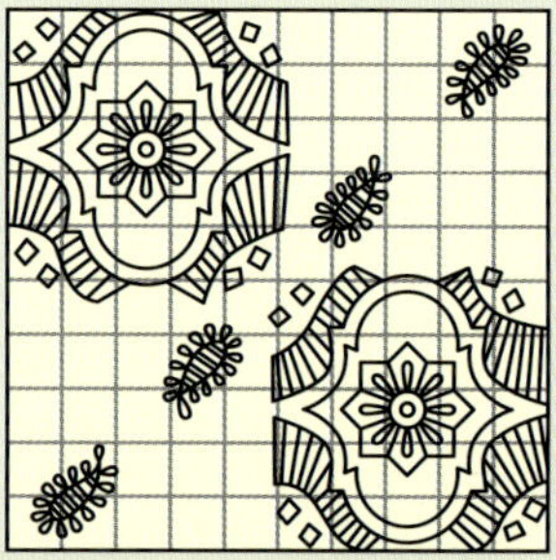

Auf der Fläche

Geeignet als flächiger Rapport, der eigentlich ins ganze Haus passt.

ANORDNUNGSVORSCHLAG

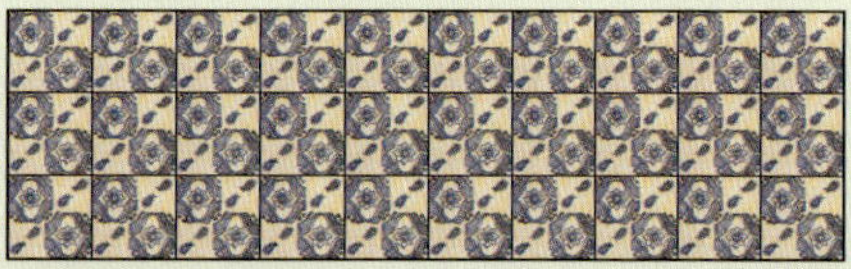

TECHNIK

SCHWIERIGKEITSGRAD

1 2 3

siehe auch Der Brand **18–21** Fliesen trocknen **37** Motive übertragen **53**

MOTIV 126

Indisches Bordürenmotiv

Auch dieses Motiv stammt von einem indischen Holzstempel für den Textildruck.

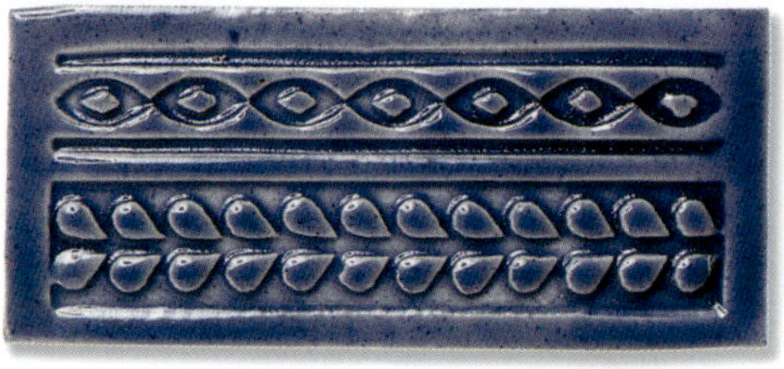

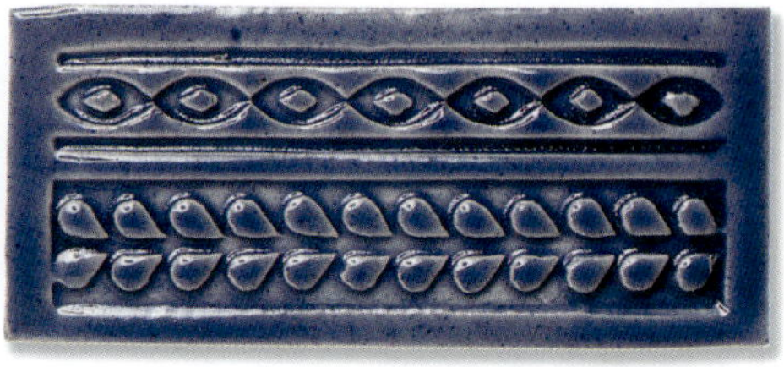

Schritt für Schritt

1 Die Fliese vorbereiten und lederhart trocknen lassen.

2 Das Motiv auf die Fliese übertragen und die Konturen nachritzen, dabei Überhänge vermeiden.

3 Einen Gipsabdruck von der Fliese machen und trocknen lassen. Dann eine vorbereitete Fliese in die Gipsform pressen und fest darüber rollen.

4 Nach dem Schrühbrand mit farblich zu der nebenstehenden Fliese passender Transparent-Glasur überziehen und brennen.

TON Weißer Steingut-Ton, Schrühbrand bei 1100 °C, Glasurbrand bei 1080 °C.

Material
- Gips
- Weißer Steingut-Ton
- Werkzeug zum Ritzen
- Farbige, transparente Steingut-Glasur
- Pinsel

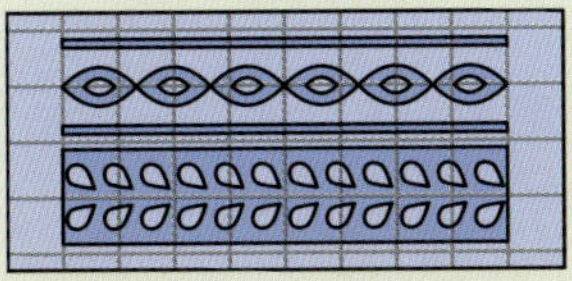

Auf der Fläche

Als Randabschluss im Verbund mit der Fliese auf Seite 184 geeignet.

ANORDNUNGSVORSCHLAG

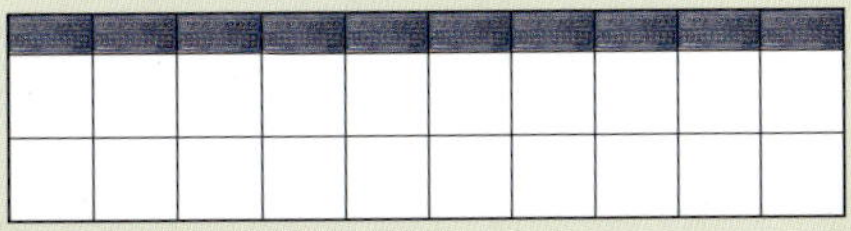

TECHNIK

SCHWIERIGKEITSGRAD

1 2

siehe auch Der Brand **18–21** Engobe auftragen **32** Fliesen trocknen **37** Unterglasurfarben **43** Motive übertragen **53**

MOTIV

127

Motiv aus Neuguinea

Die Frauen am Sentani-See in Neuguinea tragen Kleidung aus Rindenborke, die mit solchen Mustern bemalt ist. Unsere Version ist allerdings etwas farbenfroher.

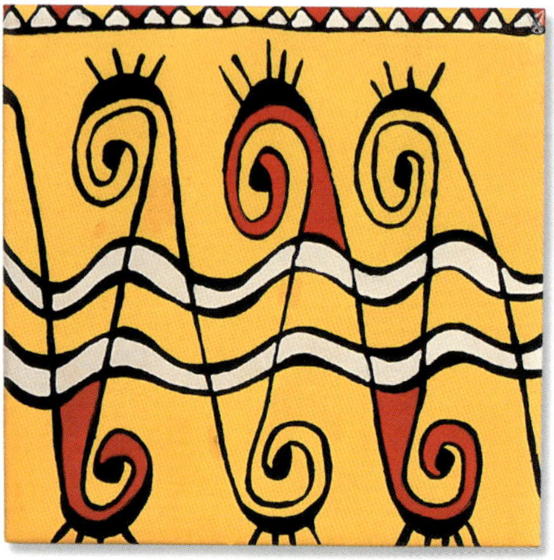

Schritt für Schritt

1 Das Motiv auf eine Wandfliese übertragen. Jeweils eine Farbe auftragen und trocknen lassen, damit die Farben nicht verschmieren.

2 Das Dekor nach dem Trocknen mit Lack versiegeln.

Material

- Emaille-Aufglasurfarben
- Pinsel
- Klarlack zum Versiegeln

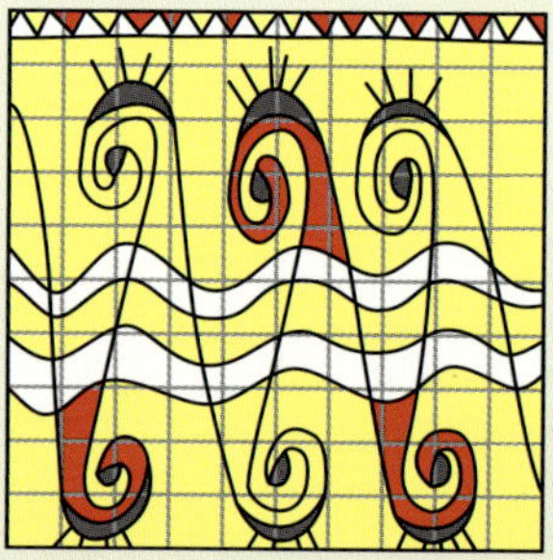

Auf der Fläche

Geeignet als locker verteiltes Einzelmotiv zwischen einfarbigen Fliesen.

ANORDNUNGSVORSCHLAG

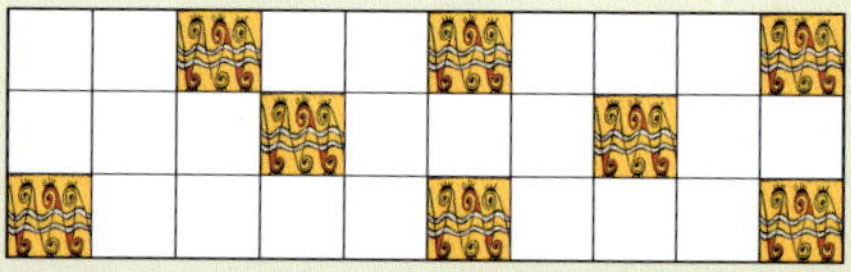

TECHNIK

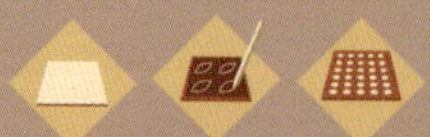

SCHWIERIGKEITSGRAD

1 2

siehe auch Der Brand **18–21** Fliesen trocknen **37** Motive übertragen **53**

MOTIV

128 Skandinavische Felsmalerei

Das Motiv ist skandinavischen Felszeichnungen aus der Bronzezeit (ca. 3000 v. Chr.) nachempfunden.

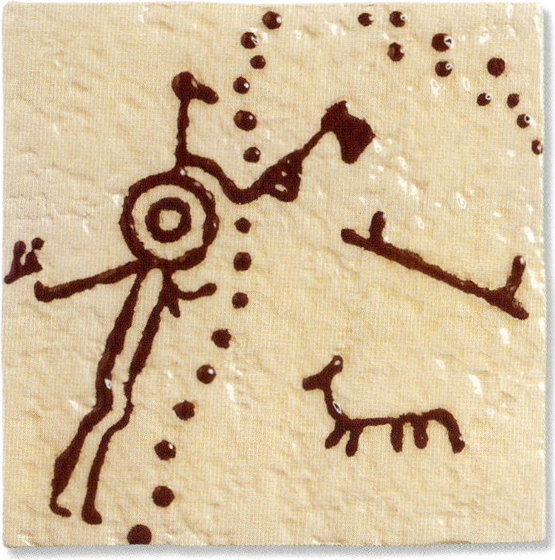

TON Weißer Steingut-Ton, Schrühbrand bei 1000 °C, Glasurbrand bei 1260 °C.

Schritt für Schritt

1 Die Fliese vorbereiten und lederhart trocknen lassen.

2 Die Oberfläche der Fliese mit zusammengeknüllter Alufolie aufrauen, um eine passende Struktur zu erzeugen.

3 Das Motiv auf die Fliese übertragen und die Konturen sorgfältig mit Malbällchen und flüssiger Engobe nachziehen.

4 Nach dem Schrühbrand transparent glasieren und brennen.

Material

- Weißer Steingut-Ton
- Rote Engobe
- Malbällchen
- Transparente Steingut-Glasur
- Pinsel

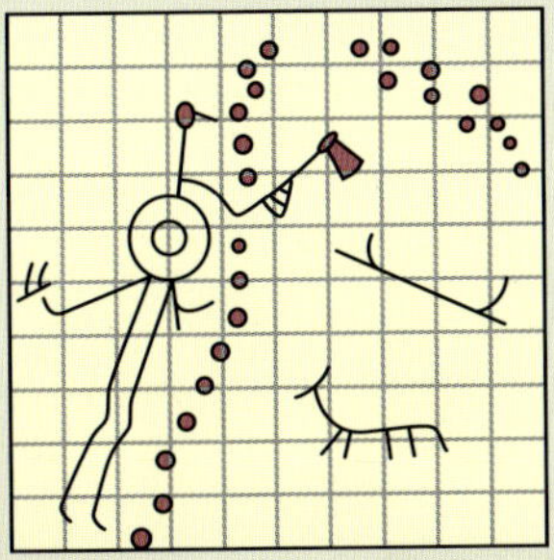

Auf der Fläche

Dieses Motiv eignet sich am besten als gerahmtes Kunstwerk.

ANORDNUNGSVORSCHLAG

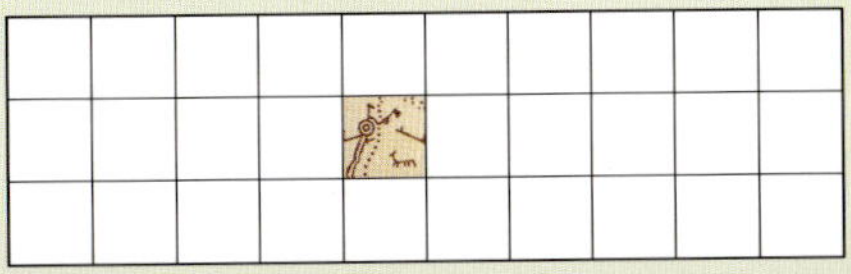

TECHNIK

SCHWIERIGKEITSGRAD

1 2

siehe auch Der Brand **18–21** Fliesen trocknen **37** Motive übertragen **53**

MOTIV

129

Lotus und Skarabäus

Ein Kapitel über Motive aus der Volkskunst wäre unvollständig ohne einen ägyptischen Beitrag. Hier sind zwei typische Symbole auf einer Fliese vereint.

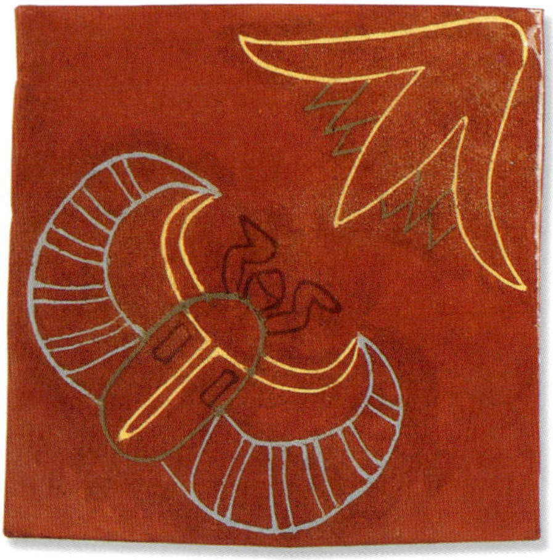

TON Roter Steingut-Ton, Schrühbrand bei 1100 °C, Glasurbrand bei 1080 °C.

Schritt für Schritt

1 Die Fliese vorbereiten und lederhart trocknen lassen.

2 Das Motiv auf die Fliese übertragen und die Konturen nachritzen.

3 Die Konturen mit farbiger Engobe ausmalen, vor dem Farbwechsel gründlich trocknen lassen, damit nichts verläuft.

4 Wenn die Oberfläche klebfrei trocken ist, überflüssige Engobe abschaben, um das Motiv freizulegen.

Material

- Roter Steingut-Ton
- Farbige Engobe
- Pinsel
- Metallschaber
- Transparente Steingut-Glasur

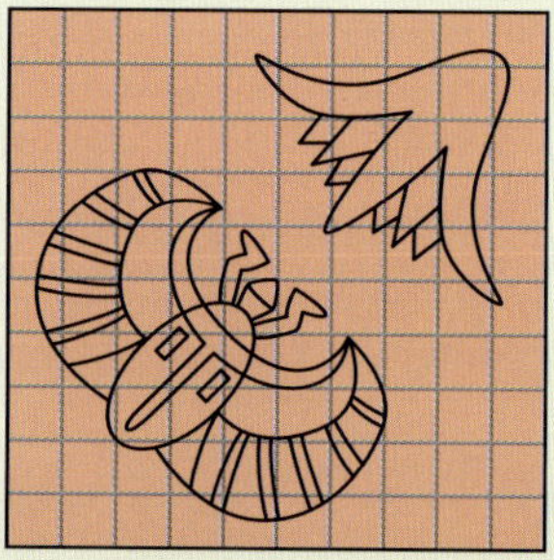

Auf der Fläche

Geeignet als flächiger Rapport und als locker verteiltes Einzelmotiv.

ANORDNUNGSVORSCHLAG

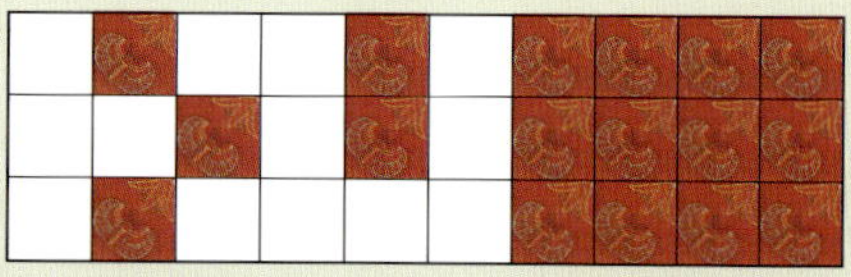

TECHNIK

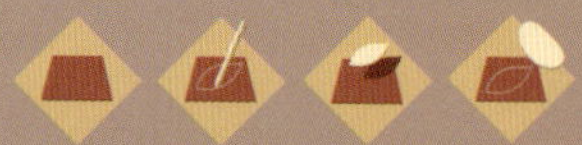

SCHWIERIGKEITSGRAD

1 2

siehe auch Der Brand **18–21** Fliesen trocknen **37** Motive übertragen **53**

MOTIV

130 Australische Felsmalerei

Solche Motive schmücken so genannte *Churinga-Steine*. Die Symbole beziehen sich auf die Mythen der australischen Entstehungsgeschichte.

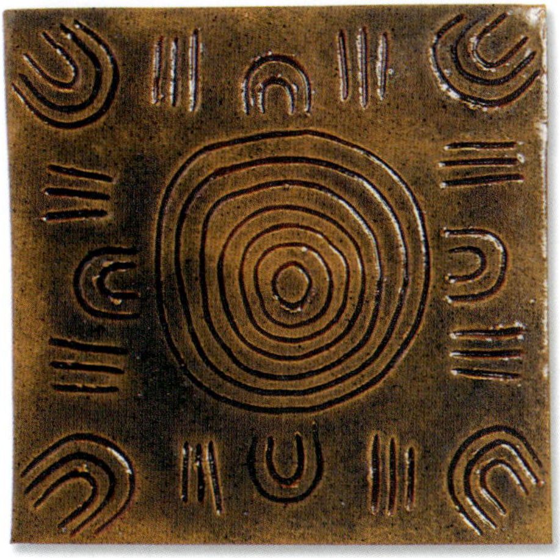

TON Roter Steingut-Ton, Schrühbrand bei 1100 °C, Glasurbrand bei 1080 °C.

Schritt für Schritt

1 Eine Schicht farbige Engobe auf die lederharte Fliese auftragen und klebfrei trocknen lassen.

2 Das Motiv auf die Fliese übertragen und die Konturen nachritzen.

3 Nach dem Schrühbrand mit farbiger Transparent-Glasur überziehen und den Glasurbrand vornehmen.

Material

- Roter Steingut-Ton
- Farbige Engobe
- Werkzeug zum Ritzen
- Transparente Steingut-Glasur
- Pinsel

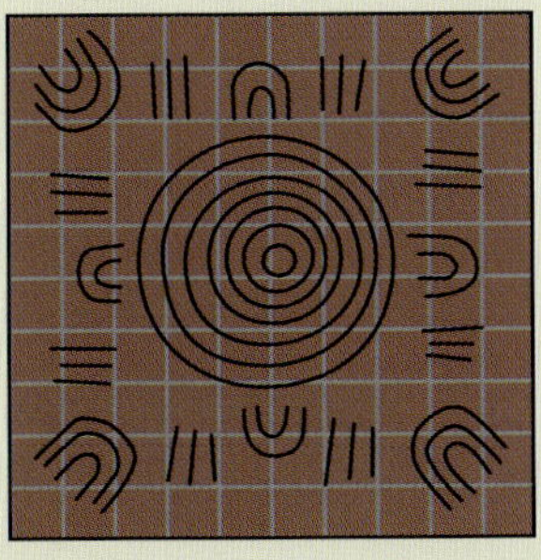

Auf der Fläche

Geeignet als flächiger Rapport und als locker verteiltes Einzelmotiv.

ANORDNUNGSVORSCHLAG

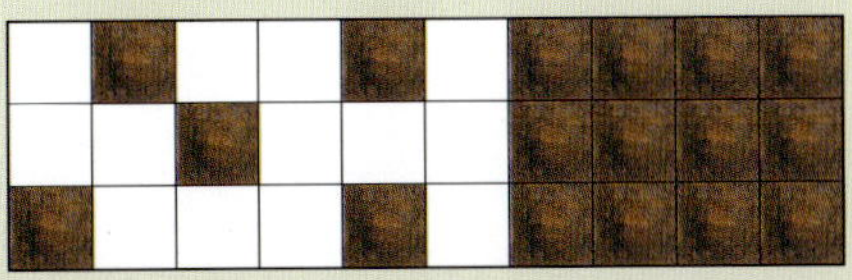

TECHNIK

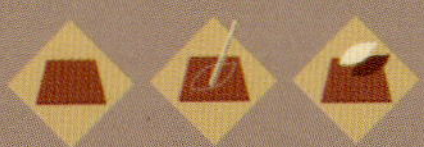

SCHWIERIGKEITSGRAD

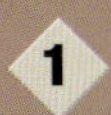

siehe auch Der Brand **18–21** Fliesen trocknen **37** Motive übertragen **53**

MOTIV

131 Stilisierte Rosen

Die schwarzen Spirallinien sollten eigentlich gar nichts Bestimmtes darstellen, aber meine Tochter fand, dass sie wie Rosen aussehen.

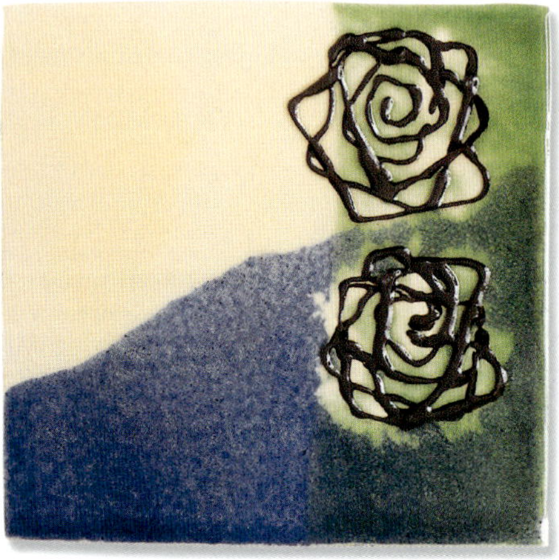

TON Weißer Steingut-Ton, Schrühbrand bei 1100 °C, Glasurbrand bei 1080 °C.

Schritt für Schritt

1 Die Fliese vorbereiten und lederhart trocknen lassen.

2 Die Spirallinien auf die Fliese übertragen und mit dem Malbällchen und flüssiger Engobe nachmalen.

3 Nach dem Schrühbrand transparent glasieren. Die Fliese zur Hälfte in eine farbige Transparent-Glasur tauchen, dann diagonal in eine zweite Farbe. Dazwischen jeweils antrocknen lassen.

4 Die Glasur sorgfältig von der Rückseite der Fliese abwaschen, dann brennen.

Material

- Weißer Steingut-Ton
- Schwarze Engobe
- Malbällchen
- Farbige, transparente Steingut-Glasur

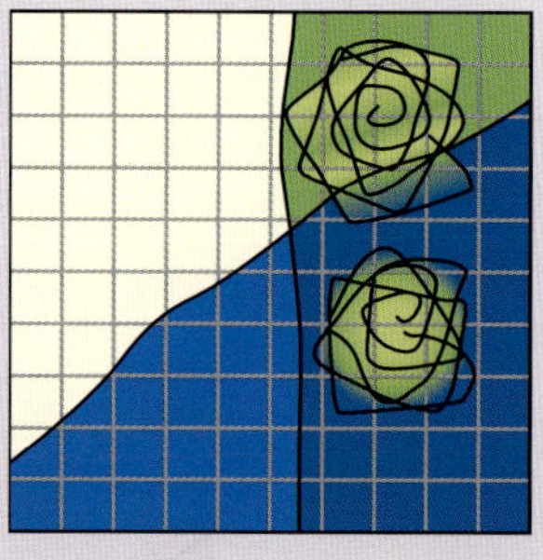

Auf der Fläche

Besonders schön als locker verteiltes Einzelmotiv auf einer weißen Fliesenwand.

ANORDNUNGSVORSCHLAG

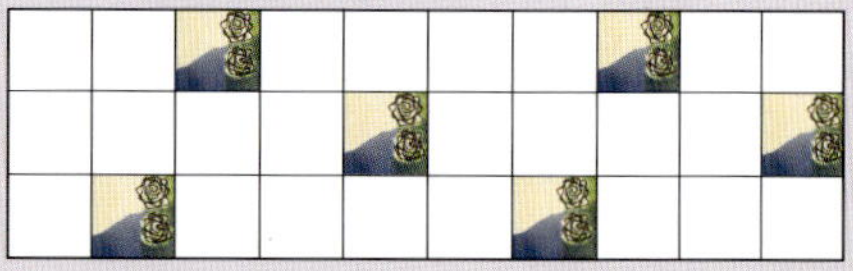

TECHNIK

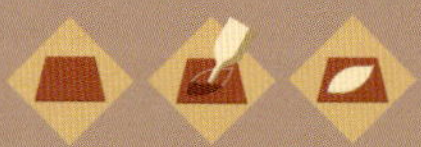

SCHWIERIGKEITSGRAD

1 2

siehe auch Der Brand **18–21** Engobe auftragen **32** Fliesen trocknen **37** Motive übertragen **53**

MOTIV

132 Stilisierte Landschaft

Es war nicht leicht, Titel für die abstrakten Motive zu finden. Am Ende benannte ich sie nach dem, was mir bei ihrem Anblick zuerst in den Sinn kam.

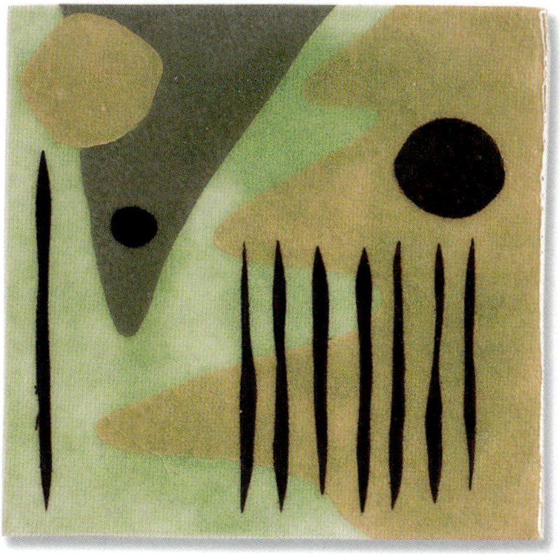

TON Weißer Steingut-Ton, Schrühbrand bei 1100 °C, Glasurbrand bei 1080 °C.

Schritt für Schritt

1 Ein Stück Zeitungspapier in Fliesengröße zuschneiden und mit einem Cutter den Umriss Nr. 1 ausschneiden. Anfeuchten und auf die lederharte Fliese legen.

2 Farbige Engobe auf die frei gebliebene Stelle tupfen.

3 Auf dieselbe Weise Schablonen von den anderen Umrissen anfertigen. Auflegen und Engobe auftupfen, die schwarzen Linien zuletzt.

4 Nach dem Schrühbrand farbige, transparente Glasur auftragen und brennen.

Material

- Weißer Steingut-Ton
- Cutter
- Zeitung
- Farbige Engobe
- Naturschwamm
- Farbige, transparente Steingut-Glasur

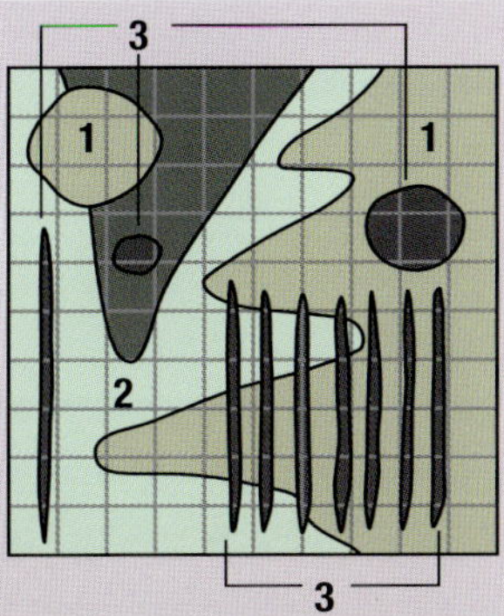

Auf der Fläche

Dies ist ein für sich allein stehendes Kunstmotiv und wirkt daher am besten als Einzelmotiv zwischen einfarbigen Fliesen.

ANORDNUNGSVORSCHLAG

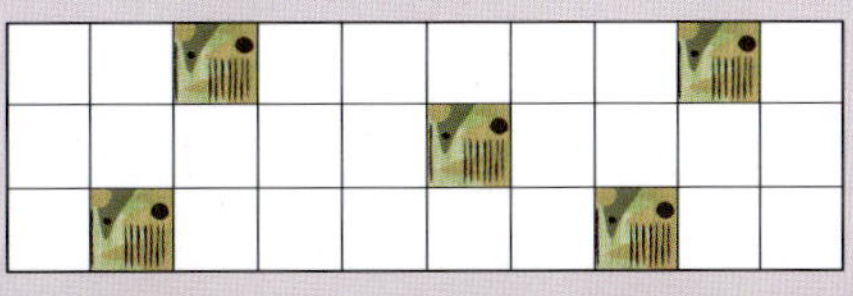

TECHNIK

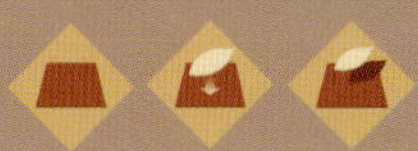

SCHWIERIGKEITSGRAD

1 2 3

siehe auch Der Brand **18–21** Engobe auftragen **32** Fliesen trocknen **37** Motive übertragen **53**

MOTIV

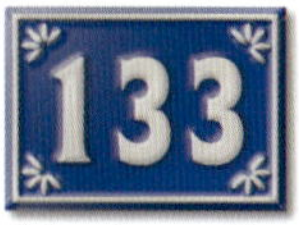

Balken und Quadrate

Dieses Motiv ist leicht nachzuarbeiten und wirkt durch seine Kontraste. Machen Sie zunächst ein paar Farbtests, um zu sehen, ob die Farben Ihrer Wahl harmonieren.

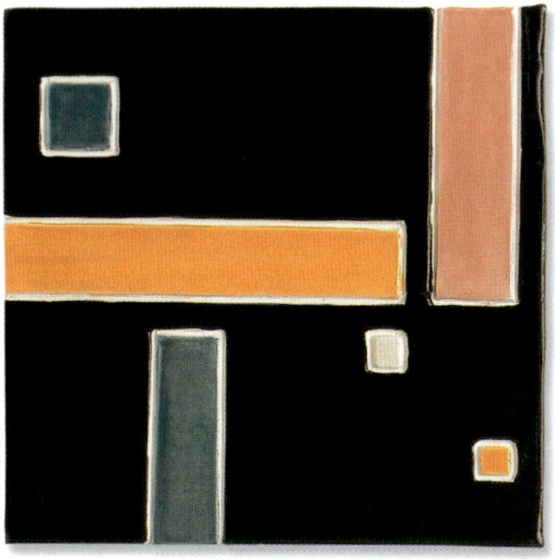

TON Weißer Steingut-Ton, Schrühbrand bei 1100 °C, Glasurbrand bei 1020 °C.

Schritt für Schritt

1 Die Fliese vorbereiten und lederhart trocknen lassen.

2 Das Motiv auf die Fliese übertragen und die Konturen nachritzen.

3 Nach dem Schrühbrand gekaufte Glasuren in harmonischen Farben auftragen, dann den Glasurbrand vornehmen.

Material

- Weißer Steingut-Ton
- Werkzeug zum Ritzen
- Farbige Glasuren
- Pinsel

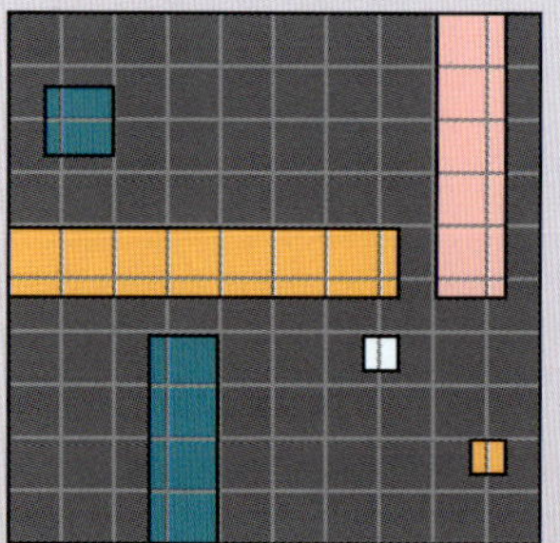

Auf der Fläche

Geeignet als flächiger Rapport, entweder in gleicher Ausrichtung oder indem die Motive in unregelmäßiger Abfolge gedreht werden.

ANORDNUNGSVORSCHLAG

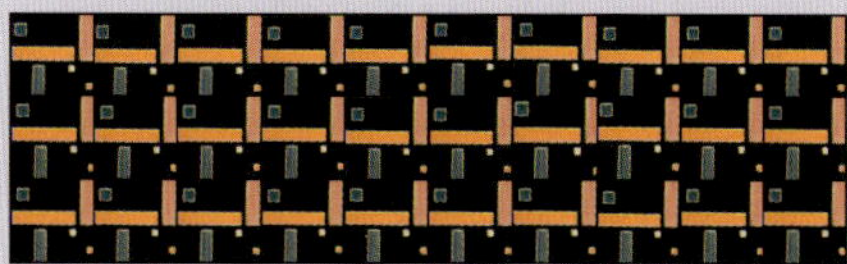

TECHNIK

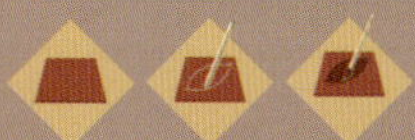

SCHWIERIGKEITSGRAD

1

siehe auch Der Brand **18–21** Fliesen trocknen **37** Motive übertragen **53**

MOTIV

134 Fließende Linien

Dieses zarte Motiv ist besonders schön als flächiger Rapport. Variieren Sie auch einmal die Farben.

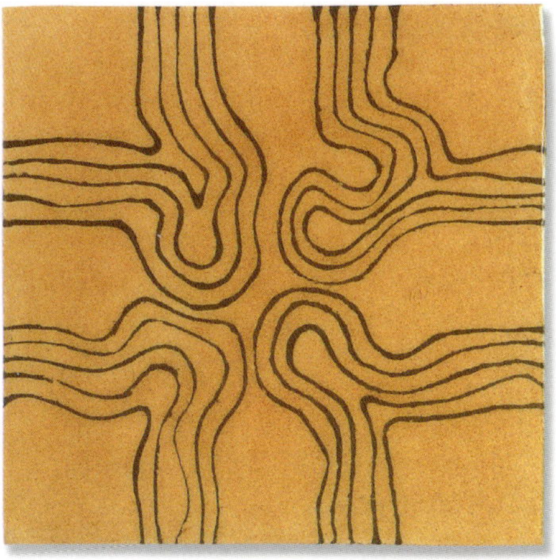

TON Weißer Steingut-Ton, Schrühbrand bei 1100 °C, Glasurbrand bei 1080 °C.

Schritt für Schritt

1 Die Fliese vorbereiten und lederhart trocknen lassen.

2 Das Motiv auf die Fliese übertragen und die Konturen nachritzen.

3 Die Konturen mit farbiger Engobe nachmalen und klebfrei trocknen lassen, dann den Überschuss abschaben, um das Muster freizulegen.

4 Nach dem Schrühbrand farbige, transparente Glasur auftragen und brennen.

Material

- Weißer Steingut-Ton
- Werkzeug zum Ritzen
- Farbige Engobe
- Pinsel
- Farbige, transparente Steingut-Glasur
- Schaber

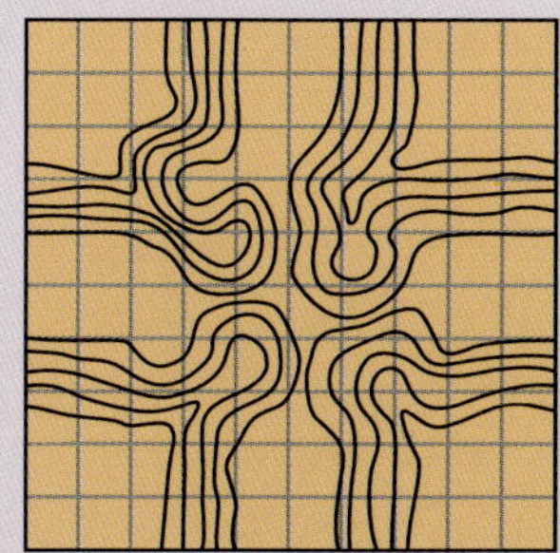

Auf der Fläche

Besonders geeignet als flächiger Rapport.

ANORDNUNGSVORSCHLAG

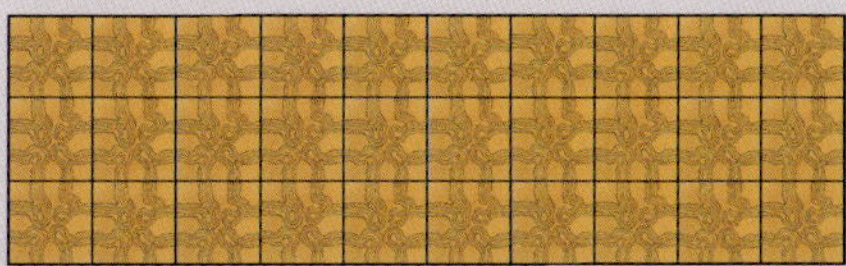

TECHNIK

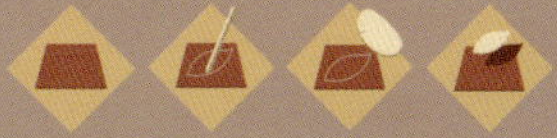

SCHWIERIGKEITSGRAD

1 2

siehe auch Der Brand **18–21** Fliesen trocknen **37** Motive übertragen **53**

MOTIV

135 Spirale mit Punkten

Diese Spirale sieht aus wie freihändig gemalt, daher sollten Sie vorher ein wenig den richtigen Schwung üben.

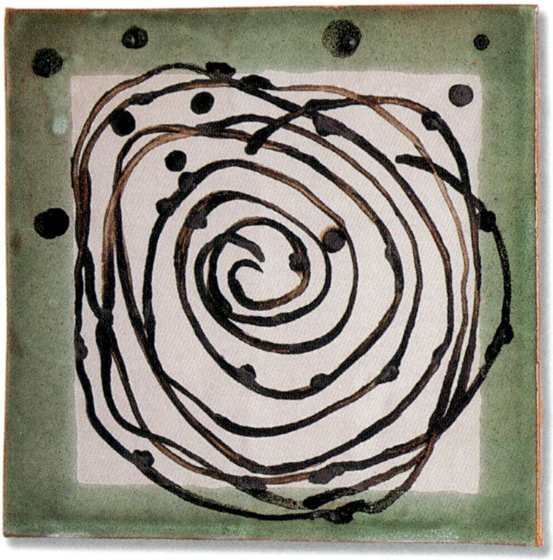

Schritt für Schritt

1 Nach dem Schrühbrand weiße Zinnglasur auftragen und antrocknen lassen. Dann nacheinander alle Ränder in farbige, transparente Glasur tauchen. Die Fliesenrückseite hinterher gründlich reinigen.

2 Das Motiv auf die Fliese übertragen und die Konturen sorgfältig mit Kupferoxid und einem feinen Pinsel nachmalen.

3 Ein paar Tropfen Kupferoxid locker auf der Fliese verspritzen, dann den Glasurbrand vornehmen.

TON Roter Steingut-Ton, Schrühbrand bei 1100 °C, Glasurbrand bei 1080 °C.

Material

- Roter Steingut-Ton
- Weiße Zinnglasur
- Farbige, transparente Steingut-Glasur
- Kupferoxid
- Feiner Pinsel

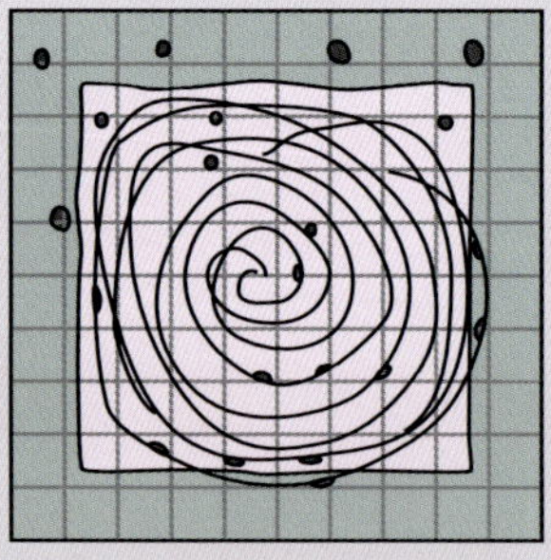

Auf der Fläche

Geeignet als Bordüre und als locker verteiltes Einzelmotiv.

ANORDNUNGSVORSCHLAG

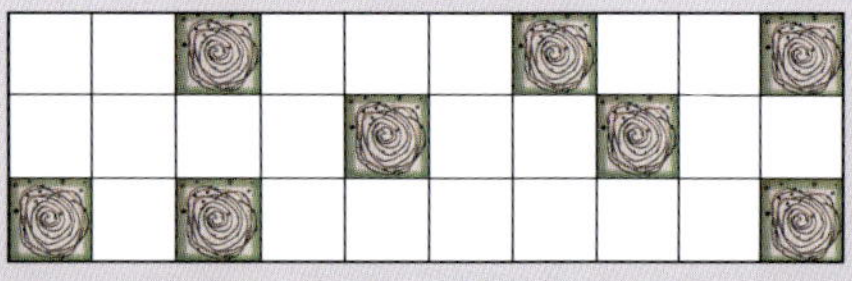

TECHNIK

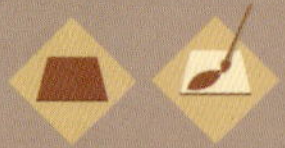

SCHWIERIGKEITSGRAD

1 2

siehe auch Der Brand **18–21** Fliesen trocknen **37** Oxide **45–47** Motive übertragen **53**

MOTIV

136 Raute

Diese Fliese ist einfach kinderleicht zu machen und das Beste ist, dass sie überall hin passt.

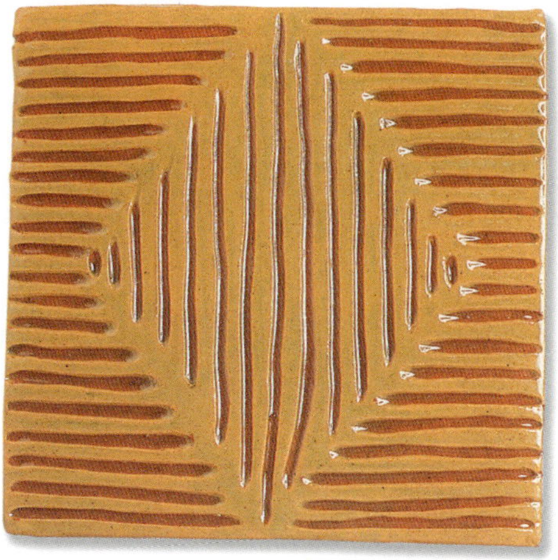

TON Roter Steingut-Ton, Schrühbrand bei 1100 °C, Glasurbrand bei 1080 °C.

Schritt für Schritt

1 Eine Schicht farbige Engobe auf die lederharte Fliese auftragen und klebfrei trocknen lassen.

2 Das Motiv auf die Fliese übertragen und die Konturen mit einer feinen Modellierschlinge nachritzen.

3 Nach dem Schrühbrand farbige, transparente Glasur auftragen und den Glasurbrand vornehmen.

Material

- Roter Steingut-Ton
- Farbige Engobe
- Feine Modellier-schlinge
- Farbige, transparente Steingut-Glasur
- Pinsel

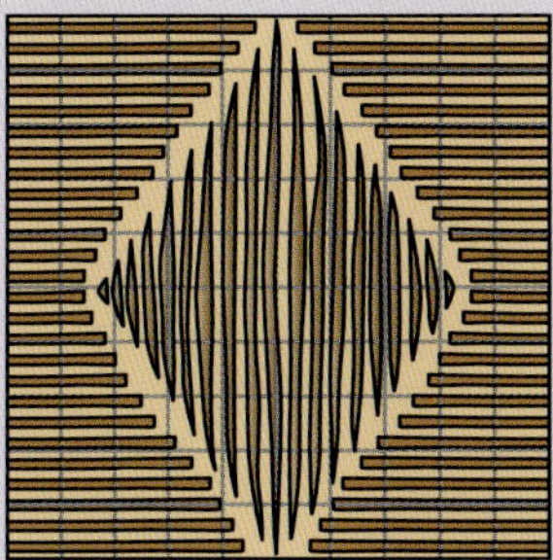

Auf der Fläche

Geeignet als flächiger Rapport und als locker verteiltes Einzelmotiv.

ANORDNUNGSVORSCHLAG

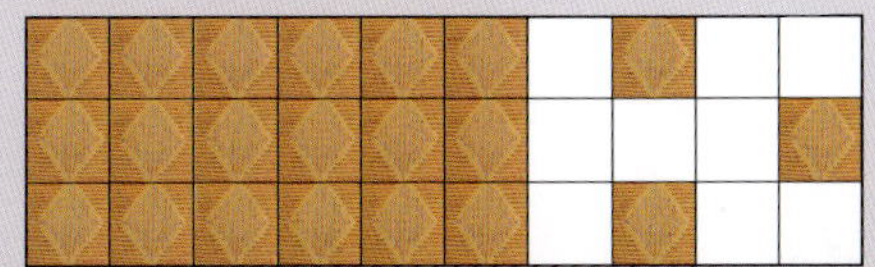

TECHNIK

SCHWIERIGKEITSGRAD

1

siehe auch Der Brand **18–21** Fliesen trocknen **37** Motive übertragen **53**

MOTIV

137 Chims Motiv

Dieses Motiv ist nach meinem Freund Chim benannt, der es entworfen hat. Es würde gut in eine moderne Küche passen.

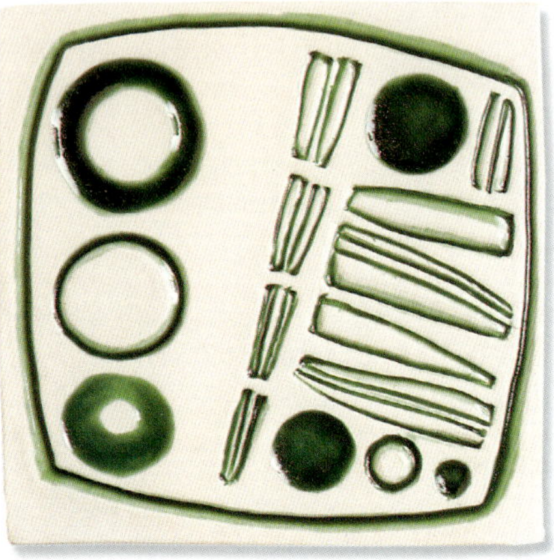

TON Weißer Steingut-Ton, Schrühbrand bei 1100 °C, Glasurbrand bei 1080 °C.

Schritt für Schritt

1 Die Fliese vorbereiten und lederhart trocknen lassen.

2 Das Motiv auf die Fliese übertragen und die Konturen in verschiedenen Tiefen und Strichstärken nachritzen.

3 Nach dem Schrühbrand farbige, transparente Glasur auftragen. Antrocknen lassen und den Überschuss abschaben, um das Muster freizulegen, dann brennen.

Material

- Weißer Steingut-Ton
- Modellierwerkzeuge
- Farbige, transparente Steingut-Glasur
- Pinsel

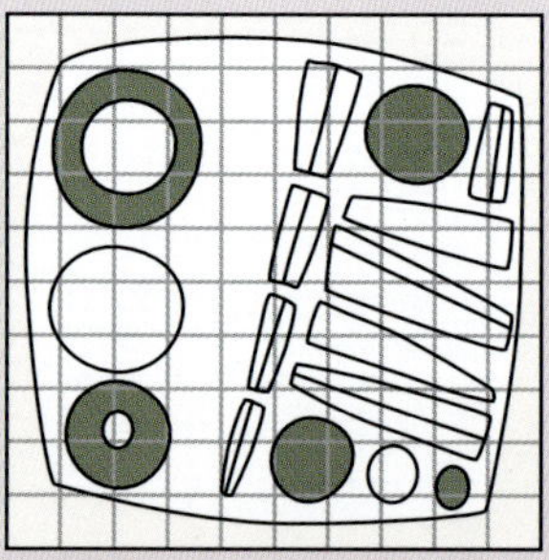

Auf der Fläche

Als flächiger Rapport oder locker verteiltes Einzelmotiv auf einer hellen Küchenwand.

ANORDNUNGSVORSCHLAG

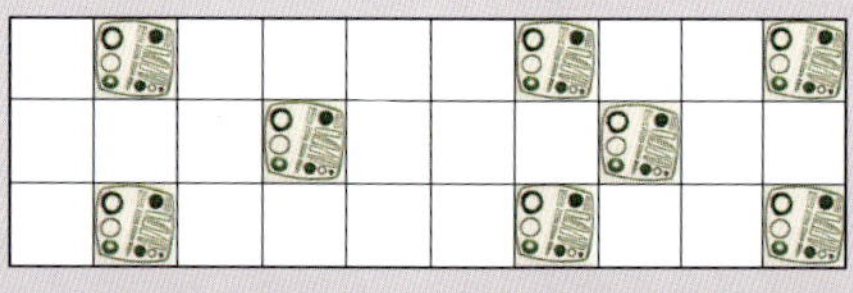

TECHNIK

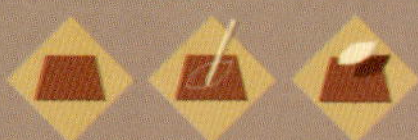

SCHWIERIGKEITSGRAD

1 2

siehe auch Der Brand **18–21** Fliesen trocknen **37** Motive übertragen **53**

MOTIV 138

Kreise und Quadrate

Diese grafische Fliese erinnert an die 1960er-Jahre und ist sehr einfach herzustellen. Machen Sie davon verschiedenfarbige Versionen.

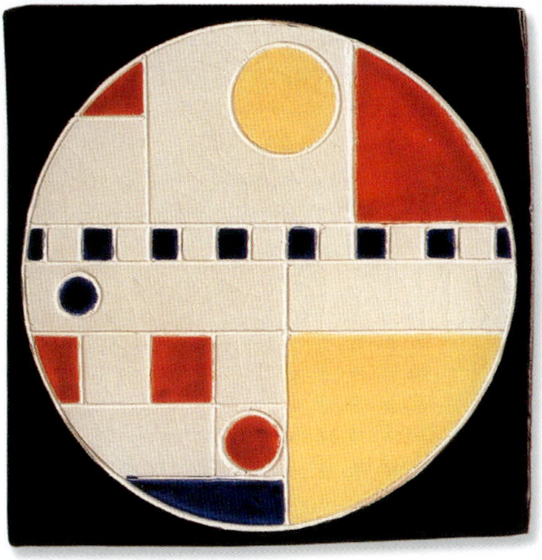

TON Weißer Steingut-Ton, Schrühbrand bei 1100 °C, Glasurbrand bei 1020 °C.

Schritt für Schritt

1 Die Fliese vorbereiten und lederhart trocknen lassen.

2 Das Motiv auf die Fliese übertragen und die Konturen nachritzen.

3 Das Motiv nach dem Schrühbrand mit farbigen Glasuren ausmalen, vor dem Farbwechsel jeweils antrocknen lassen. Dann den Glasurbrand vornehmen.

Material
- Weißer Steingut-Ton
- Werkzeug zum Ritzen
- Gekaufte farbige Glasuren
- Pinsel

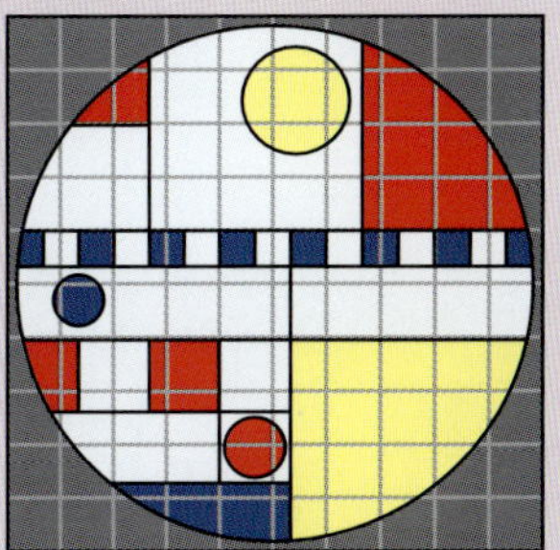

Auf der Fläche

Geeignet als unregelmäßig verteiltes Einzelmotiv zwischen einfarbigen Fliesen.

ANORDNUNGSVORSCHLAG

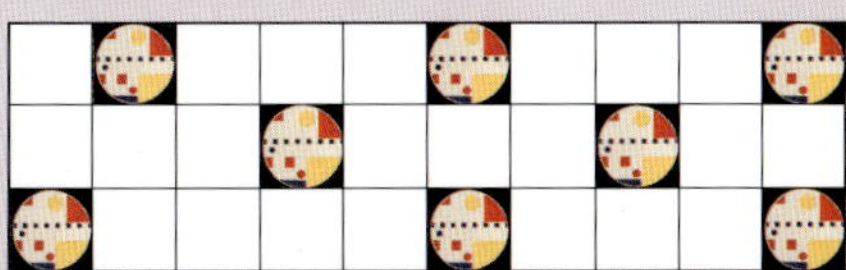

TECHNIK

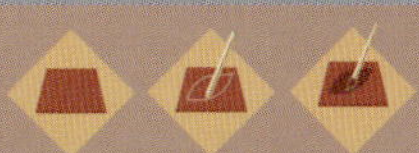

SCHWIERIGKEITSGRAD

1

siehe auch Der Brand **18–21** Fliesen trocknen **37** Motive übertragen **53**

MOTIV

139 Regen

Die wässerige Oberfläche dieser Fliese wurde durch reaktive Glasur erzeugt, die nach dem Brand interessant schillert. Es gibt sie malfertig oder in Pulverform zu kaufen.

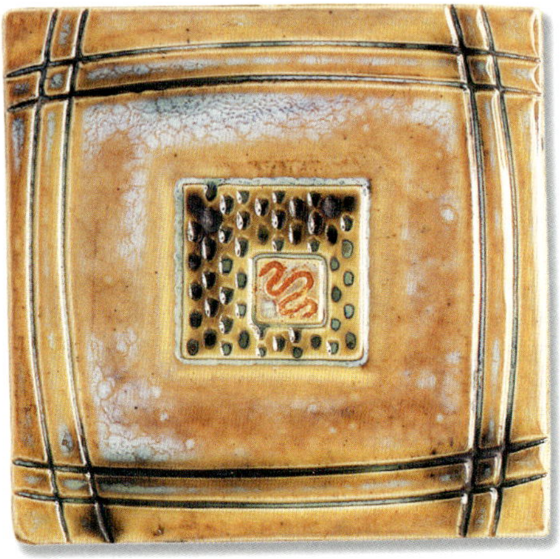

TON Weißer Steingut-Ton, Schrühbrand bei 1000 °C, Glasurbrand bei 1260 °C.

Schritt für Schritt

1 Die Fliese vorbereiten und lederhart trocknen lassen.

2 Das Motiv auf die Fliese übertragen und die Konturen mit scharfem Ritzwerkzeug und Modellierschlinge nachritzen.

3 Nach dem Schrühbrand verschiedene Hochtemperatur-Pigmente auftragen.

4 Anschließend eine Schicht reaktive Glasur auftragen und den Glasurbrand vornehmen.

Material

- Weißer Steingut-Ton
- Ritzwerkzeug
- Modellierschlinge
- Hochtemperatur-Pigmente
- Pinsel
- Reaktive oder opalisierende Steingut-Glasur

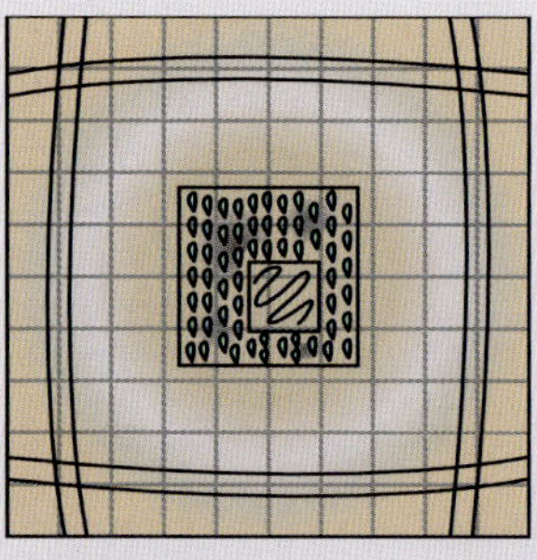

Auf der Fläche

Geeignet als locker verteiltes Einzelmotiv.

ANORDNUNGSVORSCHLAG

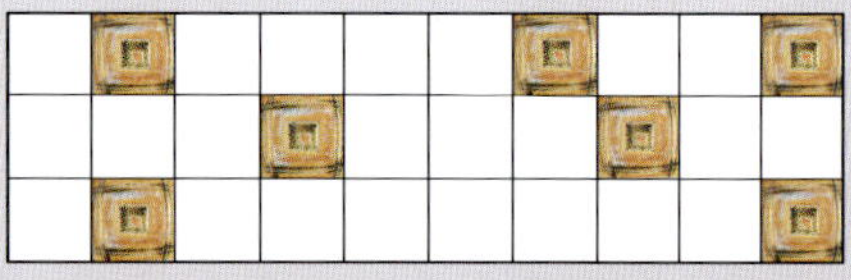

TECHNIK

SCHWIERIGKEITSGRAD

1 2

siehe auch Der Brand **18–21** Fliesen trocknen **37** Oxide **45–47** Motive übertragen **53**

MOTIV

140 Seetang

Hier wurde marmorierte Engobe als Malgrund verwendet. Das ist zwar sehr effektvoll, aber recht verschwenderisch, denn einmal gemischt, kann die Engobe nicht weiterverwendet werden.

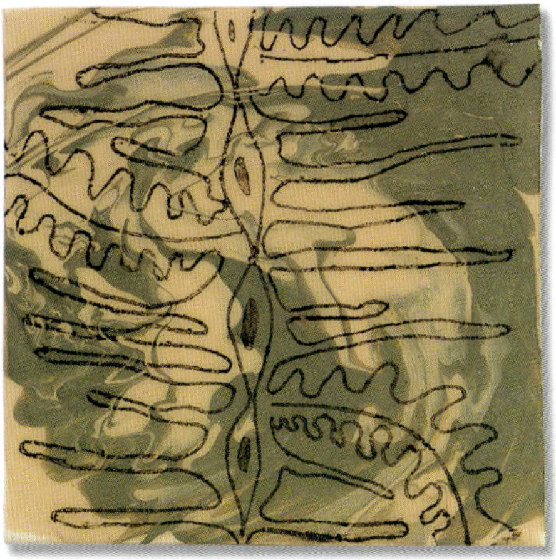

TON Weißer Steingut-Ton, Schrühbrand bei 1100 °C, Glasurbrand bei 1080 °C.

Schritt für Schritt

1 Die Fliese vorbereiten und lederhart trocknen lassen.

2 Kontrastfarbige Engobe in großen Klecksen auftragen und die Fliese rütteln, sodass die Farben ineinanderlaufen. Klebfrei trocknen lassen.

3 Eine dicke Schicht Pigment auf eine Platte streichen und trocknen lassen.

4 Das Motiv auf Papier übertragen, auf die Platte legen und die Konturen nochmals nachzeichnen.

5 Das Papier mit der bestrichenen Seite nach unten auf die Fliese legen und mit dem Finger darüber streichen. Nach dem Schrühbrand transparente Glasur auftragen und brennen.

Material

- Weißer Steingut-Ton
- Engobe in zwei Farben
- Pigment
- Pinsel
- Papier und Bleistift
- Transparente Steingut-Glasur

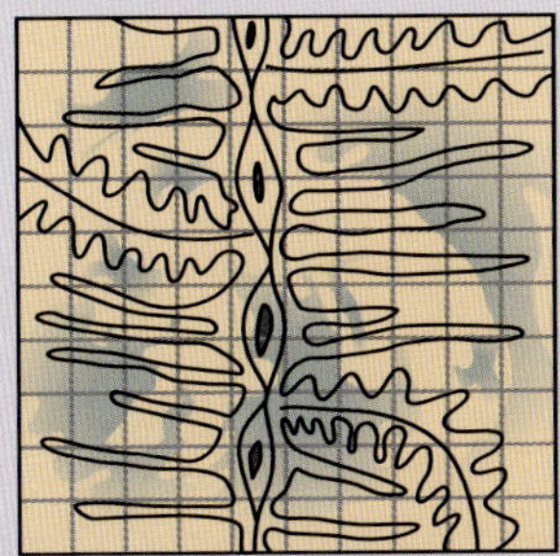

Auf der Fläche

Geeignet als locker verteiltes Einzelmotiv auf einfarbigem Grund.

ANORDNUNGSVORSCHLAG

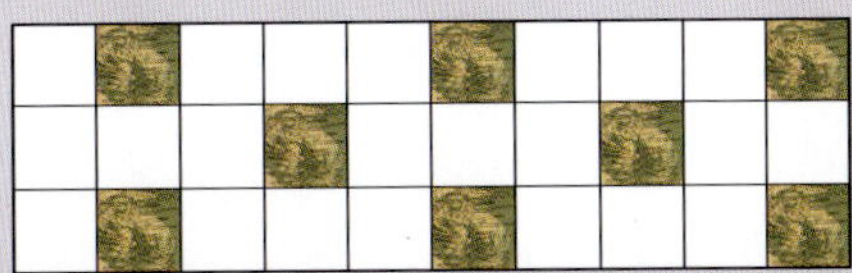

TECHNIK

SCHWIERIGKEITSGRAD

1 2 3

siehe auch Der Brand **18–21** Fliesen trocknen **37** Oxide **45–47** Monoprint **50** Motive übertragen **53**

MOTIV 141

Wirbel

Das fast kalligrafisch zu nennende Motiv ist schnell nachgemacht, man braucht dazu aber eine lockere Hand.

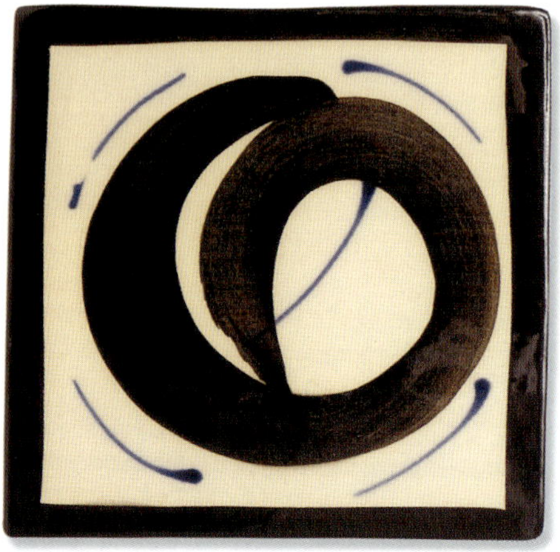

Schritt für Schritt

1 Eine Schicht weißer Engobe auf die lederharte Fliese auftragen und trocknen lassen.

2 Das Motiv auf die Fliese übertragen und mit Pinseln in verschiedener Stärke und Unterglasurfarben nachmalen.

3 Nach dem Schrühbrand transparent glasieren und den Glasurbrand vornehmen.

TON Roter Steingut-Ton, Schrühbrand bei 1100 °C, Glasurbrand bei 1080 °C.

Material

- Roter Steingut-Ton
- Weiße Engobe
- Pinsel
- Unterglasur-farben
- Transparente Steingut-Glasur

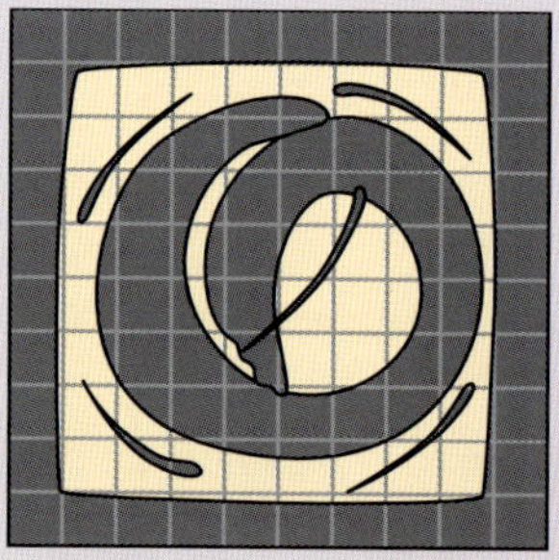

Auf der Fläche

Besonders attraktiv als Raster, im Wechsel mit einfarbigen Fliesen oder ähnlichen Motiven.

ANORDNUNGSVORSCHLAG

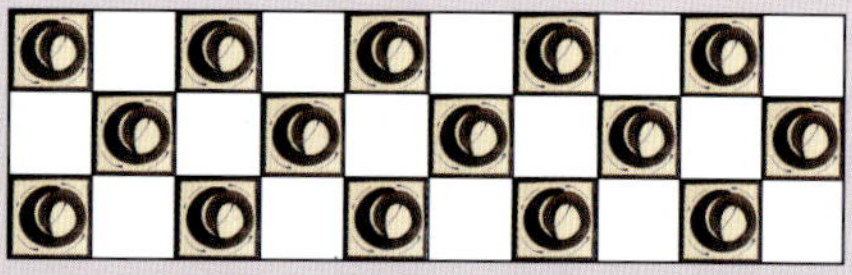

TECHNIK

SCHWIERIGKEITSGRAD

1 2

siehe auch Der Brand **18–21** Fliesen trocknen **37** Unterglasurfarben **43** Motive übertragen **53**

MOTIV

142 Landkarte

Das stark stilisierte Motiv erinnert ein wenig an Luftaufnahmen von Städten und Dörfern, die durch ein Straßennetz miteinander verbunden sind.

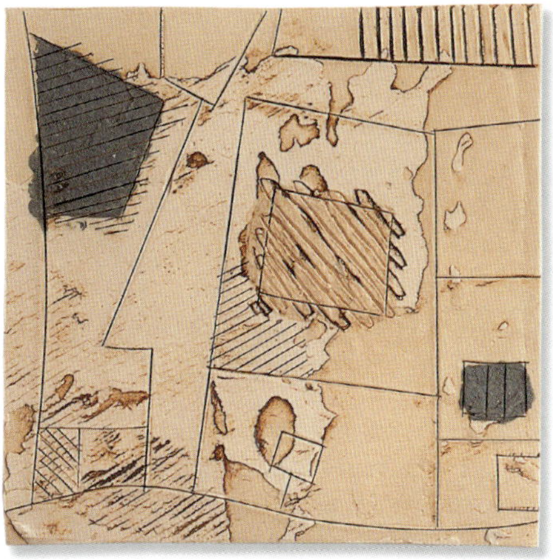

TON Weißer Steingut-Ton, Schrühbrand bei 1000 °C, Glasurbrand bei 1260 °C.

Schritt für Schritt

1 Einen Gipsblock anfeuchten und eine dicke Schicht weißer Engobe auftragen.

2 Einen Tonbatzen auf dem Gipsblock ausrollen und abheben. Die Engobe haftet nun teilweise am Ton. Eine Fliese zuschneiden.

3 Das Motiv auf die Fliese übertragen, die Linien nachritzen und die Farbflächen locker mit farbiger Engobe ausmalen.

4 Nach dem Schrühbrand eine dünne Schicht Mangandioxid auftragen, dann abwischen, sodass das Oxid in den Vertiefungen verbleibt. Den Glasurbrand vornehmen.

Material

- Gipsblock
- Farbige Engobe
- Pinsel
- Weißer Steingut-Ton
- Rollholz und Leisten
- Cutter
- Mangandioxid

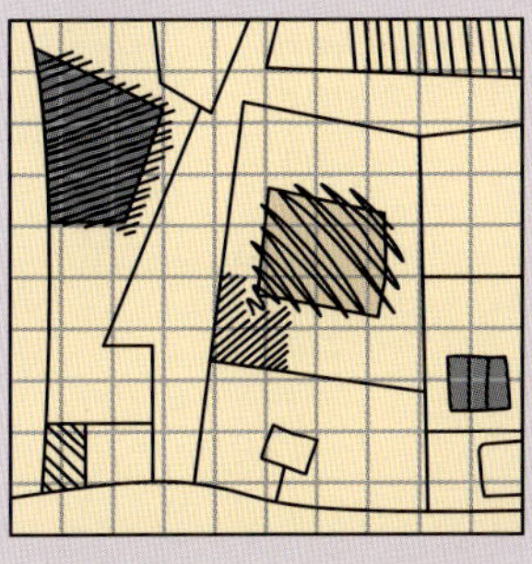

Auf der Fläche

Diese Fliese sollte als Einzelobjekt gerahmt werden.

ANORDNUNGSVORSCHLAG

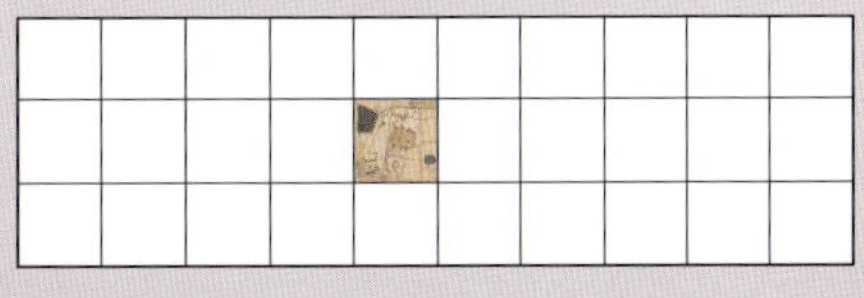

TECHNIK

SCHWIERIGKEITSGRAD

1 2 3

siehe auch Der Brand **18–21** Engobe auftragen **32** Fliesen trocknen **37** Oxide **45–47** Motive übertragen **53**

MOTIV

143 Hundertwasser: Fenster

Wiederkehrende Spitzbogenfenster in lebhaften Farben werden hier mit Engobe aufgemalt.

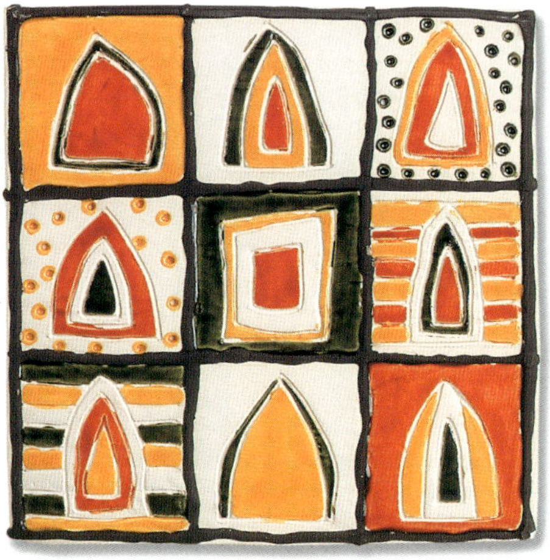

TON Weißer Steingut-Ton, Schrühbrand bei 1100 °C, Glasurbrand bei 1020 °C.

Schritt für Schritt

1 Die Fliese vorbereiten und lederhart trocknen lassen.

2 Das Motiv auf die Oberfläche übertragen und die Details der einzelnen Motivbereiche einritzen.

3 Die Rahmen der Motivfelder mit schwarzer Engobe nachmalen.

4 Nach dem Schrühbrand die Details der Fenster mit fertig gekauften Aufglasurfarben aufmalen, dann den Glasurbrand vornehmen.

Material

- Weißer Steingut-Ton
- Ritzwerkzeug
- Schwarze Engobe
- Engobe-Malbällchen
- Aufglasurfarben
- Pinsel

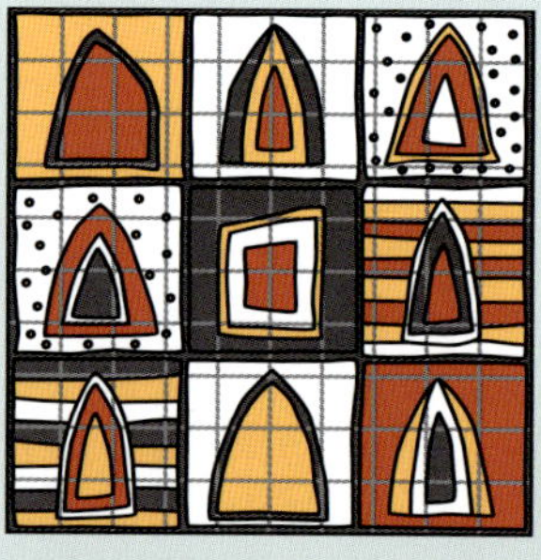

Auf der Fläche

Die Fliese eignet sich als eingestreutes Motiv oder als farbenprächtiger Rapport.

ANORDNUNGSVORSCHLAG

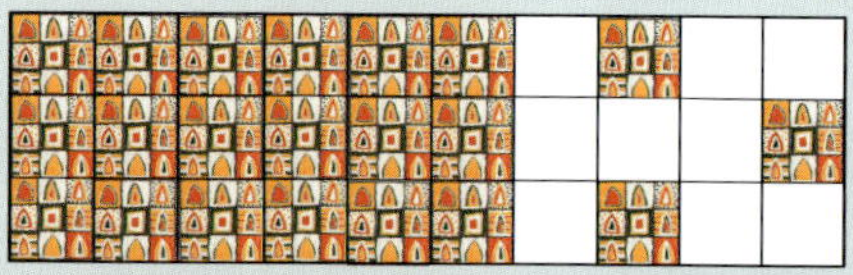

TECHNIK

SCHWIERIGKEITSGRAD

1 2

siehe auch Der Brand **18–21** Fliesen trocknen **37** Motive übertragen **53**

MOTIV

144 Hundertwasser-Motiv

Die Werke des Künstlers Friedensreich Hundertwasser entstanden um die Mitte des 20. Jahrhunderts und spiegelten die Stimmung der damaligen Zeit.

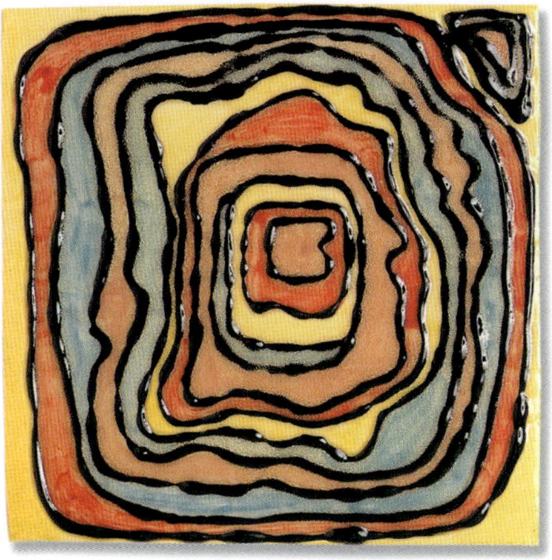

TON Weißer Steingut-Ton, Schrühbrand bei 1100 °C, Glasurbrand bei 1080 °C.

Schritt für Schritt

1 Die Fliese vorbereiten und lederhart trocknen lassen.

2 Die Motivkontur auf die Oberfläche übertragen und die Streifen mit Unterglasurfarben sorgfältig aufmalen.

3 Mit einem Malbällchen und schwarzer Engobe Trennlinien zwischen den farbigen Streifen ziehen.

4 Nach dem Schrühbrand eine transparente Glasur auftragen und brennen.

Material

- Weißer Steingut-Ton
- Verschiedene Unterglasurfarben
- Pinsel
- Schwarze Engobe
- Malbällchen
- Steingut-Glasur

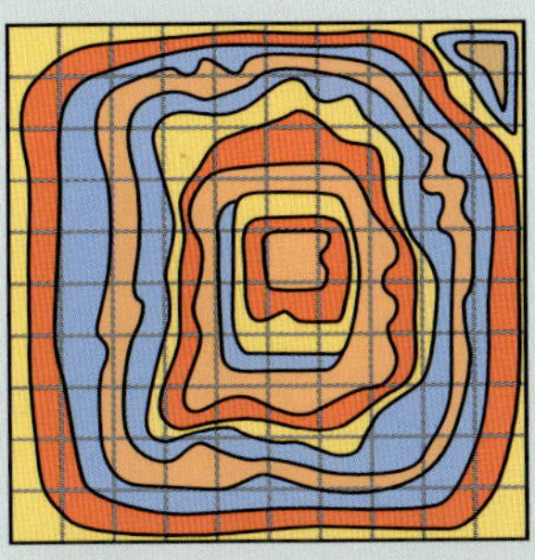

Auf der Fläche

Die Fliese eignet sich als eingestreutes Motiv oder als farbenprächtiger Rapport.

ANORDNUNGSVORSCHLAG

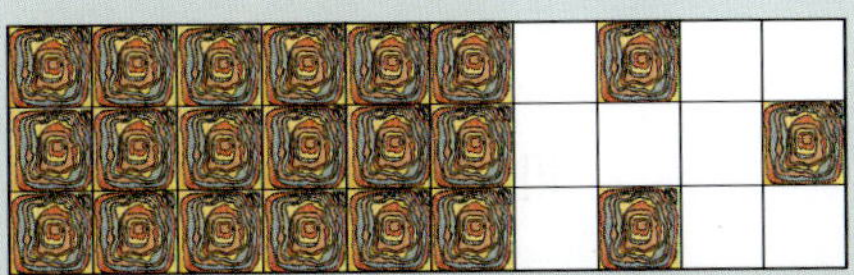

TECHNIK

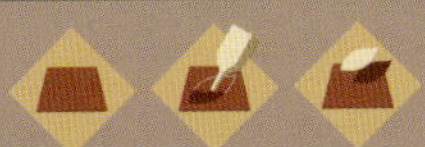

SCHWIERIGKEITSGRAD

1 2

siehe auch Der Brand **18–21** Fliesen trocknen **37** Unterglasurfarben **43** Motive übertragen **53**

MOTIV

145 Hundertwasser: Kreise

Unregelmäßige, einander überlagernde Kreise sind ein wiederkehrendes Element in den Werken Hundertwassers. Auch als Fliesenmotiv eignen sie sich gut.

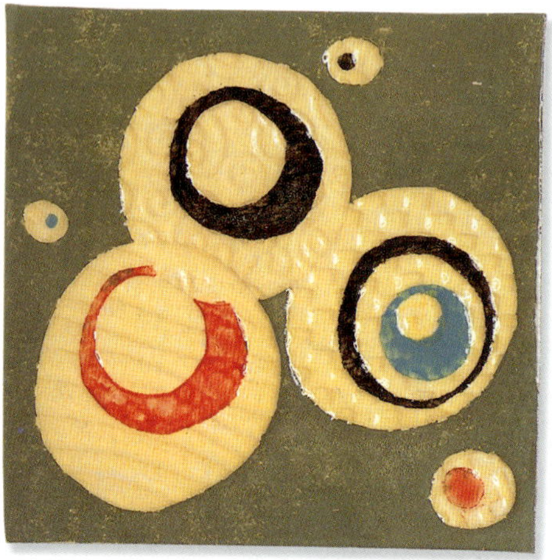

TON Weißer Steingut-Ton, Schrühbrand bei 1100 °C, Glasurbrand bei 1080 °C.

Schritt für Schritt

1 Die Kreisformen aus verschiedenen Strukturtapeten ausschneiden.

2 Eine Fliese vorbereiten und die Motivkontur auf die Oberfläche übertragen.

3 Die Tapetenschablonen mit der Strukturseite nach unten in die vorgezeichneten Motivbereiche legen und mit dem Rollholz andrücken.

4 Die Tapete abnehmen und die Motivbereiche mit verschiedenen Unterglasurfarben ausmalen.

5 Nach dem Schrühbrand eine transparente Glasur auftragen und brennen.

Material

- Strukturtapeten
- Weißer Steingut-Ton
- Rollholz und Leisten
- Unterglasurfarben
- Pinsel
- Transparente Steingut-Glasur

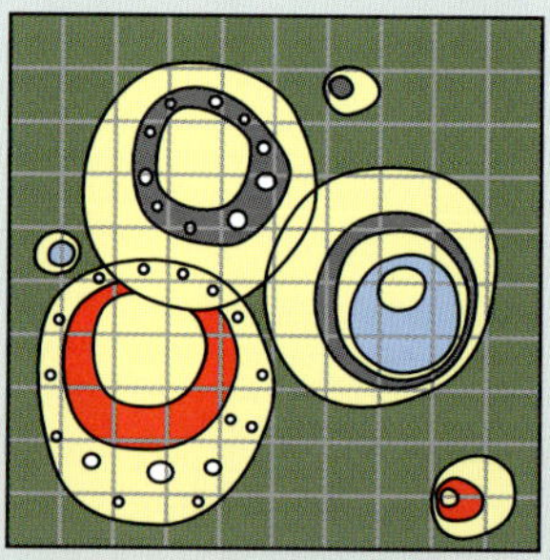

Auf der Fläche

Dieses Motiv wirkt gut als Blickfang auf einer einfarbig gefliesten Fläche.

ANORDNUNGSVORSCHLAG

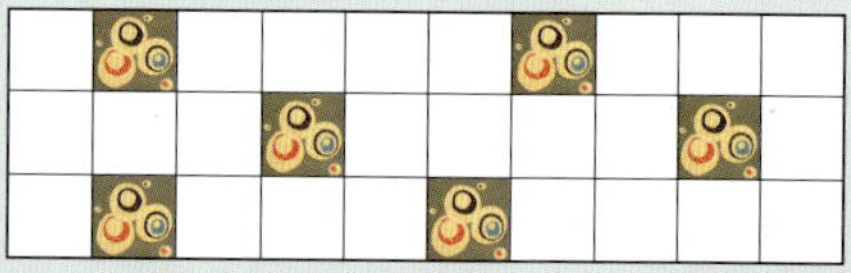

TECHNIK

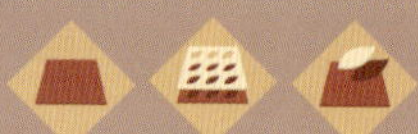

SCHWIERIGKEITSGRAD

1 2

siehe auch Der Brand **18–21** Fliesen trocknen **37** Unterglasurfarben **43** Motive übertragen **53**

MOTIV

146 Hundertwasser: Zwiebeltürme

Auch Minarette mit Zwiebeltürmen tauchen oft in Hundertwassers farbenprächtigen Werken auf. Hier werden sie mit leuchtenden Emaillefarben gemalt.

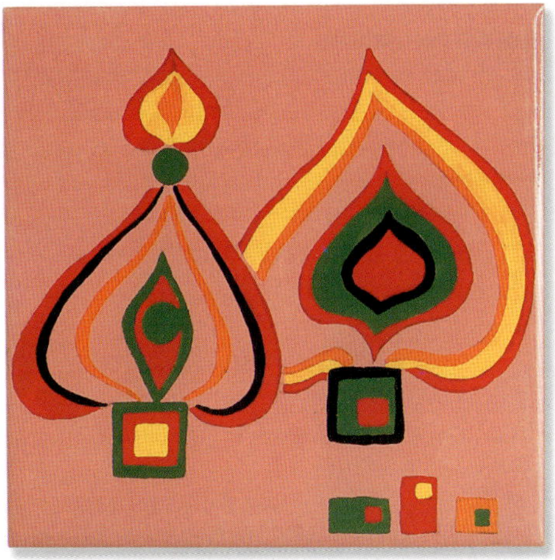

Schritt für Schritt

1 Die Oberfläche einer glasierten Fliese an der Wand gleichmäßig mit Emaillefarbe betupfen und trocknen lassen.

2 Das Motiv übertragen und mit verschiedenen Emaillefarben ausmalen.

3 Das Motiv mit Klarlack aus der Sprühdose versiegeln.

Material

- Verschiedene Aufglasur-Emaillefarben
- Naturschwamm
- Pinsel
- Klarlack aus der Sprühdose

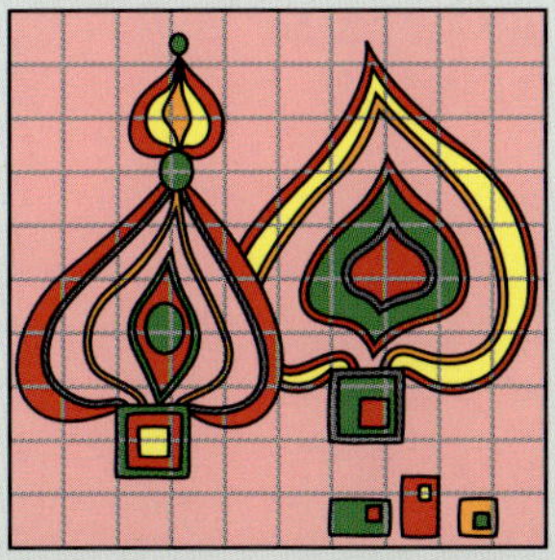

Auf der Fläche

Mit diesem farbenfrohen Motiv, vielleicht in verschiedenen Farben gestaltet, kann man eine langweilige Fliesenfläche schnell auflockern.

ANORDNUNGSVORSCHLAG

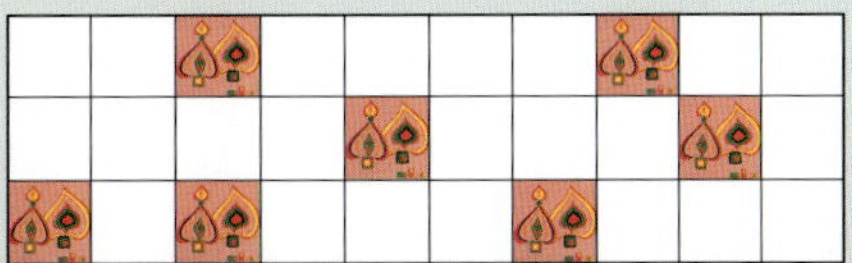

TECHNIK

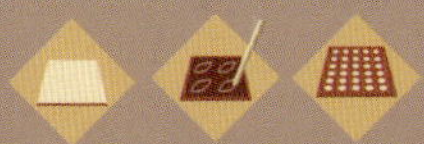

SCHWIERIGKEITSGRAD

1

siehe auch Motive übertragen **53**

MOTIV 147

Klee: Buntes Raster

Grafische Muster in fein aufeinander abgestimmten Farben sind typisch für den Maler Paul Klee. Hier wurden einige Motivflächen mit Strukturtapete geprägt, damit das Motiv interessanter wirkt.

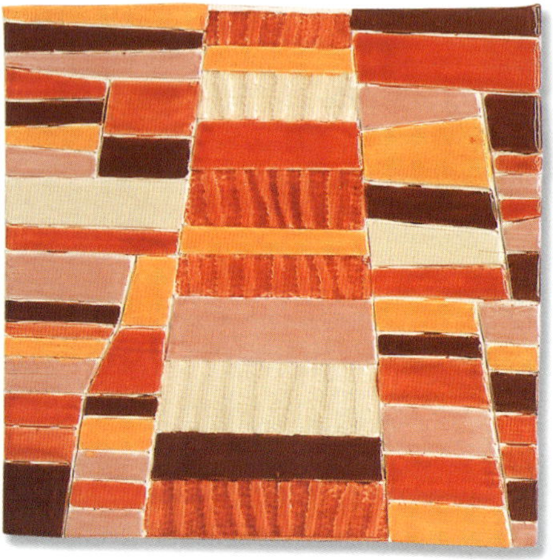

TON Weißer Steingut-Ton, Schrühbrand bei 1100 °C, Glasurbrand bei 1020 °C.

Schritt für Schritt

1 Stücke von Strukturtapete ausschneiden und mit Sprühkleber an den vorgesehenen Positionen auf einer Pappschablone in Fliesengröße befestigen.

2 Die Schablone auf eine Tonplatte legen, anrollen und auf Größe schneiden.

3 Die Schablone abnehmen und die Fliese lederhart trocknen lassen. Dann das restliche Motiv übertragen und die Konturen nachritzen.

4 Nach dem Schrühbrand die Motivbereiche mit verschiedenen Fertigglasuren ausmalen und den Glasurbrand durchführen.

Material

- Strukturtapete
- Sprühkleber
- Pappe
- Weißer Steingut-Ton
- Rollholz
- Werkzeug zum Ritzen
- Fertigglasuren
- Pinsel

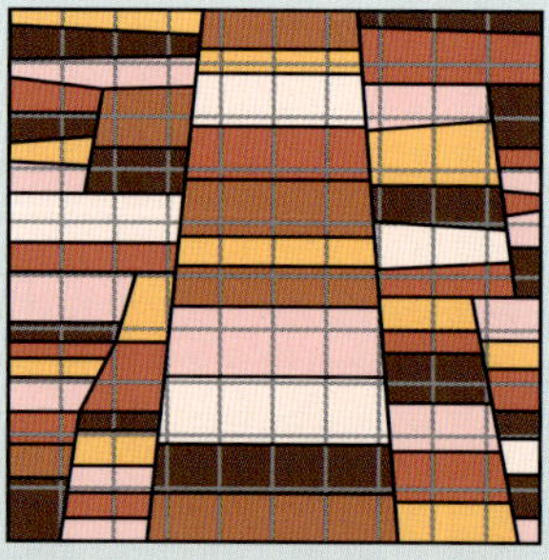

Auf der Fläche

Das Motiv wirkt als Rapport sehr lebhaft. Es kann auch einzeln zum Auflockern einfarbiger Flächen verwendet werden.

ANORDNUNGSVORSCHLAG

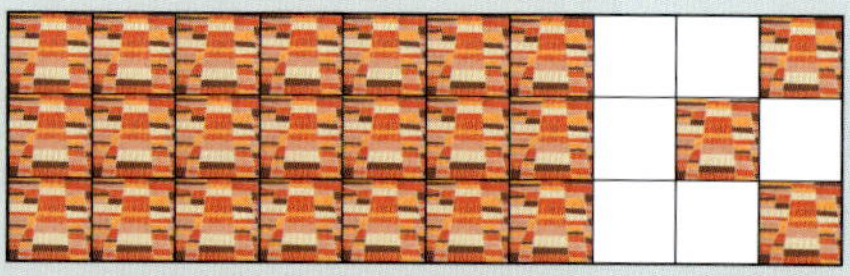

TECHNIK

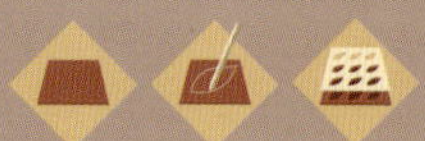

SCHWIERIGKEITSGRAD

1 2

siehe auch Der Brand **18–21** Fliesen trocknen **37** Motive übertragen **53**

MOTIV

148 Klee: Abstrakte Pflanze

Ich bin nicht ganz sicher, ob das Motiv wirklich eine Pflanze darstellt – es hat jedoch entfernte Ähnlichkeit mit einer Distel.

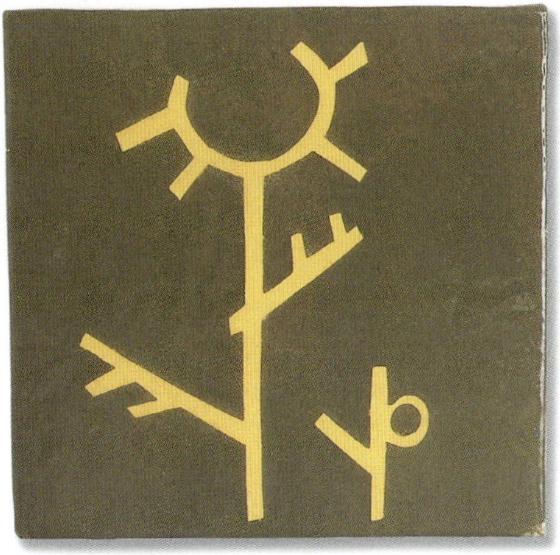

TON Weißer Steingut-Ton, Schrühbrand bei 1100 °C, Glasurbrand bei 1080 °C.

Schritt für Schritt

1 Eine lederharte Fliese mit Engobe grundieren.

2 Schablonen für die Motivteile aus Zeitungspapier ausschneiden, anfeuchten und auf die Fliese drücken.

3 Mehrere Schichten einer kontrastfarbigen Engobe auftupfen, dann das Papier abziehen.

4 Nach dem Schrühbrand eine transparente Glasur auftragen und brennen.

Material

- Weißer Steingut-Ton
- Engobe in verschiedenen Farben
- Pinsel
- Zeitung
- Naturschwamm
- Transparente Steingut-Glasur

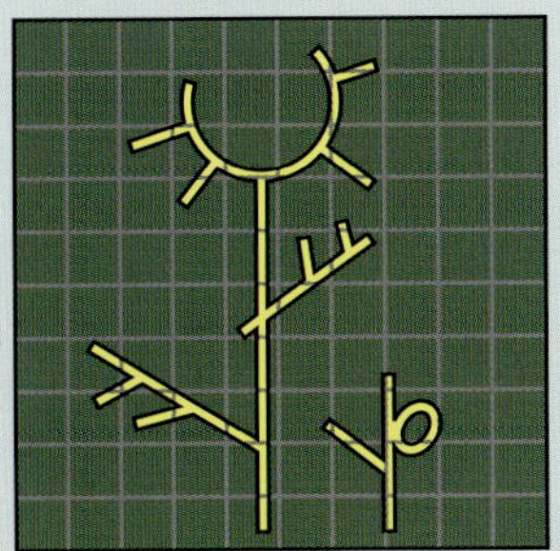

Auf der Fläche

Sehr schön sieht es aus, wenn man dieses Motiv in verschiedenen Farben gestaltet und diese locker auf einer einfarbigen Fläche verteilt.

ANORDNUNGSVORSCHLAG

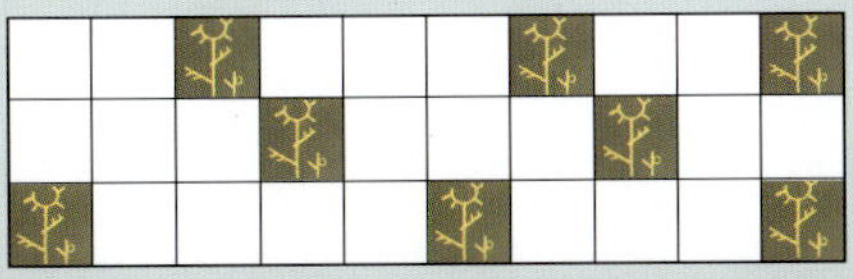

TECHNIK

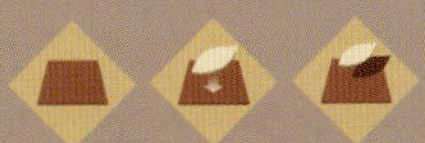

SCHWIERIGKEITSGRAD

1

siehe auch Der Brand **18–21** Engobe **32** Fliesen trocknen **37** Motive übertragen **53**

MOTIV

149

Klee: Blumen und Wasser

Dieses Motiv zeigt, wie Kunstrichtungen einander inspirieren können, denn es eignet sich ebenso gut für Keramikfliesen wie beispielsweise für ein Stoffmuster.

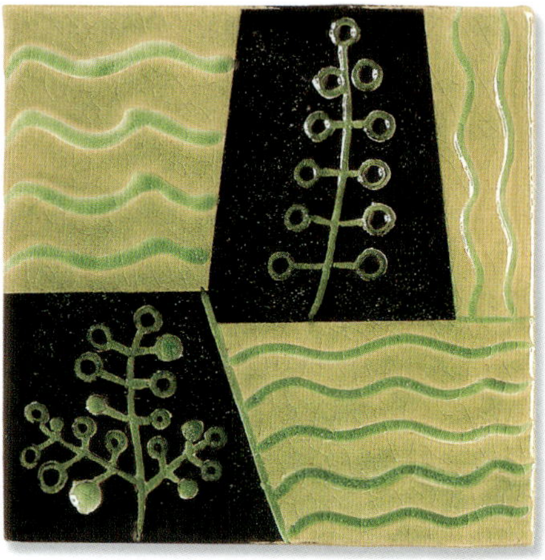

TON Weißer Steingut-Ton, Schrühbrand bei 1100 °C, Glasurbrand bei 1080 °C.

Schritt für Schritt

1 Die Fliese vorbereiten und lederhart trocknen lassen.

2 Die Wasserbereiche des Motivs mit Zeitungspapier abdecken, auf die freien Bereiche mehrere Schichten der ersten Engobefarbe tupfen.

3 Das Papier abnehmen. Die eingefärbten Bereiche mit Zeitungspapier abdecken und die nun freien Bereiche mit der zweiten Engobefarbe betupfen. Das Papier abnehmen.

4 Die Motivdetails übertragen und in die Fliesenoberfläche ritzen.

5 Nach dem Schrühbrand eine transparente, farbige Glasur auftragen und brennen.

Material

- Weißer Steingut-Ton
- Zeitung
- Engobe in zwei Farben
- Naturschwamm
- Ritzwerkzeug
- Steingut-Glasur
- Pinsel

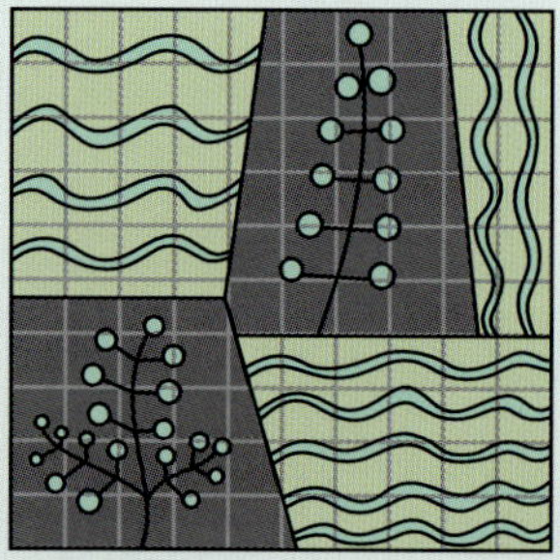

Auf der Fläche

Dieses Motiv wirkt am schönsten locker verteilt.

ANORDNUNGSVORSCHLAG

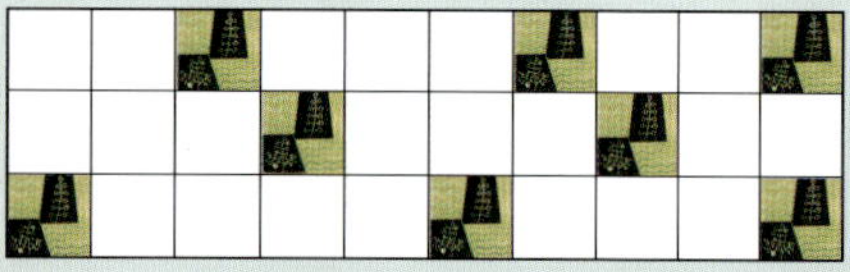

TECHNIK

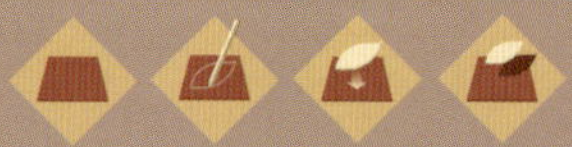

SCHWIERIGKEITSGRAD

1 2

siehe auch Der Brand **18–21** Fliesen trocknen **37** Motive übertragen **53**

MOTIV 150

Klee: Pflanzen

Diese abstrakten Pflanzenformen eignen sich gut für die Schablonentechnik, weil sich die Motive so leicht ausschneiden lassen.

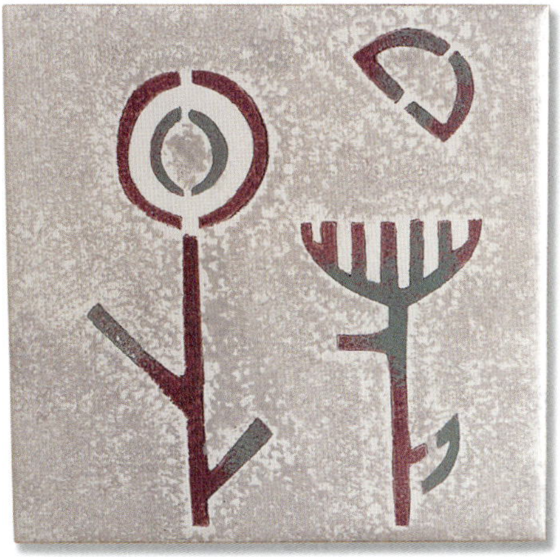

Schritt für Schritt

1 Eine glasierte Fliese an der Wand leicht mit einer hellen Hintergrundfarbe betupfen. Trocknen lassen.

2 Das Motiv auf Schablonenkarton übertragen und sorgfältig ausschneiden.

3 Etwas ablösbaren Sprühkleber auf die Schablonenrückseite geben. Die Schablone auf die Fliese drücken und das Motiv mit verschiedenen Fliesenfarben austupfen.

4 Die Schablone vorsichtig entfernen und die Oberfläche mit Sprühlack versiegeln.

Material

- Verschiedene Fliesenfarben
- Naturschwamm
- Schablonen-karton
- Cutter
- Stupfpinsel
- Klarlack
- Sprühkleber

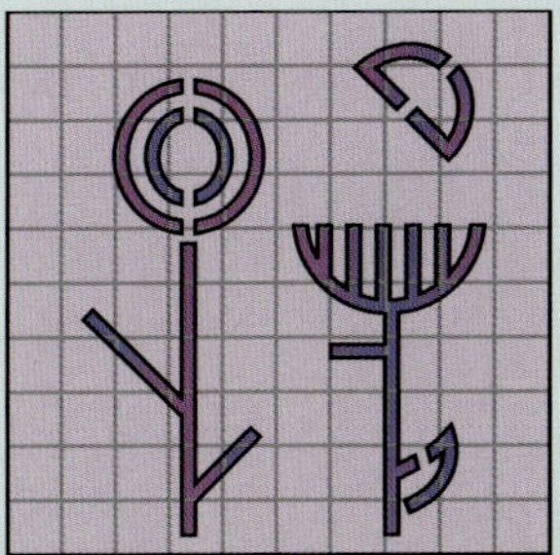

Auf der Fläche

Geeignet für einen flächigen Rapport oder für eingestreute Einzelmotive.

ANORDNUNGSVORSCHLAG

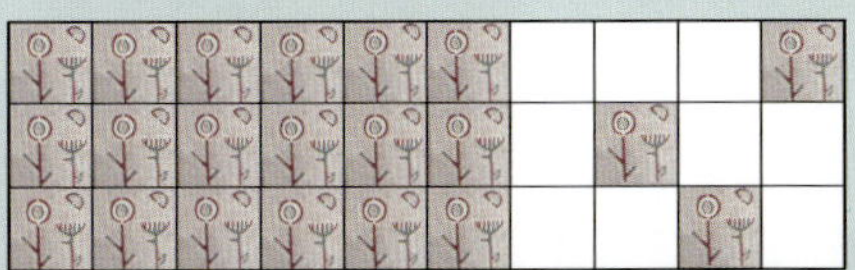

TECHNIK

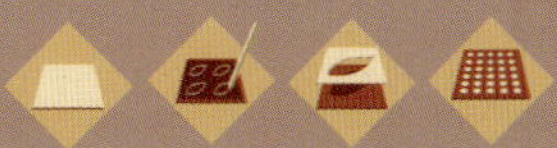

SCHWIERIGKEITSGRAD

1 2 3

siehe auch Motive übertragen **53**

MOTIV

151 Kandinsky: Hände

Die farbenprächtigen Gemälde Kandinskys geben viele Anregungen für Fliesenmotive.

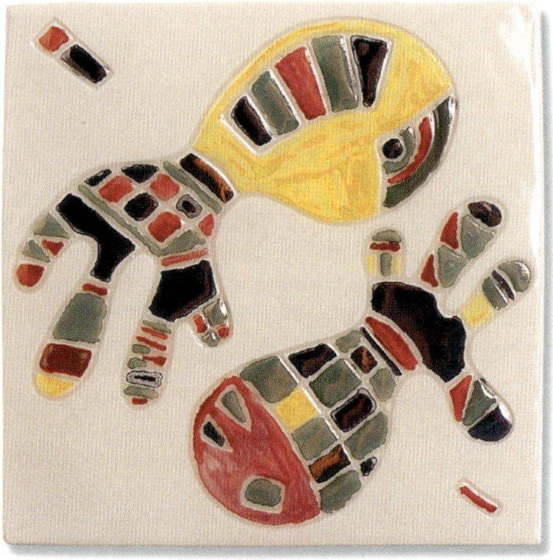

TON Porzellan-Ton, Schrühbrand bei 1000 °C, Glasurbrand bei 1280 °C, Lüsterbrand bei 730 °C.

Schritt für Schritt

1 Die Fliese vorbereiten und lederhart trocknen lassen.

2 Das Motiv auf die Oberfläche übertragen und die Konturen sorgfältig einritzen.

3 Nach dem Schrühbrand eine transparente Glasur auftragen und brennen.

4 Das Muster mit verschiedenen Farb- und Edelmetall-Lüstern aufmalen und nochmals bei der empfohlenen Temperatur brennen.

Material

- Werkzeug zum Ritzen
- Transparente Steingut-Glasur
- Verschiedene Lüsterfarben und Edelmetall-Lüster
- Pinsel

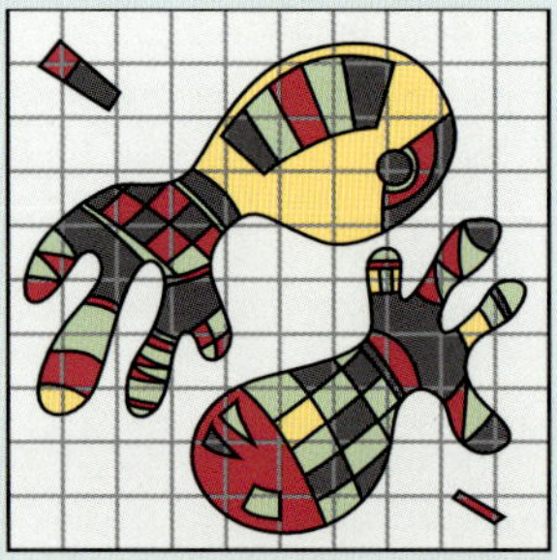

Auf der Fläche

Am schönsten wirkt dieses Motiv locker eingestreut zwischen weißen Fliesen.

ANORDNUNGSVORSCHLAG

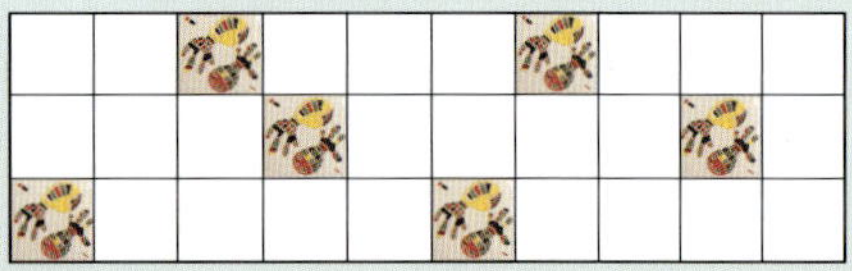

TECHNIK

SCHWIERIGKEITSGRAD

1 2 3

siehe auch Der Brand **18–21** Fliesen trocknen **37** Motive übertragen **53**

MOTIV

152 Kandinsky: Abstraktes Motiv

Hier werden zwei Dekorationstechniken kombiniert. Von der Malerei mit Engobe in sanften Farben heben sich die schwarzen Linien scharf ab.

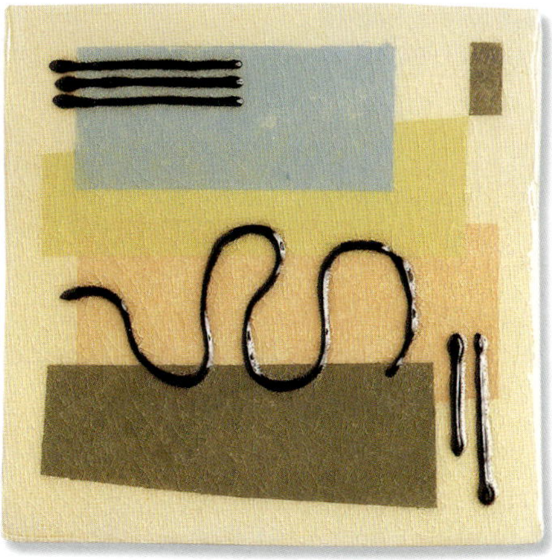

TON Weißer Steingut-Ton, Schrühbrand bei 1100 °C, Glasurbrand bei 1080 °C.

Schritt für Schritt

1 Auf eine lederhart getrocknete Fliese den Hintergrund mit verschiedenen Engobefarben tupfen. Dabei die Motivblöcke jeweils mit Papierschablonen abdecken. Jede Farbe leicht antrocknen lassen ehe die nächste folgt.

2 Die schwarzen Striche mit schwarzer Engobe und einem Malbällchen einfügen.

3 Nach dem Schrühbrand eine transparente Glasur auftragen und brennen.

Material

- Weißer Steingut-Ton
- Engobe in mehreren Farben
- Naturschwamm
- Engobe-Malbällchen
- Pinsel
- Transparente Steingut-Glasur

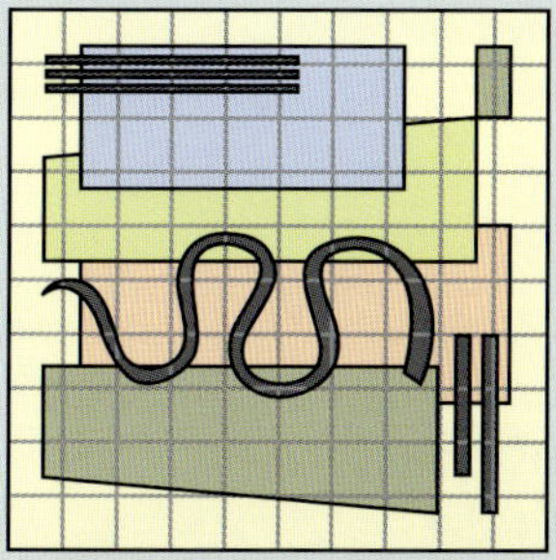

Auf der Fläche

Besonders schön wirkt dieses Motiv locker verteilt zwischen einfarbigen Fliesen.

ANORDNUNGSVORSCHLAG

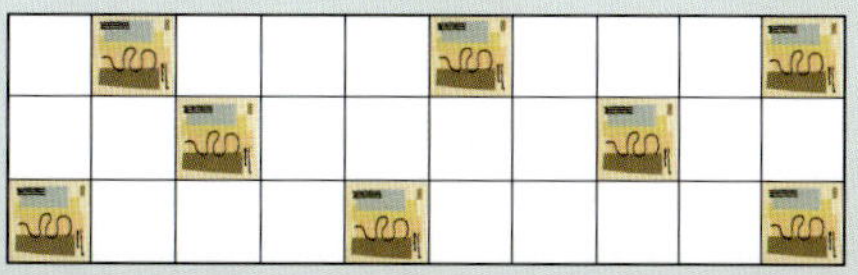

TECHNIK

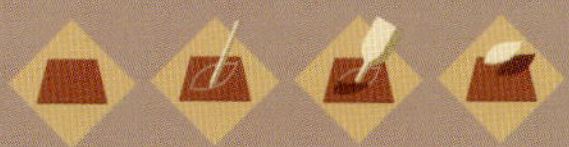

SCHWIERIGKEITSGRAD

1

MOTIV

153 Kandinsky: Formen

Die Komposition dieses Motivs wirkt mathematisch – einerseits wegen der Formen, andererseits wegen der ausgewogenen Anordnung.

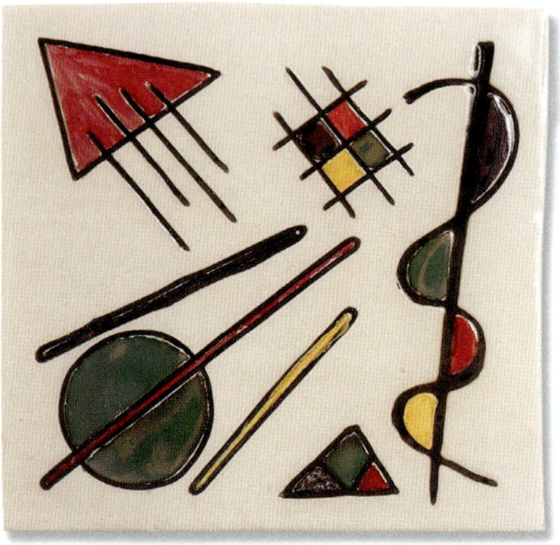

TON Porzellan-Ton, Schrühbrand bei 1000 °C, Glasurbrand bei 1280 °C, Lüsterbrand bei 730 °C.

Schritt für Schritt

1 Die Fliese vorbereiten und lederhart trocknen lassen.

2 Das Motiv auf die Oberfläche übertragen und die Konturen sorgfältig einritzen.

3 Nach dem Schrühbrand eine schwarze Glasur auftragen und abwischen, sodass sie nur in den geritzten Linien haftet. Mit transparenter Glasur überziehen und den Glasurbrand durchführen.

4 Die umschlossenen Motivbereiche mit verschiedenen Lüstern ausmalen und nochmals bei empfohlener Temperatur brennen.

Material

- Porzellan-Ton
- Werkzeug zum Ritzen
- Schwarze Steingut-Glasur
- Pinsel
- Transparente Steingut-Glasur
- Verschiedene Lüster

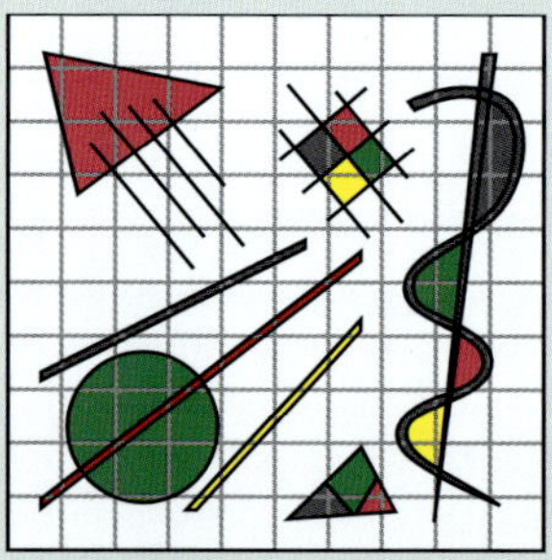

Auf der Fläche

Geeignet für einen flächigen Rapport oder locker verteilt.

ANORDNUNGSVORSCHLAG

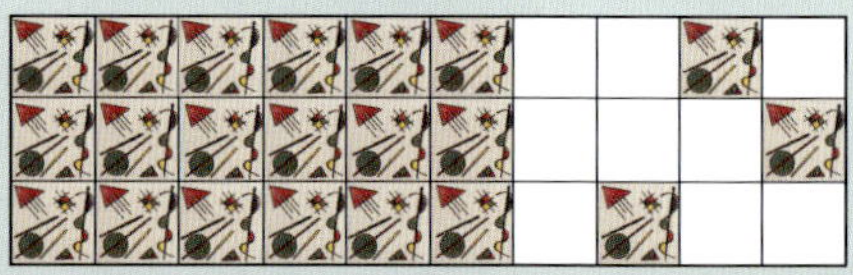

TECHNIK

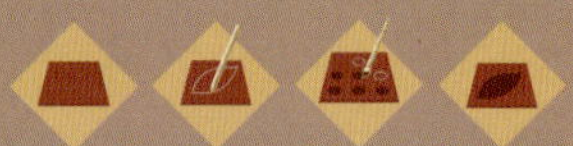

SCHWIERIGKEITSGRAD

1 2

siehe auch Der Brand **18–21** Fliesen trocknen **37** Motive übertragen **53**

MOTIV

154 Modigliani: Frau

Die stilisierten Porträts des Künstlers Modigliani bieten sich zur Umsetzung auf Fliesen an. Die Farben werden mit leichter Hand aufgetragen, um dem Stil des Malers nahe zu kommen.

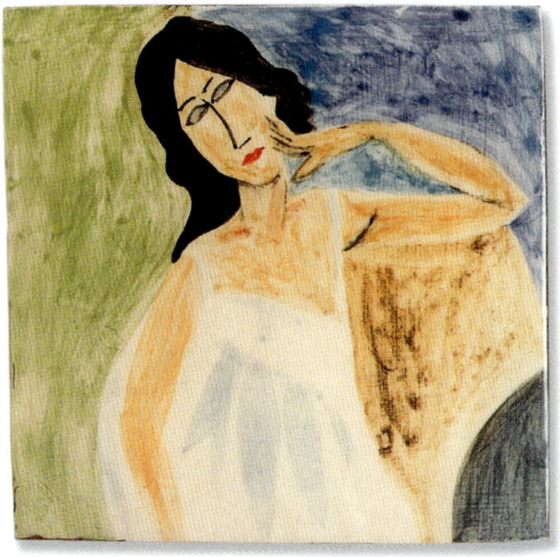

Schritt für Schritt

1 Eine lederhart getrocknete Fliese dicht mit weißer Engobe grundieren und vollständig trocknen lassen.

2 Die Motivkontur auf die Oberfläche übertragen und das Motiv mit verschiedenen Unterglasurfarben ausmalen.

3 Nach dem Schrühbrand eine transparente Glasur auftragen und brennen.

TON Roter Steingut-Ton, Schrühbrand bei 1100 °C, Glasurbrand bei 1080 °C.

Material
- Roter Steingut-Ton
- Weiße Engobe
- Pinsel
- Verschiedene Unterglasurfarben
- Transparente Steingut-Glasur

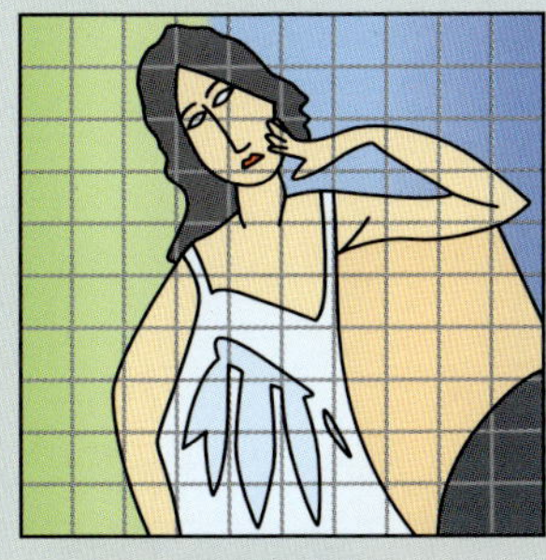

Auf der Fläche

Diese Fliese ist ein Einzelstück, das wie ein Bild gerahmt und an die Wand gehängt werden kann.

ANORDNUNGSVORSCHLAG

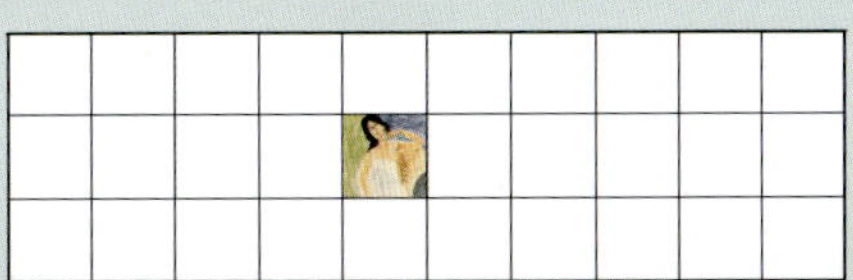

TECHNIK

SCHWIERIGKEITSGRAD

1 2 3

siehe auch Der Brand **18–21** Fliesen trocknen **37** Unterglasurfarben **43** Motive übertragen **53**

MOTIV

155 Picasso: Profil

Die Fliese sieht einfach aus, allerdings kommen mehrere Engobe-Techniken zum Einsatz. Es lohnt sich, die Techniken zuerst zu üben, damit das Werk sicher gelingt.

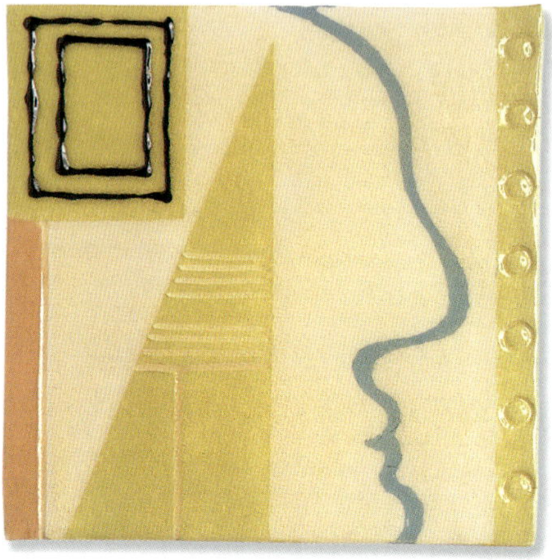

TON Weißer Steingut-Ton, Schrühbrand bei 1100 °C, Glasurbrand bei 1080 °C.

Schritt für Schritt

1 Auf einer lederharten Fliese den Hintergrund mit Papier abdecken. Mit einem Naturschwamm die verschiedenen Farbflächen mit Engoben austupfen.

2 Das Motiv einschließlich der Gesichtskontur auf die Fliese übertragen und nachritzen.

3 Die Gesichtskontur mit kontrastfarbiger Engobe übermalen und nach dem Antrocknen überschüssige Engobe abschaben, damit das Motiv zum Vorschein kommt.

4 Die rechten Kreise vorsichtig mit einem Stift eindrücken. Weitere Details einfügen.

5 Nach dem Schrühbrand eine transparente Glasur auftragen und brennen.

Material

- Weißer Steingut-Ton
- Zeitung
- Engobe
- Naturschwamm
- Werkzeug zum Ritzen
- Metallschaber
- Malbällchen
- Steingut-Glasur

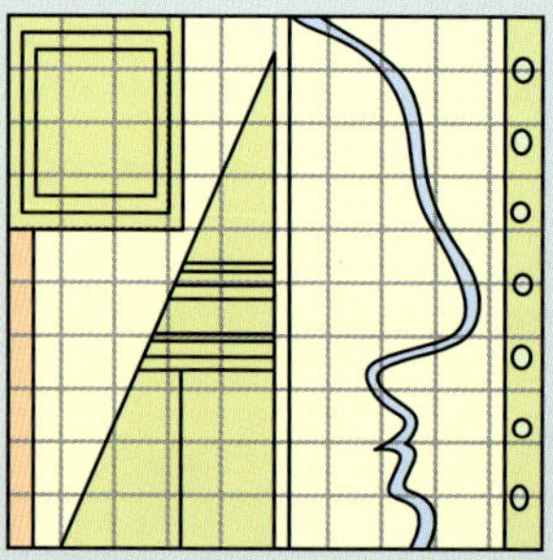

Auf der Fläche

Geeignet zum Einstreuen auf einer einfarbigen Fläche, aber auch für senkrechte oder waagerechte Bordüren.

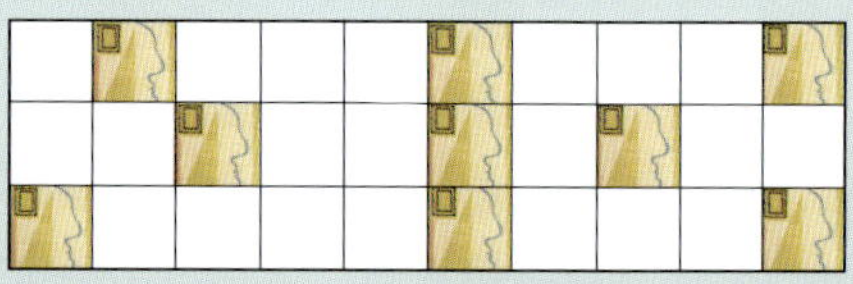

TECHNIK

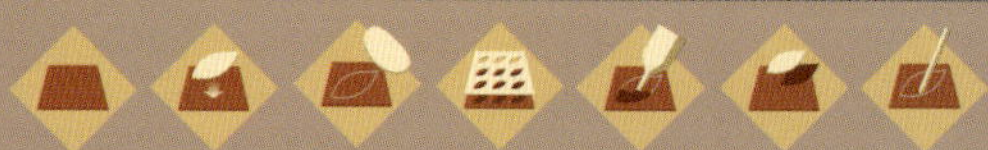

SCHWIERIGKEITSGRAD

1 2 3

siehe auch Der Brand **18–21** Fliesen trocknen **37** Motive übertragen **53**

MOTIV

156

Picasso: Gesicht

Abstrakte Gesichter sind ein Markenzeichen Picassos. Dieses scheint heimlich hinter einem Fenster hervorzuspähen.

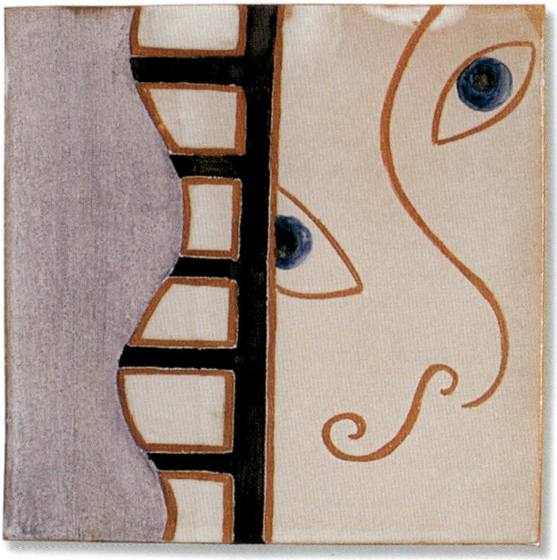

TON Roter Steingut-Ton, Schrühbrand bei 1100 °C, Glasurbrand bei 1080 °C.

Schritt für Schritt

1 Die Fliese vorbereiten und den Schrühbrand vornehmen.

2 Das Motiv auf die Oberfläche übertragen und die Konturen mit Wachsemulsion nachziehen.

3 Die Fliese mit weißer Zinnglasur überziehen, dann das Motiv mit Unterglasurfarben aufmalen. Den Glasurbrand durchführen.

Material

- Roter Steingut-Ton
- Wachsemulsion
- Pinsel
- Weiße Zinnglasur
- Verschiedene Unterglasurfarben

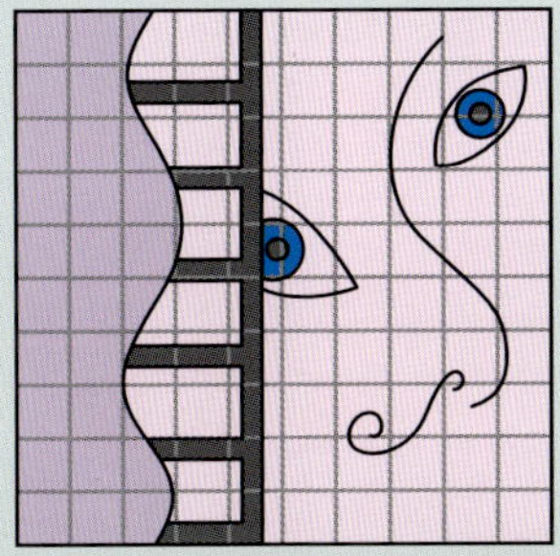

Auf der Fläche

Schön als Blickfang auf einer einfarbig gefliesten Fläche. Es kann auch witzig aussehen, mehrere der Motive senkrecht untereinander am Rand einer einfarbigen Fläche anzuordnen.

ANORDNUNGSVORSCHLAG

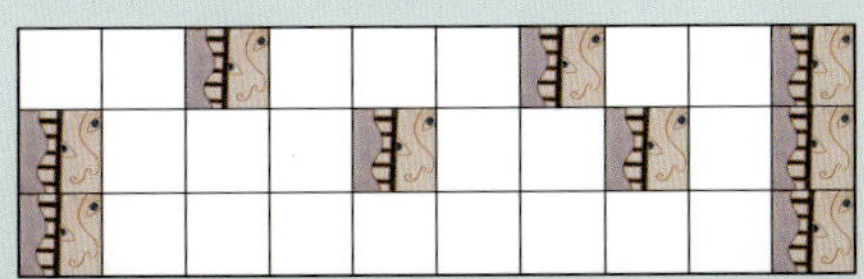

TECHNIK

SCHWIERIGKEITSGRAD

1 2

siehe auch Der Brand **18–21** Fliesen trocknen **37** Wachsabdeckung **46** Motive übertragen **53**

MOTIV 157

Waage, Zwillinge, Schütze und Fische

Für die Motive werden unterschiedliche Strukturtapeten und Glasurfarben verwendet.

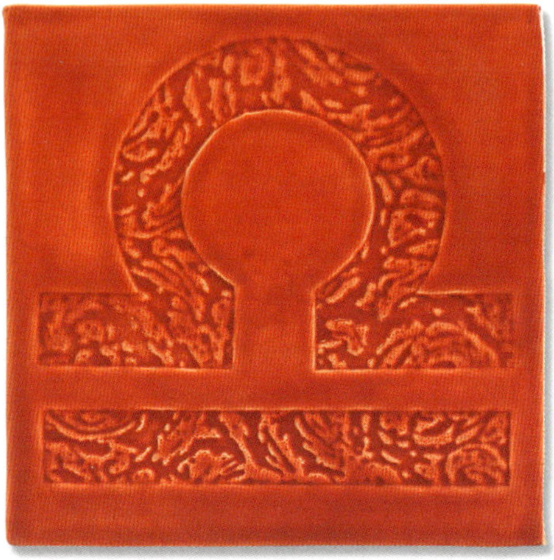

Für die Waage wurde rote Glasur verwendet.

Schritt für Schritt

1 Das Motiv auf Strukturtapete übertragen und die Formen ausschneiden.

2 Die Formen mit der Struktur nach unten auf eine vorbereitete Fliese legen und mit dem Rollholz vorsichtig darüber walzen. Leisten anlegen, damit sich die Fliese nicht verzieht.

3 Die Fliese anhand der Schablone auf Größe schneiden, dann die Tapete entfernen.

4 Nach dem Schrühbrand eine farbige Glasur auftragen, die sich in den Vertiefungen sammelt, und brennen.

TON Weißer Steingut-Ton, Schrühbrand bei 1100 °C, Glasurbrand bei 1080 °C.

Material

- Strukturtapete
- Weißer Steingut-Ton
- Rollholz und Leisten
- Transparente Steingut-Glasuren in verschiedenen Farben

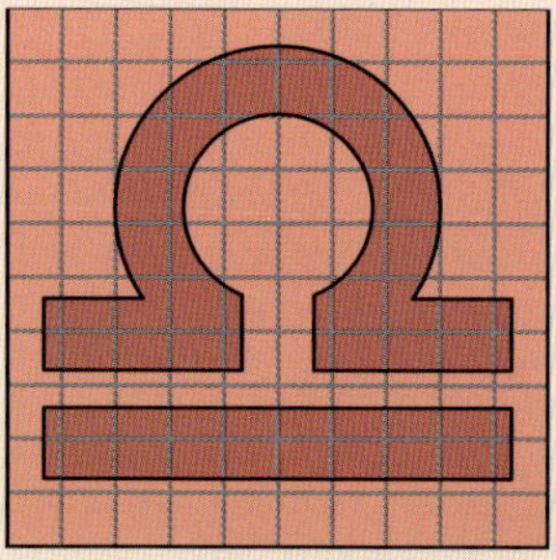

Auf der Fläche

Alle Sternkreiszeichen-Motive locker verteilt auf einer einfarbigen Fläche einstreuen.

ANORDNUNGSVORSCHLAG

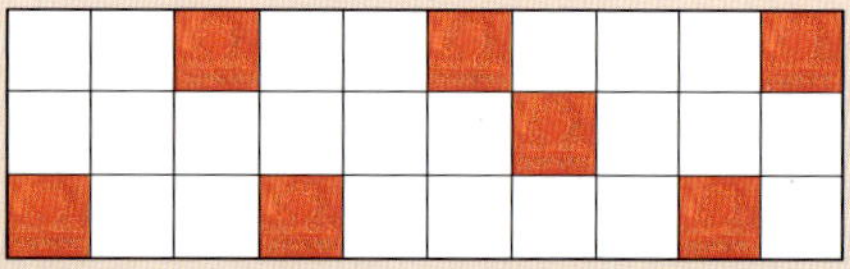

TECHNIK

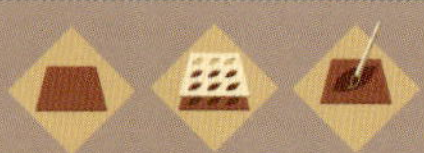

SCHWIERIGKEITSGRAD

1

siehe auch Der Brand **18–21** Fliesen trocknen **37**

MOTIV 158

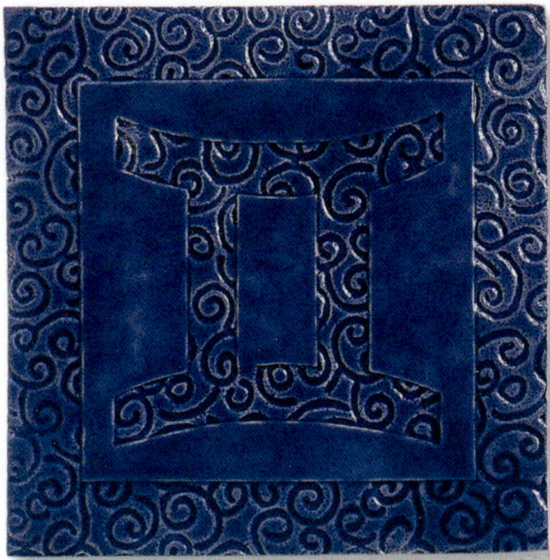

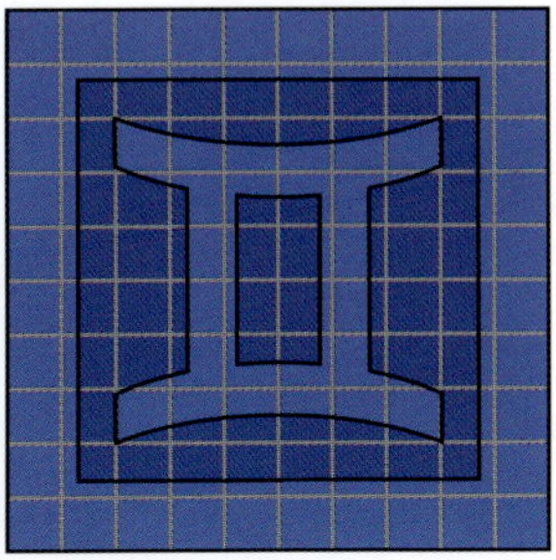

Das Zwillingssymbol mit einer anderen Strukturtapete und blauer Glasur.

MOTIV 159

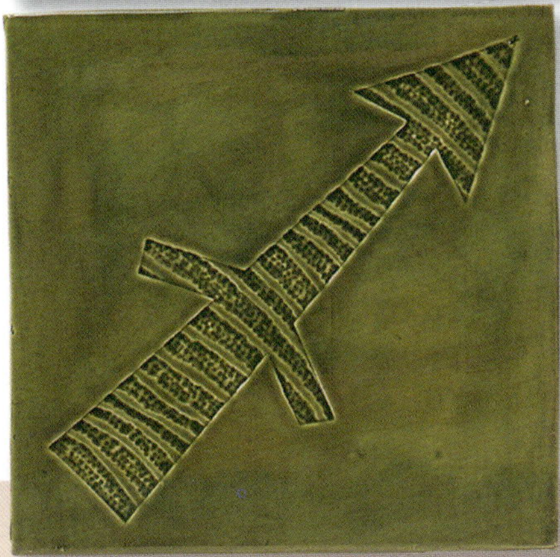

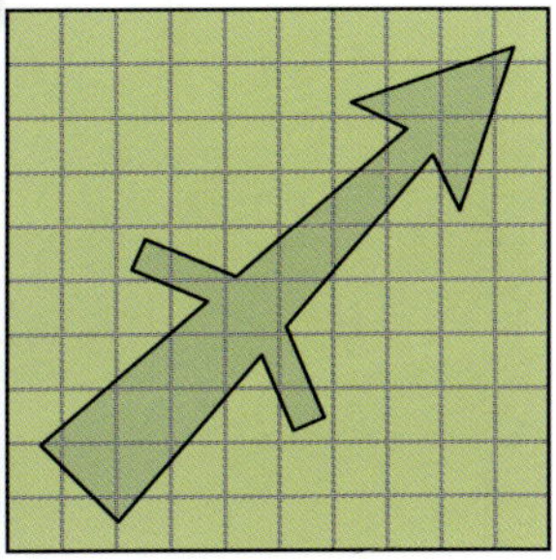

Für den Schützen wurde grüne Glasur und eine wiederum andere Strukturtapete verwendet.

MOTIV 160

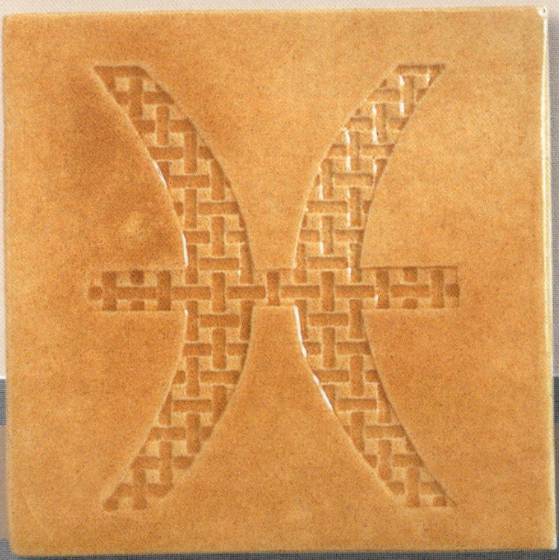

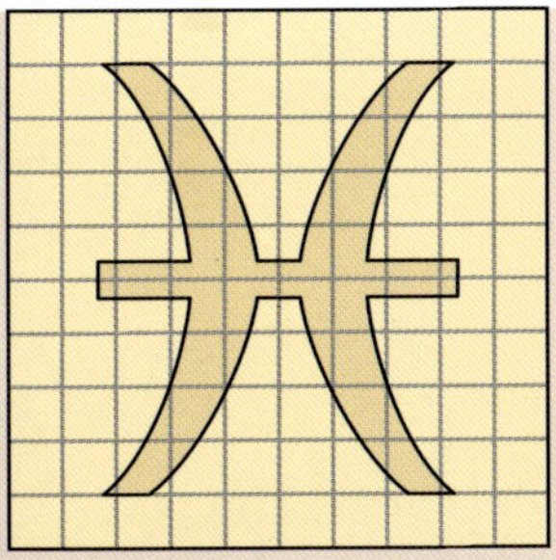

Glasur in Orange passt gut zum Fische-Symbol. Die Strukturtapete sorgt für Abwechslung.

MOTIV 161

Löwe, Steinbock, Jungfrau und Skorpion

Diese vier Sternkreiszeichen werden mit der gleichen Technik gearbeitet. Es wurden verschiedene Tone benutzt, um zu zeigen, welche Unterschiede sich allein durch die Brenntemperaturen ergeben.

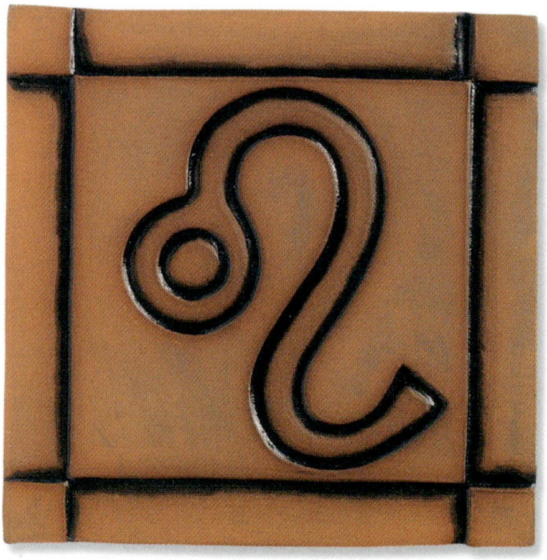

Für den Löwen wurde roter Steingut-Ton und schwarze Steingut-Glasur verwendet.

Schritt für Schritt

1 Die Fliese vorbereiten und das Motiv auf die Oberfläche übertragen.

2 Die Konturen sorgfältig einritzen.

3 Nach dem Schrühbrand die Fliese in eine farbige Glasur tauchen. Die Glasur abwischen, sodass sie nur in den geritzten Konturen haftet. Den Glasurbrand durchführen.

TON Roter Steingut-Ton, Schrühbrand bei 1100 °C, Glasurbrand bei 1080 °C.
Schwarzer Steingut-Ton, Schrühbrand bei 1000 °C, Glasurbrand bei 1000 °C.
Porzellan-Ton, Schrühbrand bei 1000 °C, Glasurbrand bei 1280 °C.

Material

- Verschiedene Tone, z.B. schwarzer und roter Steingut-Ton, Porzellan-Ton
- Werkzeug zum Ritzen
- Glasuren in verschiedenen Farben

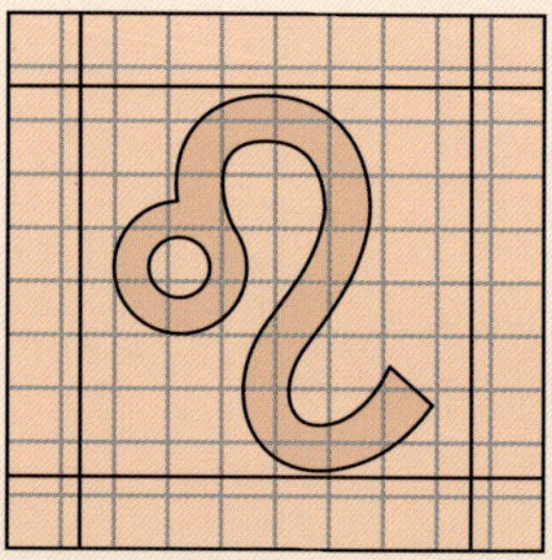

Auf der Fläche

Alle Sternkreiszeichen-Motive locker einstreuen.

ANORDNUNGSVORSCHLAG

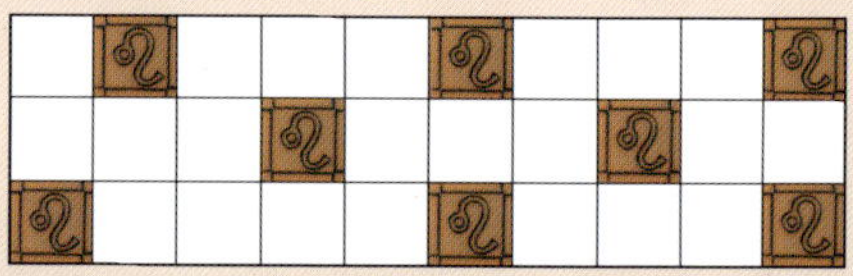

TECHNIK

SCHWIERIGKEITSGRAD

1 2

siehe auch Der Brand **18–21** Fliesen trocknen **37** Motive übertragen **53**

MOTIV 162

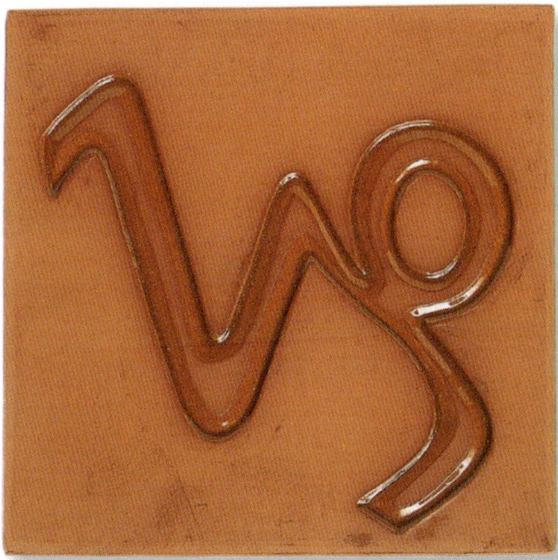

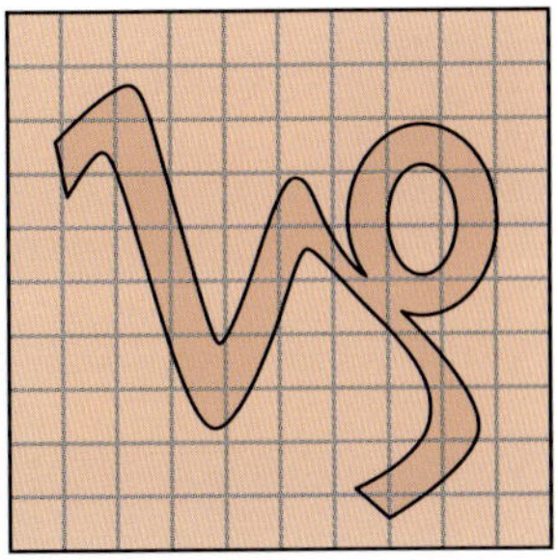

Der Steinbock aus rotem Steingut-Ton mit mittelbrauner Steingut-Glasur.

MOTIV 163

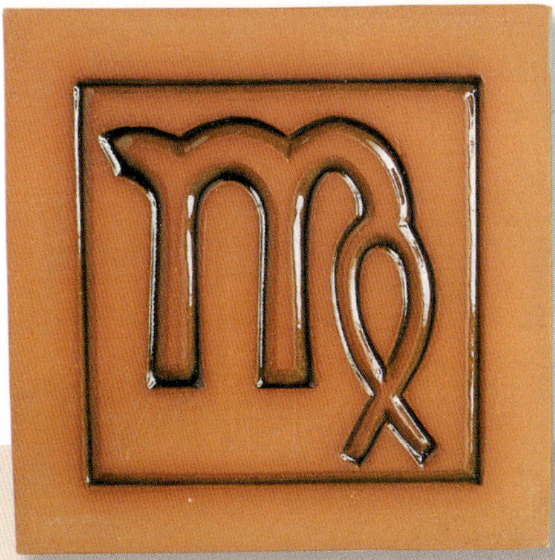

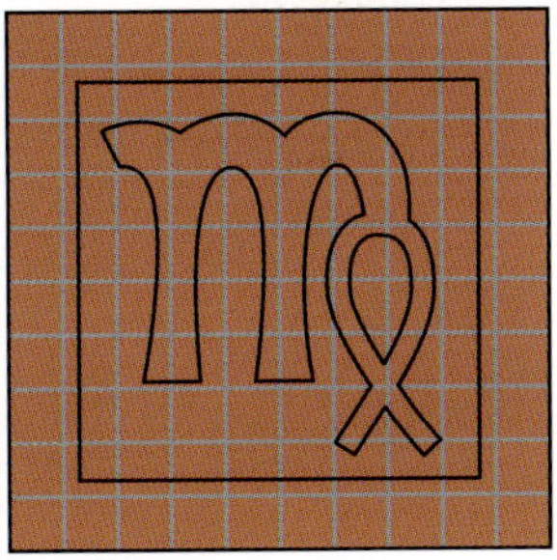

Schwarzer Steingut-Ton und rote Steingut-Glasur wurden für die Jungfrau gewählt.

MOTIV 164

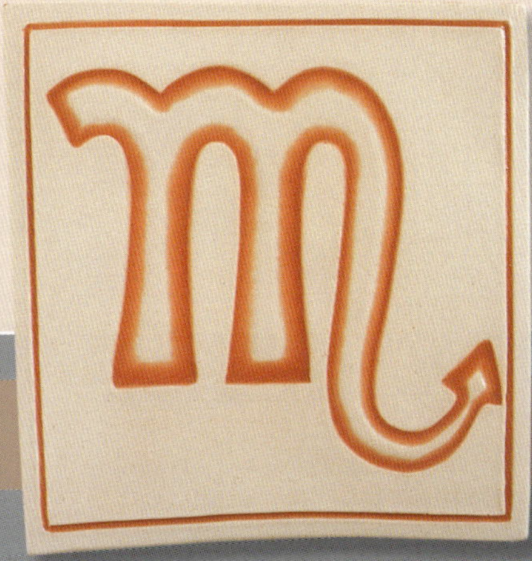

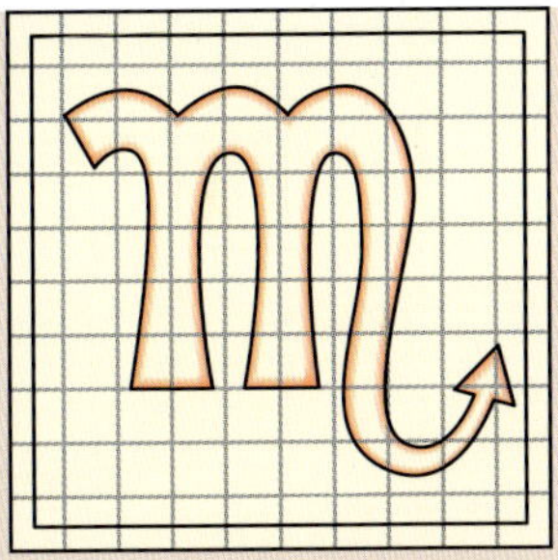

Die Skorpion-Fliese besteht aus Porzellan-Ton mit orangefarbener Glasur.

MOTIV

165

Krebs, Stier, Widder und Wassermann

Für die letzten vier Sternkreiszeichen wurden Abdeck- und Ritztechniken angewandt. Sie sind in ähnlichen Farben gestaltet, könnten aber auch kunterbunt sein.

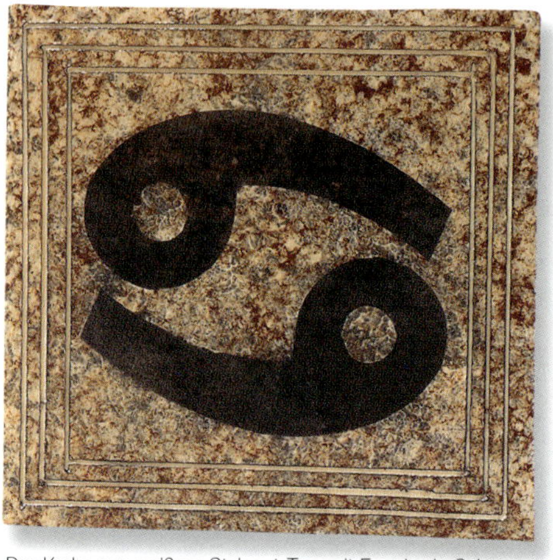

Der Krebs aus weißem Steingut-Ton mit Engobe in Schwarz und Braun.

TON Roter oder Weißer Steingut-Ton, Schrühbrand bei 1100 °C, Glasurbrand bei 1080 °C.

Schritt für Schritt

1 Die vorbereitete Fliese mit Engobe grundieren und lederhart trocknen lassen.

2 Das Sternzeichenmotiv aus Zeitungspapier ausschneiden, anfeuchten und auf die Fliese legen.

3 Eine oder zwei Engoben in Kontrastfarben auftupfen, dabei die Grundierung nicht ganz abdecken – alle Farben sollen sichtbar bleiben. Am einfachsten geht das mit einem großporigen Naturschwamm.

4 Die Papierschablone abnehmen und einige Konturen und Details nachritzen.

5 Nach dem Schrühbrand eine transparente Glasur auftragen und brennen.

Material

- Roter oder weißer Steingut-Ton
- Engobe in verschiedenen Farben
- Pinsel
- Zeitung
- Naturschwamm
- Ritzwerkzeug
- Transparente Steingut-Glasur

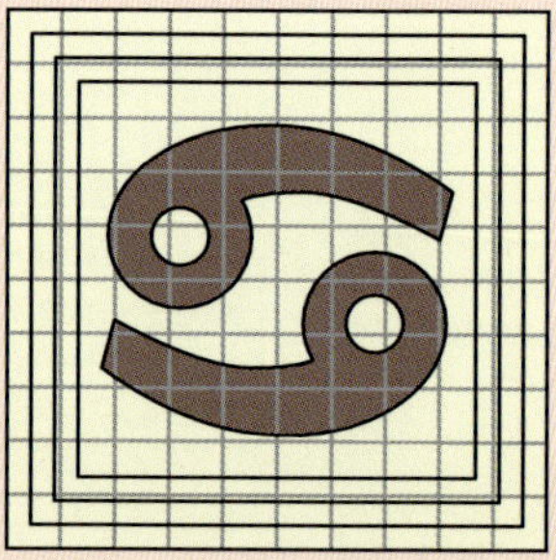

Auf der Fläche

Alle Sternkreiszeichen-Motive locker einstreuen.

ANORDNUNGSVORSCHLAG

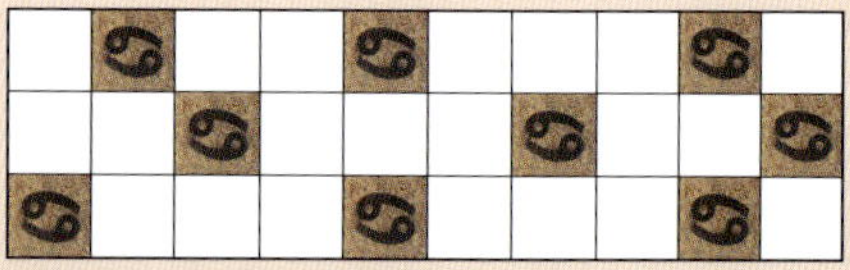

TECHNIK

SCHWIERIGKEITSGRAD

1 2 3

siehe auch Der Brand **18–21** Farbige Engobe anrühren **31** Fliesen trocknen **37** Motive übertragen **53**

MOTIV 166

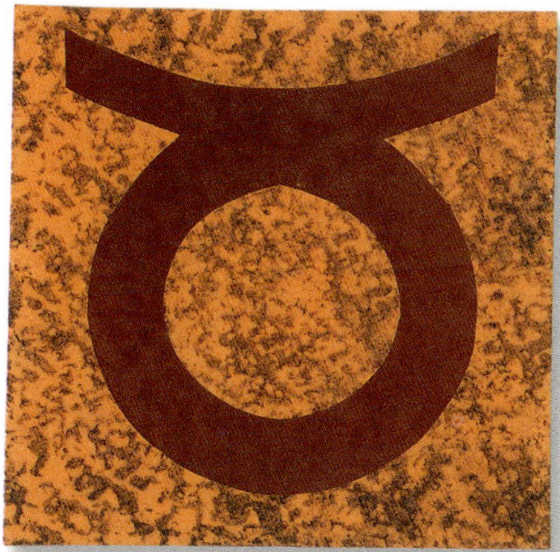

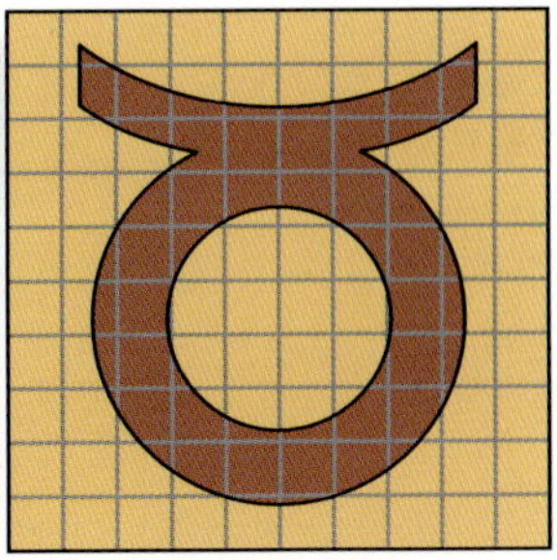

Für den Stier wurde roter Steingut-Ton und Engobe in Braun und Orange verwendet.

MOTIV 167

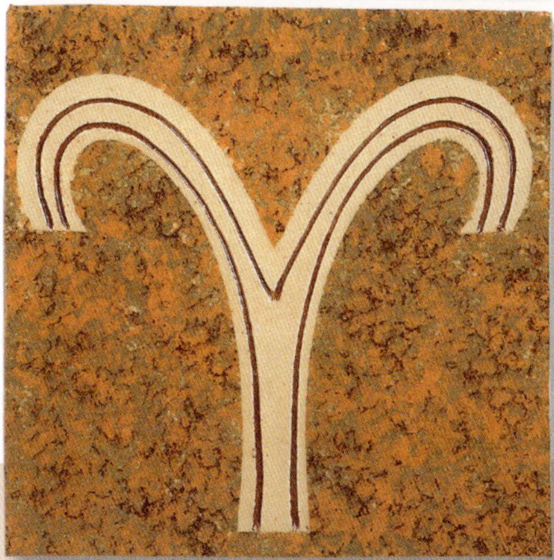

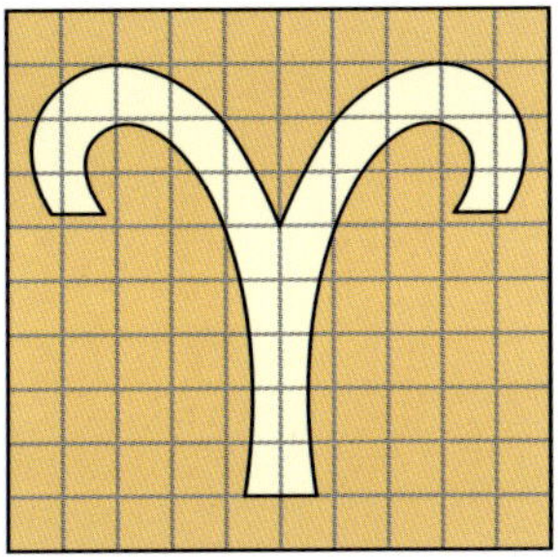

Mit brauner und orangefarbener Engobe wurde der Widder auf weißem Steingut-Ton gestaltet.

MOTIV 168

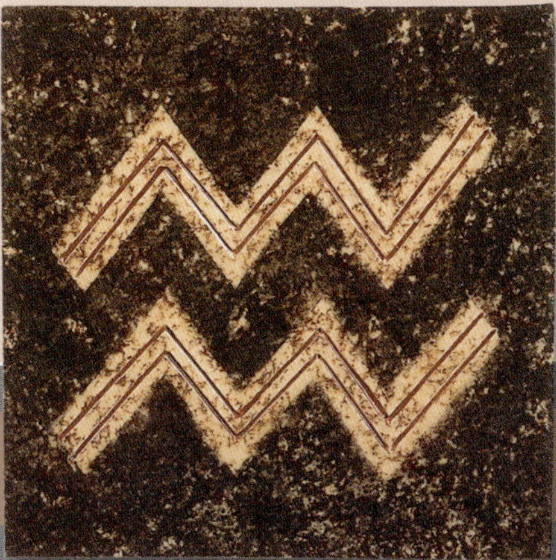

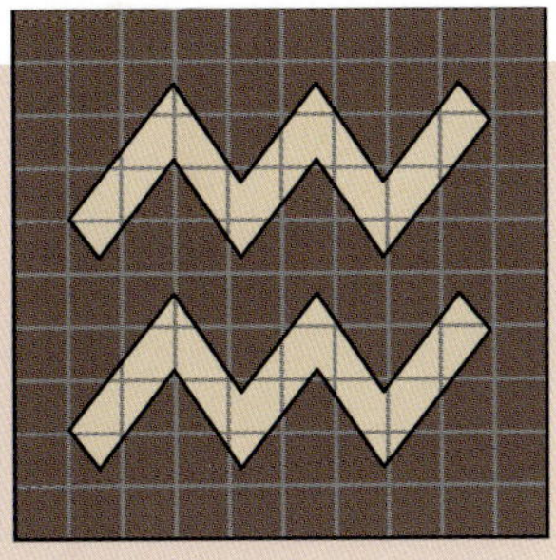

Der Wassermann mit cremefarbener Engobe auf sienabraunem Grund. Hier zeigt auch das geritzte Muster eine Variante.

MOTIV

169 Verschlungene Kreise

Dieses Muster ist aus vier ineinander verschlungenen Kreisen aufgebaut. Die komplizierten Konturen müssen akkurat auf den Ton übertragen werden, damit das Ergebnis überzeugt.

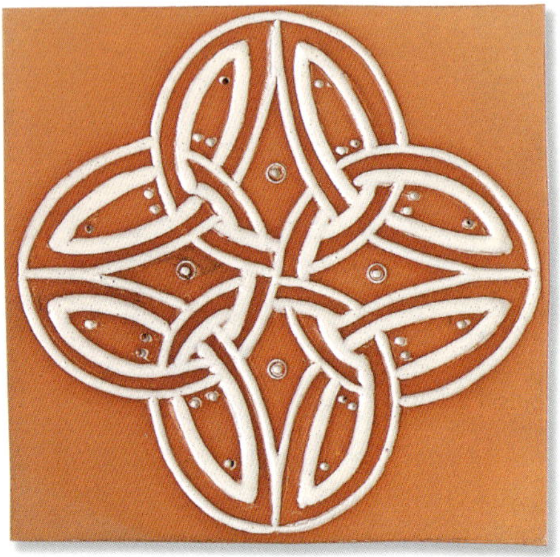

TON Roter Steingut-Ton, Schrühbrand bei 1100 °C, Glasurbrand bei 1080 °C.

Schritt für Schritt

1 Die Fliese vorbereiten und lederhart trocknen lassen.

2 Das Motiv auf die Oberfläche übertragen und die Kontur sauber und recht tief einritzen, damit sie klar erkennbar ist.

3 Nach dem Schrühbrand eine farbige Glasur auftragen und abwischen, sodass sie nur in den Motivkonturen haftet. Bei der empfohlenen Glasurbrand-Temperatur brennen.

Material

- Roter Steingut-Ton
- Werkzeug zum Ritzen
- Farbige Steingut-Glasur
- Pinsel

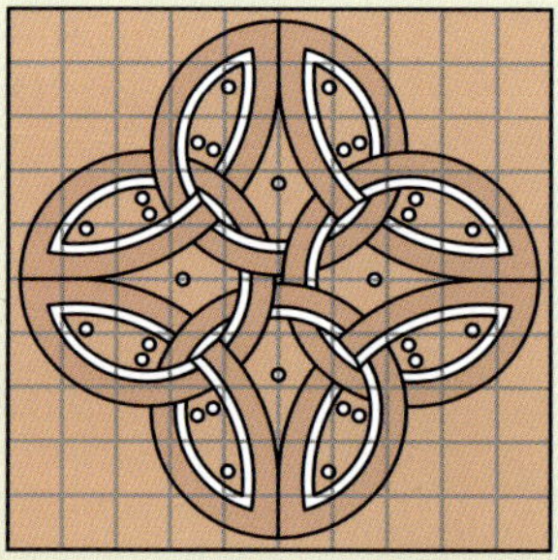

Auf der Fläche

Geeignet für einen flächigen Rapport, aber auch als Einzelmotiv auf einer einfarbigen Fliesenfläche.

ANORDNUNGSVORSCHLAG

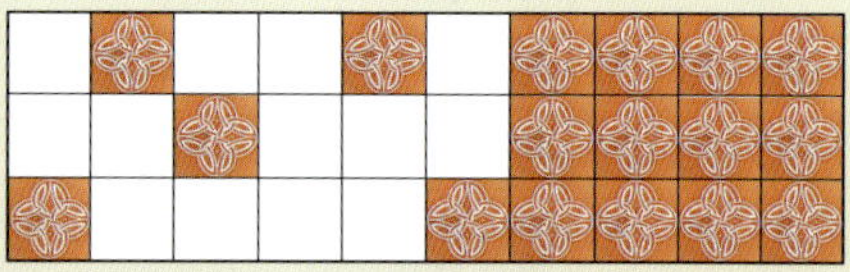

TECHNIK

SCHWIERIGKEITSGRAD

1 2 3

siehe auch Der Brand **18–21** Fliesen trocknen **37** Motive übertragen **53**

MOTIV **170**

Linolschnitt-Knoten

Für dieses Motiv brauchen Sie ein schmales Linolmesser und etwas Geduld, denn die komplizierten Linien müssen sehr sauber gearbeitet werden.

MOTIV **171**

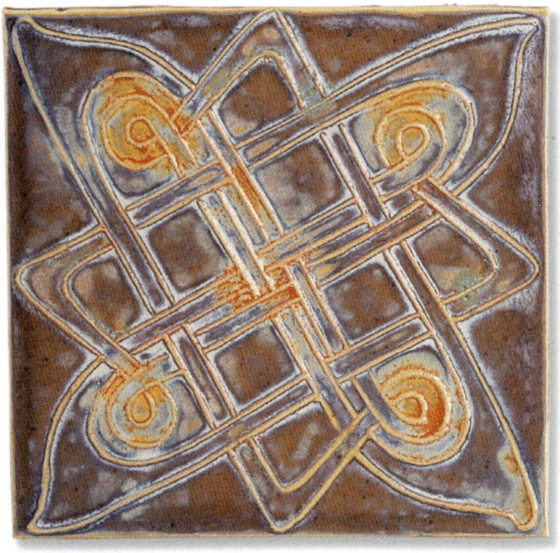

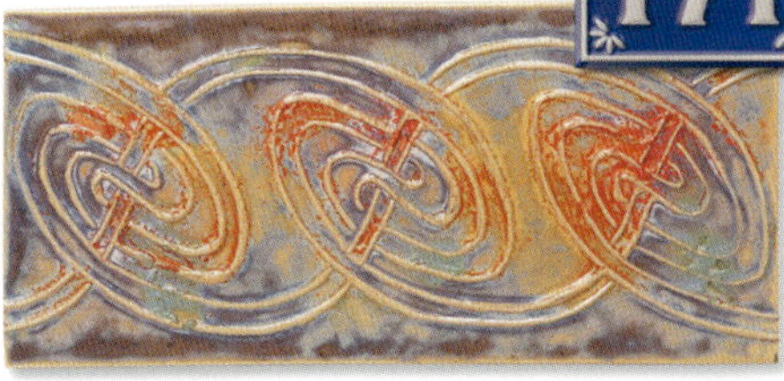

TON Weißer Steingut-Ton, Schrühbrand bei 1000 °C, Glasurbrand bei 1260 °C.

Schritt für Schritt

1 Das Motiv auf eine Linolplatte übertragen und sorgfältig ausschneiden.

2 Die Fliese vorbereiten, die Linolplatte auflegen und kräftig darüber rollen. Die Linolplatte abnehmen und die Fliese in Form schneiden.

3 Nach dem Schrühbrand Kupferkarbonat auftragen, mit einer reaktiven oder deckenden Glasur überziehen und brennen.

Material

- Linolplatte, 15 x 15 cm
- Linolmesser
- Weißer Steingut-Ton
- Rollholz
- Kupferkarbonat
- Pinsel
- Steingut-Glasur

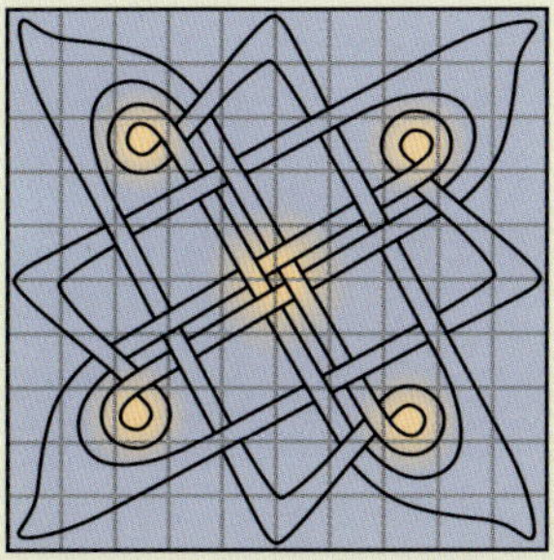

Auf der Fläche

Geeignet für einen flächigen Rapport, aber auch als Einzelmotiv.

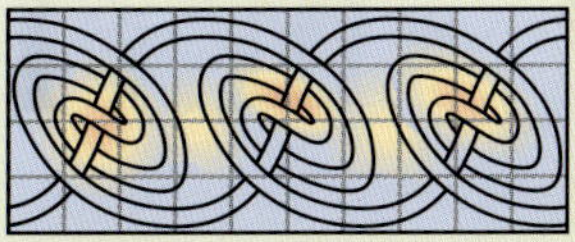

ANORDNUNGSVORSCHLAG

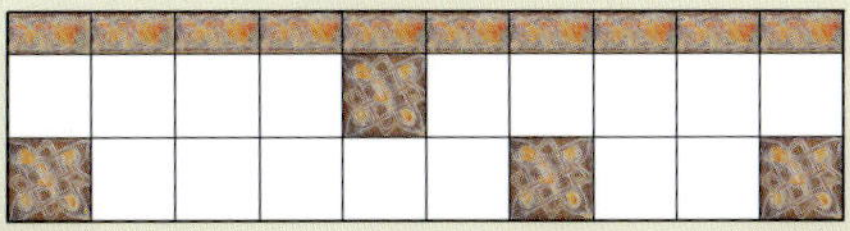

TECHNIK

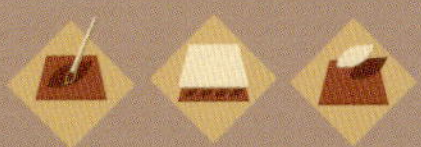

SCHWIERIGKEITSGRAD

1 2 3

siehe auch Der Brand **18–21** Fliesen trocknen **37** Unterglasurfarben **43** Motive übertragen **53**

MOTIV

172 Tiermotiv mit Knoten

Hier wurde ein Tiermotiv in einen keltischen Knoten integriert, der oben und unten von einem Ornament eingefasst ist. Als Bordüre angeordnet „jagen" die Tiere einander über die Wand.

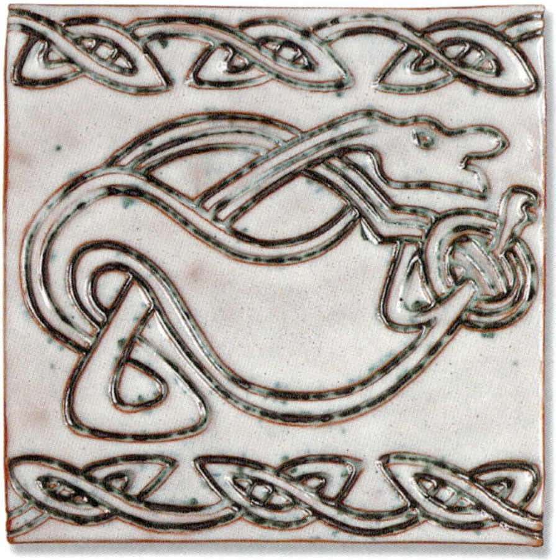

TON Roter Steingut-Ton, Schrühbrand bei 1100 °C, Glasurbrand bei 1080 °C.

Schritt für Schritt

1 Die Fliese vorbereiten und lederhart trocknen lassen.

2 Das Motiv auf die Oberfläche übertragen und sorgfältig die Konturen in den Ton ritzen.

3 Nach dem Schrühbrand Kupferoxid auftragen, mit einer weißen Zinnglasur überziehen und den Glasurbrand durchführen.

Material

- Roter Steingut-Ton
- Kupferoxid
- Pinsel
- Weiße Zinnglasur

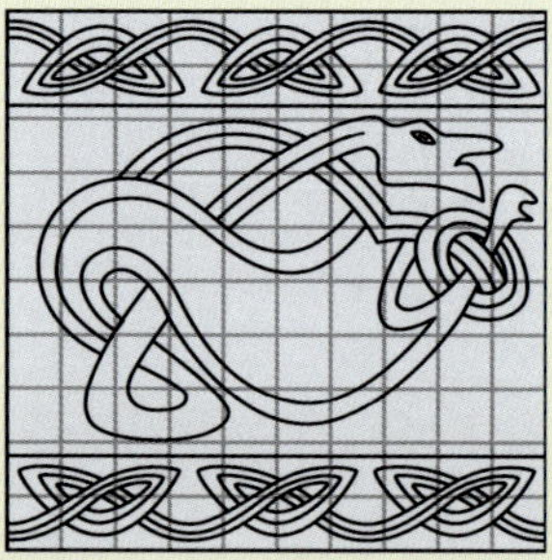

Auf der Fläche

Ideal für eine Bordüre, etwa als Begrenzung einer einfarbig gefliesten Fläche.

ANORDNUNGSVORSCHLAG

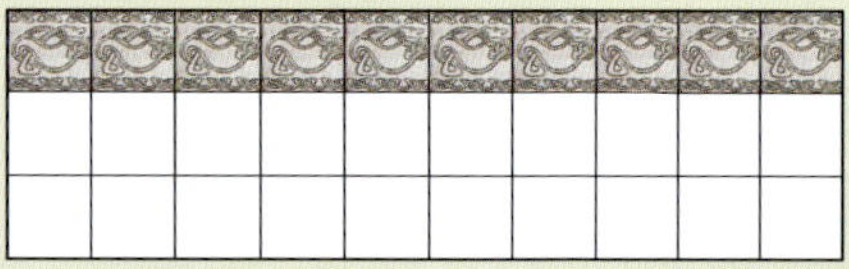

TECHNIK

SCHWIERIGKEITSGRAD

1 2 3

siehe auch Der Brand **18–21** Fliesen trocknen **37** Oxide **45–47** Motive übertragen **53**

MOTIV

173 Keltischer Mäander

Dieses Muster ist einfacher zu gestalten als die meisten anderen keltischen Motive. Es eignet sich gut für einen Rapport und passt in jeden Raum der Wohnung.

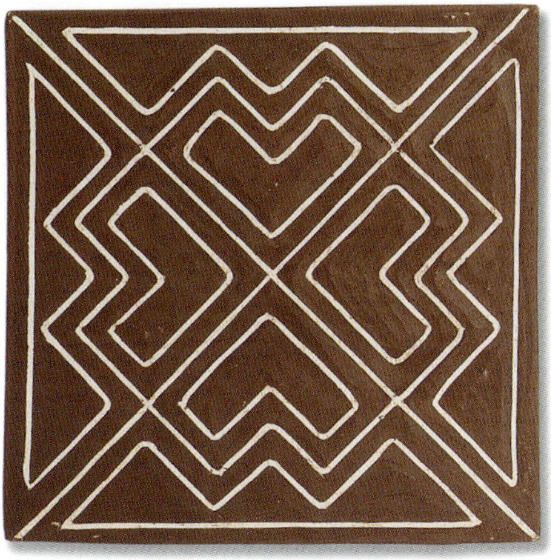

TON Schwarzer Steingut-Ton, Schrühbrand bei 1060 °C, kein Glasurbrand.

Schritt für Schritt

1 Die Fliese vorbereiten und lederhart trocknen lassen.

2 Das Motiv auf die Oberfläche übertragen und die Konturen sorgfältig in den Ton ritzen.

3 Die Konturen mit weißer Engobe übermalen, antrocknen lassen und überschüssige Engobe mit einem Metallschaber abkratzen, sodass die Motivkonturen klar erscheinen.

4 Nach dem Trocknen bei der empfohlenen Temperatur brennen.

Material

- Schwarzer Steingut-Ton
- Werkzeug zum Ritzen
- Weiße Engobe
- Pinsel
- Metallschaber

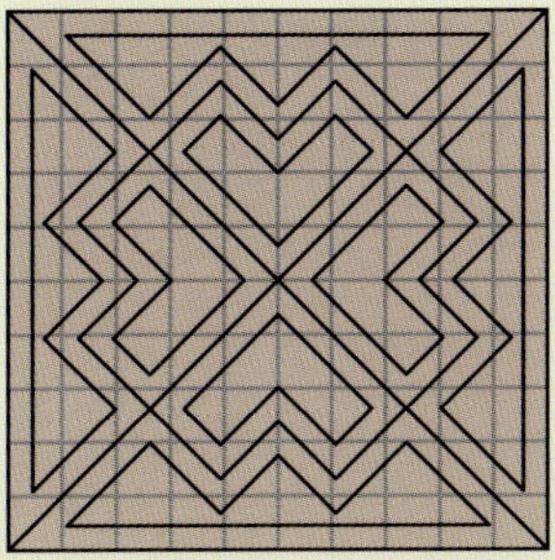

Auf der Fläche

Geeignet für einen flächigen Rapport.

ANORDNUNGSVORSCHLAG

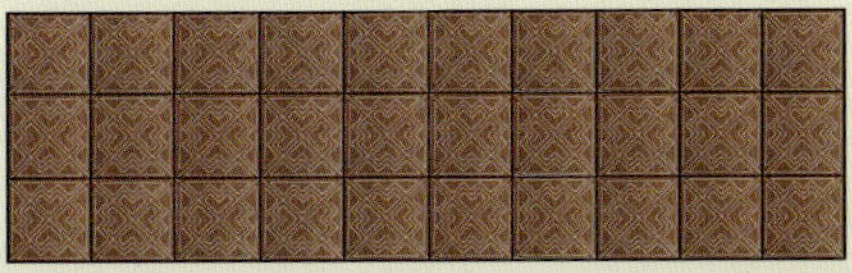

TECHNIK

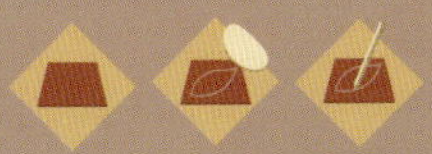

SCHWIERIGKEITSGRAD

1 2

siehe auch Der Brand **18–21** Fliesen trocknen **37** Motive übertragen **53**

MOTIV

174

Verkreuzter Knoten

Das Knotenmotiv lässt sich leicht in den Ton ritzen und eignet sich zum schnellen Herstellen mehrerer Fliesen.

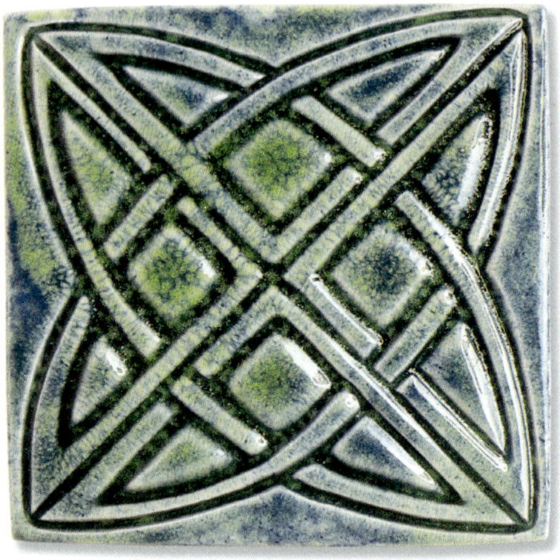

TON Weißer Steingut-Ton, Schrühbrand bei 1100 °C, Glasurbrand bei 1080 °C.

Schritt für Schritt

1 Eine glatte Fliese vorbereiten und lederhart trocknen lassen.

2 Das Motiv auf die Oberfläche der Fliese übertragen und sorgfältig in den Ton ritzen.

3 Einen Gipsabguss herstellen und trocknen lassen. Die Gipsform zum Pressen der Fliesen verwenden.

4 Nach dem Schrühbrand eine transparente, farbige Glasur auftragen, die sich in den Motivvertiefungen sammelt. Nach Wunsch eine zweite transparente Glasur auf die erste tupfen und brennen.

Material

- Weißer Steingut-Ton
- Modellierwerkzeug
- Töpfergips
- Farbige, transparente Steingut-Glasuren
- Naturschwamm oder Stupfpinsel

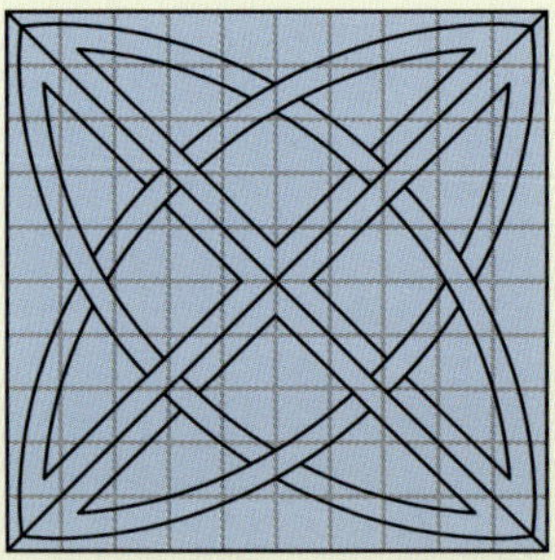

Auf der Fläche

Geeignet für einen flächigen Rapport.

ANORDNUNGSVORSCHLAG

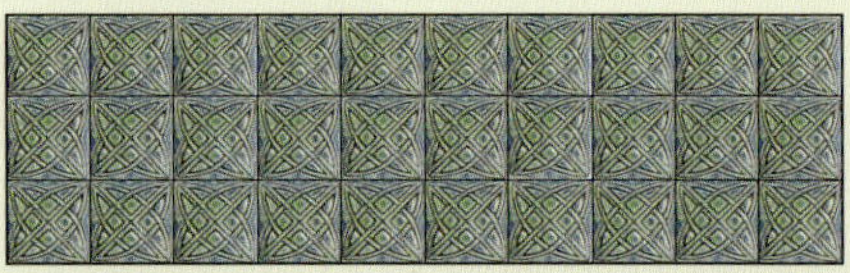

TECHNIK

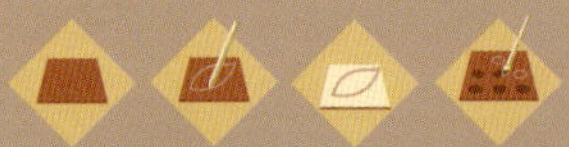

SCHWIERIGKEITSGRAD

1 2

siehe auch Der Brand **18–21** Gipsformen **22** Fliesen trocknen **37** Motive übertragen **53**

MOTIV

175 Schablonen-Knoten

Das einfache, aber effektvolle Knotenmotiv eignet sich als Akzent in einer einfarbig gefliesten Wand – als Rapport, Bordüre oder Streumotiv.

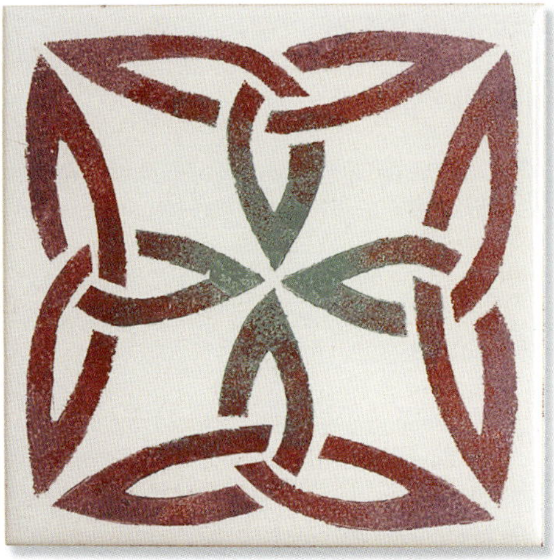

Schritt für Schritt

1 Das Motiv auf ein Stück Schablonenkarton in der Größe der Fliese übertragen und sorgfältig ausschneiden.

2 Etwas ablösbaren Sprühkleber auf die Schablonenrückseite geben, die Schablone auf der Fliese an der Wand befestigen. Die Farben mit einem Pinsel oder Schwamm auftupfen.

3 Die Schablone abnehmen und die Fliesenoberfläche mit Klarlack versiegeln.

Material

- Schablonenkarton und Cutter
- Ablösbarer Sprühkleber
- Verschiedene Fliesenfarben
- Naturschwamm oder Stupfpinsel
- Klarlack zum Versiegeln

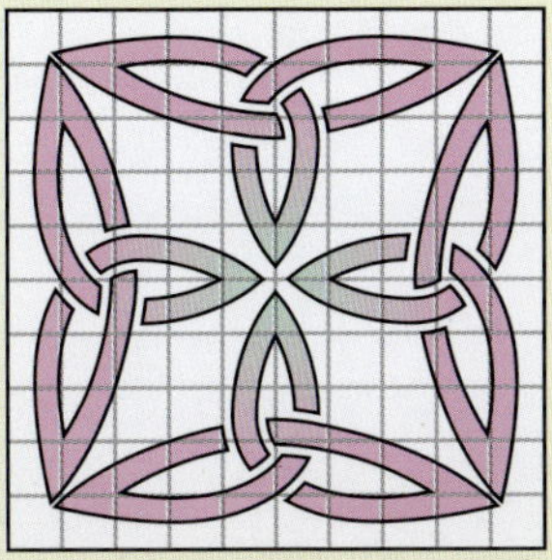

Auf der Fläche

Geeignet für einen flächigen Rapport, aber auch als Bordüre oder unregelmäßig verteilt in einer Fläche einfarbiger Fliesen.

ANORDNUNGSVORSCHLAG

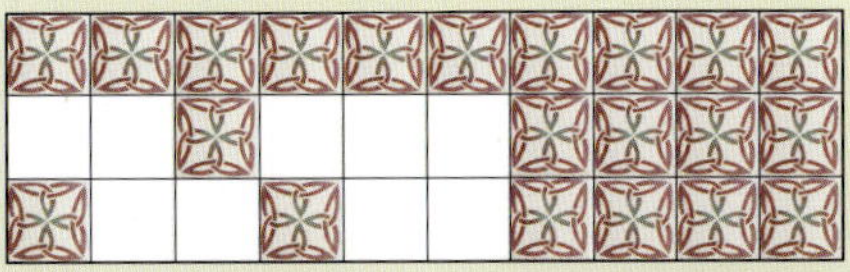

TECHNIK

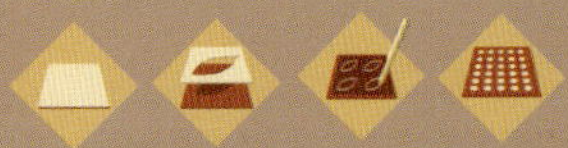

SCHWIERIGKEITSGRAD

1

siehe auch Motive übertragen **53**

MOTIV

176

Treppenmuster

Das Motiv verlangt etwas Geduld, weil zwei verschiedene Dekorationstechniken kombiniert werden.

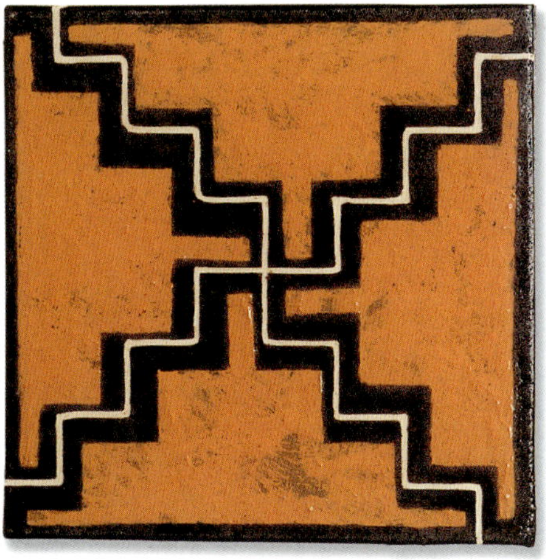

TON Schwarzer Steingut-Ton, Schrühbrand bei 1060 °C, Glasurbrand bei 1020 °C.

Schritt für Schritt

1 Die Fliese vorbereiten und lederhart trocknen lassen.

2 Das mittlere Kreuz aus gestuften Linien auf die Fliese übertragen und in den Ton ritzen.

3 Die Linien mit Engobe überstreichen, antrocknen lassen und die überschüssige Engobe mit einem Schaber entfernen.

4 Aus Zeitungspapier eine Schablone schneiden, die die Engobe-Linien und den Rand der Fliese abdeckt. Anfeuchten, auf die Fliese legen und mit farbiger Engobe austupfen.

5 Nach dem Schrühbrand eine transparente Glasur auftragen und brennen.

Material

- Schwarzer Steingut-Ton
- Engobe in zwei Farben
- Pinsel
- Metallschaber
- Zeitung
- Naturschwamm
- Transparente Steingut-Glasur

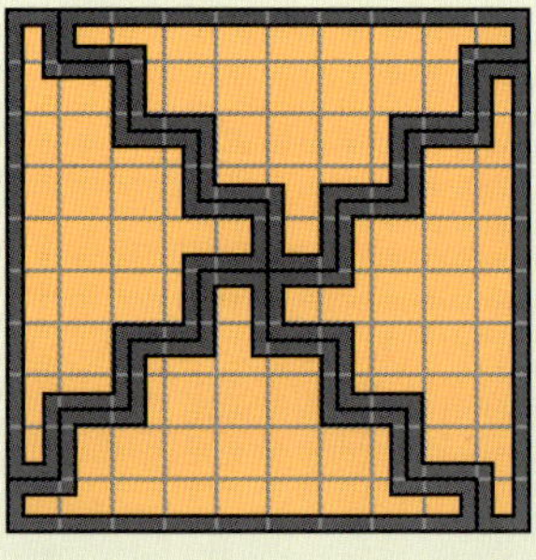

Auf der Fläche

Geeignet für einen flächigen Rapport oder als Einzelmotiv.

ANORDNUNGSVORSCHLAG

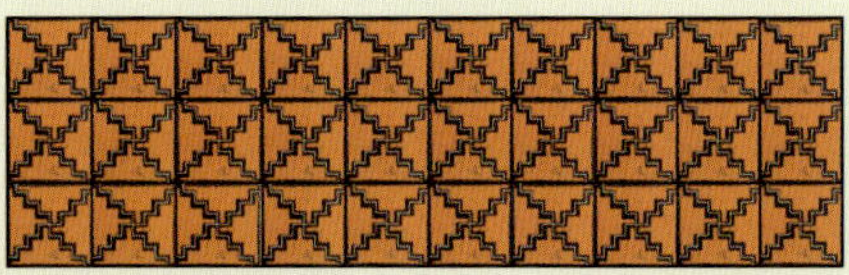

TECHNIK

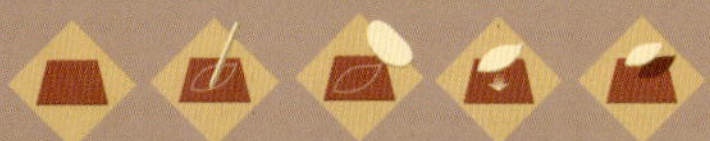

SCHWIERIGKEITSGRAD

1 2

siehe auch Der Brand **18–21** Engobe **32** Fliesen trocknen **37** Motive übertragen **53**

MOTIV

177 Kreuzbordüre

Diese Bordüre kann mit dem Treppenmuster (Nr. 176) kombiniert werden, sieht aber auch als Einrahmung einer Fläche in einer anderen Farbe gut aus.

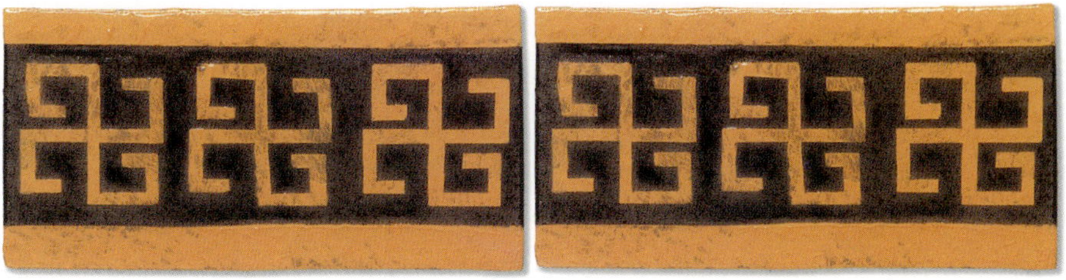

TON Schwarzer Steingut-Ton, Schrühbrand bei 1060 °C, Glasurbrand bei 1020 °C.

Schritt für Schritt

1 Die Fliese vorbereiten und lederhart trocknen lassen.

2 Schablone des Motivs aus Zeitungspapier anfeuchten und auf die Fliese drücken.

3 Sorgfältig farbige Engobe auf die ganze Fläche – auch auf das Zeitungspapier – tupfen. Das Papier abnehmen.

4 Nach dem Schrühbrand eine transparente Glasur auftragen und brennen.

Material

- Schwarzer Steingut-Ton
- Zeitung
- Engobe in verschiedenen Farben
- Naturschwamm
- Transparente Steingut-Glasur
- Pinsel

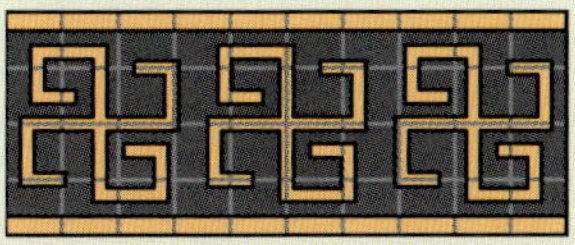

Auf der Fläche

Geeignet als Bordüre zu Fliesen mit einem abgestimmten Motiv oder für eine einfarbig geflieste Fläche.

ANORDNUNGSVORSCHLAG

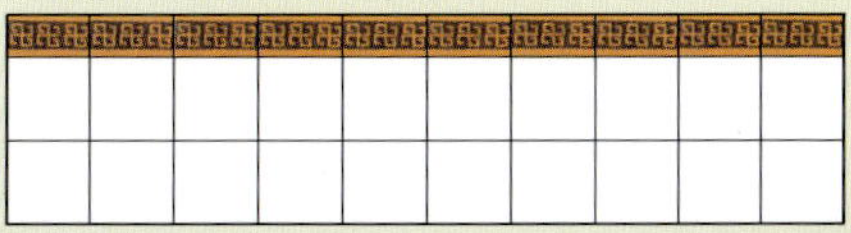

TECHNIK

SCHWIERIGKEITSGRAD

1 2

siehe auch Der Brand **18–21** Engobe **32** Fliesen trocknen **37** Motive übertragen **53**

MOTIV

178 Relief im Stil der 1950er-Jahre

Dieses Motiv lehnt sich an Stoffmuster der 1950er-Jahre an und lässt sich an allen vier Seiten zu einem Rapport verlängern. Die Gipsform kann für Pressreliefs oder Schlickerguss verwendet werden.

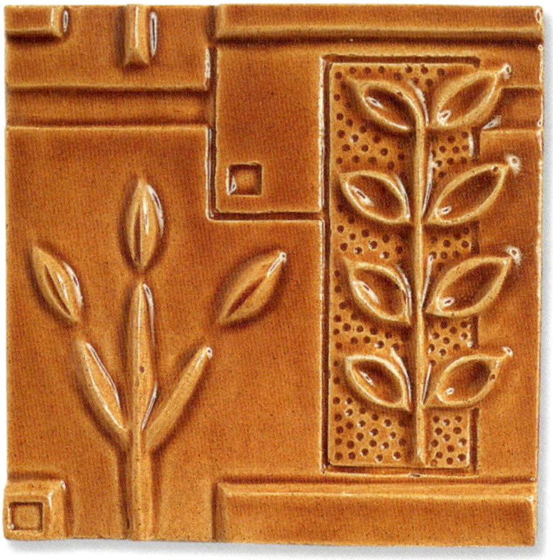

TON Weißer Steingut-Ton, Schrühbrand bei 1100 °C, Glasurbrand bei 1080 °C.

Schritt für Schritt

1 Die Gipsform herstellen und die Fliesen pressen oder im Schlickerguss-Verfahren herstellen.

2 Die Fliese mit einer transparenten, farbigen Glasur überziehen, die sich in den Details sammelt, und brennen.

Material

- Töpfergips
- Weißer Steingut-Ton
- Farbige, transparente Steingut-Glasur
- Pinsel

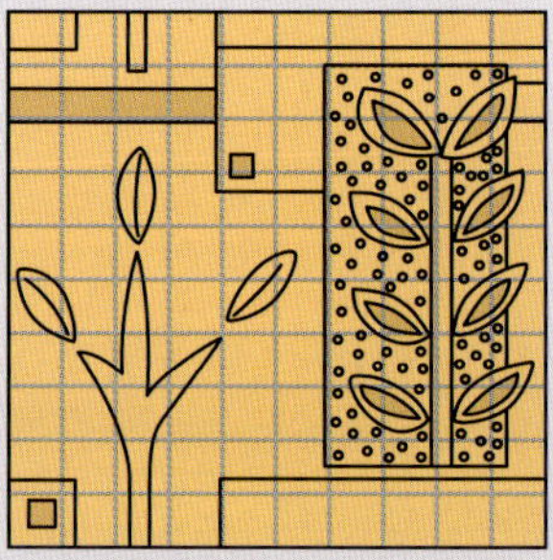

Auf der Fläche

Das Motiv lässt sich an allen vier Seiten zu einem Rapport fortsetzen.

ANORDNUNGSVORSCHLAG

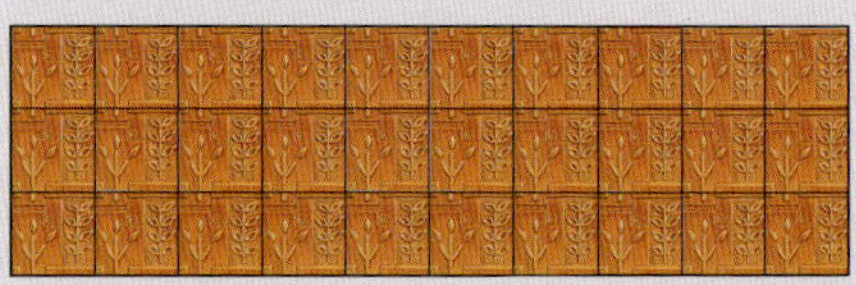

TECHNIK

SCHWIERIGKEITSGRAD

1 2 3

siehe auch Der Brand **18–21** Gipsformen herstellen **22** Fliesen trocknen **37** Motive übertragen **53**

MOTIV **179**

Obstschale

Solche Motive mit stilisierten, aber lebendigen Obstschalen sind typisch für Textilien und Keramik der 1950er-Jahre.

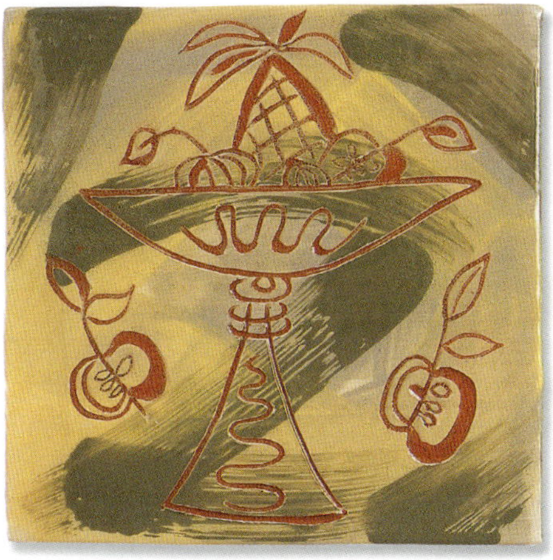

TON Roter Steingut-Ton, Schrühbrand bei 1100 °C, Glasurbrand bei 1080 °C.

Schritt für Schritt

1 Die Oberfläche einer lederhart getrockneten Fliese locker mit zwei oder drei Engobe-Farben grundieren.

2 Wenn die Engoben klebfrei sind, das Motiv auf die Fliese übertragen und nachritzen, sodass auf den geritzten Linien der Scherben durchscheint.

3 Nach dem Schrühbrand eine transparente Glasur auftragen und brennen.

Material

- Roter Steingut-Ton
- Engobe in verschiedenen Farben
- Pinsel
- Werkzeug zum Ritzen
- Transparente Steingut-Glasur

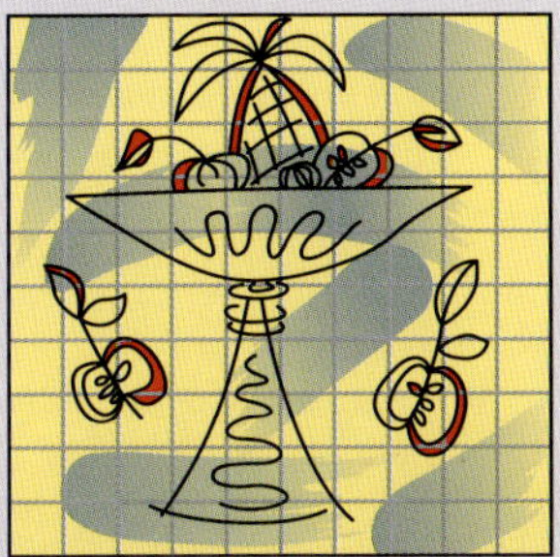

Auf der Fläche

Gut geeignet als Einzelmotiv kombiniert mit Fliesen desselben Stils, vor allem in der Küche.

ANORDNUNGSVORSCHLAG

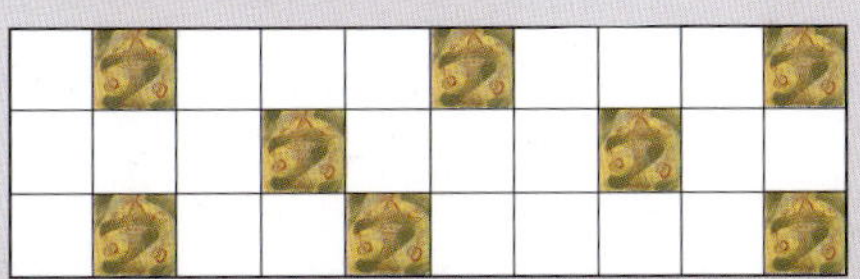

TECHNIK

SCHWIERIGKEITSGRAD

1 2

siehe auch Der Brand **18–21** Engobe **32** Fliesen trocknen **37** Motive übertragen **53**

MOTIV 180

Flächenmuster

Als Anregung für diese Fliese diente ein Tafelservice. Das Muster sieht als Rapport besonders gut aus.

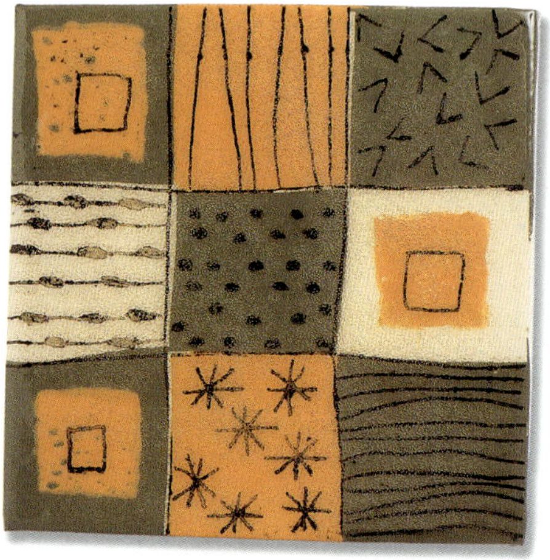

TON Weißer Steingut-Ton, Schrühbrand bei 1100 °C, Glasurbrand bei 1080 °C.

Schritt für Schritt

1 Auf einer lederharten Fliese die vier Bereiche neben dem Mittelfeld mit feuchtem Zeitungspapier abdecken. Auf die freien Flächen drei Schichten farbige Engobe tupfen. Das Papier entfernen.

2 Die Eckfelder, die Mitte und zwei gegenüberliegende Felder abdecken und auf die beiden freien Felder Engobe in einer zweiten Farbe tupfen. Das Papier abnehmen.

3 Auf drei Felder Muster mit Engobe in einer Kontrastfarbe tupfen.

4 Schwarzes Tonfärbemittel auf eine nicht saugende Platte streichen und trocknen. Blatt Papier mit dem Muster darauf legen und nachzeichnen. Als Monoprint auf die Fliese übertragen. Brennen, transparent glasieren und noch mal brennen.

Material

- Weißer Steingut-Ton
- Zeitung
- Engobe
- Naturschwämme
- Tonfärbemittel
- Papier und Bleistift
- Steingut-Glasur
- Pinsel

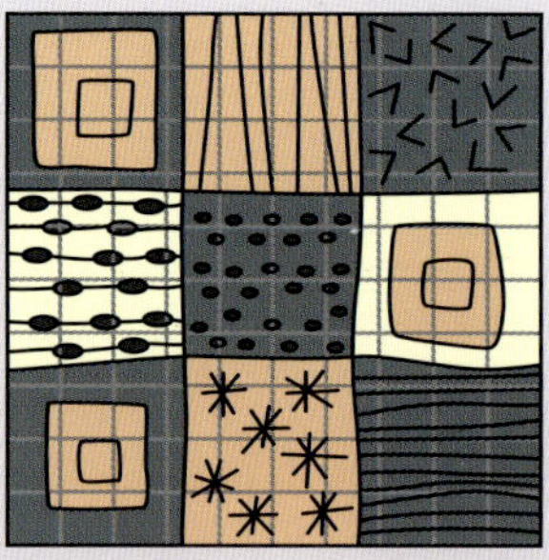

Auf der Fläche

Als Rapport ein guter Blickfang für jeden Raum.

ANORDNUNGSVORSCHLAG

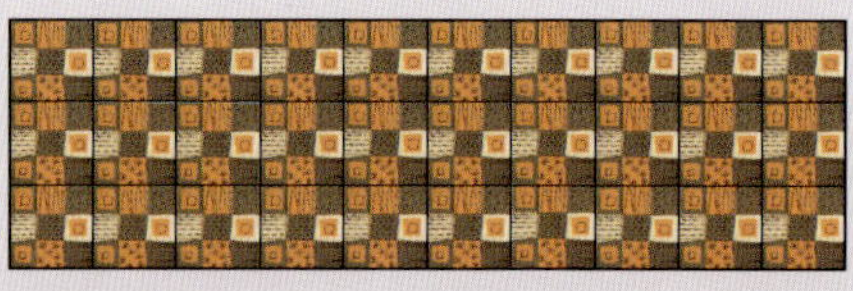

TECHNIK

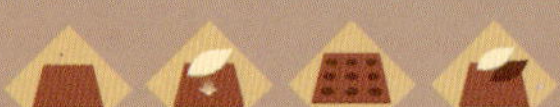

SCHWIERIGKEITSGRAD

1 2 3

siehe auch Der Brand **18–21** Fliesen trocknen **37** Motive übertragen **53**

MOTIV **181**

Abstraktes Muster

Das Muster lehnt sich an bedruckte Stoffe der 1950er-Jahre an. Die Konturen werden eingeritzt und mit kontrastfarbiger Engobe ausgefüllt.

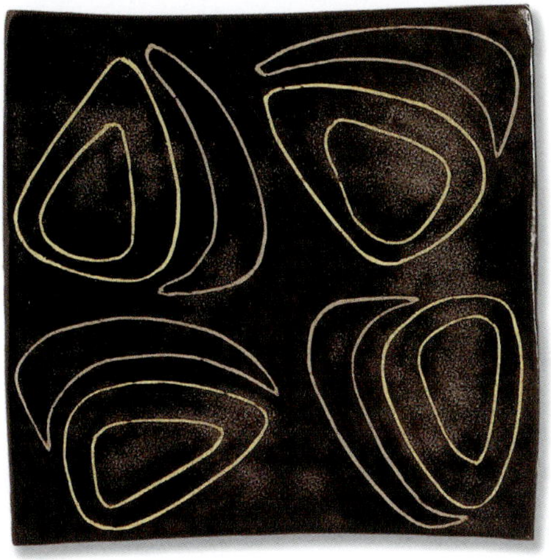

TON Schwarzer Steingut-Ton, Schrühbrand bei 1100 °C, Glasurbrand bei 1080 °C.

Schritt für Schritt

1 Die Fliese vorbereiten und lederhart trocknen lassen.

2 Das Motiv auf die Fliese übertragen und die Konturen nachritzen.

3 Die Linien mit farbiger Engobe überstreichen, antrocknen lassen und mit einem Metallschaber den Überschuss abnehmen, um das Muster freizulegen.

4 Nach dem Schrühbrand eine transparente Glasur auftragen und brennen.

Material

- Schwarzer Steingut-Ton
- Werkzeug zum Ritzen
- Engobe in verschiedenen Farben
- Metallschaber
- Pinsel
- Transparente Steingut-Glasur

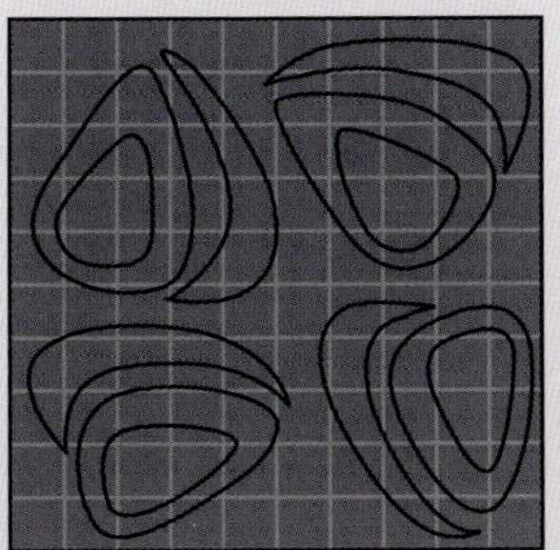

Auf der Fläche

Geeignet als flächiger Rapport, aber auch als Einzelmotiv, unregelmäßig verteilt zwischen Fliesen aus dem gleichen Ton.

ANORDNUNGSVORSCHLAG

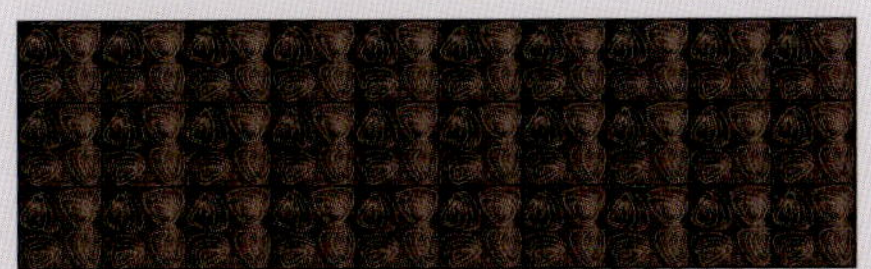

TECHNIK

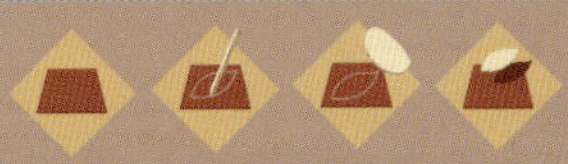

SCHWIERIGKEITSGRAD

1

siehe auch Der Brand **18–21** Fliesen trocknen **37** Motive übertragen **53**

MOTIV

182

Hippie-Blüte

Was wäre ein Kapitel über Motive im Retro-Stil ohne die typischen Blumen der Hippie-Zeit. Hier wird eine gekaufte Fliese nochmals gebrannt.

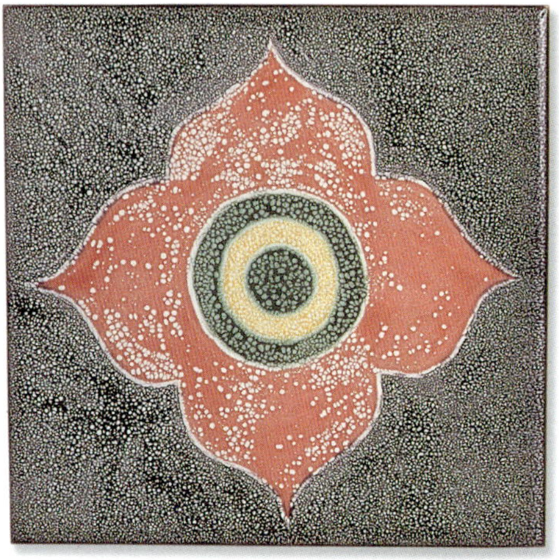

Schritt für Schritt

1 Die Motivkontur auf eine gekaufte, glasierte Fliese übertragen.

2 Das Muster mit Aufglasur-Farben aufmalen. Jede Farbe trocknen lassen bevor die nächste aufgetragen wird, sonst verlaufen die Konturen ineinander.

3 Bei der empfohlenen Temperatur brennen.

ANMERKUNG Die hier verwendeten Glasuren wurden bei 1020 °C gebrannt. Damit der Brand gelingt, muss die Fliese bei 1080 °C gebrannt worden sein.

Material

- Gekaufte, glasierte Fliese
- Verschiedene Aufglasur-Farben
- Pinsel

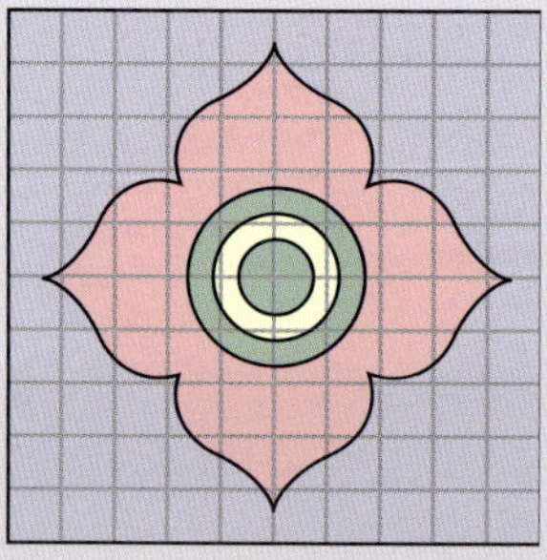

Auf der Fläche

Gut geeignet für einen flächigen Rapport, passt in verschiedene Räume der Wohnung.

ANORDNUNGSVORSCHLAG

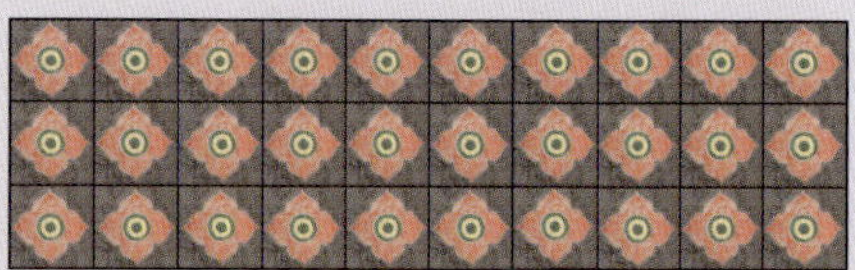

TECHNIK

SCHWIERIGKEITSGRAD

1

siehe auch Der Brand **18–21** Motive übertragen **53**

MOTIV

183 Herzen

Auch das Herz als Symbol der „freien Liebe" war ein beliebtes Motiv der 1960er-Jahre. Heute mag es uns naiv und veraltet scheinen, doch diese Bildsprache erlebt gerade eine Renaissance.

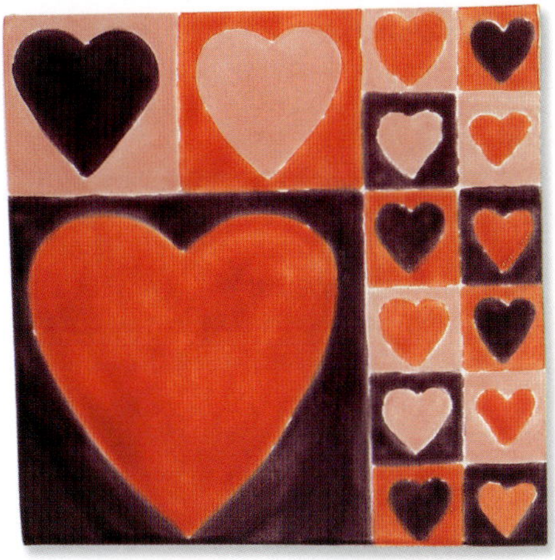

TON Weißer Steingut-Ton, Schrühbrand bei 1100 °C, Glasurbrand bei 1020 °C.

Schritt für Schritt

1 Das Motiv nach dem Schrühbrand auf eine Fliese übertragen.

2 Die Fertigglasuren in separaten Arbeitsgängen verarbeiten und jede trocknen lassen, ehe die nächste folgt. So können sie nicht ineinander verlaufen.

3 Bei empfohlener Temperatur brennen.

Material

- Weißer Steingut-Ton
- Fertigglasur in verschiedenen Farben
- Pinsel

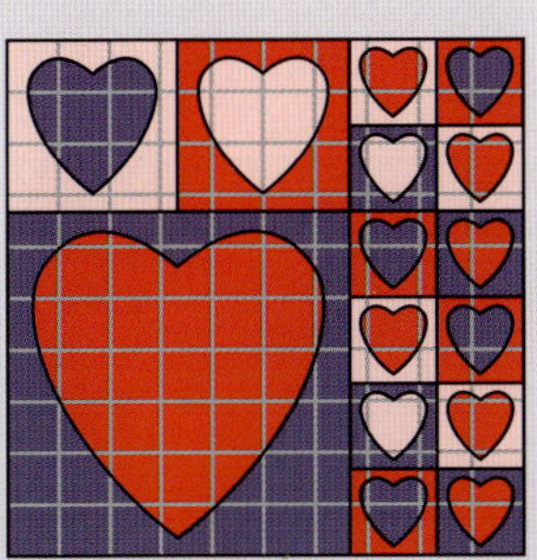

Auf der Fläche

Als flächiger Rapport ein schöner Blickfang an der Wand.

ANORDNUNGSVORSCHLAG

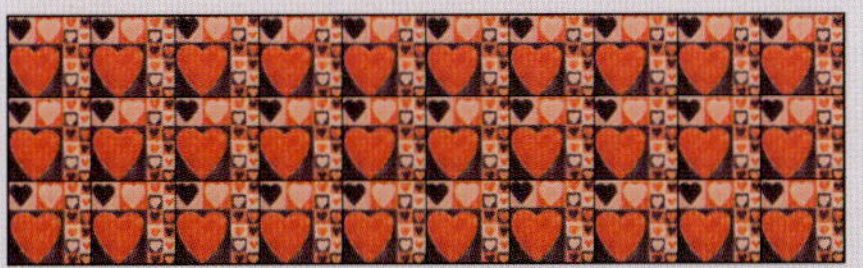

TECHNIK

SCHWIERIGKEITSGRAD

1 2

siehe auch Der Brand **18–21** Fliesen trocknen **37** Motive übertragen **53**

MOTIV

184 Fadengrafik

Dieses klassische Textilmuster der 1960er-Jahre wirkt so modern, dass es auch in heutige Wohnungen passt.

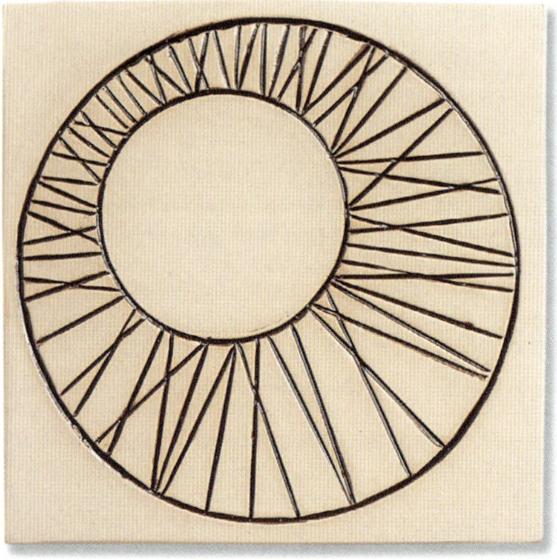

TON Weißer Steingut-Ton, Schrühbrand bei 1000 °C, Glasurbrand bei 1260 °C.

Schritt für Schritt

1 Die Fliese vorbereiten und lederhart trocknen lassen.

2 Das Motiv auf die Fliese übertragen und die Konturen nachritzen.

3 Nach dem Schrühbrand eine schwarze Glasur auftragen und abwischen, sodass sie nur in den geritzten Linien haftet. Den Glasurbrand durchführen.

Material

- Weißer Steingut-Ton
- Schwarze Steingut-Glasur
- Pinsel
- Werkzeug zum Ritzen

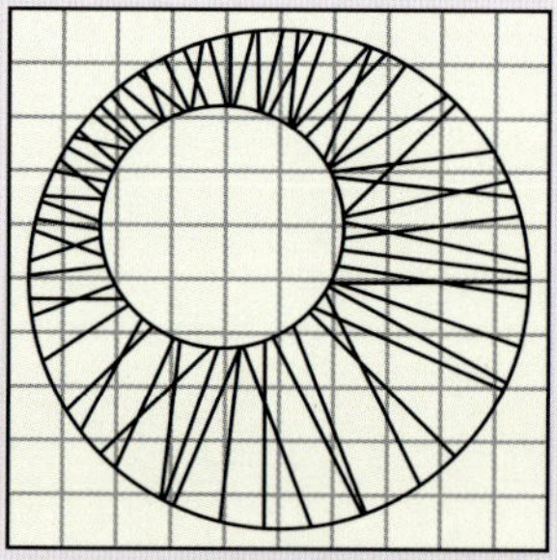

Auf der Fläche

Geeignet als Einzelmotiv zwischen einfarbigen Fliesen, aber auch als flächiger Rapport.

ANORDNUNGSVORSCHLAG

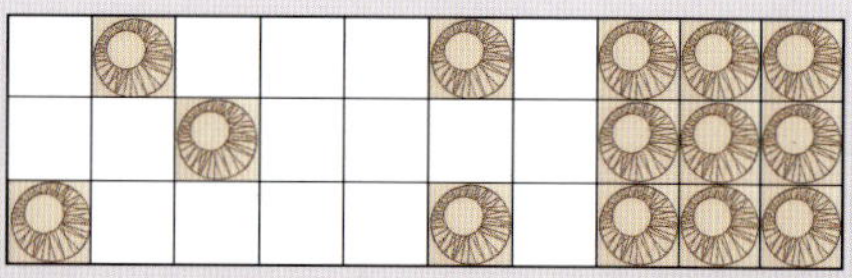

TECHNIK

SCHWIERIGKEITSGRAD

1

siehe auch Der Brand **18–21** Fliesen trocknen **37** Motive übertragen **53**

MOTIV **185**

Psychedelisches Muster mit Bordüre

Solche bunten Wellenmuster standen in den 1960er-Jahren hoch im Kurs. Heute schätzt man sie wegen ihres nostalgischen Charmes.

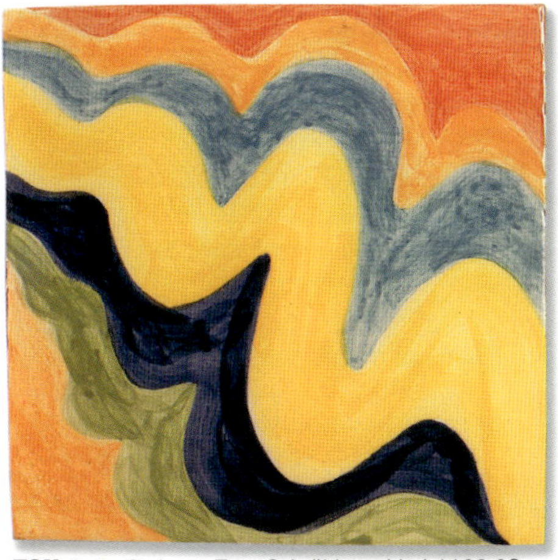

TON Roter Steingut-Ton, Schrühbrand bei 1100 °C, Glasurbrand bei 1080 °C.

Schritt für Schritt

1 Die Oberfläche einer lederharten Fliese mit weißer Engobe grundieren und vollständig trocknen lassen.

2 Die Motivkontur auf die Fliese übertragen, dann das Muster mit verschiedenen Unterglasurfarben nachmalen.

3 Nach dem Schrühbrand eine transparente Glasur auftragen und brennen.

MOTIV **186**

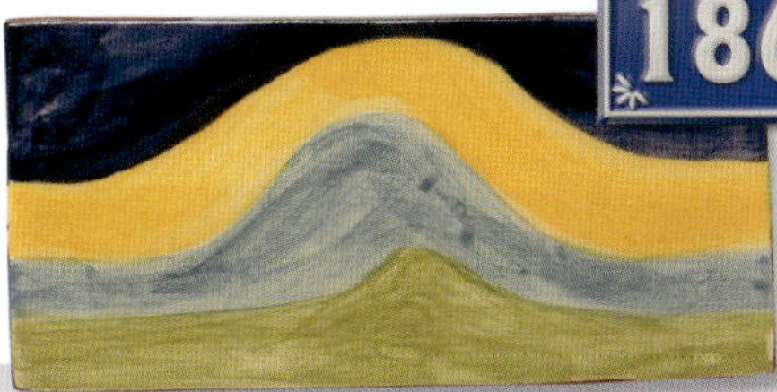

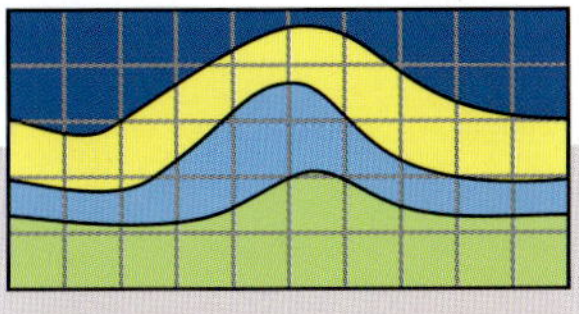

Material

- Roter Steingut-Ton
- Weiße Engobe
- Pinsel
- Verschiedene Unterglasurfarben
- Transparente Steingut-Glasur

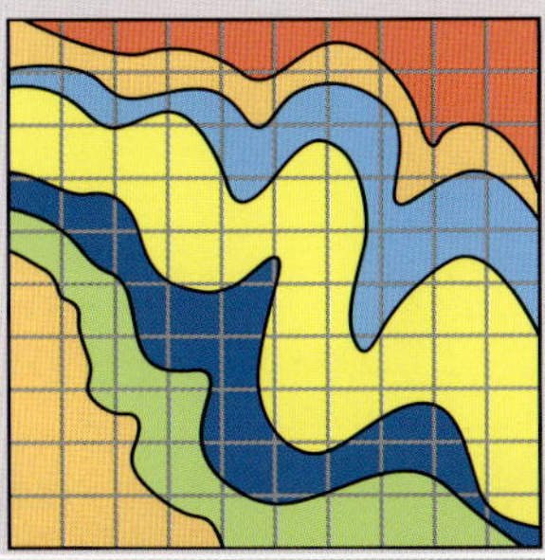

Auf der Fläche

Mit der Bordüre als Rapport geeignet, ohne Bordüre als Einzelmotiv.

ANORDNUNGSVORSCHLAG

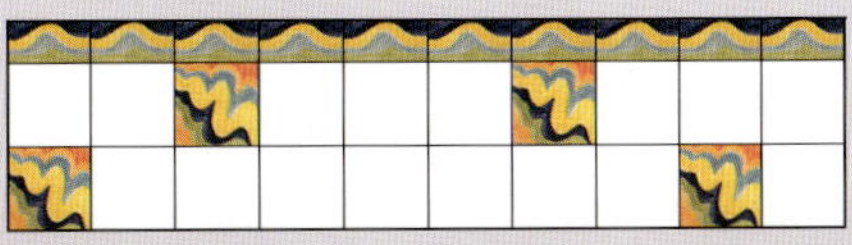

TECHNIK

SCHWIERIGKEITSGRAD

1

siehe auch Der Brand **18–21** Fliesen trocknen **37** Unterglasurfarben **43** Motive übertragen **53**

MOTIV

187 Stilisierte Bäume

Solche Motive, meist in Brauntönen gehalten, waren in den frühen 1970er-Jahren beliebt. Keramik im Stil von Bernard Leach verkaufte sich damals wie warme Semmeln.

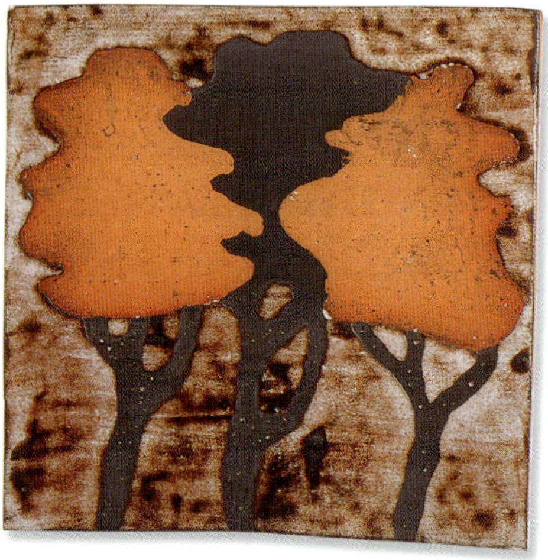

TON Roter Steingut-Ton, Schrühbrand bei 1100 °C, Glasurbrand bei 1080 °C.

Schritt für Schritt

1 Das Motiv auf die Oberfläche einer geschrühten Fliese übertragen.

2 Die Zweige der Bäume beiderseits des mittleren Baums mit Wachs abdecken, dann die Fliese mit Mangandioxid übermalen.

3 Die Stämme und die Zweige des mittleren Baums mit Wachs abdecken und die ganze Fliese mit weißer Zinnglasur überziehen, die am Wachs nicht haftet. Den Glasurbrand durchführen.

Material

- Roter Steingut-Ton
- Wachs-emulsion
- Pinsel
- Mangandioxid
- Weiße Zinnglasur

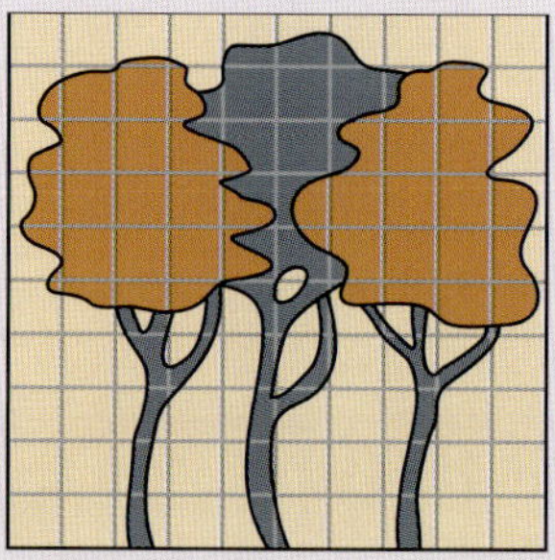

Auf der Fläche

Hübsch als Einzelmotiv zwischen einfarbigen Fliesen in ähnlichen Farben. Auch als Bordüre geeignet.

ANORDNUNGSVORSCHLAG

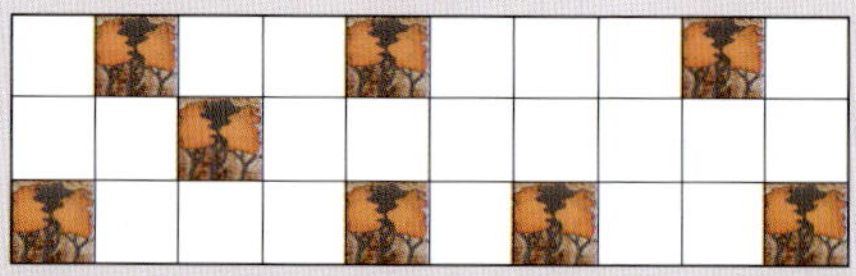

TECHNIK

SCHWIERIGKEITSGRAD

1 2

siehe auch Der Brand **18–21** Fliesen trocknen **37** Oxide **45–47** Wachsabdeckung **46** Motive übertragen **53**

MOTIV **188**

Abstrakt im Stil der 1970er

Dieses Flächenmuster lehnt sich an ein Textilmuster aus den frühen 1970er-Jahren an. Es wird mit Emaillefarben auf eine gekaufte Fliese gemalt.

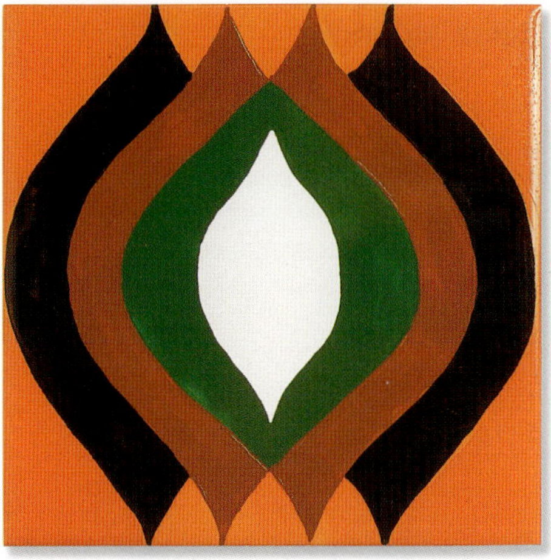

Schritt für Schritt

1 Das Motiv auf die Oberfläche der glasierten Fliese übertragen.

2 Die Emaillefarben in separaten Arbeitsgängen auftragen und jede trocknen lassen, ehe die nächste folgt. So können sie nicht ineinander verlaufen.

3 Die Fliese mit Sprühlack versiegeln.

Material

- Gekaufte, glasierte Fliese
- Verschiedene Aufglasur-Emaillefarben
- Pinsel
- Klarlack in der Sprühdose

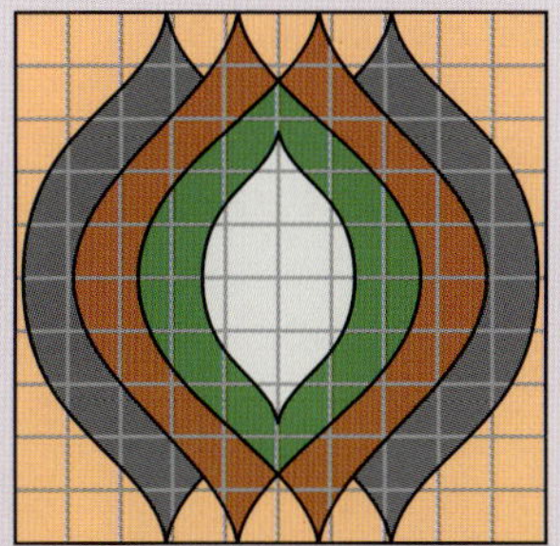

Auf der Fläche

Schön als Rapport, auch in verschiedenen, aber aufeinander abgestimmten Farben.

ANORDNUNGSVORSCHLAG

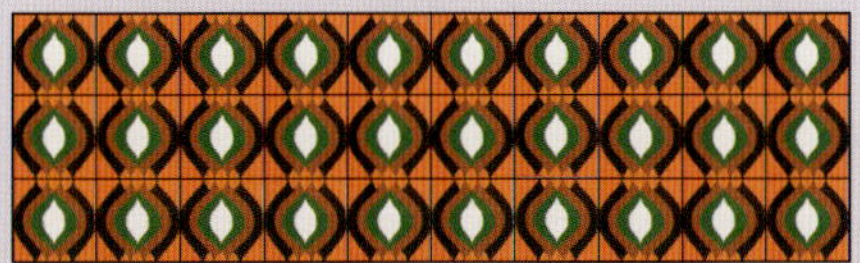

TECHNIK

SCHWIERIGKEITSGRAD

1

siehe auch Motive übertragen **53**

MOTIV 189

Naive Blüte

Dieses Motiv wird mit einer einfachen Glasur-auf-Glasur-Technik gestaltet. Natürlich können Sie auch andere Farben verwenden.

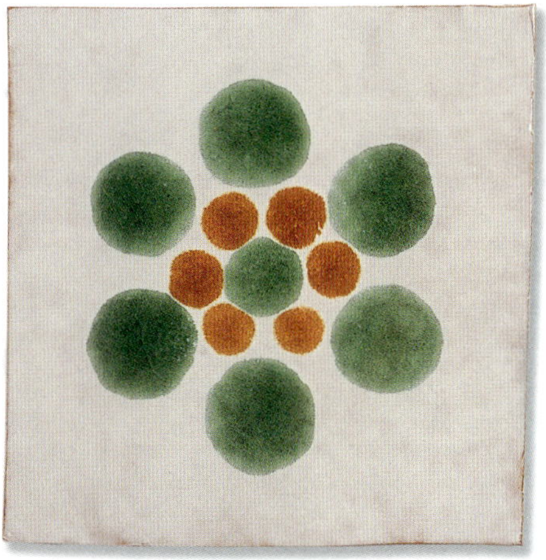

TON Roter Steingut-Ton, Schrühbrand bei 1100 °C, Glasurbrand bei 1080 °C.

Schritt für Schritt

1 Eine geschrühte Fliese mit weißer Zinnglasur grundieren.

2 Das Motiv auf die Oberfläche übertragen und mit zwei oder drei verschiedenen farbigen Steingut-Glasuren aufmalen. Den Glasurbrand durchführen.

Material

- Roter Steingut-Ton
- Weiße Zinnglasur
- Pinsel
- Steingut-Glasuren in verschiedenen Farben

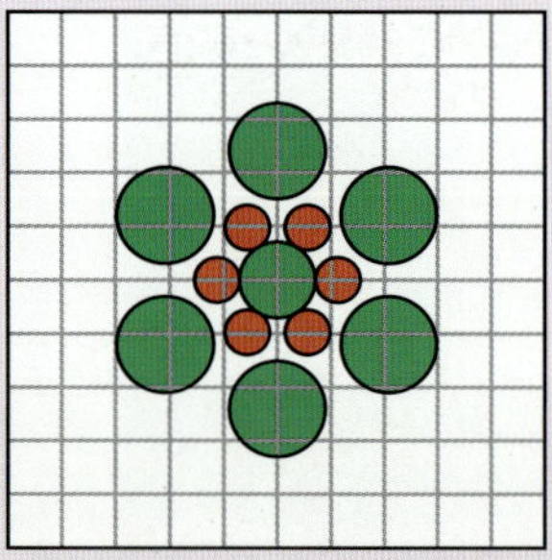

Auf der Fläche

Schön als eingestreutes Motiv in einer Fläche einfarbiger Fliesen. Auch als Rapport geeignet, eventuell in verschiedenen Farben.

ANORDNUNGSVORSCHLAG

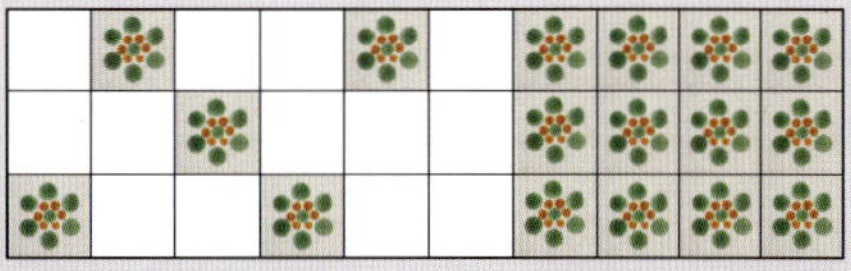

TECHNIK

SCHWIERIGKEITSGRAD

1

siehe auch Der Brand **18–21** Fliesen trocknen **37** Motive übertragen **53**

MOTIV

190 Eckfächer

Solche grafischen Motive waren in den 1970er-Jahren in Mode. Diese Reliefliese bietet sich zur Anordnung in Vierergruppen oder Bordüren an.

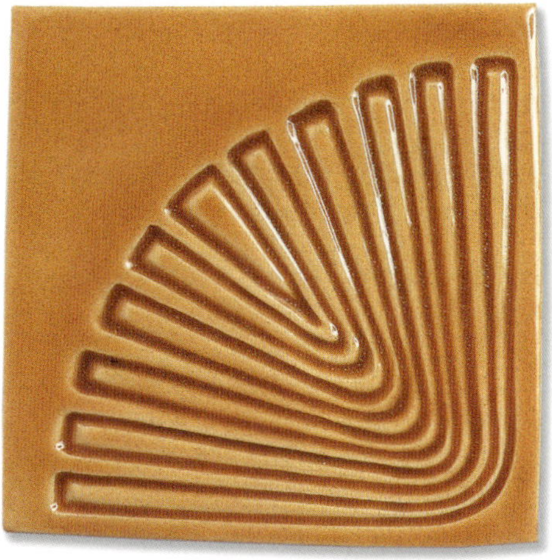

TON Weißer Steingut-Ton, Schrühbrand bei 1100 °C, Glasurbrand bei 1080 °C.

Schritt für Schritt

1 Die Fliese vorbereiten und lederhart trocknen lassen.

2 Das Motiv auf die Oberfläche übertragen und die Konturen einritzen.

3 Nach dem Schrühbrand eine transparente, farbige Glasur auftragen, die sich in den Vertiefungen sammelt, und brennen.

Material

- Weißer Steingut-Ton
- Modellierholz zum Ritzen
- Farbige, transparente Steingut-Glasur
- Pinsel

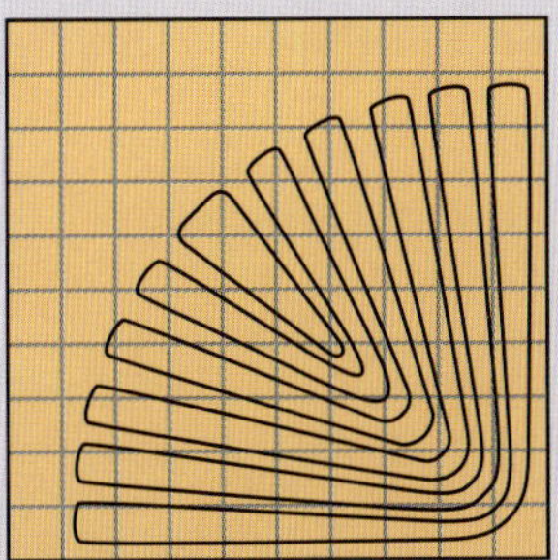

Auf der Fläche

Gut geeignet für Viergruppen oder Bordüren in Kombination mit passenden, einfarbigen Fliesen.

ANORDNUNGSVORSCHLAG

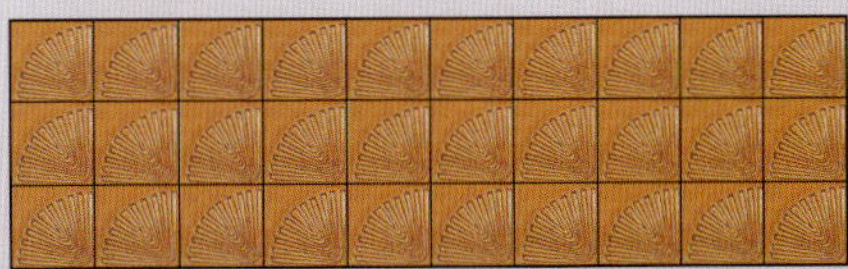

TECHNIK

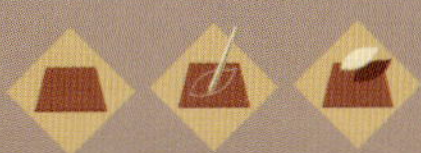

SCHWIERIGKEITSGRAD

1 2

siehe auch Der Brand **18–21** Fliesen trocknen **37** Motive übertragen **53**

MOTIV 191

Schneekristall

Dieses Motiv eignet sich wegen seiner Form perfekt für sechseckige Fliesen, die unglasiert als Bodenfliesen verwendet werden können.

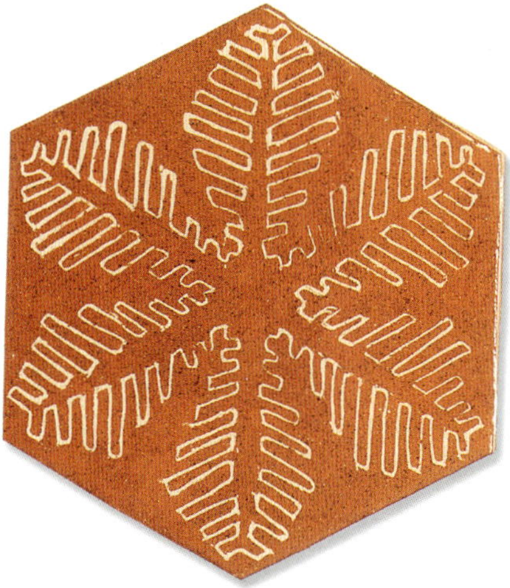

TON Roter Steingut-Ton, Schrühbrand bei 1100 °C, Glasurbrand bei 1080 °C.

Schritt für Schritt

1 Die Fliese vorbereiten und lederhart trocknen lassen.

2 Das Motiv übertragen und die Kontur des Schneekristalls einritzen.

3 Die Linien mit weißer oder farbiger Engobe nachmalen. Nach dem Trocknen überschüssige Engobe mit einem Schaber entfernen, um die klare Kontur freizulegen.

4 Nach dem Schrühbrand transparent glasieren und brennen.

MATERIAL

- Roter Steingut-Ton
- Werkzeug zum Ritzen
- Engobe, weiß oder farbig
- Pinsel
- Metallschaber
- Transparente Steingut-Glasur

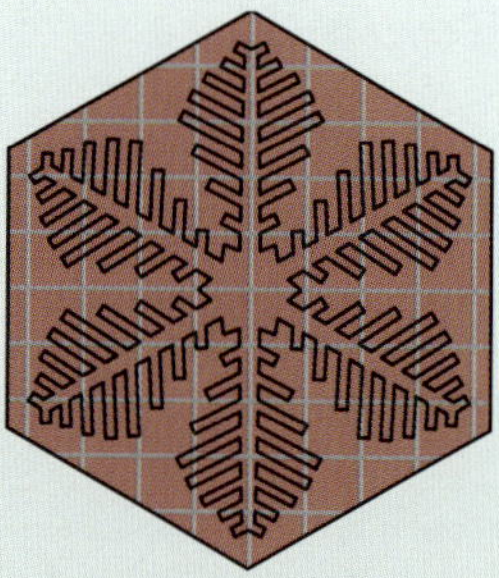

Auf der Fläche

Geeignet für einen flächigen Rapport.

ANORDNUNGSVORSCHLAG

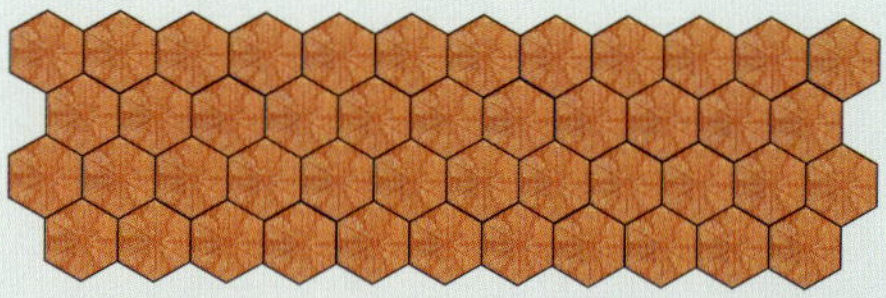

TECHNIK

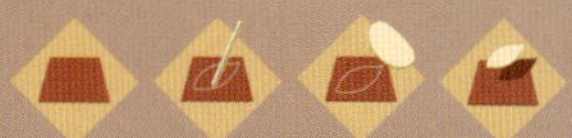

SCHWIERIGKEITSGRAD

1 2

siehe auch Der Brand **18–21** Fliesen trocknen **37** Motive übertragen **53**

MOTIV

192 Sechser-Stern

Diese Fliese sieht ganz anders aus als das Motiv 191 gegenüber, wird aber auf die gleiche Weise hergestellt – jedoch aus andersfarbigem Ton und schwarzer Engobe.

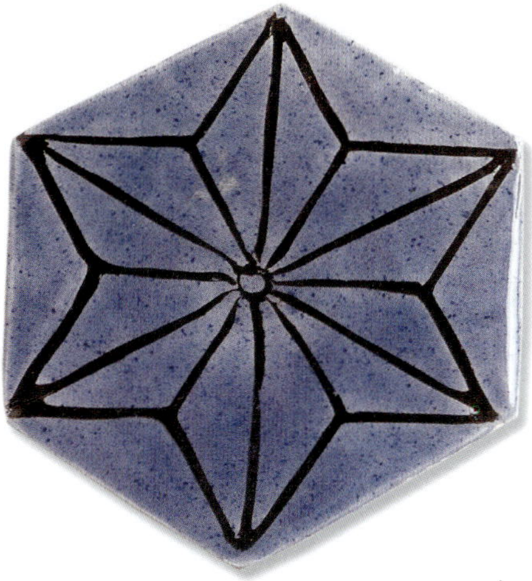

TON Weißer Steingut-Ton, Schrühbrand bei 1100 °C, Glasurbrand bei 1080 °C.

Schritt für Schritt

1 Die Fliese vorbereiten und lederhart trocknen lassen.

2 Das Motiv übertragen und die Sternkontur einritzen.

3 Die Kontur mit schwarzer Engobe übermalen. Nach dem Trocknen überschüssige Engobe mit einem Schaber entfernen, um die klare Kontur freizulegen.

4 Nach dem Schrühbrand farbige, transparente Glasur auftragen und brennen.

MATERIAL

- Weißer Steingut-Ton
- Werkzeug zum Ritzen
- Schwarze Engobe
- Pinsel
- Metallschaber
- Farbige, transparente Steingut-Glasur

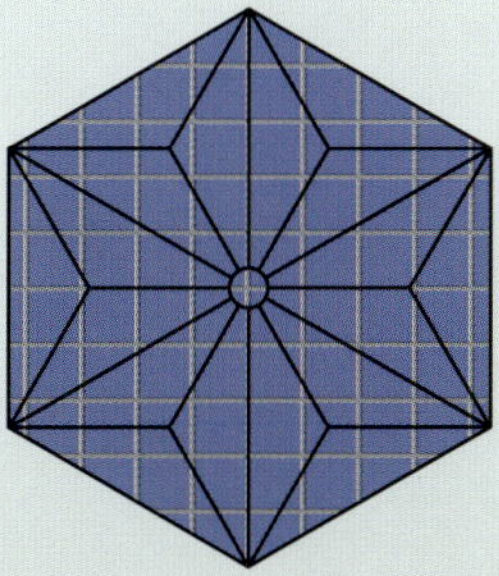

Auf der Fläche

Geeignet für einen flächigen Rapport.

ANORDNUNGSVORSCHLAG

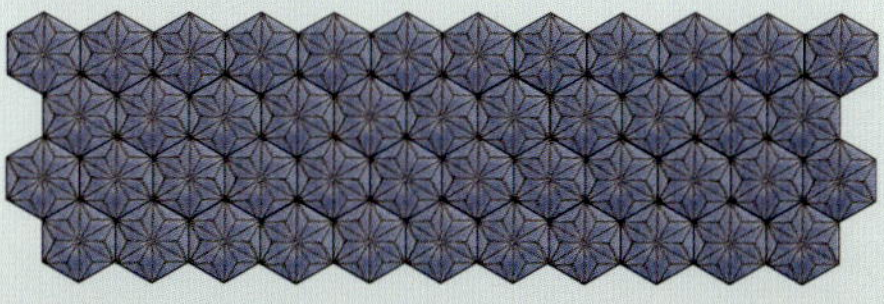

TECHNIK

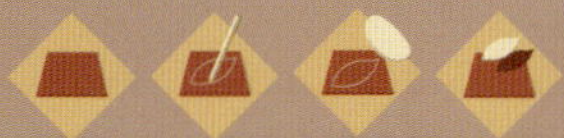

SCHWIERIGKEITSGRAD

1 2

siehe auch Der Brand **18–21** Fliesen trocknen **37** Motive übertragen **53**

MOTIV 193

Sechskantmuttern

Das Muster dieser Fliese erinnert an Muttern, die man auf Schrauben dreht. Wer möchte, kann es mit den beiden vorigen kombinieren und alle in gleichen Farben gestalten.

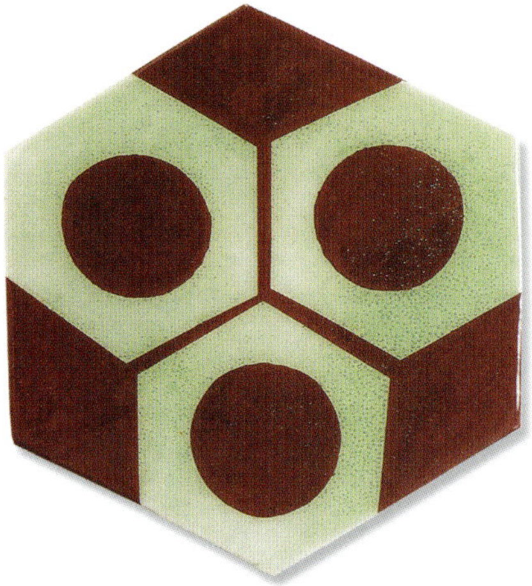

TON Weißer Steingut-Ton, Schrühbrand bei 1100 °C, Glasurbrand bei 1080 °C.

Schritt für Schritt

1 Die Fliese vorbereiten und lederhart trocknen lassen.

2 Die Muttern-Formen aus Zeitungspapier ausschneiden, anfeuchten und auf die Oberfläche der Fliese drücken. Farbige Engobe mit einem Schwamm auftupfen, dann die Papierschablonen vorsichtig abnehmen.

3 Nach dem Schrühbrand eine farbige, transparente Glasur auftragen und brennen.

MATERIAL

- Engobe, verschiedene Farben
- Naturschwamm
- Farbige, transparente Steingut-Glasur
- Pinsel
- Zeitung

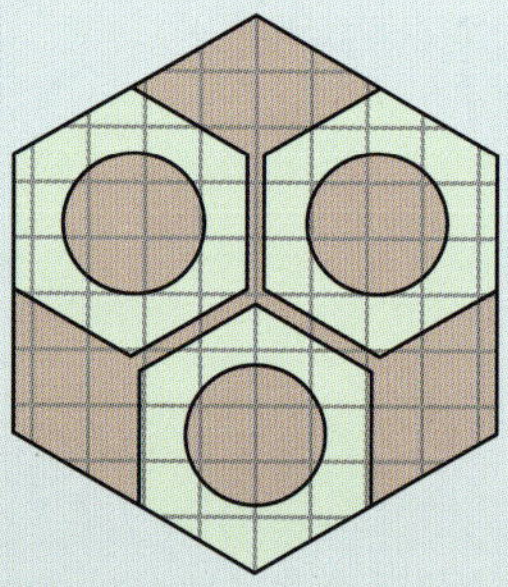

Auf der Fläche

Geeignet für einen flächigen Rapport.

ANORDNUNGSVORSCHLAG

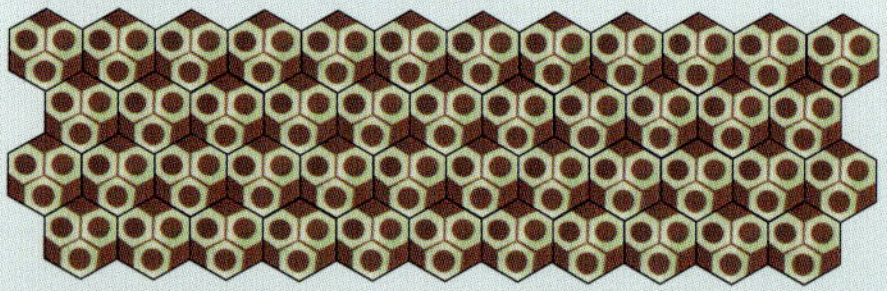

TECHNIK

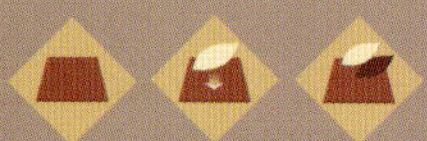

SCHWIERIGKEITSGRAD

1 2

siehe auch Der Brand **18–21** Fliesen trocknen **37** Motive übertragen **53**

194 Triskele

Dies ist eine einfache Abwandlung des vorigen Motivs. Die Mutterformen sind aufgelöst und bilden ein stilisiertes keltisches Muster. Hier sieht man, wie leicht sich Muster und Motive variieren lassen.

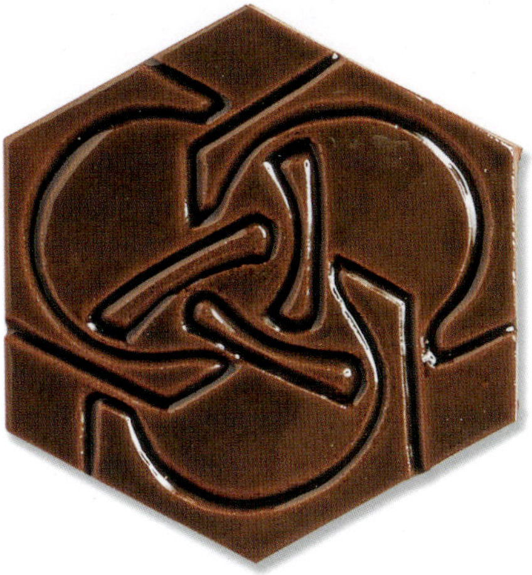

TON Roter Steingut-Ton, Schrühbrand bei 1100 °C, Glasurbrand bei 1080 °C.

Schritt für Schritt

1 Die Fliese vorbereiten und lederhart trocknen lassen.

2 Das Motiv auf die Oberfläche übertragen und einritzen.

3 Nach dem Schrühbrand eine transparente, farbige Glasur auftragen und brennen.

MATERIAL

- Roter Steingut-Ton
- Werkzeug zum Ritzen
- Farbige, transparente Steingut-Glasur
- Pinsel

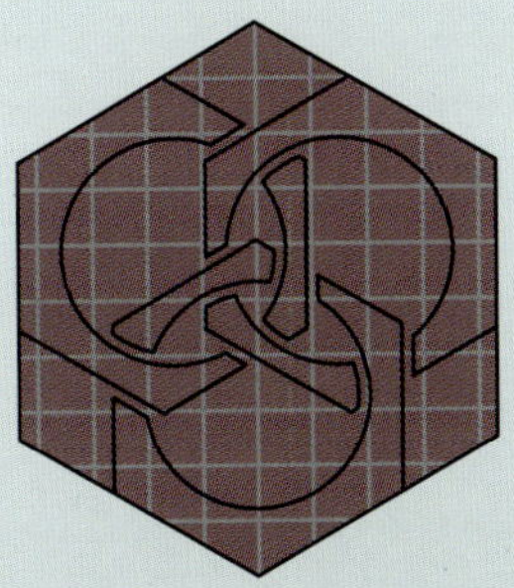

Auf der Fläche

Geeignet für einen flächigen Rapport.

ANORDNUNGSVORSCHLAG

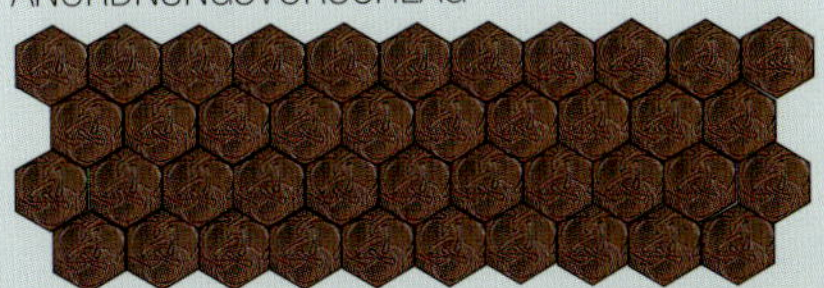

TECHNIK

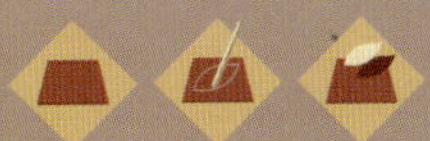

SCHWIERIGKEITSGRAD

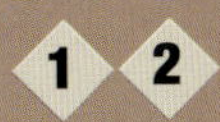

siehe auch Der Brand **18–21** Fliesen trocknen **37** Motive übertragen **53**

MOTIV

195 Linol-Blüte

Das Motiv wird in eine Linolplatte geschnitten. Beim Aufpressen der Fliese entstehen klar begrenzte Felder, die sich gut mit verschiedenen Fertigglasuren ausmalen lassen.

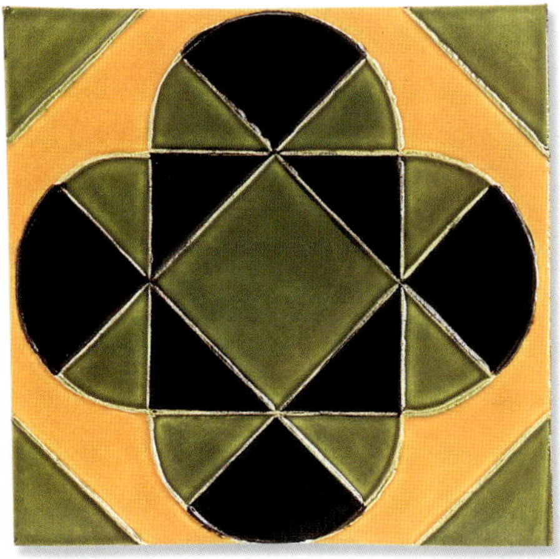

TON Weißer Steingut-Ton, Schrühbrand bei 1100 °C, Glasurbrand bei 1080 °C.

Schritt für Schritt

1 Das Motiv auf eine Linolplatte übertragen und die verschiedenen Linien mit Linolmessern sorgfältig ausschneiden.

2 Die Linolplatte auf eine Tonfliese legen, kräftig darüber rollen. Die Linolplatte abnehmen und die Fliese in Form schneiden.

3 Nach dem Schrühbrand die einzelnen Motivbereiche mit verschiedenen gekauften Glasuren ausmalen und brennen.

MATERIAL

- Linolplatte, 15 x 15 cm
- Linolmesser
- Weißer Steingut-Ton
- Rollholz und Leisten
- Gekaufte Fertigglasuren
- Pinsel

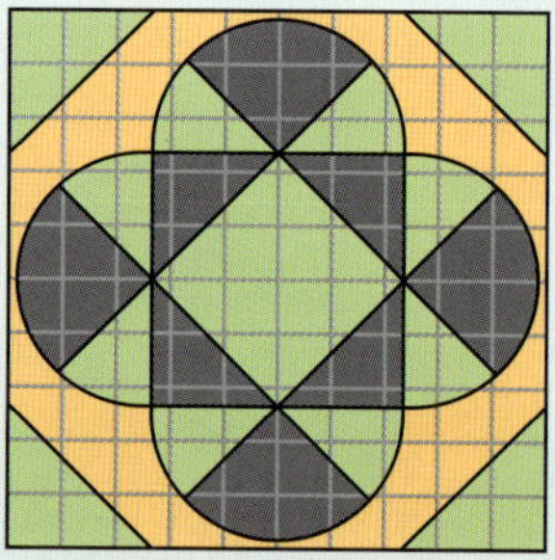

Auf der Fläche

Geeignet für einen flächigen Rapport, aber auch als Einzelmotiv oder Bordüre auf einer einfarbigen Fläche.

ANORDNUNGSVORSCHLAG

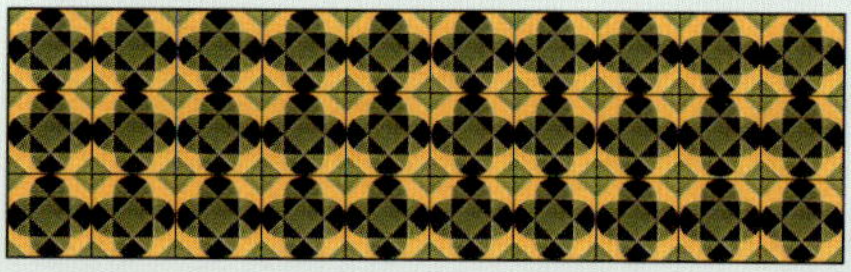

TECHNIK

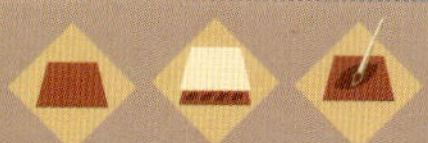

SCHWIERIGKEITSGRAD

1 2

siehe auch Der Brand **18–21** Fliesen trocknen **37** Motive übertragen **53**

MOTIV

196 Windrad

Hier werden Ritztechnik und Papierabdeckung kombiniert. Das Motiv sieht einfach aus, aber die Arbeit mit der Schablone erfordert etwas Fingerspitzengefühl.

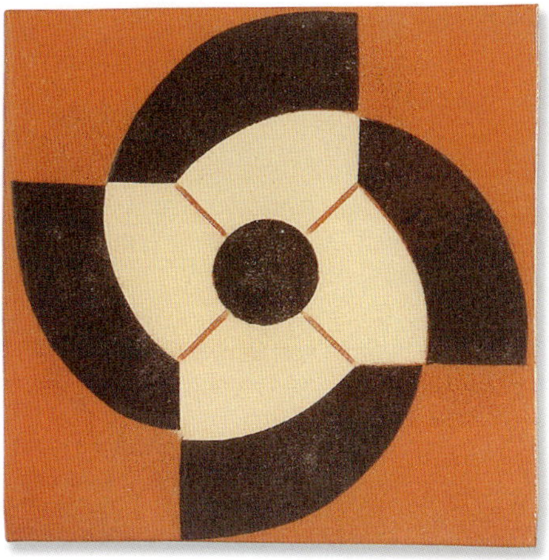

TON Roter Steingut-Ton, Schrühbrand bei 1100 °C, Glasurbrand bei 1080 °C.

Schritt für Schritt

1 Die Fliese vorbereiten und lederhart trocknen lassen.

2 Motiv auf Zeitungspapier zeichnen. Mit einem Cutter den inneren Kreis und die äußeren Flügel zuschneiden. Ausschnitte verwahren.

3 Schablone anfeuchten, auf die Fliese legen und zwei Schichten farbiger Engobe auftupfen. Papier nach dem Antrocknen abnehmen.

4 Die angefeuchteten Ausschnitte auf die schon bedeckten Motivbereiche legen und den inneren Bereich mit einer zweiten Engobe betupfen. Trocknen lassen und das Papier abnehmen.

5 Die strahlenförmigen Linien nachritzen. Nach dem Schrühbrand glasieren und brennen.

MATERIAL
- Roter Steingut-Ton
- Zeitung
- Cutter
- Engobe
- Naturschwamm
- Werkzeug zum Ritzen
- Transparente Steingut-Glasur

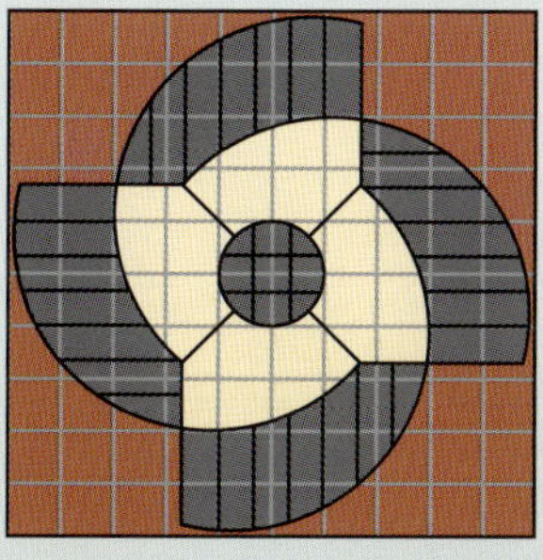

Auf der Fläche

Geeignet für einen flächigen Rapport.

ANORDNUNGSVORSCHLAG

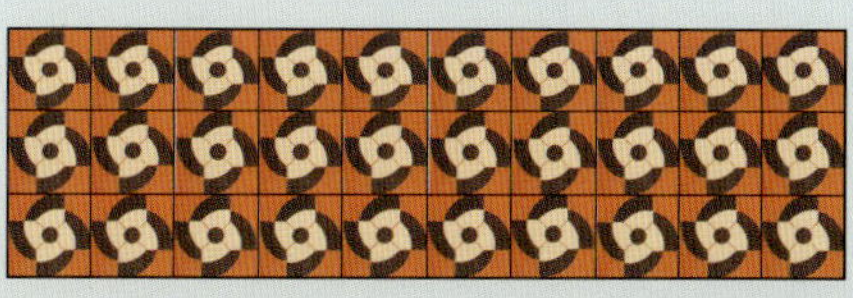

TECHNIK

SCHWIERIGKEITSGRAD

1 2 3

siehe auch Der Brand **18–21** Fliesen trocknen **37** Motive übertragen **53**

MOTIV

197 Dreiecks-Puzzle

Für dieses Motiv werden Quadrate diagonal geteilt, dann wird eine Hälfte nochmals ebenso halbiert. Weitere Teilungen wären denkbar, aber dies ist eine gute Basis zum Experimentieren.

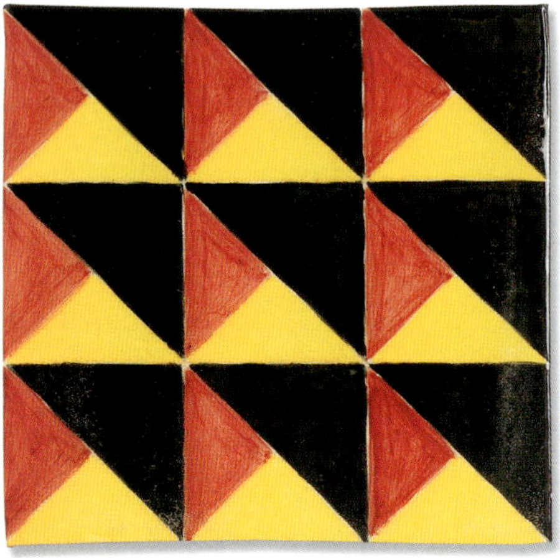

Schritt für Schritt

1 Die Fliese vorbereiten und lederhart trocknen lassen.

2 Das Motiv auf die Fliese übertragen. Die Flächen mit verschiedenen Unterglasur-Farben ausmalen. Jeweils alle Felder einer Farbe in einem Arbeitsgang malen.

3 Nach dem Schrühbrand eine transparente Glasur auftragen und brennen.

TON Weißer Steingut-Ton, Schrühbrand bei 1100 °C, Glasurbrand bei 1020 °C.

MATERIAL
- Weißer Steingut-Ton
- Unterglasurfarben
- Pinsel
- Transparente Steingut-Glasur

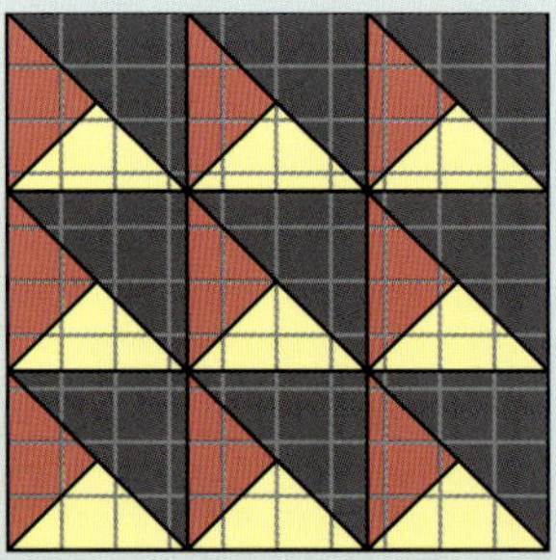

Auf der Fläche

Geeignet für einen flächigen Rapport.

ANORDNUNGSVORSCHLAG

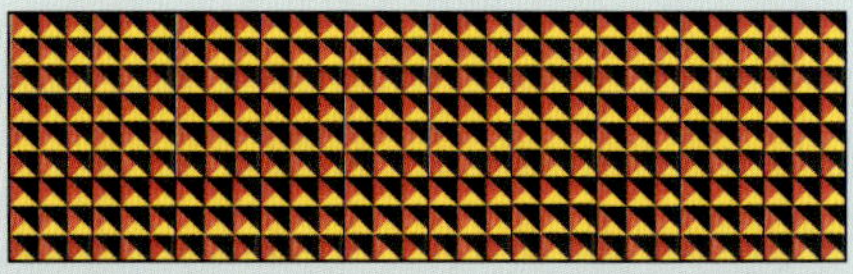

TECHNIK

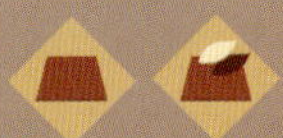

SCHWIERIGKEITSGRAD

1 2

siehe auch Der Brand **18–21** Fliesen trocknen **37** Unterglasurfarben **43** Motive übertragen **53**

MOTIV

198 Fächerbogen

Das Vorbereiten der Schablone für diese Fliese ist etwas mühsam, weil man jeden Bogen in zwei Arbeitsschritten aus verschiedenen Tapeten zuschneiden und dann zusammenkleben muss. Man kann die Schablone aber viele Male benutzen.

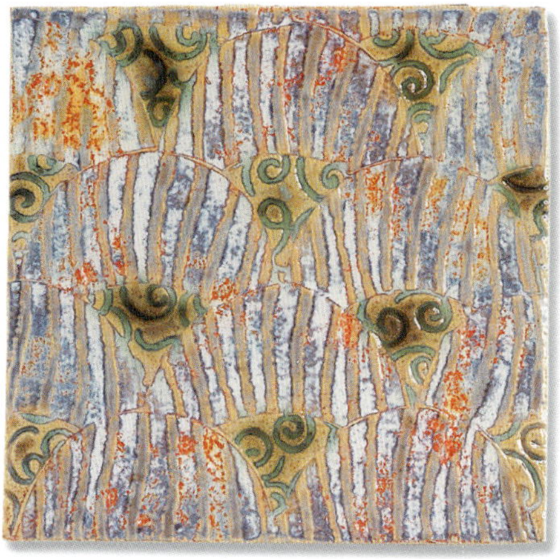

TON Weißer Steingut-Ton. Schrühbrand bei 1000 °C, Glasurbrand bei 1260 °C.

Schritt für Schritt

1 Das komplette Motiv auf die Rückseite eines Stücks Strukturtapete übertragen und die einzelnen Teile ausschneiden.

2 Schritt 1 mit einer anderen Strukturtapete wiederholen und die oberen Abschnitte von Teil 1 sorgfältig an die unteren Abschnitte von Teil 2 kleben. Alle Teile zusammensetzen und auf der Rückseite mit Klebeband gut fixieren.

3 Die Schablone mit der Rolle auf die Tonplatte pressen, dann die Fliese auf Größe schneiden.

4 Nach dem Schrühbrand Engoben und Oxide so auftragen, dass das Muster verdeutlicht wird. Mit einer reaktiven oder deckenden Glasur überziehen und den Glasurbrand vornehmen.

MATERIAL

- Strukturtapete
- Weißer Steingut-Ton
- Rollholz
- Engoben und Oxide
- Pinsel
- Steingut-Glasur

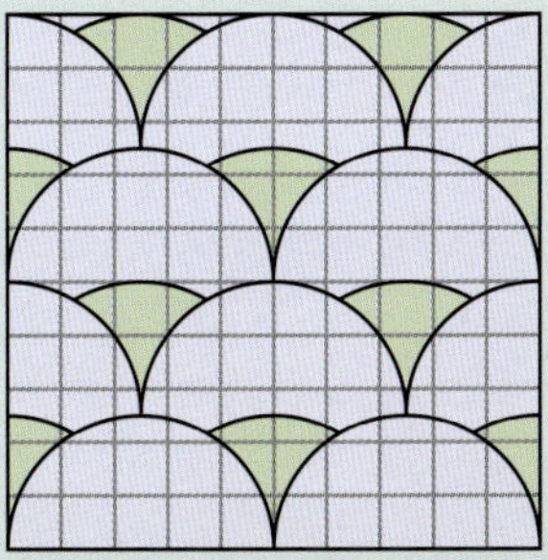

Auf der Fläche

Die Fliesen eignen sich für einen flächigen Rapport.

ANORDNUNGSVORSCHLAG

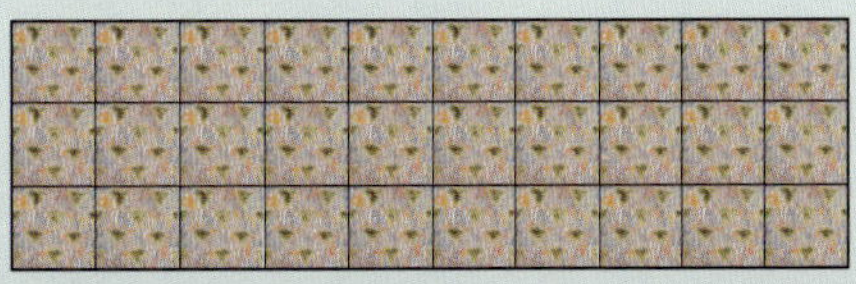

TECHNIK

SCHWIERIGKEITSGRAD

1 2 3

siehe auch Der Brand **18–21** Fliesen trocknen **37** Oxide **45–47** Motive übertragen **53**

MOTIV

199 Rauten und Kreise

Das Muster besteht eigentlich nur aus unterteilten Quadraten, wird aber durch die Kreise optisch aufgelockert.

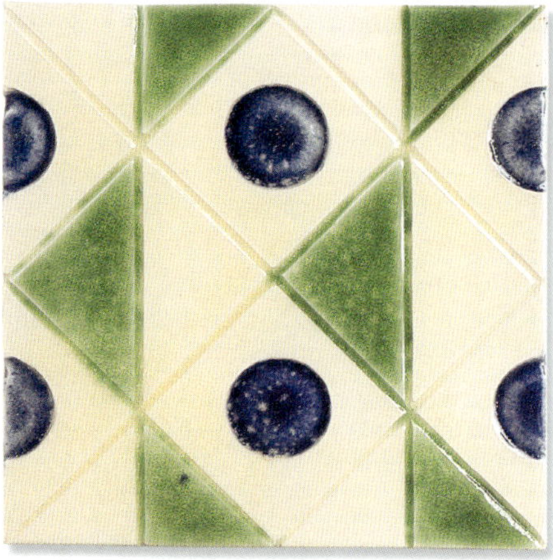

TON Weißer Steingut-Ton, Schrühbrand bei 1100 °C, Glasurbrand bei 1020 °C.

Schritt für Schritt

1 Die Fliese vorbereiten und lederhart trocknen lassen.

2 Das Motiv auf die Oberseite der Fliese übertragen und die Konturen vorsichtig mit einem Messer oder Modellierwerkzeug nachritzen.

3 Nach dem Schrühbrand die ganze Fliese mit Transparentglasur überziehen. Dann die einzelnen Bereiche sorgfältig mit farbigen, transparenten Glasuren ausfüllen. Den Glasurbrand vornehmen.

MATERIAL

- Weißer Steingut-Ton
- Modellierwerkzeug
- Transparente Steingut-Glasur
- Farbige, transparente Steingut-Glasur
- Pinsel

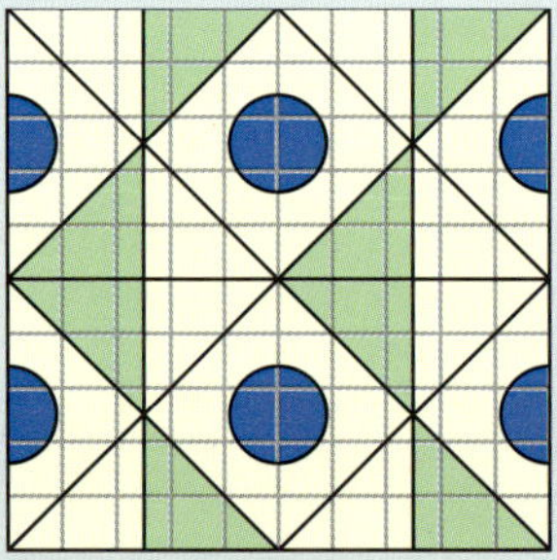

Auf der Fläche

Die Fliese eignet sich für flächige Rapporte.

ANORDNUNGSVORSCHLAG

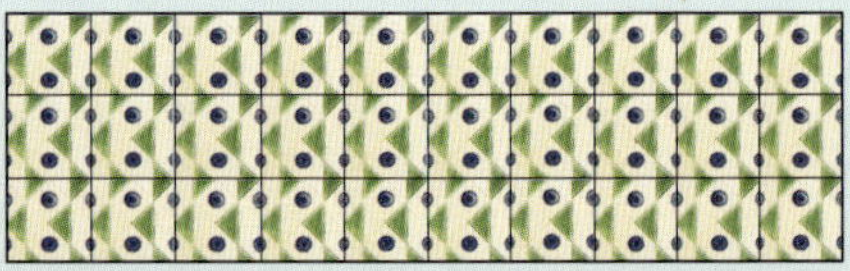

TECHNIK

SCHWIERIGKEITSGRAD

1 2

siehe auch Der Brand **18–21** Fliesen trocknen **37** Motive übertragen **53**

MOTIV **200**

Scherenschnitt

Das Zuschneiden der Papierschablone braucht etwas Zeit, ist aber nicht schwierig. Sie können das Motiv auch vereinfachen, indem Sie weniger Durchbrüche in das Papier schneiden.

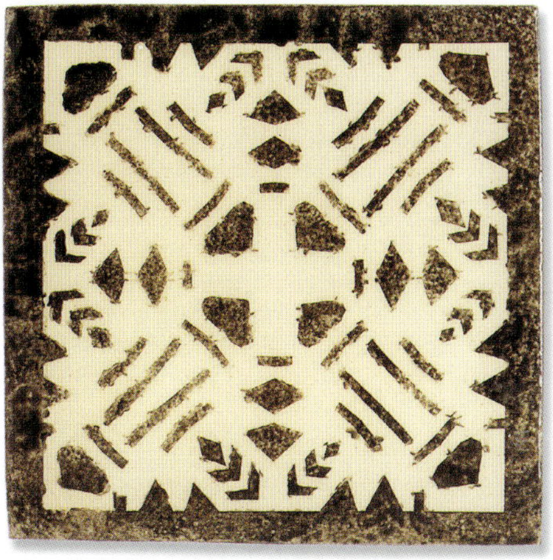

TON Roter Steingut-Ton, Schrühbrand bei 1100 °C, Glasurbrand bei 1080 °C.

Schritt für Schritt

1 Eine lederhart getrocknete Fliese mit weißer Engobe bestreichen und vollständig trocknen lassen.

2 Die Papierschablone zuschneiden, anfeuchten und auf die Fliese legen. Die Schablone mit Unterglasur-Farbe übermalen. Es kann vorkommen, dass die Farbe stellenweise unter den Schablonenrand läuft, aber das unterstreicht nur den handwerklichen Charakter.

3 Nach dem Schrühbrand transparent glasieren und den Glasurbrand vornehmen.

MATERIAL

- Roter Steingut-Ton
- Weiße Engobe
- Pinsel
- Zeitungspapier
- Schwarze Unterglasur-Farbe
- Transparente Steingut-Glasur

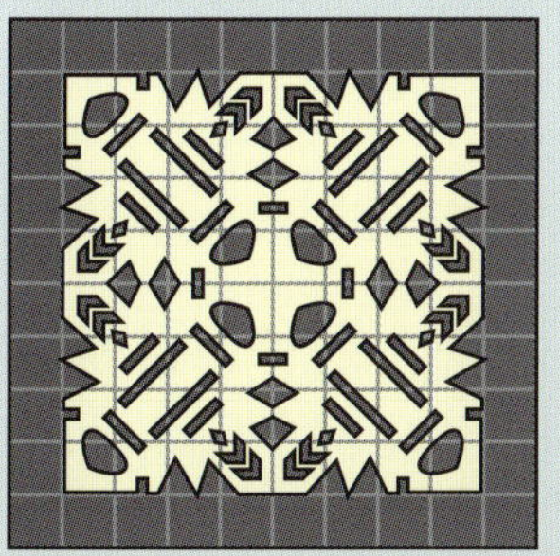

Auf der Fläche

Das Motiv eignet sich für flächige Rapporte.

ANORDNUNGSVORSCHLAG

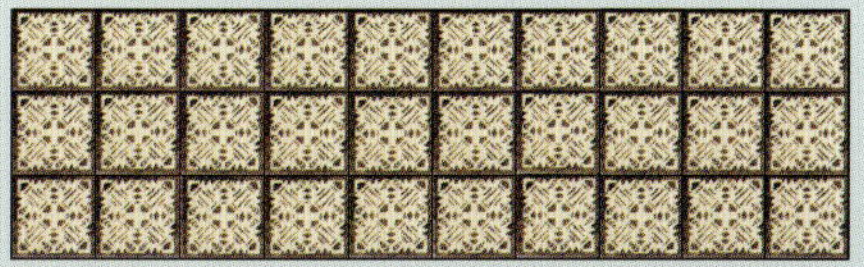

TECHNIK

SCHWIERIGKEITSGRAD

1

siehe auch Der Brand **18–21** Engobe **32** Fliesen trocknen **37** Unterglasurfarben **43** Motive übertragen **53**

Glossar

Abdeckung Ein Material wie Wachs, Flüssiglatex oder Papier, das gezielt aufgelegt oder aufgetragen wird, um die Haftung einer Engobe an bestimmten Motivbereichen zu verhindern.

Aluminiumoxid (Tonerde) Einer der drei Hauptbestandteile einer Glasur, hat einen sehr hohen Schmelzpunkt. Normalerweise als weißes Pulver im Handel, das Glasuren zugesetzt wird. Kann auch als Zutat für Trennmittel verwendet werden.

Aufglasurfarben Industriell gefertigte Farben, die auf eine gebrannte Glasur aufgetragen (meist gemalt) werden und in einem weiteren Brand mit der Glasur verschmelzen.

Ball Clay Feiner, plastischer Ton, der meist weiß oder cremefarbig ausbrennt. Der Name rührt daher, dass dieser Ton im angelsächsischen Sprachraum traditionell in Form von Ballen (Balls) abgebaut und transportiert wurde.

Brand-Zyklus Das allmähliche, kontrollierte Erhöhen und Absenken der Temperatur im Brennofen während des Brennvorgangs.

Brennen Das Erhitzen des getrockneten Rohtons im Brennofen, um ihn zu härten oder zu glasieren.

Brennkammer Das Innere des Brennofens, in dem die Werkstücke gebrannt werden.

Brennofen Der Ofen, in dem Töpferwaren gebrannt werden.

Delfter Keramik Eine in der niederländischen Stadt Delft entwickelte Variante der Majolika-Technik mit kobaltblauen Motiven auf weißem Grund.

Einlegetechnik (auch Intarsientechnik) Eine Dekorationsmethode, bei der Muster in den Untergrund gedrückt und mit Ton in einer anderen Farbe ausgefüllt werden.

Engobe-Malerei Dekoration mit flüssigem, eingefärbtem Schlicker, der in ein Malbällchen gefüllt und durch die Tülle herausgedrückt wird.

Flüssiglatex Eine Emulsion auf Gummibasis, die als Abdeckmittel beim Arbeiten mit Glasuren verwendet wird.

Gießen Das Herstellen von Fliesen durch Eingießen flüssigen Tons in eine Gipsform.

Gießrand Die erhöhte „Wand", mit der ein Objekt beim Abnehmen eines Gipsabdrucks umgeben wird. Der Gießrand verhindert, dass der Gips abfließt.

Gips Wird in der Töpferei zum Herstellen von Press- und Gießformen verwendet. Vermischt man Gips mit Wasser, setzt ein chemischer Härtungsprozess ein.

Gipsform Form aus Gips, auf die man eine flache Tonplatte presst und dort trocknen lässt.

Glasur Eine spezielle Glasart, die am Ton haftet und sich im Brand fest mit dem Scherben verbindet.

Glasurfarben Industriell hergestellte Färbemittel, die Glasuren zugesetzt werden.

Heizschlangen Die Heizelemente im elektrischen Brennofen.

Kaolin Ein sehr reiner, weiß ausbrennender Rohton mit geringer Plastizität. Wird normalerweise als Zusatz zu anderen Tonen und Glasuren verwendet.

Keramik Jede Art von gebranntem Ton.

Kneten Wichtige Vorbereitung des Tons zum Homogenisieren und Entlüften.

Lederhart Stadium, in dem der Ton so weit ausgetrocknet ist, dass er ohne Beschädigung weiterverarbeitet werden und beispielsweise mit Engoben verziert werden kann.

Lüster Metallsalze, die in dünner Schicht auf einer Glasur aufgetragen und bei niedriger Temperatur eingebrannt werden. Sie ergeben einen feinen, metallischen Schimmer.

Majolika Bezeichnung für einen speziellen Typ von Steingut-Keramik mit weißer Zinnglasur und gemalter, farbenfroher Dekoration. Traditionelle Majolika ist blau-weiß, heute wird der Begriff aber auch für andere Aufglasur-Techniken verwendet.

Model Eine flache Form, in die Ton gepresst wird, um kleine Detaildekorationen zu formen.

Monoprint Eine Technik zum Übertragen von Farbe und Mustern auf die weiche Tonoberfläche. Der Name rührt daher, dass die Druckvorlage nur einmal verwendet werden kann.

Ofenplatte Eine feuerfeste Schamotteplatte, auf die im Ofen das Brenngut gestellt wird.

Ofenstützen Stapelbare Röhren in verschiedenen Höhen aus feuerfester Schamotte, auf die beim Glasurbrand als Abstandhalter und Stützen verwendet werden. Sie verhindern das Festbrennen der Glasur an den Ofenplatten.

Plastizität Elastizität oder Formbarkeit des Tons. Je plastischer ein Ton ist, desto weniger bricht oder reißt er beim Formen.

Plattentechnik Das Herstellen von Tonplatten durch Ausrollen mit einer Holzrolle. Auch das Zusammensetzen von Gefäßen und dreidimensionalen Objekten aus solchen Platten.

Porzellan Sehr feiner, weißer Ton, der bei hoher Temperatur gebrannt wird. Dünne Teile brennen halbtransparent aus.

Pressrelief Das Pressen von Tonplatten auf Modeln, um die Oberfläche mit einem Relief zu versehen.

Raku-Brand Eine spezielle Brenntechnik. Die Werkstücke werden direkt in den heißen Ofen eingelegt und herausgenommen, wenn sie rot glühen.

Raku-Ton Grob schamottierter, wenig plastischer Ton mit hoher Stabilität.

Ritztechnik Das Einschneiden oder Einritzen eines Dekors in die ungebrannte Tonoberfläche.

Schaber Meist ovales oder nierenförmiges Werkzeug aus Metall, Kunststoff oder Holz zum Glätten und Formen der Oberfläche.

Schamottemehl Gebrannter, gemahlener Ton, der weichem Ton als Magerungsmittel zugesetzt wird. In unterschiedlichen Körnungen erhältlich. Schamotte stabilisiert den Ton, verhindert Verformung und reduziert die Empfindlichkeit gegen Temperaturschwankungen.

Scherben Begriff für eine bestimmte Tonmischung, etwa Steingut oder Steinzeug.

Schlagen Das Aufschlagen des Tons auf eine harte Oberfläche. Der Ton wird dabei entlüftet und homogenisiert.

Schlicker Dünnflüssiger Tonbrei, der zum Gießen in Gipsformen oder zum Dekorieren verwendet wird. Eingefärbten Schlicker bezeichnet man als Engobe.

Schmierseife Flüssige Seife, die als Trennmittel bei der Herstellung von Gipsformen verwendet wird. Sie verhindert, dass der Ton an der Gipsform haftet.

Schrühbrand Der erste Brennvorgang, bei dem aus dem Ton ein poröses, keramisches Material entsteht. Beim Schrühbrand können Fliesen aufeinander gelegt werden, weil noch keine Glasur aufgetragen wurde, die sie miteinander verkleben könnte.

Schwämmeln Eine Dekorationstechnik, bei der farbige Glasuren oder Engoben mit einem Schwamm aufgetupft werden. Typisch für Bunzlauer Keramik.

Sgraffito Dekorationstechnik, bei der Teile einer zuoberst aufgetragenen Glasur- oder Engobeschicht wieder abgetragen werden, um die darunter liegende Schicht sichtbar zu machen.

Steingut Bei niedriger Temperatur brennbarer Ton, der nach dem Brand relativ porös bleibt und erst durch eine Glasur wasserdicht wird.

Steinzeug Ton, der bei Temperaturen über 1200 °C gebrannt wird und dessen Partikel dabei miteinander verschmelzen, sodass er wasserdicht wird.

Tauchen Das Auftragen von Schlicker oder Glasur durch Eintauchen des Werkstücks.

Temperaturschock Plötzliche Veränderungen der Temperatur, bei der sich im gebrannten Ton Spannungen bilden, durch die ein Gefäß reißen kann.

Terrakotta Ein Steingut-Ton, der wegen seines hohen Eisengehaltes rötlich-braun ausbrennt.

Toxisch Alle festen, flüssigen oder gasförmigen keramischen Materialien, die der Gesundheit schaden können.

Trennmittel Eine Mischung aus Tonerde und Kaolin, mit dem Ofenplatten angestrichen werden. So wird verhindert, dass abfließende Glasurtropfen festbrennen.

Unterglasurfarben Farben, die entweder auf Rohton oder geschrühten Ton aufgetragen und mit der Glasur fixiert werden.

Wachsabdeckung Auftragen von flüssigem Wachs, um die Haftung eines wasserlöslichen Materials zu unterbinden.

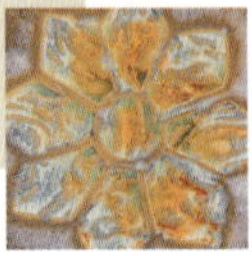

Register

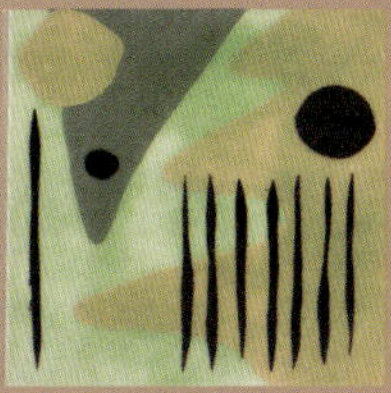
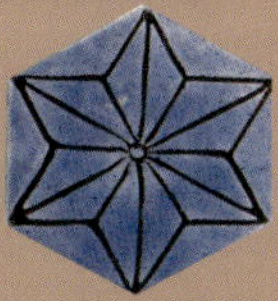
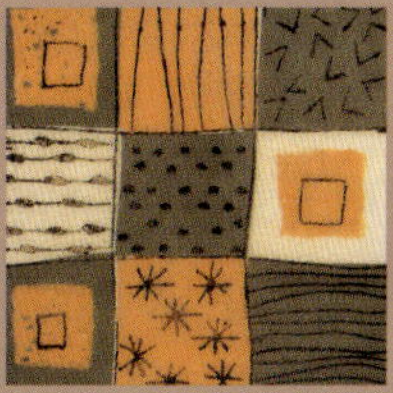

SO ARBEITEN SIE MIT DIESEM BUCH

Wenn Sie diese Seite ausklappen, finden Sie sich im Motivverzeichnis ganz leicht zurecht.

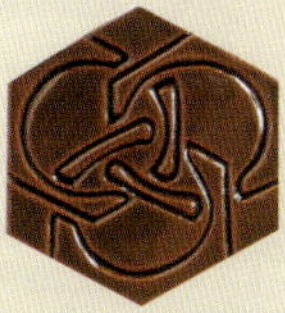

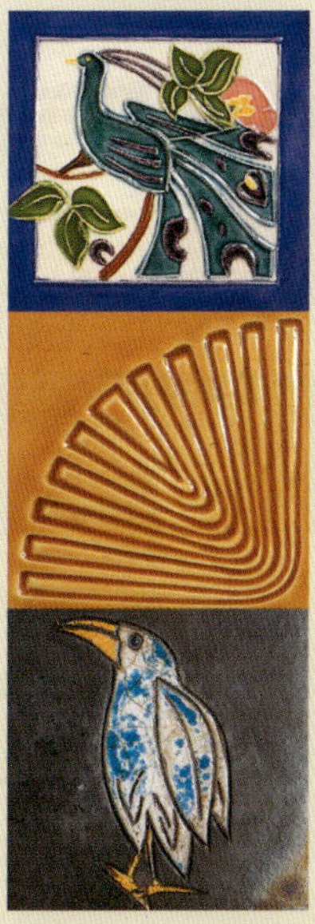

Danksagung

Danksagung des Autors

Ich danke meiner Tochter Charlie für ihre Beiträge zu den Motiventwürfen und für die Herstellung vieler der Fliesen in diesem Buch.

Außerdem danke ich meiner Tochter Nicola für ihre Entwürfe, meiner Freundin Charmain (Chim) Poole für ihre wertvollen Beiträge, Jacqui Kruzewski und nicht zuletzt Ian Howes für die großartigen Fotos und seinen ebenso großartigen Sinn für Humor.

Bildnachweis

Der Verlag dankt den folgenden Personen und Institutionen

Legende: o oben, u unten

6o The Art Archive/Egyptian Museum, Cairo/Dagli Orti
6u Diego Lezama Orezzoli/Corbis
7o The Art Archive/Neil Setchfield
7u Gérard Degeorge/Corbis
8o Powered by Light/Alan Spencer/Alamy
8u The Art Archive/Château de Rambouillet/Dagli Orti

Die Autorin

Jacqui Atkin ist Töpferin und Ergotherapeutin. Sie vermittelt ihr Handwerk seit Jahren in Kursen und unterrichtet auch Niedrigtemperatur-Techniken wie Rauchbrand und Raku-Brand. Sie hat als Projektgestalterin zu vielen Büchern beigetragen und einige als Autorin selbst verfasst. Sie lebt in der englischen Grafschaft Shropshire.